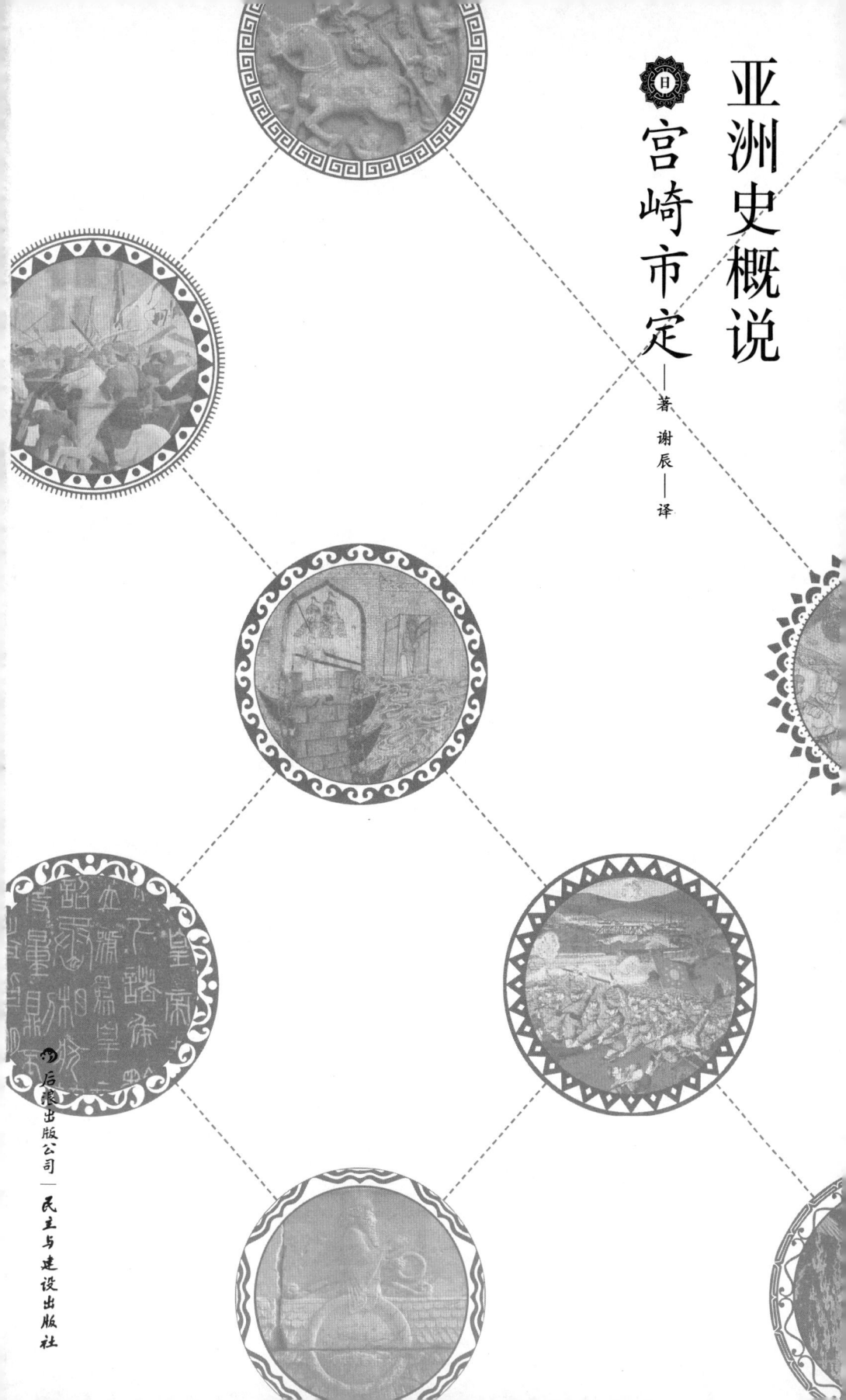

亚洲史概说

[日] 宫崎市定 著
谢辰 译

新版序

《亚洲史概说》一书的旧版（人文书林，1947～1948年）问世已有20多年的岁月了，由于原出版社的休业，一直未得再版。但尽管如此，这本书还是时不时地会被列入学术参考书的书目之中。不过，《亚洲史概说》其实并不是一本面面俱到的参考书。我在写这本书的时候，是希望读者在大致通读此书后，能够从中抓住并领会某些东西，而这一点或许才是这本书受到认可的原因所在。也正因如此，许多朋友怂恿我将此书再版，这也终于促成了这次学生社版《亚洲史概说》（1973年）的刊行。虽然我本应借此机会对这本书进行重新改写，但是鉴于我的时间和精力有限，我最终除了更新以往的行文体裁，只在末尾处增加了《现代亚洲史》一章，以免作品落后于时代。新增补的部分有单行本，持有旧版的读者如有需要，可以仅以这一部分的价格购买单行本。最后，对于学生社对这些烦琐事务的支持，我在此深表感谢。

宫崎市定

1973年4月

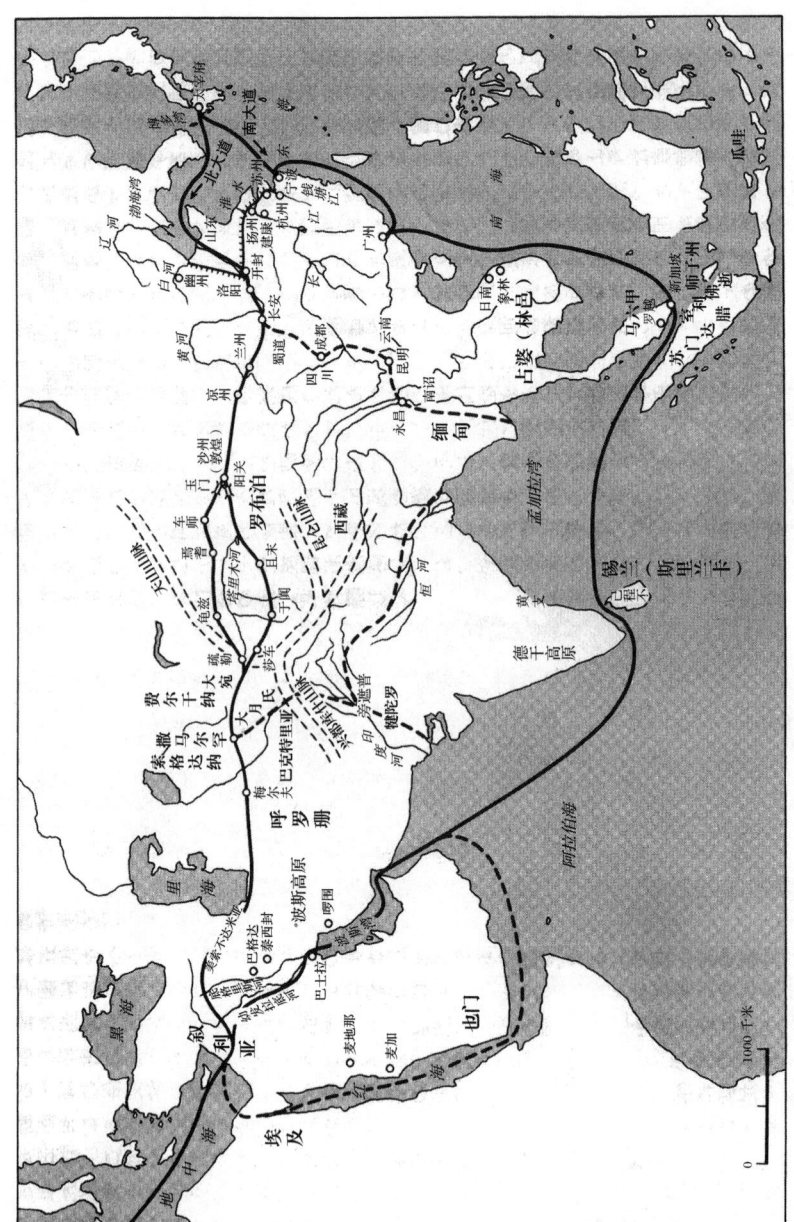

古代亚洲循环交通路线图

目 录

新版序 1

绪 论 1

第 1 章　亚洲诸文化的形成及其发展　11
　　第一节　亚洲诸文化的黎明　13
　　第二节　古代波斯及其相邻诸国的文化　30
　　第三节　古代印度及其文化　40
　　第四节　古代中国及其文化　53

第 2 章　亚洲诸民族的相互交往　71
　　第一节　伊朗的形势与阿拉伯帝国的兴衰　73
　　第二节　印度与印度支那半岛各民族的兴衰　83
　　第三节　北方民族的活跃及其对中国的影响　92
　　第四节　汉民族的更张及其昌隆　104

第 3 章　亚洲诸文化的交流及其展开　117
　　第一节　海陆通商的发展与亚洲循环交通的形成　119
　　第二节　波斯文化的东渐　132
　　第三节　印度文化的传播　140
　　第四节　中国文化的复兴及其繁荣　149

第 4 章　近世的民族主义潮流　159
　　第一节　近世史阶段的地区倾斜　161
　　第二节　北方民族的活跃与宋朝治下的汉民族　173

第三节　蒙古大征服　184
　　　第四节　明王朝与帖木儿帝国　195
　　　第五节　清代的亚洲　204

第 5 章　近世文化的展开　213
　　　第一节　伊斯兰文化的光辉　215
　　　第二节　中国近世的新文化　223
　　　第三节　三种近世文化的交流　234

第 6 章　最近世文化的东渐　243
　　　第一节　欧洲势力膨胀的由来　245
　　　第二节　亚洲对欧洲近代化的贡献　254
　　　第三节　印度的没落　262
　　　第四节　清朝的开国及其灭亡　270
　　　第五节　西亚的衰颓　281

第 7 章　亚洲历史上的日本　289
　　　第一节　日本古代史诸问题　291
　　　第二节　日本的中世　304
　　　第三节　中世性的近世　313

第 8 章　现代亚洲史　321
　　　第一节　中华民国的变迁　323
　　　第二节　中华人民共和国的建立　333
　　　第三节　南亚与西亚　341
　　　第四节　近代化之后的日本　350

结　语　360

宫崎市定著作目录　362
解　说　364
出版后记　369

绪 论

历史的起源

历史应从何处展开？这一问题最终要归结为历史能够追溯到何处这个问题。为了探知由于缺少记载和传说而不为人知的遥远的上古时代的历史，人们不得不依靠考古学这种以遗物、遗迹为唯一材料的方法进行研究。即便存在有关上古历史的文字记录，也多是民间传说，研究者在无法确定材料能否真实反映历史事实时，有必要以神话学的研究方法对其加以考证。

与其他地区的历史相比，亚洲的历史自最久远的古代开始，就留存着不少相当明确的历史资料。但尽管如此，在亚洲史的深处，人们至今仍无法探知的悠久、未知、晦暗的历史年代仍在沉睡，而照亮这一神秘世界的一缕光明，就是在爪哇岛和北京等地发掘出的最古老的人类骨骼化石。此外，在世界其他地区出土的史前人类的遗迹和遗物，虽然其形态极不完整，但也以实物的形式为我们讲述了人类社会所经历的从旧石器时代、新石器时代向金属器文明时代发展的历程。

人类开始使用金属器具之际，国家也开始形成，这一现象具有普遍性。不过，由于地区和民族的差异，国家形成的年代也存在先后之分。从最初单纯以血缘关系为纽带的、自然结成的氏族团体，逐渐发展为有管理、有秩序的国家体制，对于氏族团体内部的每个成员来说，这一过程都是具有划时代意义的。在此过程中，物质文明得到跨跃式的发展，而与此相伴出现的必然是人类生机勃勃的精神运动和持续不断的创建国家的意图。即便当时的人类可能未留下任何文字记录，但他们旺盛的精神活动会催生诗歌和文学，其鲜活的风貌会通过口耳相传，为子孙后代所继承。所以，对于这个时代之后的历史，学者们不再单纯依赖考古学的方法探查遗迹和遗物，而开始将古代人活跃的精神产物——神话或传说——作为直接的研究对象。

国家与历史

真正的历史可以说始于国家的形成。人类历史上最初的国家形态之一是城邦。城邦的出现，是由于生活在狭小地区的人们倾向于聚集到城市中，这座城市就逐渐变成一个政治上、经济上独立自治的国家。在古代亚洲，这种城邦的分布十分广泛，西起美索不达米亚，途经波斯、中亚和印度，东至中国北部的黄河流域平原。

城邦几乎从不以孤立的形态存在，大多是由数量众多的城邦结合在一起，形成国家联盟的形态，每个城邦都追求自身对于其他国家的领导地位。这个居于领导地位的中心国家就是所谓的"霸者"，霸者所持有的领导权即为霸权。强国之间存在争夺霸权的现象，在西方的希腊、西亚的美索不达米亚、印度的恒河流域平原以及春秋时代的中国北部，这种现象都有鲜明的呈现。

在城邦时代，民族问题尚不具有极端的重要性。换言之，在这一时期，历史性的民族尚未形成。不过，在这一时期还有更重要的问题：一是文明处于先进状态的城邦群体与文明处于落后状态的外部世界之间的关系问题，即都鄙对立的问题；二是存在于国家内部的阶级对立问题；三是城邦群之间的对立问题，即国家间的离合关系问题。但是，随着城邦逐渐吸收了来自其外部的非城邦性要素，其内部的阶级对立逐渐消解；与此同时，近邻城邦之间的结合在维持了较长的一段时间之后，逐渐使单个城邦丧失了政治上、经济上的独立自主地位；而当整个城邦群都不再独立自主，拥有广阔领土的国家也就随之形成了。这种领土国家普遍是以一个自然形成的血缘团体为基础的，但反过来，领土国家的形成也强有力地将其领土上的人民塑造成了一个民族。所谓历史性的民族，也就由此出现了。

民族与历史

民族绝不是先天性的产物。换言之，它不是通过血统的差异就可以自然确定的，而是由更大的历史环境塑造出来的。对于民族的界定，血缘当然是重要因素，但除此之外，政治或文化，特别是文化中的语言、宗教、风俗等要素，也是极其重要的。所谓"纯粹的民族"，并不是指在医学上具有类似骨骼体质的人群，它在更多的情况下指的是在思想和信念层面得到了统一的历史性民族。城邦最终会自行解体，实现民族的大同与团结，促成拥有广阔领土的大帝国的形成。不过，世界上也存在着未经历这一过程的民族或国家，它们从原始的氏族社会的历史阶段，直接发展到民族统一、大国形成的阶段。西方的日耳曼人、斯拉夫人，亚洲的突厥、蒙古、满族等北方民族，大多走的是这种路线，它们未经历城邦的发展阶段，直接确立了大民族和大国家。

民族国家形成过程的两大类型

氏族团体经历了城邦的阶段而结成民族国家和未经城邦阶段而直接结成民族国家，这两种情况中的民族国家，其性质普遍存在着较明显的差异。由于城邦规模较小，为了确保其独立自主，城邦中的成员必须具有强烈的爱国心；而城邦的灭亡，从这个角度来说就是爱国心的消亡。当人们对城邦的爱国心消失之后，取而代之的一方面是具有强大向心力的个人主义，另一方面是模糊的睦邻之情乃至世界主义。在一度取得过健全发展的城邦的基础上形成的大国，即便是以单一民族为根基，其民族意识也会相对淡薄，而社会意识则会相对浓厚。这种民族国家对继承自城邦时代的古老文化感到自豪，并倾向于以文化的有无，将自身区别于周边的其他民族。西亚的美索不达米亚和东亚的中国就是典型的例子。

与此相反，从氏族团体阶段直接进入民族国家阶段的民族国家，其所建之国是最初的国，其民族的结合也是最初的结合。在这种具有划时代意义的事件背后，是其民族精神的跃动，这在其建国事业的规模上也展现无遗。其国民第一次要作为一个大民族的一员经营国家生活，因此，他们为国家效力的热情也格外强烈。兴起于亚洲北部的满、蒙、突厥系诸民族的国家，即属上述情况之典型。但是，这些民族大多是游牧民族，其弱点是缺乏固有的先进文化。这些民族屡屡南下，并曾多次征服中原社会，但不久之后反而会在文化上被中华文明征服，他们的文明化往往会导致自身的衰亡。

古代史之发展与中世史之停顿

上述农耕民与游牧民、先进国与后进国之间的对立乃至相克，在历史上以征服与被征服、影响与被影响的形态，在东西方各个地区多多少少都有所体现。但历史并不是单一现象的简单重复，为了实现人类的理想，人类社会的发展即便会出现一时的进退，结果仍都是一步一步朝着目标前进的。无论是否经历城邦的发展阶段，基于地区与血缘的古代民族的形成，都是人类历史上的一大转折点。此后，古代民族逐渐确认了相互间的存在权利，并共同形成了一个古代世界，这标志着人类的发展进入了一个新的阶段。

各个民族从孤立走向结合，从排他走向妥协，于是就有了波斯对西亚的统一、秦汉对中国的统一以及其他地区的类似经历。今日之疆域大于昨，明日之疆域更大于今，古代国家就这样反复不断地实现对各个地区的统合。但是，当这一古代史的进程发展到顶点之际，就会出现在表面上完全逆转古代史发展模式的中世的停顿时代。也就是说，至此为止不断扩大的被统合的民族及地区，在来自外部的新的冲击之下，开始出现分裂的倾向。于是，秦汉帝国分裂为三国与南北朝，波斯帝国分裂为东、西两部，欧洲也同样出现了罗马帝国的分裂。从表面上来看，古代之后的中世是一个停顿的时代，它好像将华丽的文化发展都让给了古代。但中世绝非人类的沉睡期，统一的大国在政治层面被分割为适当的小区域，这反而更有利于人们充实自己的精神生活，并为即将到来的新的历史阶段——近世——做好准备。在世界历史上，最早开始从事具有近世意味的政治活动者是生活在西亚的阿拉伯人。在稍晚的时代，宋代的中国人也开始了近世史的发展历程。

交通与历史

对于历史的发展来说，最重要的要素是不同民族、不同地域之间的交通往来。形成于某一地区的民族，往往会在血缘或历史上继承祖先的禀性，并据此行动，周遭的自然环境也会对其产生影响，引导或限制其活动。但是，历史的运动并不局限于此，每个地区与外界的交往，反而会发挥重大的历史推进作用。民族、国家之间的相互接触和往来，意味着二者之间存在着生存竞争的关系。人类的文明通过竞争得以进步，这一点是不容忽视的事实。

在有史籍记载以前的更为久远的时代，人类曾在地球表面的大部分地区生活过。以往学界还曾就人类的起源是一元的还是多元的这一问题发生过争论，但从地质时代的时间跨度和气候的变化情况来看，这个问题远非历史学层面的问题。与此相似，学界也曾发生过有关人类文化一元论和多元论的争论，但如果我们能够认识到交通往来的重要性，这个问题估计也就自然消解了。

如今，在生活于地球上的人类当中，进化水平最低者是那些在漫长的历史时期中身处世界交通圈之外的民族，即生活于欧亚大陆北部的西伯利亚、非洲大陆南部以及澳大利亚的原住民。他们在智识上的落后，一方面是遗传的禀赋所致，另一方面则是由于被排除在世界交通圈之外，缺少文化上的刺激。

除了这些地区，居住在欧亚大陆以及非洲北部的民族在智识上相对进步，其原因就在于他们进入有史籍记载的时代以后，多多少少都营建起了能够与外界文明接轨的交通系统。进一步来说，从西北的北欧、西南的北非，到东北的日本、东南的南洋①诸岛，这一带状区域自古就是一个文明圈。在文明圈内部，各地区人类的智能水平并不存在特别明显的差异，因为在某个地区发展起来的文化，很快就会传播到邻近区域。不过，在传播的过程中，就像中国的淮南之橘一样，文化传播得越远，其原型越容易发生变化或弱化，这是在所难免的。要而言之，在世界各地不同的自然环境及各民族风格迥异的禀性的作用下，每个地区都形成了自身特殊的文化。有时北力和南力是主流，有时则以西力和东力为主导，而时势再度发生变化时，形势也会发生逆转。

以往的史书往往以都市生活为文明，以游牧生活为野蛮，认为二者之间存在决定性的差异。但这只是以十年为单位的、对短期的时代变迁进

---

① 指东南亚地区。——译者注（本书脚注除特别说明外均为译者所加，下文不再标示）

行观察后得出的结论。如果我们以百年为单位，以长远的历史眼光来审视，历史上的那些游牧民族与定居生活的民族之间，在智能水平方面几乎不存在任何明显差异。例如，蒙古人与满人曾被汉人视为未开化的夷狄而受到排斥，但他们一旦移居到了中原，在几代人的时间里就涌现出了许多中原汉人所不能及的豪杰之士。又如欧洲的日耳曼人与斯拉夫人也曾是最落后的、未开化的民族，他们的生活水平达到世界平均水准还是近几百年的事情。但如今，他们已经成为争世界文明之先的优秀文明的所有者。也就是说，早期的游牧民族虽然通过世界交通获得了最低程度的文明刺激，但由于当时被排除在世界交通的大道之外，所以其优秀的文明潜质在一定时期内受限于周围的环境而未能得到充分发挥。因此，我们须知，当一个民族或国家打破沉默而开始有所行动时，常常是以与外界的接触为前提的，而世界史的发展契机也正在于此。

对一个民族或国家的界定，仅仅以其在地球上所占据的地区为据是不充分的。因为这些民族或国家同时也在世界交通体系的若干部分中扮演着支配者的角色，这一点是不可忽视的。假如一个民族或国家支配的交通线虽然短小，却是世界交通体系中一个不可或缺的部分，那么这个民族或国家也必然在世界史上扮演着重要的角色。

以往的史家总是倾向于认为，欧洲与西亚、西亚与东亚完全是相互孤立的。如果情况并非如此，那么让我们假设某个地区是世界文明的发源地，其他所有地区的文明都不过是这一文明的支流，那么这些支流文明难免会被认为是比主流低劣的。但事实上，人类的智能水平几乎是均等的，先进国未必能常先进，后进国亦未必永落后。先进国之优越地位也常因交通因素而被后进国超越，世界史之发展与进步亦可以由此得见。

从史前的石器时代开始，东亚和欧洲之间就已经发生过文明的移动和传播，这一点可以通过考古遗物得到证实。此后，随着人类智识的不断进步和交通便利程度的日益提高，世界各个地区相互之间或直接或间接地发生着密切的联系，各个地区的文化相互刺激、相互启发，直至今日。在此过程中，无论是在历史还是区域层面而言，世界历史上的亚洲都有着极为重要的意义，这一点可以在以下的论述中得到证实。

亚洲史是什么

对于以下所要论及的亚洲史，或许会有读者对立论的可能性怀有疑问。因为亚洲内部存在相互独立的多个文化中心，即使大而化之，也至少可以举出西亚的波斯－伊斯兰文明、东亚的中华文明、居于其间的印度文明以及东端的日本文明这四种文明形态。而且，这些文明是相互差异相当明显的文明体，在语言、宗教、思想、文学等方面都有着各自独特的性格。因此，怀疑这些异质性的文明系统能否集结在一起，并形成一个整体性的历史，无疑也是至当的。但是，这些文明是不是在完全不相关的状态下孤立地发展起来的呢？如果确实如此，那么编纂亚洲史也不过就是把中国史、印度史以及其他几个独立文明的历史的单行本进行合订罢了。但我并不是这样理解历史的。我认为，对自身历史有记录的民族或国家通过交通这一纽带，已经紧密地结合在一起。它们在相互启发、相互竞争、相互援助的过程中发展至今。就像杉菜和笔头菜一样，二者虽然在地面以上有着不同的形态，但在地下却有着共同的根干；又如蚕与蝶，二者虽然在形态上是完全不同的生物，但破茧而出的蛾与蝶却属于同一个昆虫类别，二者身后承袭的是生物进化的同一个系谱。更不用说人类了，人与人之间甚至都不存在蛾与蝶之间的区别，人类文化虽然看上去不同，却绝不应被视为完全孤立于彼此的东西。因此，在把时代差别和地区差异都考虑在内的同时，我试图建立一个能够统合这些文化的系谱。

当然，亚洲史真正的问题并不在于上述几点，而在于亚洲史能否从人类整体的历史中被切割出来，仅作为亚洲这一单个地区的历史加以叙述。如果世界史之外不存在真正的历史，如果我们只有在眺望人类整体时才能发现真正的历史，那么亚洲史确实是局部的、不完整的。但是，这并不意味着亚洲史没有存在的必要。例如，假设日本史是一个整体，那么在此整体之下必然还存在着乡土史；假设一府一县的历史可以成立，那么东北日本史、西日本史便也有存在的可能。当然，这些地方史都必须以国史的整体存在为默认前提。从这种意义上说，亚洲史也是一种乡土史。我之所以关心亚洲这一地区，一是由于我国[①]位于亚洲的东端，所以为了更好地了

[①] 指日本。

解本国历史的真面目，首先有必要阐明其所在地区的历史属性，这一点毋庸赘言。除此之外，由于欧洲的历史已经得到了各方面的探讨，且看上去可以直接作为世界史的一部分，而亚洲史的相关探讨却明显滞后，亚洲尚未找到自身在世界史上应有的位置，处于一种低迷无措的状态。所以我认为，即便只是整理现在已有的知识，厘清知识之间内在的相互关系，也能在究明亚洲史的世界史意义方面有所进益。

第 1 章

亚洲诸文化的形成及其发展

第一节　亚洲诸文化的黎明

一、考古学中的亚洲

最古老的人类化石

根据地质学的假说，以北极为中心出现的巨大冰川使北半球曾四次被冰盖覆盖。从第一冰川期到第四冰川期的这段时期被称为"洪积期"；此后，从第四冰川期结束一直到当代被称为"冲积期"，在这一阶段，地球的气候逐渐变暖。如果假定洪积期开始于距今55万年前，那么冲积期的开端则是大约3.5万年前。人类祖先可能使用过的石器，不少都是从洪积期的地层中被发掘出来的。这些石器虽然在制作的精细程度上各有不同，但基本上都是打制石器，且尚未呈现出明显的地区差异。这些出现于洪积层的石器被通称为"早期旧石器"。

那么，使用这种旧石器的人类究竟是什么样的呢？为这一问题提供答案的，是从世界各地的地层中发掘出来的古生人类的骨骼化石。其中最古老的两例发现于东亚的季风地区。由此看来，东亚的海岸地带可能曾是古人类的密集分布地。

1891年8月，考古学家在爪哇岛东北部特里尼尔地区靠近洪积层的第三纪地层中，发现了类似人类头盖骨和大腿骨的化石。根据人类学家的研究，尽管该头盖骨十分接近猿类，但从其大腿骨的形状来看，其行走方式可能更接近人类，即两手离地，仅以足部的支撑来实现直立。据此，人类学家将这一化石命名为"直立猿人"。不过，这名直立猿人虽已开始直立，但脊背仍很弯曲，且未见其具备使用工具的智能，亦未见周围存在任何使用过明火的迹象。

北京猿人

此后，在大正末年到昭和初年①，在北京西南的周口店，考古学家从洪积期地层中发掘出了稍有进化的人类化石。该化石骨骼尽管与现在的人类骨骼之间仍有明显的不同，但经证明，相比于类人猿，其形态确实更加接近最初的人类，因此被命为"北京猿人"。北京猿人已经学会使用明火，并能够制作石器，以及加工、利用兽骨。我们通过该头盖骨的发展状态可以推测，北京猿人已具备语言能力，且善于使用右手，而且其下颌骨的形状甚至已经表现出东亚民族的特征。

早期旧石器

从印度的北部到南部，考古学家发现了晚于北京猿人的人类所制作和使用的早期旧石器。其后，人们又在中国华北地区及西伯利亚地区发现了较之相对落后的石器物件。可以说，华北地区发掘出的遗留物与出土于西伯利亚的遗留物之间已经有相当明显的差异，而这正是洪积期中期之后人类的生活方式出现了各具地方特色的分化的明证。也就是说，生活在从西伯利亚到中国东北地区这一森林地带的早期人类，为了切割猎物而开始使用打制得十分精巧的尖锐石器，例如石刃、刻刀、尖石等尖状器，并进一步用动物的骨、角、牙制造出骨刀、骨针、牙棒等骨器。而与此相反，生活在中国西北草原地带的人类，由于狩猎活动较少，其石器文化的发展水平也就相对落后，尽管他们也开始使用尖状器，但器物的精巧程度低劣得多。此外，由于气候干燥，骨角类器物易因风化作用而遭腐蚀，所以在中国西北地区，骨器的使用终究未能得以流行。

---

① 20世纪20年代至30年代初。北京人头盖骨化石发现于1929年。

洪积期在第四冰川期告终。在此期间，亚洲的早期石器文明得到了发展，而且毫无疑问的是，在亚洲的西北部，欧、亚两洲的石器文明曾发生过交集。自周口店的北京猿人被发现之后，考古学家未能在亚洲发现其他保存良好的人类骨化石，但是在欧洲发现了许多使用过早期旧石器的人类的骨化石。这些人类在体格上仍与现在的人类有相当明显的差异。例如，即便是时代最晚的尼安德特人，其躯干与腿部、大腿与小腿、脊椎与大腿骨、大腿骨与小腿骨的连接也不呈直线，而是微微弯曲的。

后期旧石器

第四冰川期结束后，北半球的气候逐渐转暖，冲积期由此开始。如果说冲积期是从距今 3.5 万年前开始的，那么此后的约 2 万年就是人类历史上的一大转折期。使用早期旧石器的古生人类虽然在洪积期繁荣一时，在这一时期却走向了衰亡，取而代之的是与现代人类同类型的新人种。他们在这一时期逐步扩展生存范围，遍布全球。在新旧人类交替的冲积期，新人类制造和使用的石器就被称为"后期旧石器"。

后期旧石器的遗迹和遗物在欧洲被大量发现，向我们展现了这一石器文明的独特发展。后期旧石器的做工极为精巧细致，其水平之高超，即便使用现代科技也无法完全仿制；与此相对应，这一时期的绘画、雕刻等工艺水平也有了明显进步。具体来说，该时代的人类会使用象牙等材料雕刻裸体人像，或者用绘画工具在自己所居洞穴的内壁上描画犀牛、马、野牛等形象。尽管他们的雕刻尚未摆脱稚拙之气，但在绘画方面，他们学会了使用颜料，能够用一种或数种颜色描画动物的生活景象，其写实手法之精湛令人惊叹。

在亚洲地区，后期旧石器时代的遗迹多发现于西伯利亚、印度、印度尼西亚等地。尤其是在西伯利亚的伊尔库茨克市附近的马尔他村，那里出土的用象牙雕刻的裸体人像与欧洲各地的类似物品十分相似。此外，发现于印度的洞穴岩石壁画则与同时代位于西班牙的岩石壁画相仿。

新石器

从某种意义上说，后期旧石器文明已经发展到了自身的极限，人类要想进一步跨入新的文明阶段，就必须产生其他创意，并学习和掌握相关技术。出于这种文明发展的必然要求，新石器文明在人类的历史上出现了。根据前文假定的年代，我们可以推测新石器文明大约始于距今1.5万年前。

旧石器无论如何精致巧妙，仍是通过打碎石材或削剥分裂石材制成的，而进入新石器时代后，人类学会了将石材研磨成自己需要的形状。可想而知，研磨制成的石器表面光滑，故便于清洗，也便于用绳带连结，并且能够制作出更大的器物。此外，新石器的发掘常常与陶器相伴随，而烧制陶器的出现不仅表明人类逐渐习惯用火直接烧烤食物，而且证明人类为了获得保存和煮制食物的容器，已经掌握了用火烧制陶器的新技术。

三大新石器文化圈

新石器时代的遗迹和遗物遍布整个亚洲，但自旧石器时代中期起，人类文明的区域性就已经表现出来，到了新石器时代，这种区域差异有了愈加明显的分化和发展。基于这种在气候和风土的影响下出现的人类生活方式的差异，我们可以将世界划分为以下三个文化圈。这三个文化圈从东北到西南，形成了三条斜向并列的层状地带。具体来说，北部是从白令海、鄂霍次克海沿岸，经日本海北端、蒙古高原北部，再经西伯利亚，越过乌拉尔山脉，最终与北欧相接，这片半湿润的森林地带即渔猎圈，这一地区的文化以骨角器为代表。接着向南，从蒙古高原中部，经中亚、西南亚，再到北非，这一干燥沙漠草原地带为游牧圈，其文化特色的代表是尖状石器。与此相接的最南部是从日本、朝鲜半岛的一部分，经中国、东南亚、印度，到波斯湾沿岸的湿润季风带，该地区为农耕圈，其区域特征的代表是磨制的石斧类石器。

骨角器文化圈

在三大文化圈中，以最北部的西伯利亚为中心的狩猎文明，在旧石器时代以后就没有太大的发展了。当地居民选择河边、湖畔、湾、岬等便于狩猎和捕鱼的地点作为居住地，其住所多是小木屋或半地穴式的房屋，偶尔也会有一些小聚落建有环绕聚落的土壁或沟壕。这些狩猎者用石制或骨制的剑猎捕鸟兽，用嵌有石刃的骨刀、石匕、石锥、石杵、石盘、石棒等处理猎物，用骨铦、骨钩等捕鱼。据推测，他们还会用各种石斧类工具伐木掘土、营建住所，并且有可能会用骨针缝补衣物或实施黥刑。此外，他们还用石或骨制作鸟兽形、鱼形的小型雕刻品，或许意在祈愿狩猎能有好的收成。在上述生活用品方面，这里的新石器时代器物与旧石器时代器物并没有太大差异，只不过进入新石器时代之后，当地人开始大量使用陶器。其中，他们最普遍且长期使用的是一种圆底的栉文土器。学者已经证明，这种栉文土器在起源上与俄罗斯和北欧有关。另外，对于广泛流行于这一地区的带有凹槽的特殊石斧、铲形骨剑和石剑，人们在北欧也找到了与之同属一个系统的遗留物。进而言之，在进入新石器时代之后，骨角器的大量使用已经是欧亚大陆北部的共同现象。所以，对于当时横跨亚、欧两大洲的巨大的狩猎文明圈来说，骨角器文化就是其特征的代表。

后来，这个以狩猎为属性的新石器文化圈开始自西向东逐渐地使用起了金属工具，与此同时，生活在南部的狩猎者开始向南边相邻地区的民族学习农耕和饲畜的技术。由此，狩猎文明圈开始了由南向北的农耕化进程，只不过他们在自己居住的地方仍然以游牧的方式生活。于是，在距今约3500年前，人们可以在阿尔泰山山麓地区看到强有力的半狩猎、半游牧民族，其后又经过近千年，到公元前5世纪前后，中国东北地区和朝鲜半岛也出现了这种半狩猎、半农耕的族群。不过，由于西伯利亚北部的民族长期生活在世界交通圈以外，至今仍未能摆脱以往的狩猎生活。如今，他们被称为"旧西伯利亚人"，依旧留守在鄂霍次克海沿岸，将其原始的骨角器文化发展到了极致。

尖状器文明圈

在亚洲内陆的干燥草原地带，当地特殊的气候和风土造就了一种独特的人类生存分布状态。即，当旧石器时代的狩猎民族很快从这一地区消失后，很长一段时期内都没有任何人类进入过这一地区。这可能是由于在旧石器时代末期，这里原本就近乎沙漠状态的土地变得愈加荒芜，而过于干燥的空气又抑制了草木的生长，动物在这里的繁衍活动也越来越少，因此，这里愈发不适于人类获取生活资源。但是，进入新石器时代之后，人们找到了一种能够适应这片土地的生活方式，即游牧生活。人们饲养马、牛、羊等富有利用价值的牲畜，逐水草而居，在这片干燥的草原上迁徙。或在便于获取水资源的湖畔与河边，或在有利于躲避朔北寒风的丘陵南麓，人们一旦在某处发现了草地，就会撑起简单的毛毡帐篷，在地上支起简易的炉灶，营建一处临时居所。然后，人们在那里牧养牲畜，直到那里的牧草被吃光。与之前生活在这里的旧石器时代的狩猎居民不同，这些人几乎不狩猎。这一点可以从他们的遗留物中得到印证。在他们使用过的东西中，人们未发现任何防身的工具，像石镞这样的东西也极少。我们从这一点可以推断，他们彼此之间可能几乎不发生争斗，过的是极为和平的生活。当然，这也是由于当时该地区人口极为稀疏，没有争夺牧地的必要，且由于他们尚未习得骑乘之术，所以既没有攻袭掠夺的手段，也没有这样做的动机。

这些游牧民族的生活首先依赖自己饲养的家畜，因此，制作石刃、石匕、尖器、石锥等用于剥皮、切骨、斩肉的尖状石器的技术，在这一时期有了进步。与此同时，他们之所以不使用磨制的石斧、石刀、石耨等工具，也是由于他们几乎不从事农耕。另外，由于干燥的气候会加速骨角器的腐坏，所以骨角器在这一时期也不为人们所用。至于陶土制品，这些游牧民族多多少少向北部的狩猎民族或南部的农耕民族学习过相应的制作方法，也使用过西伯利亚式的栉文土器或中国式的鬲状陶器。但是，他们迁徙式的游牧生活不便于携带沉重而又易碎的陶器，所以陶器的使用率仍然极低，倒是皮革袋子的使用率更高。此外，他们不使用纺锤车，也没用过骨针之类的制品，这大概是由于他们能够轻易地获得皮、革、毛等制品，所以也就没有学习针织裁缝方面技术的必要了。

这一游牧式生活文明的分布范围，从东北的蒙古高原横切中国西北，经中亚到西南方的伊朗、美索不达米亚，再经俄罗斯南部和匈牙利，远及北非。令人惊奇的是，尽管这一地区范围极大，但其内部的生活方式却基本相同，并未呈现出明显的地区性差别。这或许是因为游牧民饲养的牲畜具有相似性，所以其生活方式也必然存在相似性。此外，他们喜好迁徙的性格和与人和平的气质，也使他们能够更为自由地进行彼此之间的交通往来，而这也能使文化的移动变得更加迅速。

最后留下来的疑问是，这种游牧生活是以怎样的方式产生的呢？具体来说，游牧民族饲养家畜的行为，究竟是始于对北部狩猎民族捕猎物的饲养，还是始于对南方农耕民族驯养家畜行为的专门化，这便是问题所在。虽然这一问题不能急于求解，但大概两种情况都是存在的。在游牧民族所饲养的牲畜中，犬、鹿等来自北部的狩猎民族，牛、羊、驴等则获自南部农耕民族，而马和驼之类则是这些游牧民自己最早成功驯养并使之家畜化的。

磨制石斧文化圈

与上述内陆干燥地带的风土完全相反的地带，是从波斯湾北部向东到印度洋、中国南海与黄海沿岸，以及与这些海洋相连接的大河流域。这一地带气候酷热，空气潮湿，故草木繁茂。这里盛产果类、豆类，生活在这里的人类最开始是采集这些果实作为食物来源的。其后不久，人类学会了在河流的泥沙堆积成的冲积土层上人工栽培和收获作物的技术。于是，拥有最先进文明的农耕文化圈就在这里诞生了。

这一地区的新石器时代人类根据农耕的需要，利用巨大的磨制石斧砍伐树木，并用石犁、石耨耕地，有时还会用石杵、石镰、石刀等刈除杂草、舂捣谷物、切削蔬菜。这些善于利用水土的人类制造了大量钵或壶状的陶器，用以烹煮或贮藏谷物。这类陶土器上往往印有绳文或笼目纹。由此可见，当时的人已经学会了以植物为原料的编织技术。这些人出于农业生产的需要，开始营建村落。他们或穴居，或建木屋。他们为了伐木、排水、烧田而结为一个村落，进行共同劳动，并将收获的粮食公平地分配给村落的成员。

目前我们尚未明确的是，这种农耕文明究竟是在什么地方初露曙光的。不过，根据考古发现可知，亚洲大陆东南部的湿润地带至少存在过两个各具特色的文明系统：一是以印度为中心，包括南洋和中国南部的区域；

二是从中国北部延及朝鲜半岛的区域。

印度与华北的新石器

人们普遍认为，从旧石器时代开始，印度地区的居民在石器制作方面就颇具特点，即他们大多制作和使用形制较大的打制石器，尤其是握槌形或石匕形的石器。这一特点在中国南部也有所体现。进入新石器时代之后，该地区石器的特征转而以精巧的磨制石斧的形式展现出来。这些石斧有的呈三角形并嵌有蛤刃，有的则呈棒状，还有的是极具特色的有肩石斧和有段石斧。其相同点是都属于农耕器具。

与此相对，亚洲东部的华北、东北、朝鲜半岛等地区出土的磨制石斧则形制较小。除了石杵，这些地区还出土了不少形状扁平的石斧、石刀、石镰之类的石器。此外，当地的陶器以鬲、鼎之类的三足陶器为特色，主要作物以麦、稷类为主，家畜则以猪和羊居多。

上述这两个系统之间的边界虽不明晰，但大致来说，二者相互交错的地带是位于黄海、东海沿岸的各个地区，以及日本西部、朝鲜半岛西部、中国沿海地区的中部、北部及台湾一带。台湾及其对岸地区大体上属于南方的印度系统，但受北方系统的影响较强；而黄海沿岸虽大致属于北方系统，但同时也受到南方文化的浸染。

就日本的情况来看，日本和华北、东北、朝鲜半岛一样，带有北方系统的新石器文化特点。这一特点在日本进入弥生时代之后表现得尤为明显。从出土文物来看，与弥生时代薄而坚硬的红褐色陶器相伴随的是北方系统中常见的扁平状石斧及石刀之类；同时，颇具南方系统特色的有肩石斧和有段石斧也掺杂其间。

新石器时代的世界交通

自悠远的太古时代起，人类就有了相互间的交通往来，因此，世界上几乎不存在完全孤立于外界的民族，这一点通过对考古文物进行比较就可以得到证明。以新石器时代末期出现的彩陶为例，我们从其分布状态中就能对人类交通往来的密切程度有更为明了的认识。

人们在壶状陶器上用红、白、黑等颜料绘出美丽的图案，从而制作出彩陶。彩陶的分布遍及整个欧亚大陆，这种分布状况被认为是东西方交通往来的结果。彩陶最初发现于欧洲以及亚洲西南部，从而引起了学界的重视。此后，彩陶又被证明也曾广泛地存在于从中亚、印度到华北、东北的这一区域。在中国西北的甘肃省，考古学家更是发现了大量的彩陶。这一彩陶的制作技法从河南、陕西两省一直传播到东北地区，并体现在辽东半岛南端的貔子窝地区出土的遗物上。

关于彩陶问题，值得注意之处有两点：一是彩陶的制作技法起源于西亚；二是在西亚，彩陶制作技法已经与青铜器制作技法并用。

之所以说华北、东北的彩陶并非起源于当地，是由于该地区从更早的时候开始就存在形状独特的鬲形陶器，而鬲形陶器和彩陶是两个完全不同的制陶系统，二者之间几乎不存在什么内在关联。而且，鬲形陶器在之后逐渐发展成黑陶，其形状原样保持到了青铜时代，进而造就了堪称中国青铜器象征的鼎。而彩陶虽然在新石器时代末期一度大为流行，但似乎并不符合东亚人的嗜好，仅在陶器制作技术层面上给东亚人带来了一定的刺激，之后就湮没无闻了。不过，在亚洲西南部，彩陶文化流行期与青铜器时代初期重叠相接，彩陶也作为所谓"金石并用时代"的明星物件而大受欢迎。这也表明，彩陶的发源地位于西南亚，大概是随着人群的流动而传到东方的。西南亚的彩陶连接了新石器时代的终结和青铜时代的开端，这一事实反过来也证明了，彩陶文化的起源与青铜器文明一样，都是在西南亚初露曙光的。

青铜器时代

亚洲西南部最重要的地区，是从两河流域（即流入波斯湾的底格里斯河和幼发拉底河所构成的流域）经地中海沿岸的叙利亚，向西到埃及的尼罗河流域。该地区的周边是干燥的草原气候，唯有这一新月形地带是一个狭小而湿润的地区，其地质与气候条件与印度相近。至于该新月地带是否经历过旧石器时代，这一点尚不明确，但我们能够确定的事实是，该地区大概是在来自印度的原始农耕文化输入之后，才得以在短时间内实现其文明的跨跃式发展，从而进入领先于世界的青铜器时代的。也就是说，西南亚尽管在相对较晚的历史时期才从外界引入当时最先进的新石器文化，却能够反超其他地区，最早进入更为高级的文明阶段。

出现于西南亚的青铜器文明，以苏撒、乌尔地区为中心发展起来，同时向周边传播。该文明进入印度之后，造就了印度河流域的摩亨佐·达罗文明；到了中亚，则塑造了安诺北丘文明；进入俄罗斯南部后，它又变成了斯基泰（塞种）早期文明。可以想象，斯基泰早期文明继续向东传播至中国北部后，就形成了以河南省为中心的殷（商）文明。

青铜器文明与前代的新石器文明不同，无论是对农耕民还是游牧民来说，它都具有普遍的价值。即，青铜器文明为农耕民提供了替代石斧的铜斧和取代石刀的镰刀，为游牧民提供了铜制的马具。特别是在武器方面，青铜制成的刀、剑、枪、矛、镞，其威力显然凌驾于前代的原始武器之上。这使得以往生活相对和平的民族开始逐渐变得好战，尤其使常年过着迁徙生活的游牧民族的社会面貌发生了彻底改变。此后，游牧民族大多以好战、勇武的形象示人，并与生活相对和平的农耕民族相对立。这大概是因为他们依存于畜牧的生活在粮食生产方面存在一定的局限性，而随着人口的增加，牧区变得狭小，对于肥沃牧场的争夺也由此展开。同时，由于生活不安定，游牧民便开始对居住在气候相对温暖、物产相对丰富的南部农耕地带的居民进行掠夺。

从这个角度来看，以伊朗高原周边为活动中心的雅利安民族注定要在历史上扮演重要的角色。他们原本是游牧民族，但经过青铜器文明的洗礼之后，他们制作出了新型的弓箭、战斧、短剑等锐利武器，驱动战车入侵四邻。于是，西南亚的青铜器文明就通过这种方式，传播到了遥远的东亚。

雅利安人中的一部分翻越兴都库什山脉，进入印度西北部，征服了印度河流域的原住民，而后又进一步向东进入恒河流域，并逐渐将印度加以雅利安化。此后，其文明的余波又波及印度支那半岛[①]，将金属制造技术传播到中国南方山岳地带的少数民族那里。

---

① 即中南半岛。

另一部分雅利安人深入中亚，并同化了中国新疆地区天山南路以西的原住游牧民。此后，他们的文明余波从中国西北传播至新疆、蒙古地区，启蒙了当地的游牧民族，并促使他们团结起来，将刀锋指向定居于南方的农耕民族。南方的农耕民族也从西北的游牧民族那里学到了金属文明，他们试图利用相对丰富的经济资源来与北方的游牧民族对抗。于是，中国历史上反复上演的北方游牧民与中原农耕民之争，就这样拉开了序幕。

铁器时代

人们通常认为，农耕地区的居民建立城邦以及游牧民结为一个个族群的时间，大概是在新石器时代与青铜器时代的交接期。如果我们把国家的出现作为有史以前和有史以后的分界点，那么青铜时代大致上属于有史以后的时代。不过，由于青铜本身稀少而难得，且青铜制成的武器威力也十分有限，所以，以青铜器文明为基础建立的国家或民族难免根基薄弱。后来，在西南亚，人们继发明青铜器之后，又发明了制造更具威力的铁器的技术。由于铁矿在世界各地都有丰富的储量，所以制铁的方法一旦被发明出来，铁器就能得到大量生产，以满足人类无穷的需求。全体人类都能够用上铁器，使人类整体的物质生活水平实现了一次巨大的飞跃，也使人们构建的国家拥有了更加牢固的基础。

铁器作为武器在西亚登场的时间，是距今约 2700 年前的亚述王国时期；铁器传入印度，是在公元前 6 世纪前后。铁器传入东亚的华北地区，则是在两百余年之后的战国时代。

二、亚洲各民族的建国传说

建国传说的三个类型

国家的形成，不仅是构成国家的民族在物质文化的发展上达到一定阶段的结果，同时也意味着这个民族在精神文化上实现了一次重要的飞跃。人类通过建立国家的方式，把以往的精神生活遗产保存下来，并开始在此基础上进一步朝着新的方向迈进。

人类从分散状态凝结成国家，这一过程给了构成国家的成员一次十分深刻的反思机会。他们有着丰富而活跃的精神活动，故对人生的方方面面都不能不心生好奇。他们尤其感兴趣的问题是，国家的主权究竟是如何确立的。不过，在民族神话这种在国家保护下流传后世的精神遗产中，核心问题并不是国家是如何形成的，而是国家的祖先是如何产生的。所以，建国神话就是关于始祖的神话。不过，由于亚洲各民族之间流传的建国传说多种多样，且存在相互影响的关系，因此我们很难复原传说的原本形态。

一般来说，国家的创建者总是有着异于常人的经历，且多是以德建国。亚洲各民族在叙述祖先建国的故事时，大多采用的是共通的模式。如果要划分类型的话，我们可以将其大致分成三类：第一类是南方型的龙祖传说，第二类是北方型的鸟兽祖传说，第三类则是相对先进的中间型的传说。

龙祖传说

第一类是起源于印度的龙祖传说。印度古代的原住民基本上都有蛇神信仰，故常被外来民族称为"龙种民族"，这或许是因为他们相信自己的祖先就是龙。此后，从属于这一系统的建国故事经由印度支那半岛和中国，传到了日本和朝鲜半岛等地。

缅甸的孟卯国的创世神话是这样的：一个名叫坤艾的青年，在湖畔结识了化为人身的龙王之女，并随她去了龙王国，然而他偶然看到了龙女的真身并受到惊吓，于是逃回了故乡。当时龙女已经怀有身孕，她来到湖边产下一卵，卵中生出了名为丘坎的男婴，这名男婴后来成为孟卯国的国王。后来，类似的传说故事在塔兹、温麦、帕洛安等民族中广为流传。

泰国的传说中也有同样的故事：很久以前，一位国王与龙女结了婚，生下了王子，可是王子被猎人捡走。王子长大后，凭借着母亲留给自己的指环，被迎回了父亲的王宫，并成为新的国王。新国王冥冥中受到龙女的佑护，借用水的奇迹平定了湄南河一带，建设了意指"自由"的泰国。

占城位于今越南南部，拥有悠久的历史。占城的建国者名为波罗迦含达摩，相传其母出生于海浪之中，饮海边山岩间的泉水而受孕，诞下了波罗迦含达摩。这个新生儿最初身患癞病，一日，一条巨龙突然现身，舐舐了患儿的身体，治好了他的病。后来，波罗迦含达摩即位后大兴水利，疏浚河流，引水溉田，开凿运河。他击退了外敌，作为疆土的保护者受到人们的爱戴。

在老挝的创世神话中，相传有两名隐者曾来到龙之国老挝，召集了十五位龙王，并为他们指定了各自的领地。

在安南，传说有一位名叫泾阳王禄续的人曾进入水府，与龙女结为夫妻，生下貊龙君；貊龙君又与名为妪姬的女子结婚，生一胞状物，他们以此为不祥，遂弃之于野。后来，该胞体突然张开，产下了一百颗卵，卵体孵化为一百名男婴。其中五十人回到水府，剩下的五十人则留在地上，并在今天的北部湾一带建立了国家。

上述缅甸、泰国、越南三地的龙祖传说颇具特色之处在于，龙大多以女性形象出现，另外传说还暗示，这些地区的国家建设并不是由龙独力完成，而是与其他因素相结合后的产物。这大概就说明，在上述地区，建国是由当地人与印度移民合作完成的。此后，龙祖传说进一步传播到了华南地区，以及中国内陆和朝鲜半岛。在此过程中，故事的原型逐渐发生了变化。例如，在华南山间的哀牢夷，相传有一位名叫沙壹的妇人在入水捕鱼时突然化身为龙。这位龙女踩踏了一个化为沉木的物体，遂有感而生九子，其最小的儿子被称为九隆，长大后就成了哀牢王。又如，在朝鲜古代的龙城国，相传国王的王妃产下一颗巨卵，以为不祥，遂将其放入箱匣，弃之于大海。箱匣漂流至新罗海岸，被一老妇拾取，老妇将卵中生出的孩子抚养成人，这个孩子后来就成为众望所归的新罗第四代国王，姓昔，人称"脱解王"。

由此可知，龙祖传说以印度为中心发源地，经南洋沿海地区传播至朝鲜半岛。不过，在不同民族的想象中，龙的形态并不固定，或像蛇，或像鳄，或像蜥蜴之类。但不变的是，这些龙的各种形态大都来源于栖息在南方热带湿润地区的蛇类。

鸟兽祖传说

与上述情况相反，在干燥的内陆地区北部，神话往往呈现为鸟兽祖传说的类型。鸟祖传说的代表是中国古代殷朝始祖契的诞生故事：契的母亲与姐妹一同去河边洗澡时，吞食了从天而降的燕子蛋，受孕而生契。与此故事最为类似的情节出现在清朝祖先的诞生故事中：天女三姐妹来到长白山的布勒瑚里湖沐浴，一只喜鹊飞来，将一只朱果落在年纪最小的天女的衣服上，小天女吞食朱果后立即受孕，无法返回天庭，遂留在地上产下了一名男婴，这名男婴后来就成了爱新觉罗氏的祖先。

相比于鸟祖传说，兽祖传说的分布范围更广。其中，在土耳其、蒙古高原等地流传的狼祖传说尤其值得注意。在土耳其人的传说中，高车族的祖先是匈奴单于的小女儿与狼结婚之后生下的儿子；而突厥的传说则称一名由母狼养大的孤儿与母狼生了十个儿子，其中一子为阿史那氏，后来成为突厥人的可汗。在蒙古族的传说中，其祖先是从天而降的苍狼与白牝鹿生下的儿子。

此外，以熊为祖先的传说也流传甚广。例如中国古代夏朝的祖先大禹，据传说，大禹的父亲鲧去世后化身成为黄熊；又如春秋时代晋国豪族范氏与中行氏，据说这两个氏族分别以熊和罴为祖先。此外，中国西藏地区还有猿祖的传说，而一度割据华南与湖南省边境的武陵蛮则有狗祖的传说。可见，被视为祖先的动物因所在的区域不同而种类各异。

当然，除了鸟兽祖传说，也有以植物为祖先的传说故事。例如华南夜郎夷的传说：一女子浣于水滨，见三节大竹，自上游流入女子足间，女子闻其中有声，破之，得一男儿；男儿及长，有才武，自立为夜郎王，以竹为姓。这个故事着实与日本的桃太郎传说十分相似。

这些由人类之外的灵妙动物生出建国始祖的传说，虽然看上去不可思议，却是普遍存在于古代未开化社会的图腾信仰的遗存。图腾是守护一个氏族或一个人的动物，这种动物也就成为这个氏族或这个人的记号或名称。除了动物，也存在植物或其他非生物类的图腾。

弃子传说

随着人类智慧的进步，以其他物种为祖先的传说开始被认为是不够合理的。于是，以文明程度最高的农耕民族为中心，人类社会出现了第三类中间型的祖先传说。其中，首屈一指的就是弃子传说。在这一传说类型中，始祖与普通人在本质上并无不同，仅仅是出生经历奇异，例如曾由狼或鹰、鹫等动物哺育长大之类。

在波斯古代传说中，有一位名叫扎尔的英雄，扎尔出生时长着一头白发，故被人视为不祥之物而遭到遗弃，幸好有一只鹫将他拾走，并养育成人。与这一传说在原型上最为接近的，是罗马的始祖罗慕路斯由母狼哺育长大的故事。这类传说在传播过程中会发生变化，即弃子自身会带上神性，能够使无心的牛、马等动物受其感应，不仅不会加害他，还会予以保护。

古代波斯帝国的始祖居鲁士年幼时曾遭遗弃，后由牧人之妇抚养长大，但在时人的传说中，他是由母狼养大的。还有波斯传说称，伟大的国王费雷敦也是被逐出王宫后由园丁养大的，但坊间却传说他曾有三个月的时间由母牛哺育。此外还有传说称，在中国古代的春秋时期，楚国令尹子文曾被弃于云梦泽山涧，得到过母虎的哺育。

中国古代周朝的祖先是后稷，其名为弃。据传说，后稷在被遗弃后曾得到牛马与飞鸟的保护。可见，这也是具有代表性的弃子传说。当然，弃子传说也常出现在前述各种以其他生物为祖先的传说故事中。

感生传说

在弃子传说的发展过程中，弃子开始拥有感化鸟兽的神通之力。而且，他们尽管生为人身，在出生之际却能感应到宇宙的神秘之力，所谓的感生传说也就由此出现了。在感生传说中，神秘力量所展现出的强弱程度不一，有时甚至完全无视父亲的存在。中国古代周朝的始祖弃的出生便是如此。据传说，帝喾元妃姜原"出野，见巨人迹，心忻然悦"，践之而有孕，遂生弃。而关于汉高祖的传说则称，高祖之母刘媪"尝息大泽之陂，梦与神遇。是时雷电晦冥，太公往视，则见蛟龙于其上。已而有身，遂产高祖"。此外，在高句丽，相传扶余国太子金蛙于河畔得一神女，将其幽闭于室中，但该女子受窗外日光所照，遂有感而孕，生一卵，朱蒙由是降生，并南下建立了高句丽。其后，又有辽太祖的传说，称其母因梦见"日堕怀中"而有孕，从而诞下了辽太祖。这虽已有几分修辞上的附会之嫌，但也留下了古代传说的痕迹。

总之，感生传说及弃子传说在形式上属于相对进化的传说故事。从其分布上看，这类传说是从西南亚传播到华北、东北、蒙古和朝鲜半岛的。传说多出现在亚洲的农耕文明区，对游牧地区也产生了一定影响。此外，这些传说不仅被用于建国始祖的故事，也被用于宗教的开创人物，我们在耶稣基督的传说中就能找到这类传说故事的痕迹。

降神传说

感生传说进一步进化，就发展出了降神传说。相传，新罗六部之人集会于川岸时，在杨山的山麓林间，一只巨卵在一片光亮中从天而降，卵中生出一神异之人，此人自称"阏智居西干"，人称"赫居世王"，即新罗之始祖。此外，在西藏最古老的传说中，雅拉香波神山是当地人祭祀神灵的地方。一日，在这座山的山峰之上突然出现了一位大放异彩的人物，此人降至乡间，使村民大为惊异，村民于是以肩舆载接此天降神人，并设置王座，推戴其为国王。据说，此人就是第一代藏王聂赤赞普。可以说，这一传说类型呈现出祖先故事中进化最完善的形态。

传说与社会

上述建国传说并不是单纯为了满足古代人的求知欲而空想出来的，这些故事在很大程度上与他们的生活环境密切相关，有些故事甚至已经融入了他们的情感世界，成为一种宗教式的信仰。

例如，龙祖传说基本上是以暑热的南方地带为中心流传开来的，在那里，龙被认为是水的支配者。对于当地居民来说，无论是耕作还是交通，最离不开的东西就是水，没有水的生活是难以想象的。因此，在当地人看来，龙既然是水的支配者，自然也应是万能的神，于是理所当然地，开国之君对地上社会的支配权也必然来自龙的授予。

与此类似，对内陆地区的狩猎民族而言，鸟兽与其生活有着最为密切的关系。特别是鹫、狼、熊等凶猛可怖的动物，其威力之大足以令未开化之民怀有崇敬之心。另外，鹊这类飞禽因具有轻快的飞翔之姿，而使人们相信这些鸟类拥有预示吉凶的神秘力量，这或许就是它们被某些未开化之民当作图腾的原因。但是随着智识的进步和农耕社会的出现，人们意识到将鸟兽直接作为祖先的不合理性，于是，弃子传说、养育传说乃至更进一步的感生传说就陆续出现了。

在古代中国，殷的祖先契是其母吞玄鸟之卵后所生，此玄鸟即指燕子，因为燕子是代表农业活动的鸟类，所以该传说同时也反映了殷的农耕文明状态。进一步在感生传说中，有感于日光的传说表明，人类开始有了对日、月等天体的崇拜。在古代，天体是告人以农时的基准，尤其是为农耕带来恩惠的太阳。不过，尽管同样是农耕社会，南方与北方却不尽相同：在南方的暑热地带，人们往往将水神视为农耕之神；而在北方的温暖地带，农耕之神往往是日神。这大概是由于，在南方暑热地带，太阳的炎热是最惹人嫌恶的东西，所以当地人几乎不崇拜太阳，尽管那里基本上是旱季与雨季相互交替的，但雨季的降水在当地才是推动万物生长的动力。而只有在不时吹起凛冽寒风的北方温暖地带，太阳才被视为促使万物生长的根本所在，从而得到北方居民的崇拜。

但是，随着人类智慧的进一步发展，感生传说也终于无法再维持下去，于是就出现了进化程度最高的降神传说。这里值得注意的现象是，"神"在性质上也经历了一个进化的过程。在以往的未开化民族中，拥有神秘力量者被认为是鸟兽或龙这样的动物，即人类之外的物种。但是随着文明的进步，人们逐渐发现，人类才是世上拥有最多神秘之力的存在，而动物是低于人类的。于是，"神"被重新界定为具有人之形态的人类中的特别存在。这样一来，人们不得不认为，国家的始祖就是这种神异之人，他们从天而降，并拥有特别的神秘力量。

第二节　古代波斯及其相邻诸国的文化

西南亚的土地

地球上的陆地面积十分广阔，但人类能够栖息和利用的土地却被限制在相对狭小的空间里。即便是现在，人类的智慧已经能够将以往的不可能变成可能，可供人类聚居生活的土地仍相当有限。更何况，对于古代人来说，可以提供居住场所并为文明发展创造空间的土地只是地球表面上非常小的一部分。其实，人类的历史就是在这种空间有限的舞台上展开的。

前面曾提到，在西南亚，世界上最古老的文明的发源地就是从波斯湾东北岸向西，经叙利亚至非洲大陆北岸的新月形区域。西南亚的主体部分都位于干燥气候带，所以该地区的居民大多过着游牧生活。但与此不同的是，上述新月地带是由底格里斯河、幼发拉底河这两条大河的冲积平原构成的，而且该地区与地中海相连，据有水利，且气候潮湿，故发展成为一片可供农耕的沃土。该地区最早的农耕文明究竟是出现于东侧的波斯湾东北岸，还是出现于西侧的尼罗河河口，目前尚不明确。但是，波斯湾东北岸的农耕文明未必是领先于世界其他地区的，据推测，其文明有可能是从印度传来的。不过，农耕文明一旦在这里扎根，便借其肥沃之地利而得到了迅速的发展，从而使当地人能够突破新石器时代的旧壳，一跃而进入青铜器文明的时代。这一点是有着重大历史意义的。

苏美尔人问题

在邻近底格里斯河和幼发拉底河的平原上，最早开出文明之花的是苏美尔人。苏美尔人的起源目前尚不明确，但由于其语言不仅与附近的闪米特人不同，更不同于北方雅利安人的语言，所以由此推测，苏美尔人与印度的原住民或许存在一定的联系。

无论如何，至少在距今约5000年前，苏美尔人就在两河流域定居，并开拓了自己独特的文明。当时的波斯湾位于今天波斯湾的内陆地区，其海岸线距离现在的海岸线有250千米。当时，底格里斯河与幼发拉底河曾拥有各自的入海口。苏美尔人在两河河口附近开垦沼泥地，并逐渐建起了数量众多的城邦，某些势力强大的城邦曾先后在这一地区称霸。苏美尔人通过日晒来风干土砖，用以建造房屋，并在城市的中心地带建造神庙。该地区获取石材相对困难，当地居民最大限度地利用黏土，这不仅体现在建筑方面，就连他们的文字也是在黏土板上用独特的楔形文字进行书写的。

苏美尔城邦周边的干燥地带是闪米特游牧民族的主要活动区域，他们曾屡次侵入苏美尔的农耕民族世界。闪米特人是擅长弓箭的尚武民族，与此相对，苏美尔人的优势则主要体现在团队协作的战斗方式上。具体来说，闪米特人惯于以长枪为武器，以盾牌保护身体，他们组建规模庞大的军队，由国王在军队的领头位置上发号施令。其国王一般出身于僧侣阶级，统领专职士兵，并以确保一般民众的幸福生活为自己的责任。他们的武器装备虽然是用金属制成的，但仅使用了铜。可见，当时的闪米特人尚未学会在铜器中加入锡而使之变成合金，从而增强其硬度的技术。据说，该地区最早使用的青铜器是从地中海传入的。

此后又经过了数千年，世界历史上反复出现的城邦与游牧民族之间相互斗争的模式，首先出现在苏美尔人与周边的游牧民族之间。在苏美尔西北方的草原地带，生活着闪米特人的一支，即阿卡德人。他们仰慕苏美尔人的文明，故在靠近苏美尔的地方定居生活。阿卡德人雄武的国王萨尔贡一世学习并采用了苏美尔人的战斗方法，其势力因此日渐强盛，并最终征服了苏美尔地区。萨尔贡一世也因此成为苏美尔-阿卡德之王，人们称之为"天下四方之王"。据传说，他曾将从"上海域"到"下海域"之间的区域都变为自己的领土，如果这二者指的是地中海和波斯湾的话，那么阿卡德人的领土可谓相当广阔。

但是，由于阿卡德人仅仅是以勇武善战取胜，除此之外并不具备特殊的先进文化，所以逐渐被自己治下的苏美尔人的文明同化。不过，阿卡德人仍试图保存闪米特语，且萨尔贡之后的诸王都将闪米特语设为通用语言，并用苏美尔人的楔形文字书写。于是，闪米特语逐渐占据优势，苏美尔语则很快就消亡了。

古巴比伦王国

在苏美尔人与阿卡德人最终融合为同一个文明社会之际，他们却遭到了来自西部草原的亚摩利人（闪米特人的一支）的入侵。亚摩利人在巴比伦定居，汉谟拉比成为他们的国王，并平定了下游地区的苏美尔－阿卡德诸国。汉谟拉比被认为是世界上最早的立法者之一，他推动了商业的发展，并带领国家走上了繁荣强盛的道路。巴比伦语与楔形文字在其疆域内得到全面普及，连地中海的叙利亚人也使用巴比伦文字。此外，许多学校借由僧侣之力而得以振兴，祭奠众神之神马尔杜克与女神伊斯塔尔的神庙同时也是银行，来自世界各地的大量商人都聚集于此。

亚述王国

亚述王国建立于底格里斯河上游的溪谷地区，其中心为亚述。闪米特人自古便在那里定居，从事农耕和畜牧。他们吸收了南部的苏美尔和巴比伦的文化，建立了城邦，并逐渐发展壮大。此外，亚述人还从东面的草原输入马匹，将其作为战马，并开始使用铁器，形成了以弓箭手为中心，以枪、盾为武器的步兵部队，并以骑兵与战车部队相配合。他们还进一步发明了类似攻城车的武器，其军事实力已经所向披靡。

亚述王国以尼尼微为都城，并曾一度将小亚细亚及埃及纳入版图，从而首次统一了从西亚到埃及的所谓"新月沃地"。亚述疆域的向西扩张，对居住在地中海地区的其他闪米特人产生了重大影响。

当时，活跃在小亚细亚地区的游牧民族是赫梯人，而在小亚细亚南部的叙利亚，则分布着阿拉伯人和腓尼基人的城邦，这里是东西方海陆交通的要道，商业十分繁荣。居住在内陆沙漠地带的以色列人垂涎此地，蠢蠢欲动。当时，亚述人首先打击了赫梯人，攻陷了叙利亚的中心城市大马士革，随后俘虏了以色列的游牧民，并将他们迁徙到亚述的东部，接着进一步征服了埃及，将其纳入版图。

叙利亚和腓尼基地区自古以来就是重要的商业中心。当地人一方面组织陆上商队，进入西亚内陆地区，另一方面向地中海派遣舰队，前往大西洋沿岸。由于亚述在征服叙利亚地区之后采取了保护当地商业的政策，所以叙利亚人的活动范围得以不断扩大，他们使用的音符和文字也在亚述疆域内得到广泛使用，甚至发展到要将楔形文字排挤出去的地步。

叙利亚地区的商业繁荣发展，其影响进一步波及西方。在叙利亚北部的小亚细亚，在这片赫梯人昔日的领土上，兴起了名为奇里乞亚的商业王国。奇里乞亚日渐繁荣，吸引了生活在西方但尚未开化的希腊人，他们来到奇里乞亚的海岸与之进行贸易，并在所到之处建立了大量的小型殖民城市。

但是，由于亚述在统治方法上存在缺陷，故其统治并不长久，王国很快就陷入了四分五裂的局面。以拥有古代文明为荣的巴比伦最先独立，其后，埃及和小亚细亚的奇里乞亚则因距离遥远，亚述鞭长莫及，故而叛离了亚述。接着，在距离亚述本土最近的东部山地地区，兴起了雅利安种的米底人。亚述就是在巴比伦与米底联军的夹击下灭亡的。

波斯的勃兴

亚述灭亡之后，巴比伦、米底、奇里乞亚、埃及四国互相对立，其中巴比伦的势力最强，其疆域延伸至波斯湾北部及地中海地区。巴比伦人征服了入侵叙利亚南部的游牧民族以色列人，将他们囚禁于首都巴比伦。当时的巴比伦城在国王尼布甲尼撒的治下实现了空前的繁荣，成为全世界的工商业与艺术、科学中心，并为后世所称颂。

然而，四国对立的均势状态被意料之外的新兴势力打破了。在与米底人同种的同盟国中，有一个名为波斯的地方，波斯人占据了伊朗高原的南部，常与米底人共同行动。但在国王居鲁士的统治下，波斯人从米底治下取得独立，并灭了米底。对于这个新兴的强敌，巴比伦、埃及、奇里乞亚三国结成同盟与之对抗。对此，居鲁士首先远征奇里乞亚并将其击败，同时征服了希腊在小亚细亚沿岸的殖民城市。在返程途中，居鲁士又攻陷了巴比伦王国，释放了被囚禁于巴比伦的以色列十族，使他们得以返回巴勒斯坦。不过，以色列人在被囚于巴比伦期间接触到了先进文明，其信仰也因此发生了重大的变化。数百年后，在以色列人以往所信仰的犹太教中，出现了更为精练的基督教信仰。

居鲁士之子冈比西斯在位时，波斯军队进入埃及并将其征服。冈比西斯的继承者大流士在平定内乱后即位，进一步扩大了波斯的疆域，其范围西起巴尔干半岛，东至印度边境。在大流士的治下，大帝国的统治模式首次得以确立。可以说，始于苏美尔城邦的西南亚的文明经历了两千多年的发展，到大流士大帝出现后终于达到了古代文明的顶点。

苏美尔人的各个城邦都有各自独立的国王，而征服了苏美尔的阿卡德人萨尔贡一世被称为"天下四方之王"。在西亚，萨尔贡被认为是第一位有志于统治世界的君王。但是，苏美尔人曾再度独立，对此，乌尔国王出兵征服了苏美尔人的领地，并开始自称"乌尔-苏美尔-阿卡德之王"，乌尔及其所征服的地区就被称为"苏美尔-阿卡德"。此后，巴比伦国王汉谟拉比不满足于只做"苏美尔-阿卡德之王"，而自称"世界之王"。然而，汉谟拉比这种统世界为一国的理想终究未能实现。到了巴比伦王朝的末期，亚述崛起于北方，西方则出现了日益强大的埃及。此后，各国展开了国家间的交往，并确认了相互间的兄弟国关系。

亚述国王萨尔贡二世通过远征，实现了对西亚主要部分的第一次整合。在对苏美尔时代进行调研后，亚述采取了郡县制的统治方法。但由于亚述的政策过于高压，招致了人民的反抗，所以其统治未能长久。此后，波斯的大流士大帝真正实现了古代世界的政治理想，即，大流士首先在西亚实现了世界应统一于同一个主权之下的理想。换言之，到了大流士的时代，君主独尊、不允许其他对立者存在的专制政治得以确立。大流士由此变成了"王中之王"，被称为"波斯乃至全大陆的王，人类中至善至贵的第一人"。

波斯广阔的疆域由众多领国构成，各领国须向中央缴纳一定的贡物，同时承担兵役。在领国内部，主要根据各民族的活动范围来进行界定，各个民族在领主的监督下保有地方自治权。也正因如此，各领国能够维持和发展各自的文化。但在大流士的专制统治确立之后，各领国只能作为波斯帝国的一部分保有有限的自治权，这些领国内的民族的独立性已经与过去大不相同。从此以后，在波斯的影响下，西亚文化也表现出了大一统的特点。

在宗教方面，波斯人信仰全能神阿胡拉·玛兹达，除此之外，对密特拉神的崇拜也十分盛行。琐罗亚斯德出现后，玛兹达教的教义被整合为善恶二元论的思想体系。此后很长一段时间内，善恶二元论的思想体系都是西亚宗教的最主要特征，并经由中亚对中国的思想也产生了影响。不过，波斯人并不试图将自身的宗教强加于领内的人民，而是认可政教分离的原则。那些由于坚守顽固的一神教信仰而在巴比伦遭到囚禁的以色列人，借波斯人之手得以回到故乡巴勒斯坦，在波斯治下，他们的信仰自由虽然得到了保障，却不得不受二元神教思想的影响。这些以色列人在崇拜耶和华之外，开始思考恶魔的存在，可见，他们也不得不在一神教中加入了二元论的色彩。

古代史的发展

西亚的古代史，至波斯帝国的出现终于发展到了顶点。所谓古代史的发展，指的是原始的城邦从对立状态逐渐被统合为疆域广阔的国家的过程。但是，疆域广阔的国家绝不是突然或偶然就能建成的，其出现须以社会、经济、物质、精神等方面的准备为前提。如果不是人类的战术、武器、生产力、政治制度和人生观有了相当程度的进步，统治广阔的疆域是不可能实现的。从大流士大帝的首都苏撒到小亚细亚的萨底斯，二者之间的军用道路也是以统治广阔的疆域为目的而铺设的。从苏美尔时代到波斯古王朝，是从分立走向统一的时代，也是从小的统一走向大的统一的时代，统一进程饱经考验。这一进程不仅对应着欧洲从希腊城邦到罗马帝国的统一过程，也呼应了中国从春秋时代诸侯国争霸到汉帝国建立的过程。

然而，疆域统一的进程虽以加速度发展着，但发展至顶点时，大势就会发生逆转，又会走向新的分裂。这恐怕是由于当时社会的、知识的积淀尚不足以维持大一统，只能勉强实现表面上的统一，而实际上可能反倒是地方性的小统一体的互相对立更具合理性。正如中国在汉之后有三国、南北朝的分裂，罗马帝国在发展至巅峰时因日耳曼人入侵而分裂，西亚世界在希腊人的侵袭下，也不可避免地迎来了旷日持久的大分裂时代。

希腊的兴起

就像以往亚述利用叙利亚人一样，波斯利用腓尼基人，将其商业势力扩张到了海外。而不屈不挠地与腓尼基人争夺海上霸权的正是希腊诸城邦。早在波斯强盛时，大流士一世便曾渡海前往巴尔干半岛开疆拓土，同时试图与腓尼基人合作，征服希腊半岛南部的城邦联盟，但以失败告终。在当时，这不过是波斯帝国境外极为微小的事件，然而以这一事件为契机，未开化的希腊人的国民意识被唤起。此后，在波斯的国境之外，出现了与波斯文化相异的另一个地区性文化——希腊文化。虽然希腊文化的发源地是波斯治下的地中海沿岸的各个城市，但生活在波斯之外并对其怀有对抗意识的希腊人，却将这一文化塑造成了符合自身需要的、带有希腊特色的制度文化。如此一来，这个有限的地区性文化先后由于亚历山大大帝的出现和罗马帝国的建立，得以不断朝东、西两个方向渗透，并发展成为世界史上的一大潮流。

亚历山大大帝

希腊诸城邦曾一度击退了波斯的进攻，但希腊人的国民意识过于激昂，从而对波斯进行了反击，并对波斯沿岸地区进行了掠夺。然而，由于内部纷争频发，希腊诸城邦终究未能发展成强大的势力，倒是波斯人利用自身的经济实力，通过利益手段驯服了希腊人，从而成功地统治了希腊诸城邦。从此，希腊城邦与波斯帝国之间保持和平，并在海上贸易方面表现活跃。他们在增加财富的同时，也使其独特的民族文化得以开花结果。这种希腊式文化在发展到一定阶段之后，在以城邦为中心的社会中无法继续发展，而城邦本身为了进一步发展至新的阶段也开始自我瓦解。正值此时，同属希腊人的未开化民族马其顿人在北方出现了。

马其顿人在输入了南方的希腊城邦文化后日渐开化，亚历山大大帝就是在这一背景下登上历史舞台的。他使希腊诸城邦臣服于自己，并成为城邦联盟的保护者。随后，他率领希腊人踏上了征讨波斯人之路。他进入小亚细亚，拔除了波斯的基地，又沿地中海海岸击败了海上仇敌腓尼基，接着征服埃及，断波斯之羽翼，随后侵入波斯本土，废掉大流士三世，灭波斯古王朝，再入中亚，直至印度境内才收兵。

亚历山大大帝出身于希腊的未开化民族，但在威服希腊以及进入并征服亚洲之后，亚历山大的心境发生了巨大变化，他开始出人意料地醉心于波斯贵族式的绚烂文化，甚至以波斯古王朝的后继者自居。他选定西亚的古都巴比伦作为首都，试图保护波斯的社会制度和文化；他还娶了波斯国王的女儿，并让部下将士也娶波斯贵族女性为妻。亚历山大大帝虽是希腊人，但他对希腊的影响反而很有限，反倒是对西亚的历史产生了深远影响。也就是说，亚历山大不是欧洲的王，而是西亚的王。在西亚后世的历史中，亚历山大大帝被称为"伊斯坎达尔"[①]，是西亚正统帝王中首屈一指的人物。

亚历山大大帝的统治时间虽短，但经过他的支配，希腊自身的城邦政治终于走上了崩溃的道路。但与此同时，希腊的文化却实现了进一步的发展。原本的希腊文化即城邦文化，不过，由于城邦是以全体公民的紧密团结为基础建立的，所以城邦文化必须是最公民性的和爱国主义的。然而，过于偏狭的城邦社会会阻碍整个希腊的文化向更高层次飞跃。就连苏格拉底那样拥有卓越见识的哲人，都因在城邦中遭到不爱国的诽谤而不得不饮鸩自尽。所以，要实现全希腊人的团结这一目的，城邦就必须解体。要而言之，自亚历山大征服以来，希腊诸城邦失去了其政治性，取而代之的是新的都市文明，这种都市文明超越了以往的国家观，开始具有世界性，且同时是以个人主义为思想基础的。这种希腊文明后来又变得过于国际化，

[①] "Iskandar"或"Eskandar"，"Alexander"（亚历山大）一词在波斯语中的变体。

而使希腊人产生了缺少界限感的世界主义，并使希腊终究未能走上中庸的统一希腊这一民族主义的道路。这也是希腊未能像罗马那样实现统一伟业的根源所在。

然而，对于怀着这种世界主义抱负的希腊人来说，亚历山大大帝开拓的新版图成了他们展现旺盛生命力的舞台。他们在幅员扩及西亚的世界性大国里，作为接受过教育的世界人，为获取生活资源而四处迁徙。这种希腊文化是不为以往的波斯世界所知的异质性的文化。但在希腊文化向波斯传播的过程中，我们可以看到西亚与希腊的文明要素混合交融，这种混合文化就是希腊化时代的文化。

古代世界的分裂

在亚历山大大帝治下，西亚中心的大国和亚历山大本人一样短命，随着亚历山大的离世而瓦解，并被亚历山大手下的将士瓜分，中世的分裂时代自此拉开了序幕。与此同时，在欧洲，由于日耳曼人的入侵，罗马的古代世界也陷入了分裂状态。

最初，西亚的主要部分为亚历山大的部将塞琉古一世所占，但在塞琉古王朝衰败之际，伊朗高原的土著居民发动起义，建立了亚洲人的帕提亚王国。塞琉古王朝的残余势力则退居叙利亚，建立了叙利亚王国。残存于东方印度边境附近的巴克特里亚的希腊人，则在当地建立了巴克特里亚王国（大夏），该王国在短短几个世纪的时间里就已褪尽希腊式的色彩，其原有的希腊文明被土著的亚洲人消化和吸收。

帕提亚王国占据美索不达米亚以东一带，试图复兴古波斯的传统文化，"帕提亚"（Parthia）就是"波斯"（Persia）一词的变体。在中国，人们以帕提亚王国建立者阿尔撒息的名字，将该国命名为"安息"。与之相对抗的是以叙利亚为中心、横跨地中海的希腊式的叙利亚王国。此后，西亚以幼发拉底河上游为界，分裂为东、西两部分。这一分裂局面延续了几个世纪，东半部代表了古老的亚洲文化，而西半部则更多地受到希腊的影响，并与勃兴于西方的罗马合为一体，逐渐成为欧洲世界的一部分。可以说，欧洲正是自这时起从亚洲分离出来的。

欧洲文化圈的形成

欧洲就如同亚洲的一个半岛,欧洲文化在最初不过是亚洲文化的一个分支。希腊诸城邦的文化在发展到当时的世界领先水平之前,其动力几乎都是由亚洲提供的。在希波战争之前,希腊不过是亚洲的一部分,直到战后才终于在特殊的体制之下展现出与亚洲相异的文化发展趋势。尤其是在亚历山大确立统治地位之后,腓尼基的没落使整个地中海都成为希腊人活动的舞台。为地中海文化提供体制框架,就成了希腊文化的任务。然而不容忽视的是,即便是在希腊的体制之下,古老的西亚文化要素依然保持着自身固有的特性。古伊朗人的一神教信仰曾受到巴比伦和波斯文化的影响,如今这一信仰在经过希腊式的修饰后重生,并以基督教的形态呈现于世。与此同时,罗马逐渐兴起于意大利半岛,并引入和学习希腊文化。基督教正是利用这一潮流,成功地实现了布教于整个欧洲的大业。

第三节　古代印度及其文化

印度河文明

　　印度河流域曾盛行旧石器文明，这一事实已经通过印度东南部各地出土的考古遗物得到证明。此外，近年来，考古学家对印度哈拉帕遗址进行发掘和调查后证实，在从新石器时代向金属器时代过渡的历史阶段，印度西部的印度河流域也有着优秀的文明。哈拉帕位于印度河河口附近的摩亨佐·达罗与上游的旁遮普地区之间。该遗迹形成于距今约5000年前，前后维持了五百余年的生命力。该遗迹是属于金石并用时代的城市遗迹，房屋多为砖瓦造的多层建筑。其尤为显著的特征包括：建有完备的浴场，城中铺设了道路，并建有排水系统。另外，从出土的武器、玩具等其他器物的状态也可以看出，该地区曾拥有发展程度相当高的文明。此外，那里还出土了大量印章，只不过印章上刻的文字尚未得到完全解读；人们还在那里发现了神像，并认为是当今印度教中最受尊崇的湿婆的原型。从刻有母牛浮雕的印章等遗物来看，古印度人的宗教信仰可以说一直延续到了今天。不过，该遗迹所代表的文明是否确实是遍布古代印度的原住民达罗毗荼人的文明，这一点尚不明确。但从西亚共同的女神、母神像的出土这一点来看，我们不难想象，这一印度文明与西亚文明（特别是苏美尔文明）之间必然有着密切的关系。我们无从得出定论，这一古老的印度文明是在怎样的情况下灭亡的，但无论如何，该文明曾一度中断。就在该文明即将从土著居民的记忆中消失的时候,雅利安系的游牧民族开始从中亚翻越兴都库什山脉,侵入印度西北部。此后,印度的历史一直延续到了今天。

雅利安人的入侵

流浪于中亚原野上的雅利安人是一个巨大的民族集团。在距今约4000年前,该集团分裂为两部分,各自分头开始了新的行动。向西的是伊朗民族,他们出现在波斯高原;向南的是雅利安民族,他们侵入了印度西北部。"雅利安"(Aryan)原本是他们的自称,意为"高贵种族",与"伊朗"(Iran)一词出于同一语源。后来,在民族学家的用法中,"雅利安"一词也包含与雅利安人同种的欧洲条顿民族,所以为了加以区分,学者们便将进入印度的雅利安人称为"印度雅利安人"。

雅利安人侵占的印度西北部,是印度河上游五大支流形成的冲积平原,这里一般被称为"旁遮普",意为"五河之地"。雅利安人进入这片沃土后,与顽强抵抗的原住民交战,同时开始了未曾经历过的定居的农耕生活。《梨俱吠陀》是以旁遮普为摇篮兴起的最初的雅利安文化的最古老文献,其中描绘的社会大概应上溯至距今3500年前。"梨俱吠陀"的意思便是"收录了赞颂众神之歌的圣书经典",其使用的吠陀语与古代的伊朗语最为相近,后世印度的通用语梵语也是由此发展而来的。吠陀语的语法与欧洲各民族的语言如希腊语、拉丁语、英语、德语、法语、意大利语乃至俄语都属于同一系统,根据这一点,我们便可以对印度雅利安人的来源进行更加明了的说明。

梨俱吠陀时代的雅利安人

雅利安人的宗教原本是将隐藏在自然现象背后的威力加以神格化,并对其赞美和崇拜。进入印度的雅利安人在接触了当地的大自然后受到刺激,进一步提升了对固有信仰的忠诚度,他们开始信仰象征天、地、火、水、风、太阳、雷电等事物的众多神明,还经常用苏摩草的汁液制作神酒,并将贡献给神明的物品投入火中,以祈求胜利和幸福。他们的理想是在死后进入天界,与诸神共享欢乐,他们还曾运用出色的韵律和修辞技巧咏唱赞歌。雅利安人的工艺技术当然也有了相当程度的发展，但他们主要从事畜牧业和农业，其商业发展尚未脱稚气，因此他们在衣、食、住等方面极为简朴，富有进取的气象。雅利安人以神圣的祭火为中心，过着大家族式的生活，并以大家族为基础，形成了大大小小的部落，各个部落都拥戴着其各自可以称之为"王"的领袖。雅利安人的军队由步兵和战车部队构成，他们爱好战车竞技，并以刀、枪、斧、箭为武器。他们的娱乐方式是歌舞和音乐。尽管也有沉迷于博弈和饮酒之徒，但他们始终未失去长久以来尚武刚健的风气。另外，雅利安人虽然非常尊重牛，但未像后世那样受限于不杀生的规定，尚能够大摆肉食之飨宴。总之，通过《梨俱吠陀》的记载，我们能够推断出的历史事件虽然极为零散，但我们至少能够模糊地了解到，巴拉塔族的苏达斯王在印度河的一条支流上击败了与之敌对的十个部族的王，即"十王败战"的故事。雅利安人同族之间也会发生争战，但同样会心存同族意识，团结一致，合作对抗印度原住民的反击，并进而征服和驱逐那些在各地建造城垣、据要塞之地顽强抵抗的敌人。这些印度当地的原住民被描述为肤色黑、鼻子扁、宗教奇异的丑陋种族，有时甚至被视为恶魔，其中的大部分人被认为与现在生活于印度南部的达罗毗荼人属于同一系统。如果我们进一步对《梨俱吠陀》的语言进行考察，则可以推测得知，这些印度原住民中还有一些是现在印度中部地区的蒙达人的祖先。

其实，在雅利安人到来之前就居于印度的原住民达罗毗荼人，原本也是印度之外的来客。但在受到后来的雅利安人的压迫后，一部分达罗毗荼人较早地被雅利安人同化，其中一些人在雅利安人的征服之下变成了奴隶，另一部分人则逐渐退避至印度南部，在德干高原发展其富有特色的达罗毗荼文化。达罗彼荼人的语言是泰米尔语，在现在的印度南部仍占据着支配地位。而该语族的独特性就在于，在世界上几乎找不到任何与之类似的其他语族。

蒙达人被认为是最早生活于印度的原住民，现在学者们大多认为，蒙达人的语言属于从印度东北部的阿萨姆地区到印度支那半岛的澳亚语系。由于达罗毗荼人与雅利安人的先后入侵，蒙达人逐渐被驱赶至山间的偏僻地区，勉强残存于现在印度中部的高原地区，并在那里生存了下来。

恒河流域平原的城邦

雅利安人侵入印度西北部并征服旁遮普地区后，进一步向东进入了土地肥沃的恒河流域平原。在此之前，雅利安人在经营旁遮普时期就建成了塔克西拉等城市。但在恒河平原上，又出现了比塔克西拉更为强大的城邦，这些城邦根据亲缘关系结合在一起，形成了国家的联合体。为了争夺领导权，各城邦在其霸主的统率之下相互争战。在众多同族城邦的联合体中，曾一度十分强大的是俱卢族、般阇罗族等，而俱卢族的巴连弗邑王朝后来定都于恒河河畔的哈斯蒂纳普尔，强极一时。

雅利安人定居于恒河流域，始于距今约 3000 年前，其文化延续了约 500 年。这一时期也是婆罗门文化的全盛时代，继《梨俱吠陀》之后，又出现了《娑摩吠陀》《夜柔吠陀》和《阿闼婆吠陀》。雅利安人的城邦对于阶级制度在印度社会的确立发挥了重要作用，印度社会现存的堪称其社会桎梏的种姓制度，就是在这一时期确立的。所谓"四种姓"，最上层是掌管宗教和学问的"婆罗门"，其次是王侯武士阶级"刹帝利"，再次则是庶民阶级"吠舍"，最下等的是奴隶阶层"首陀罗"。其中，婆罗门的地位最为尊贵。记载婆罗门宗教祭祀内容的"吠陀"，被视为绝对神圣之物。在当时，宗教既是科学，又是文学，一切知识都离不开宗教。因此，从事宗教事务的婆罗门阶级掌握了社会的领导权，在他们的影响下，印度实现了哲学和文学方面的独特发展。

婆罗门独占了知识，刹帝利则掌控着武力，从事军政事务。这两个阶级垄断着社会的特权，他们在决定军政事务时，对一般庶民的利益置若罔闻。而庶民和首陀罗则处于人权完全得不到保障的社会底层，不得不呻吟度日。这种社会阶层的固定结构，是在雅利安人的地位确立后，且未曾受到外来部族攻击的情况下，出现在印度这个天赐沃土的社会之中的。然而，这种社会固化不仅使雅利安人失去了以往的进取气象，也使社会的健全发展遭遇巨大障碍。此后，婆罗门教也随之变得形式化，陷入了祭式万能主义。对此，这一时期的印度在思想和宗教上出现了改革运动的新动向，佛教和耆那教就是在此背景之下出现的。不过，尽管思想界出现了一时的生机，但由于根深蒂固的婆罗门势力的存在，这些改革运动都遭到了反动势力的压制；反倒是在印度之外的其他国家，改革运动产生了巨大的影响。

奥义书的哲学

由于不满足于婆罗门神学中的祭式万能主义，奥义书哲学主张将宇宙的根源和人类的本体视为"梵"，倡导"梵我一如"。奥义书的出现距今已有2500年之久，很可能是世界上最早的体现深奥哲学思考的产物。而且，奥义书的哲学思想至今也没有变成僵死的古代思想，而是仍然富有生机，并对近代欧洲（特别是德意志）的哲学产生了巨大的影响。

佛教的兴起与耆那教

奥义书哲学出现后不久，印度就出现了改革婆罗门教的运动，佛教就是其中的代表。

当时在恒河流域以北和喜马拉雅山南麓，有多个雅利安系释迦族的城邦，其中有一个迦毗罗卫国，该国王子就是佛教的创立者释迦牟尼。释迦牟尼虽然贵为王子，且被寄予厚望，但他对人生问题却怀有深刻的疑问。为了解决这些问题，他弃世出家，经过苦行与冥想，终于在佛陀伽耶的菩提树下得道成佛。于是，从他在鹿野苑第一次进行初转法轮的传道开始，释迦牟尼在45年间不断传道，最终在拘尸那揭罗的沙罗双树下涅槃。

佛教教义的形成过程，便是对堕落的婆罗门教进行革新的过程。它否定种姓差别，主张众生平等。佛教教义的本质是一种彻底的无常观，否定恒常不变的"实我"（灵魂）的存在，而将"无我"作为终极理想。佛教认为执着于自我是迷妄，迷妄的现象世界看上去仿若实在，但这些实在皆起于"因缘"。因缘包括从"无明"到"老死"的十二个环节，要摆脱因缘相续的现象世界，就须以"苦、集、灭、道"这"四谛"，明了一切苦之所依的缘由，从而进入没有痛苦的涅槃之境，由此摆脱生死轮回之苦。而为了实现涅槃，人须行"八圣道"，即正见、正思、正语、正业、正命、正精进、正念、正定，以此作为必不可少的修行。

佛陀的涅槃是在公元前386年前后，其入灭后不久，弟子们就将佛陀的教义整理结集。但此后异见渐出，据传在佛陀入灭百年后，就进行了第二次佛典结集。尽管如此，随着后来佛教的影响力日益壮大，佛教分裂成了许多宗派，其核心教义也集中到人的善恶之业如何决定其轮回转世这一问题上。

摩揭陀王国的称霸

古老的城邦在各族之间的争霸战中优胜劣汰，相互之间的商业交往愈发兴盛，并日渐呈现出向大疆域国家发展的趋势。与此同时，这也意味着拥有政治、军事职权的王族阶级的势力得以确立。在这一社会背景下，佛教、耆那教等反婆罗门的新宗教才能够得以出现并流行开来。

在佛陀出生时，恒河流域平原上尚有几个强国，其中，占据恒河中上游的拘萨罗国和占据中下游的摩揭陀国展开争霸。对早期佛教保护力度最大的是摩揭陀国，其国王频婆娑罗是新宗教的拥护者，佛教因而得以在恒河流域传播开来。频婆娑罗之子阿阇世据传是个暴君，曾囚禁自己的父亲并令其饿死，以继承其王位。阿阇世曾与拘萨罗的国王开战，虽一度取胜，但在后来的一次战役中战败被俘。幸运的是，阿阇世后来不仅得到释放，还娶了拘萨罗国王之女为妻。回国后，阿阇世在恒河南岸修建了华氏城，作为国都。不久之后，他再度压制了拘萨罗国，成功地称霸于整个恒河平原。据传说，阿阇世为忏悔自身之罪过，诚挚地皈依了佛教。不过除了佛教，阿阇世对耆那教也有所保护。

两大史诗

思想上的革新运动以及权贵阶层的推动，使印度的文学也出现了独特的发展。被后世誉为印度文学最高杰作的两大史诗是《摩诃婆罗多》和《罗摩衍那》，而两部史诗的核心内容就是在这一时期确立的，现在我们所看到的是经过后人整理的版本。

《摩诃婆罗多》讲述的是古代婆罗多族的族人之间进行争霸战争的勇武故事：俱卢国的王子兄弟五人因受到迫害而出逃至般遮罗国，他们与般遮罗国王的女儿结了婚。后来，五兄弟再度遭到俱卢国表兄弟王子百人的迫害，被迫流浪于山林达 12 年之久。终于，五人在多方援助下对俱卢国的表兄弟们宣战，并成功复仇。在婆罗门的笔下，这一故事后来被赋予了神话和训诫的内容，现在已经发展成为长达10万余字的大型史诗。

《罗摩衍那》讲述的是古代英雄罗摩的事迹。罗摩是阿约提亚的王子，后因故被放逐，被迫隐遁于山林之中。魔王罗波那将其妻子劫至斯里兰卡。罗摩在森林猴王的帮助下，搭起了通往斯里兰卡的桥梁，而后杀死魔王，救回了妻子。这个史诗故事经印度教信徒润色后，罗摩遂逐渐被人们视为毗湿奴神的化身。

与《梨俱吠陀》的时代相比，这个时代的印度语言已经发生了巨大的变化，其形式开始愈发接近此后出现且至今仍保有生命力的佛教经典的用语——梵文。

印度的统一

恒河流域的摩揭陀国一度兴盛时，印度雅利安人所占据的地区再度遭到波斯的新一轮入侵。自居鲁士大帝至大流士大帝，波斯帝国的君主无不试图征服印度。他们在印度河流域所获得的领地，成为日后波斯最重要的财源；他们从印度征发的步兵，常常出现在西亚的战场上。此后，波斯帝国逐渐衰落，希腊的亚历山大大帝的军队就取代了波斯人，出现在印度的国土之上。

亚历山大大帝击败了波斯国王，他横穿阿富汗，经喀布尔的溪谷地区侵入印度河上游。然而，亚历山大在那里遇到了当地土著的顽强抵抗。作为远道而来的入侵者，希腊军队无法忍受当地酷热的天气，因此未能继续进攻。此后，亚历山大不得不兵分陆、海两路，撤回了巴比伦。亚历山大在印度河流域攻占的地区名义上是希腊领土，实际上是交由印度人以及希腊诸侯来支配的。

在印度的支配者中，有一个名叫旃陀罗笈多的人。他通过学习和利用希腊先进的战斗技术，灭亡并取代了曾经雄视东方的摩揭陀国。随后，他进一步向西扩张，将希腊人逐出了印度河流域。由此，印度的主体部分终于第一次实现了统一，印度河、恒河流域的大平原终于被整合到了统一的主权之下。这一统一王朝被称作"毛里亚王朝"，在汉译佛典中被称作

"孔雀王朝"。

在西亚，旃陀罗笈多与自称亚历山大继承者的叙利亚国王塞琉古缔结和约，确定了孔雀王朝的西部边界。孔雀王朝的首都为华氏城，华氏城被城壕环绕，高耸的楼阁直冲天际，是一座极为繁华的城市，也因此一度成为印度文化的中心。孔雀王朝的国王召集了实力强大的常备军，以威慑整个印度，著名的宰相考底利耶辅佐于其左右。据传说，梵语文学中大放异彩的、具有政治外交指南性质的作品《政事论》就是考底利耶的著作，尽管其真伪尚不可知。

继承旃陀罗笈多之位的是其子宾头娑罗，其后是他的孙子阿育王。在阿育王统治时期，孔雀王朝的发展达到了顶点。阿育王继承了父祖的遗业，进一步沿着南印度的东海岸征服了羯陵伽地区。除了次大陆南端的一小部分，孔雀王朝的疆域几乎覆盖了整个印度。在阿育王的治世之下，佛教在他的保护下有机会广泛地传播到印度各地。

据传说，阿育王原本是一位残暴无道的君王，但他惊异于羯陵伽战争之惨烈，痛改前非，虔诚地皈依了佛教。此后，阿育王自任正法之使者，在道路两旁植树、掘井，以便利旅人；建设灌溉设施，普及医疗机构，为人民谋安宁与幸福。他对治民为政特别用心，任命专门的官吏巡视和监督境内的政治状况，并将说明其施政方针的敕令刻在领内各地的石柱上，以便贯彻自己的意旨。这类石刻至今仍多有留存，并成为十分珍贵的史料。根据这些石刻，我们能够知道阿育王的即位是在公元前271年前后。此外，我们还可以通过石刻了解到，阿育王与西亚的叙利亚国王安条克一世、埃及国王托勒密一世和马其顿国王安提柯一世是同一时代的君王。

据传说，在阿育王的保护下，佛典的第三次结集得以实现。至此，以往由僧侣口耳相传的佛陀教诲，终于第一次得以用当时的日常用语巴利文书写下来，这种巴利文佛经成为现在流行于南洋地区的小乘佛教经典的本源。此外，阿育王还向西亚各地派遣僧侣布道，以进一步弘扬佛法。其结果如何我们虽然不甚明了，但不难推测，这次传教对基督教出现之前的西亚思想界无疑产生了巨大的影响。此后，阿育王还向斯里兰卡传布佛教，并取得巨大成功，不仅实现了当地的佛教化，还使斯里兰卡成为进一步向印度支那半岛以及南洋传教的立足点。作为几乎统一了全印度的统治者，阿育王使用的称号是"天爱王"和"善见王"。也就是说，阿育王并不试图支配整个世界，故未采用"世界之王"之类的夸张称号；因其以实现精神世界的统一为理想，所以采用了"天爱王"和"善见王"的名号。由此我们不难看出富有思想性的印度文化的特点。

古代印度的终结

印度的古代史在阿育王时期发展到了顶峰。然而，古代印度的大一统只在孔雀王朝最初的三代君王治下维持了大约百年的时间，此后，印度很快就进入了中世的混乱时代。而且，如前所述，即便是在阿育王的全盛时期，阿育王也不得不承认西亚诸国君主与自己对等的世俗地位，他试图凌驾于西亚各国之上的想法未能实现。在阿育王之后，孔雀王朝的势力渐衰，印度的中心地区再度分裂为恒河流域与印度河流域的东、西两部分。东部地区在孔雀王朝及其之后的巽伽王朝的治下，勉强维持了印度人自己的统治；而西部地区则不得不再度受到新的外来势力的统治。

最初侵入印度西北部的是巴克特里亚王国。当年亚历山大大帝撤兵后，部分希腊殖民者集团留在了阿富汗地区，巴克特里亚王国就是以这些希腊人集团为核心兴起的。巴克特里亚的王子德米特里厄斯征服了印度河流域，自称"印度之王"，其势力一度极为隆盛。其后，米南德一世当政时，巴克特里亚的势力也十分强盛，这位米南德就是见载于佛典的"弥兰王"。弥兰王曾依据希腊哲学的理论，与佛教僧侣那先比丘互相问答，留下的记录据说就是留存至今的《那先比丘经》。后来，巴克特里亚王国的希腊势力逐渐衰落。不久之后，波斯系的安息向东进军，灭了巴克特里亚，并进而侵入印度西北部。此外，突厥系的斯基泰人也开始南侵，这些战乱使印度西北部的政局极为纷乱。直到大月氏的入侵，这里才出现了新的局面。

大月氏与贵霜国王的入侵

前面提到，由于安息帝国的出现，位于其东侧的希腊人的巴克特里亚王国处境十分孤立。为了改变这种困局，巴克特里亚人遂侵入印度西北部，并一度十分强盛。然而，巴克特里亚的势力很快就衰落了，他们不仅受到来自西侧的安息人的压迫，而且苦于应付印度原住民的叛乱。正在此时，突厥系大月氏一族千里迢迢地从中国西北边境，经天山北路来到了印度。此前，大月氏人曾在中亚的撒马尔罕地区定居，不久便使巴克特里亚的希腊遗民臣服。随着其势力日益壮大，大月氏进一步向印度西北部扩张，并成为那里的一大势力。

后来，大月氏也日渐衰落，此后兴起的是印度人的贵霜王朝。贵霜王朝在从创立者丘就却到第三代国王迦腻色迦的这段时期发展到了顶峰。虽然我们无法确定迦腻色迦在位的具体年代，但可以推测大致是在公元140年前后的数十年间，即阿育王之后约四百年。迦腻色迦的领土位于亚洲中央，西部延及波斯，南部占有印度部分地区，东部则与中国相接。贵霜王朝在亚洲大陆的交通和东西方文化交流方面都做出了重要贡献。这种交通往来的最大成果就是促进了佛教教义和艺术的发展，并推动了佛教向东方的传播。

大乘佛教

迦腻色迦晚年笃信佛教，曾修建佛塔以供养僧人。为了终结佛教教义纷繁不一的局面，他举行了第四次佛典结集，命人用印度的古典语言梵语书写佛陀的教诲，此后，梵语佛典就成了北方系统的大乘佛教经典的本源。关于迦腻色迦保护佛教的传说，其真实性虽然尚无定论，但毫无疑问，大乘佛教确实是在这一时期因受到西亚思想的影响而开始出现的。

佛陀死后，原始佛教教团的信徒以遵守佛陀的遗训和佛陀所定戒律为理想，故尤其注重通过修行来逃脱生死轮回之苦，以达到涅槃之境。此后，由于信徒们极为尊崇佛陀，故逐渐认为佛通过涅槃不仅可使自身得到解脱，也能获得拯救全世界、全人类的大慈悲、大神通之力。这种观念就被称为"法身常住"思想，即认为佛的法身本体永生不灭，可以救度世上之大众。从这个角度来看，佛教向婆罗门教又接近了一步，即承认佛陀本人具有本体的永恒性。然而，进入贵霜王朝之后，佛教思想由于马鸣等人的出现而发生了进一步的飞跃。这时的世人认为，释迦牟尼是在发现和体悟了存在于宇宙中的真理之后成佛的，所以，普通大众如果能够体悟释迦牟尼所见之真理，就同样可以达到与释迦牟尼相同的境界——成佛。释迦牟尼所倡导的解脱无我之教义，至此变成了认识大我、欣求成佛的教义。从结果上说，这在某种程度上是对婆罗门教神学立场的回归。但是，婆罗门教以及以往既有的小乘佛教终究不过是将自身限制在印度的环境之下，严格遵守形成于印度社会内部的戒律，并以此为第一要义。然而，与此相对，新兴的大乘佛教则不拘泥于印度元素，而是进一步站在普遍主义的立场上，专注于对教理的深入研究，去除那些气候、风土不同的国家所难以遵守的戒律，并试图制定新的律法。这就是为什么大乘佛教能够传播到温带的中亚、中国、蒙古乃至日本等地，而小乘佛教却只能影响印度及与之位于相同纬度带的印度尼西亚、印度支那半岛等热带地区的原因所在。

犍陀罗佛教美术

在佛教的美术史上，犍陀罗美术的出现具有划时代的意义。这种佛教美术的出现，也应归功于贵霜王朝对印度的统治。在此之前，阿育王曾遍巡佛陀到过的圣地，并在所到之处建立纪念碑，这些佛教建筑成为现今所知最古老的佛教美术资料。桑吉塔的栏楯雕刻就是其中的代表。桑吉塔的雕刻手法展现了浓郁的印度美术的风格，十分优雅而精致，同时也受到了波斯式或希腊式美术的影响，这一点不容忽视。不过，在这一时期，佛陀自身的形象尚未被表现在雕刻作品上。这或许是由于佛陀被视为超越性的存在，人们对于把佛陀肉身化心存诸多顾虑，故试图加以回避。

不过，这种状况很快就发生了变化。在贵霜王朝统治印度西北部时，巴克特里亚的希腊人可以安全而自由地迁居到印度。这些在美术方面拥有特殊才华的希腊人，能够有机会与印度的佛教思想进行密切接触。希腊人在本土时虽尊崇希腊诸神，但并不认为诸神是疏远于人类的，而是认为神也有着与人类一样的肉体和类似的情感及弱点，所以希腊人往往可以毫无顾忌地制作希腊众神的神像。正是由于这种思想的影响，来到印度的希腊工匠敢于把佛陀的肉身通过佛像加以表现。不仅如此，他们还将自己的容貌和风采体现在雕刻作品中，从而使得他们所制作的佛像都是卷发、高鼻、身穿希腊式服装的欧洲人的样子。人们只有通过佛光和装饰品，才能判断其雕刻的是佛像。目前，这种佛像分布得最多的地方就是印度的犍陀罗，这种佛像的美术风格也因此被称为"犍陀罗艺术"。犍陀罗艺术后来在东亚实现了独特的发展，成为佛教艺术的起源，其艺术成就足以夸耀于世界。后来，犍陀罗艺术与佛教一道传入了中国。

佛教的东传

佛教经由中亚传到了中国，至于这是不是由迦腻色迦主导的布道工作的结果，目前尚不明确。但当时贵霜王朝所占据的绝佳地理位置无疑促进了东西方交通的发展，并为佛教向中国的传播发挥了媒介作用。

关于佛教传入中国的具体时间，也是难以确定的，但大概在两汉之际，佛教就已经对中国的思想界产生相当程度的影响了。而且，由于贵霜王朝的全盛时期正值东汉中叶，所以无论贵霜王朝的君主是否做了相关的努力，佛教本身随着东西方交通的发达也有着传入中国的机会。另外，佛教从印度传入中国时须途经中亚，而中亚的主要民族是伊朗人。中国人将伊朗人所使用的伊朗系方言称为"胡语"，而梵语佛教经典最初多是被翻译为胡语后进入中国，然后再被翻译成汉语的。也就是说，直接从梵语翻译为汉语的佛教经典其实只是少数。多重的翻译过程为伊朗思想的混入提供了可乘之机，可以想象，汉译佛典中必然包含中亚人撰述的非印度的因素。

佛教传入中国的路线除了经由中亚，还包括从海上传到华南或中国沿海地区。但与北方相比，通过沿海路径传播的佛经数量较少，重要的佛教经典基本上是通过北路传播的。

印度南部与南洋

在孔雀王朝称雄于印度北部时，印度南部仍然在阿育王的疆域之外维持着独立。不过，阿育王在马拉巴尔海岸对羯陵伽这一大国的征服，还是给印度南部造成了不小的冲击，并使羯陵伽以南的案达罗国开始向孔雀王朝朝贡。但案达罗国很快又恢复了独立，并维持了大约四百年的繁荣。在案达罗国的都城阿玛拉瓦蒂，据传曾建有世界上最为庄严而巨大的佛塔

(卒塔婆)。另外，达罗毗荼文学在印度南部的兴起也可以追溯到这一时期。

较早被阿育王灭亡的羯陵伽国的国民，自古以来就与斯里兰卡居民一起经营海上贸易。不知从何时起，他们渡海在爪哇建立了殖民地，开启了印度人向爪哇的移民。据说，后来出现在爪哇的羯陵伽国就是这些移民建立的王国。佛教和婆罗门教随着这些印度移民传入了南洋，并在那里流行开来。

第四节　古代中国及其文化

一、中国社会的发展

夏王朝的问题

在中国儒家的传说体系中，三皇五帝已经被认为完全是由后人夸张和空想出来的产物，但也有人认为以禹为始祖的最古老的夏王朝是确实存在的，而且这种观点有着更为古老的由来。相传，夏的都城在山西省的安邑，禹之前的帝舜的都城在安邑附近的蒲坂，其后代的虞国直到春秋时代也一直是在山西省，甚至舜之前的帝尧，其都城平阳也离安邑不远。因此可以说，华北文明的发祥地确实是在山西省的南部。这一传说多少具有一定的真实性，华北地区在新石器时代晚期或金石并用时代，以山西省南部的盐池为经济中心，形成了原始的聚落国家，甚至小的城市国家。尧、舜、禹等人都曾是一国之君，他们受到各国君主亦即"群后"的拥戴，居于领导地位，作为"元后"，号令这一地区。其中，夏的霸权维持得时间相对长久。遗憾的是，夏朝存在的实际年代目前尚不明确，相关考证工作只能寄望于后代的史家了。

殷王朝

夏王朝的支配范围超出山西省南部不多，其后，殷王朝在黄河中下游日渐兴起。殷王朝曾由于黄河水患而不得不数次迁都。不过据传说，其最后的都城已然有了城邦应有的威严之貌。如果事实果真如此，那么无疑，殷代文明已经有了相当程度的发展，并完全进入了青铜时代。近年，考古学家在河南省安阳县发现了被视为殷墟遗址的小屯。关于小屯究竟是不是殷代的遗迹，其出土物是否真的是当时的遗物等问题，尚因缺乏决定性证据而难以证明，但在这处遗址中出土的龟甲和兽骨上刻有古老的文字和卜辞；此外，这里还出土了被视为青铜器制品原型的精巧白色陶器的碎片。殷代社会在持续了长时间的繁荣之后，被兴起于西方的未开之民周人所灭。

周的兴起

周兴起于陕西省渭水盆地的北部山谷。当东边的殷代社会在城市生活中日益繁荣时，周人还尚未脱离半游牧式的生活状态。直到周人进入渭水流域的平原之后，他们才终于开始了定居生活，并开始建造城市。自周文王时起，周与作为东方先进国的殷就曾多次进行战争，双方互有胜败。而到了周文王之子周武王时，周人纠集附近的未开化民族对殷开战，最终将其征服。据说，这是公元前1122年前后的事。

封建的城邦

周平定了殷之后，将殷的领地分配给周的有力族人加以统治，其统治采用了城邦的形式。周的城邦由贵族、平民、奴隶构成，贵族基本上来源于征服了殷并移居至黄河流域的周人。其中，不少周室的同宗诸侯成为世袭君主。而被征服的殷人则根据各自的情况，被编入贵族、平民或奴隶阶级。然而，在文化方面，反倒是被征服的殷人占据着更为优越的地位，所以，后来的周人逐渐被殷的文化所同化。

周为了整合自己的移民城市，施行了封建制度。周制规定，各个城邦的君主对于其领土和所辖人民都拥有绝对权力，但对周王室则应处于臣属的地位，并有义务在平时向周纳贡、在战时为之提供军赋。这些诸侯直属于周王室，由周公、召公这两位宗室成员统率。此外还有附属于诸侯的小国，这些小国被称为"附庸"。有些附庸国是实力强大的诸侯将其领土和人民进一步分封给卿、大夫之后形成的。一般的贵族会分到禄田，他们依靠地租生活，并为君主服役，拥有佩戴武器的权利，在战时他们会成为战士，负责国家的防卫工作。

周的势力范围以今天的河南省为中心，向东以齐、鲁两国为境，向南以随国为界，向西在山西、陕西中部与未开之民相接，故其面积尚不足现在中国内地面积的五分之一。在这一统辖区域内，分布着多达上百个诸侯国，其中大部分都属于周姓一族或其姻亲。不过在这些周的诸侯国之外，也夹杂着原本居住于此的殷人一系的宋国之类。由于周的入侵，一度陷入混乱而发展出现倒退现象的中国社会，在周王室权力逐步确立、和平状态得以恢复之后，便再度趋向繁荣，原住民殷人的文化也得以逐渐复兴。而且，通过殷人之力，中国的商业也开始日趋繁盛。现今我们普遍使用的"商人"一词，其来源就是殷的别名"商"。

周的东迁

周人兴起于渭水流域，他们最初以此为根据地，建立了郑、镐等城。等到其征服了殷，周人便以镐京（西都）为都城。此后，周武王之弟周公旦协助武王之子成王经营东都洛邑，洛邑即为副都。周征服殷的余波日趋平息，社会也终于渐趋安定。然而这时，在山西、陕西的北部，却又出现了未开化游牧民族的入侵，周人对此疲于防御。到了幽王在位时，周遭遇了北方犬戎的入侵，镐京被占领，幽王本人也因此身亡。此后，幽王之子平王向东逃亡，后在诸侯的拥立下即位，时值公元前770年。后世历史学家多以周室东迁为界，将周代分为前后两部分，东迁之前为西周，之后为东周。周室东迁之后，周的王权被削弱，封建制度也因此露出破绽。人们将这一历史时期的前期命名为"春秋"时代，因为儒家的始祖孔子所作的《春秋》一书记载的就是这一时期的历史。

春秋五霸

周王对于诸侯的统制陷于弛缓，从而使诸侯愈发陷入城邦对立的状态。此后，诸侯都只出于本国的利益而行动，诸国之间令人眼花缭乱的离合聚散由此展开。一开始，诸侯之中的有实力者试图纠合诸侯，成为霸主，占据领导地位。为此，他们必须利用周王室的名义，以"尊王"为口号，在天下树立自身的威望。与此同时，来自外部的新兴的未开化民族也开始不断加强对中原的压迫，对此各小国无法以单独之力自卫，于此，称霸者就可以举起"攘夷"的大旗，纠集中原的各诸侯国，为自己的经国策略服务。在春秋诸国中，最早开始实行这一"尊王攘夷"之策的有力霸主是齐桓公。

以往，殷、周都是以内陆为发展中心的，而与此相对，齐国据守的是现在的山东省，因邻近海岸，故试图以鱼盐之利富国强兵。当然，这也是周代社会逐渐向华北东部的平原发展，并出于向周提供鱼、盐等海产品的目的，人们自发地开发山东地区自然资源的结果。同样，周代社会向南方发展后，占据长江中游的楚国的势力也随之勃兴。楚人原本是与周人完全不同的民族，据说可能与当今中国的苗族属于同一系统，因此从周的角度来看，楚国可能不过是蛮夷而已。但楚国接受了华北的文明，并在其刺激下成长为强国。强大的楚国从南方威胁着华北的中原各国。于是，齐桓公纠集周的诸侯，击退了楚国的入侵，并因此被中原诸国拥戴为同盟之长。

齐桓公去世后，位于山西省的晋国的势力得到发展，并取代了齐国。晋国的地理位置靠近蒙古高原，出产大量战马，在当时那个以战车决胜负的时代，可谓最占地利。此后，晋文公作为中原诸侯的保护者击退了楚国的入侵，成为中原的第二位霸主。晋文公死后，晋国仍然雄视华北，当时许多中原诸侯都请求晋国予以保护，以求自存。

晋文公去世后不久，楚国的势力一度极为强大。楚庄王曾逼近周的国都洛阳，威震黄河以南的诸侯。楚庄王因此成为中原的第三位霸主。此后，"霸主"的性质发生变化，原先所包含的"尊王攘夷"的意义已经逐渐消失，仅仅意味着以武力统率诸侯的强国。

楚国位于长江中游，这一地区的开发必然推动了长江下游及沿海地区的开发。这是因为楚国作为内陆诸侯国，势必需要从长江下游地区输入海产品。如此一来，江苏省南部的吴国便随之兴起。后来，吴国一度击破楚国，攻陷了楚的国都，并威慑位于山东的齐、鲁等国，使中原诸侯成为自己的支持者，并当上了第四位中原霸主。

与吴国同时出现的是位于吴国以南、浙江省北部的越国。当吴国致力于经营中原地区时，越国趁机击败吴国，取代吴国成为第五位霸主，进而号令中原诸侯。不过，越国的霸业未能持久，不久就被再度兴起的楚国所灭。至此，春秋五霸争霸的时代就结束了。出身鲁国的孔子所处之世，正是吴、越两国称霸中原，鲁国苦于应付的时代。

在春秋时代，华北社会的城邦体制尚较为有力，城邦作为单独的个体，在强国霸主的带领下不断地聚散离合。而随着强国争霸时代的持续，与强国结成同盟的弱国逐渐被置于隶属的地位，不久就变成了强国的领土。在此过程中，许多城邦都失去了自己的政治生命，成为单纯意义上的城市，拥有广阔疆土的大国也由此在中国历史上出现。对于大国化倾向的出现，春秋时代长达两百余年的战争历程具有决定性影响。到了春秋末期，保有独立地位的城邦只有十几个，而这些能够留下来的国家都变成了大国。也就是说，只有那些有机会开拓广阔疆土的国家才能够变得更加强大，以迎接此后的战国时代。

战国七雄

在春秋末期，华北最大的国家晋国占据了山西、陕西北部以及蒙古高原南部，成为一个大国。但由于其对臣下的统制方式有误，晋国领土最终为韩、魏、赵三家所分。三家在公元前403年被周王室认定为诸侯。从这时开始直到秦统一中国，这一历史阶段被人们称为"战国"时代。"战国"之名来源于记载这一时期史事的《战国策》一书。当时，齐国的家臣田氏篡夺了王位，而位于齐国以北的燕国国力渐强，正兴起为新的势力，齐国以南则有楚国势力在活动，而在陕西，秦国亦逐渐崭露头角。可以说，战国时代就是韩、魏、赵、齐四个新兴国家与秦、楚、燕三个既有强国这七大国对立纷争的时代。此时，周王室虽然还延续着香火，但其势力已然不振，本质上不过是领有洛阳附近地区的一个小诸侯罢了。所以，战国时代的七大强国先后自立为王，而不再承认周王室的主权。除了上述七个强国，宋、鲁、卫等小国尽管也仍在苟延性命，但它们在天下形势中已经无足轻重了。

在以上所谓的"战国七雄"之中，位于中央且文化最为先进的是魏国。魏国与除燕国外的其他五大强国都接壤，因常常受到各国的侵扰而最早衰落。许多出身于魏国的人因自知在国内无可作为，故大多逃往邻国秦国。这使得以往在文化上最为落后的秦国人得到了文化上的启蒙。此后，秦国又进一步与其北、西、南三面的其他民族接触，将当地的未开之民纳入治下，补充兵力，输入大量战马，以资无止境地扩大本国的疆域。秦国还收容了许多亡命而来的魏国人，用其计策，遂逐渐将其剑锋指向东方的中原。中原诸国之中，在战马补给方面占据地利的是赵国。赵国在武灵王统治时期，向蒙古高原南部的游牧民族学习战马战术，一时国力大振。但是，秦国也采用战马战术，相比于赵国，秦国在这种战术方面更具优势。秦国击破赵国后，破坏了华北地区的势力均衡状态。此后，秦国成就霸业的趋势也就愈发显著，与其接壤的强国一个接一个地被秦国兼并。而对秦国进行了最顽强抵抗的是占据南方的楚国，而楚国也最终为秦国所灭。秦国接着一扫残存的诸国，统一了天下。现今中国主体部分的轮廓，大致就是在这时确立的，而这一年便是公元前221年。

秦的统一政治

春秋时代的各个强国逐渐由古代的城邦国家转变为领土国家，在这一过程中自然就发生了从封建制向郡县制的转变。也就是说，以往大国的君主分封给其族人或家臣的是作为采邑的小城市或领地，但自从春秋末期郡县制出现以后，大国的领土就被分为封建性的采邑和直辖于郡县的土地两类。在郡县的直属地上，中央派遣官吏，将其任命为邑宰，邑宰的任免只取决于君主一人的裁断。进入战国时代后，这种郡县制终于得到普及。所以秦国统一天下后，立即完全废除了封建制，将天下分为30余个郡，在郡之下设置县，并在郡一级任命太守，在县一级任命县令。

这种政治上的变化，必然会带来社会阶级的巨大变化。以往，拥有武器是贵族这一城邦统治阶级的特权，但城邦国家变成领土国家后，君主的权力扩大，开始募集常备军，并将其作为自己的直属军队。从此，军士的地位就不再是世袭的，武装也不再是一种特权了。一般庶民也可以通过参军或建立功勋，打通进一步向更高一级官爵晋升的途径。这样一来，官吏、军士、庶民等阶级就失去了世袭的意味，其各自的社会地位也都只能通过才能和功绩来获得。

与此同时，社会的经济状况也不能不发生某种巨大的变化。军事实力的发达必然地推动了以武器制造业为中心的工业的勃兴，而随着战争规模的扩大，出于动员士兵的需要，国家又必然要对物资进行大规模集中。不过，政府有时会取消相关的经济机构，而将军需品的输送与分配工作交给各地的豪商，从而使大商人有机会出于民间。当时甚至流行一种说法：农不如工，工不如商。尽管秦国将重农主义的法家政治作为理想，但秦国征战四方之所以能取得成功，也是因为曾多次依靠财阀的力量。当然，这也导致了财阀从背后对秦国政治加以干涉的弊害。

基于这种社会发展的趋势，从战国时代开始，各国大量铸造金属货币，古代的贝币被取代。战国时代的青铜货币大多是刀币、布币，而秦国则开始铸造圆形方孔的半两钱，并试图将其作为法定货币，以实现币制的统一。此后，货币经济发展起来，但同时也引发了社会贫富差距加大的弊害。

皇帝政治的出现

殷、周时代的"王"带有宗教性意义，是代表神权统治臣民的。也就是说，王受命于"天"，受任作为天子统治人民，因此祭天也就被视为王的特权。如果王因失德而失其天命，那么小则灭其身，大则亡其国。失天命而灭身亡国就是"革命"。

周朝鼎盛时，政教合一的倾向曾十分明显，而到了此后的春秋时代，诸侯各自独立以割据一方，其统治方式淡化了自古以来人们对天命的信仰，君主逐渐失去了宗教性色彩，而带有愈发浓厚的政治性色彩。

秦灭六国、统一天下之后，立即废除了以往的王号，将统治者的称谓改为"皇帝"。在古代，"皇""帝"二字指的原本都是上天的主宰者，然而如今，秦的统治者却作为地上人君开始使用"皇帝"这一称号。因此，此举并不意味着古代神权政治的复活，而是另有新意，这一点值得我们注意。

要而言之，在战国时代，各国君主都自称"王"，而称"王"者不隶属于任何人，同时也无法使其他王隶属于自己，诸国之王互相认可彼此之间的对等地位，在此基础上开展相互间的国家交往。另外，自周初以来，各国国君还延续了从与本国地位对等的异姓国家迎娶妃子，而不娶臣下之女的惯例。然而，秦始皇灭诸国后，将其所辖地区改为郡县，这样就不仅在国内不承认对等地位者的存在，而且在整个宇宙之内，也都对这种存在不予认可。皇帝由此成为宇宙中唯一的存在，他也因此不仅是中国人的主宰者，而且必须同时是全世界人类的统治者。

这种皇帝政治的理想在现实中的实现其实是颇为困难的，但这作为一种理想却一直延续到了清朝末年。在这种空想理念的影响下，中国人养成了一种容易混淆理想和现实的习惯，无论实际情况如何，中国人总是会在理念上认为中国处于世界的中心，中国的皇帝统治四海。基于此，中国人试图对这种位于世界中心的形式本身加以维持，这最终导致中国社会变得封闭和排外。这一延续于后世的体制，最初就是由秦始皇确立的，然而奇妙的是，秦人在战国时代之前都仍被中原人视为夷狄。他们作为被中原人敬而远之的未开之民，却能取得如此丰功伟业，不能不说是一个奇妙的现象。

秦始皇为了实现皇帝政治的理想，无止境地向四方扩张疆域。向北击退了战国时代之后崛起于蒙古高原南部的匈奴，并筑起万里长城，以防其入侵；向南翻越五岭，征服中国南海沿岸一带，并新增四郡。中国之所以被称为"支那"，就是由于"秦"一词在传到西方后经过转音，"支那"是后来印度人的发音，随着佛教一同传入中国，中国人再度将其汉译之后而产生的。

秦末的大乱

秦创建的皇帝政治遭到六国遗民的强烈反感。在战国时代，各国皆发展出了各自特有的文化，各国在语言的发音和文字的书写方法上也各具特色。对此，秦始皇采取了中央集权的统一政策，统一文字，确定度量衡的标准，并试图进一步在思想上压制各国学问，将秦的官方学问——法家之学——推广于天下。其政策在所到之处都引发了社会、经济、思想上的混乱，对此只能以武力勉强加以控制。另外，随着秦的中央集权的推行，边远地区的人民不得不因为服务于军事行动而承受长途往返之苦，秦始皇所追求的无止境的对外征服，使新纳入其疆域的人民陷入更加严重的困苦之中。

因此，当秦始皇去世的消息传开后，六国遗民或在旧贵族的统领之下，或在新兴势力的领导之下纷纷起义。他们最初的目标是打倒秦皇，恢复原来的七国并立状态，实现各国的独立自治。在讨伐秦朝的各国联军中，楚国将领项羽的势力最强。在各国协作推翻秦朝之后，领导各国的权力就转移到了项羽的手中。不过，项羽并未模仿秦始皇自称"皇帝"，而是只称"霸王"，并对战后局势进行管理。他将天下土地分配给六国君主的后裔以及讨秦有功的将士，并使他们各自为王。

在诸王中，最受项羽疏远并被封于汉中腹地的是刘邦。不久后，刘邦煽动心怀不满的诸侯反抗项羽，最终消灭了项羽的势力。刘邦即帝位，成为汉高祖。汉朝分为西汉和东汉，其统治天下的时间长达四百年。

汉代的中央集权

项羽是楚国的末代贵族，而汉朝的创建者刘邦却是一介平民。刘邦的出生地位于战国时代的齐、楚两国边境地带，但刘邦在与项羽争霸时，为了战胜楚国，利用了原来居于秦地关中的秦人为战士。因此，汉朝的都城定在了靠近秦都咸阳的长安。

高祖看到秦的郡县政治和项羽的分封政治都以失败告终，遂对秦的郡县制进行修正，在参考周的封建制的同时，将靠近国都的主要地区作为中央的直辖地，实行郡县制；而对边远地区的土地，则以几个郡的形式分封给近亲以及有功的将士，使之为王。高祖之所以不得不将范围广大的领土分封给有功将士，是因为参考了项羽的先例。然而不久后，高祖又担心有功将士的势力过于强大，故逐渐消灭了各异姓诸侯国，以近亲取而代之。汉室通过分封近亲，确立了皇室的屏藩，同时使边远地区之人可免于承担中央的劳役，能够休养生息。

但是，获封广大领土的近亲诸侯在过了几代之后，开始逐渐表现出想从中央分离出去的意向。到汉高祖之孙汉景帝时，心怀不满的诸侯联合谋反，出现了所谓的"吴楚七国之乱"。所幸的是，中央政府最终将这次叛乱平定。此后，朝廷修改了诸侯对领土的继承办法，使诸侯的诸子皆可平等地获封领土，这样一来，在诸侯的数量不断增多的同时，其领土也被不断分割，以致最终失去反抗中央的实力，诸侯遂变成了单纯依靠领内租税维持生计的薪俸一族。到了此后汉武帝的时代，以往被秦始皇视为理想的中央集权政治终于得以完全实现。

汉武帝乃秦始皇忠实的后继者。其统治无论是对内还是对外，都实践了秦始皇试图实施却未能落实的主张。但汉武帝在方法和策略上与秦始皇多少有所不同。

汉武帝首先试图完成思想方面的统一。与秦朝采用法家学说、推行法治主义的想法不同，汉武帝以儒学为官学，确立了依据儒家的德治主义施行统治的方针。同时，汉朝也利用儒家思想中的迷信元素粉饰太平。在法家思想中，天子之位被视为权力的源泉所在，而与此相反，儒家认为天子之位乃道德的根源所在。儒家的官方化意味着家族主义被纳入了政治体制之中。

其次，汉武帝也像秦始皇一样试图对外扩张，扩大疆域。在北方，汉武帝对游牧民族匈奴进行了数次远征，将其驱逐至外蒙古；在东方，汉朝吞并朝鲜半岛，建立了四郡；在南方，汉军进入了印度支那半岛，将其北部纳入了汉朝疆域之内。而汉朝对后世最为重大的影响，是其对西域的经略。汉朝征服了天山南路沙漠地区的各个小国，并由此打开了与中亚诸国间的交通路线。汉朝于此地求取奇珍异产，并为了获得出产于波斯高原的名马而兴师征伐大宛。此后，汉朝以其武力与财力之盛加上绢、丝等特产，吸引了西亚诸国的兴趣。因此，尽管两地相隔遥远，但二者之间的交往却日渐频繁，这也使东西方在文化、经济上的相互影响进一步强化。

王莽的篡权

汉朝将财政分为两部分，一是皇室财政，一是国家财政，国家财政容易陷于贫乏，而皇室财政却相对富有。皇室的富有有助于提升其权威，但同时也难免导致相应的弊害。自西汉中叶以来，外戚和宦官都试图控制皇室财政，二者为获得皇室的统治权展开了激烈的争夺。

到春秋战国的强国鼎立时代为止，各国君主按惯例都要从地位对等的他国迎娶后妃，所以当时不存在外戚问题。然而，汉朝自高祖以来，外戚屡屡玩弄政治权力于股掌之间，有时甚至几乎危及汉室命脉的存续。尤其是汉成帝之后，即位的皇帝大多年幼弱小，外戚遂趁机在皇室内部扩张其势力；而与此相对，宦官集团也围绕皇室形成了强大的势力。外戚和宦官互相争权夺势，最终外戚王氏勾结外朝官僚，压倒了宦官势力，掌握了权力。至外戚王莽当政时，他更是废黜刘氏而称帝，并改国号为"新"。

从某种角度来看，王莽的篡权也是汉朝统治之下中国社会苦闷状况的表现。西汉初年，地方行政区划的最小单位是乡，在三老和啬夫等下层官吏的治理下，乡具有高度的自治机能，而县只是在乡之上对其加以监督的单位。然而，从战国末期至西汉武帝时，随着社会的发展，尤其是货币经济的兴盛和商业的进步等因素，导致了贫富的两极分化，城市的财力逐渐延伸到了乡，使失去自耕土地而变成贫民的乡民越来越多。于是，曾经是自由民之集合的自治体"乡"，如今却变成了几个有力地主统治下的小农集团。在失去土地的贫民中，有的成为奴婢被卖作牛马，也有的成为流民而浪迹他乡。这些人成了唯恐世间不乱的乱民，他们的存在反而造成了社会的不安与动荡。对于这些社会问题，朝廷官僚绞尽脑汁试图加以应对，他们期待有为政治家的出现，而王莽其实就是在这种期待下出现的。因此，朝廷和地方官僚在这种意义上是欢迎王莽上台的。

然而，王莽即位后推行的政策单纯以复兴儒家经典中的政治为目的，而无法适应时势的需要，其种种政治改革进一步加剧了社会的混乱。此外，由于王莽的干涉政治行之过甚，终于导致了当时各地豪族的反感，曾经支持王莽的人如今也反过头来，站到了讨伐王莽的阵营一边。这些地方豪族以复兴汉室为名起兵，其中有几位豪族还提出自己有权继承刘氏的帝位。最终，王莽口诵着儒家经典中的格言，倒毙于乱兵之刃下。

东汉的中兴

新莽末年自立为王的群雄多自称刘氏后裔，其中刘秀势压群雄，继承了帝位，将国都定于洛阳。

东汉大体继承了西汉的疆域规模，并曾再度打击北方的匈奴，威慑天山南路诸国，打通与西亚的交通，在国内实行儒家的为政方针，并以"修齐治平"的家族主义作为理想。但是，皇室本身的问题，即形成于西汉的外戚与宦官势力的对抗问题，在东汉仍然没有得到解决。与西汉相比，问题甚至变得更加尖锐了，而东汉朝廷对此也束手无策。西汉时，外戚在斗争中占据优势并最终导致了王莽的篡权，但在东汉，外戚在党争中败下阵来，宦官掌握了权势。最终，国家不堪宦官专横的弊害，东汉也在不久后灭亡了。

古代中国的终结

东汉恢复了和平之世，但出现于西汉时期的土地兼并现象却变得愈发严重，乡制由此被彻底破坏，地方社会出现了对后世具有决定性意义的豪族专制的态势。此后，地方豪族与中央权力相勾结以获得官位；同时，中央政府也将官位授予这些豪族，试图以此安定地方上的政治局势。于是，社会上出现了豪族性的官僚阶级，这些官僚注重各自家族的既得权益，往往一家几代人均占据显贵地位，这种家族便被尊为名门。很快，作为下一个时代重要特征的门阀政治由此出现。由于门阀势力的出现，皇帝政治的理想逐渐衰退，此后皇帝的权力往往受到门阀贵族的干涉，这使秦始皇、汉武帝这样的君主专制独裁统治变得不再可能。

古代中国社会的发展在其他方面也遇到了瓶颈。东汉末年，驻守边疆地区的边防军多由从游牧民族中征募的士兵组成，这些士兵就像罗马帝国末期的日耳曼佣兵一样。正当汉朝应对黄巾起义时，将军董卓率领边防军冲入了国都，试图利用武力控制朝廷。董卓掌握的是凉州和并州的军队，他将兵于蒙古、甘肃之地，以兵强马壮为人所知。对董卓专权感到不满的将领遂结为同盟，与董卓为敌，汉末的乱世由此拉开序幕。值得注意的是，在东汉末年的动乱之际，有不少从国境之外进入中国的异族军队，他们成为此后入侵中原的"五胡"的先驱。

东汉末年的乱世自董卓被杀后几经波折，终于形成了魏、吴、蜀三国鼎立的局面，社会也终于一度安定了下来。当时，魏国统一了华北的中原，而吴、蜀两国则保有南方的长江流域。三国鼎立的新局面由此形成，但三国的君主皆自称皇帝。也就是说，"皇帝"这个本应独尊于世的存在，却同时出现在了三个地方。仅从这一点我们就可以看出，中国古代的皇帝政治的理念已经露出了破绽。三国时代之后，中国经历了西晋的短暂统一，之后又是南北朝两位皇帝并立的时代。因此可以说，随着东汉的灭亡，古代中国社会就已经终结了。

二、中国文化的发达

殷周的青铜文化

殷周时代政教合一的倾向，不仅使人们对祖先或天帝的祭祀仪式十分重视，同时也使人们制作祭祀器具的技术得到了发展。殷代末期，在一定程度上有所发展的青铜祭器已经问世，而到了周代，青铜器的铸造技术更是发展到了顶峰。由于周代青铜器往往被用作陪葬品，故至今仍有为数不少的周代青铜器出土。其形制除了构成中国新石器时代陶器特色的三足器系统的鼎和鬲，还有酒器、容器、乐器等多种。这些青铜器上的图案往往与彩陶上的图案不同，多使用饕餮纹、螭龙纹等动物图案或雷纹等几何图案。其中动物图案是具有南方特色的，我们可以认为，今天南洋地区的原住民在木雕上所使用的奇怪的动物图案，也是继承自这一系统的。

到了战国时代之后，带有如此精致图纹的青铜器逐渐走向衰退，取而代之的是缺少装饰的朴素的青铜器，我们一般称之为"秦式铜器"。然而，这并不都是秦人所使用的器具，自战国末期至汉代，这类青铜器是作为普遍的风潮出现于世的。在秦式铜器出现的同时，西北游牧民族的青铜艺术也开始产生巨大影响，而其艺术灵感则来源于斯基泰人。

斯基泰人是分布于俄罗斯南部草原的突厥系游牧民族，他们受到南部的伊朗文明的影响，从伊朗引入青铜文明，并将其应用于自身的游牧生活。他们在带钩、金属扣、马具和刀剑上都刻上写实的动物图案，或将猛兽捕猎的图案通过镂刻等方式表现出来。这种斯基泰艺术的样式很早就传入了中国，随着汉朝对匈奴的征伐和对西域的经营，汉人与漠北的游牧民族之间进行了更深层次的交往，受其影响也更为明显。因此，我们至今仍然能够频繁地看到斯基泰人的艺术样式出现在中国青铜遗物上。

铁器的出现

随着铜剑、铜矛类器具的大量出土，我们可以知道，截至周代中叶，兵器大多是由青铜制成的，战国时代甚至出现过刀形的青铜货币。但是进入战国时代后，铁器开始登上历史舞台。

关于铁器究竟是不是中国人自己的发明，这一点尚不明确，不过据估计，铁器和青铜器一样也是从西亚传入的。铁器在中国也实现了独特的发展，而且由于铸铁技术的进步，汉代的兵器几乎全都是铁制的，汉朝政府甚至一度对铁实行专卖。

漆器的制作与绘画

在周代，青铜器不再是单纯的祭祀用具，而变成上层贵族社会的日常用品。当然，一般的下层民众仍然无法使用青铜器，他们使用的多是陶土器和木器。到了汉代，陶土器的制作技术有所进步，在受到自西方传来的波斯文化的影响后，汉人开始学会使用釉料。不过以当时的技术水平，釉料层还不能完全防止水分的渗漏，因此当时作为日用品的容器仍然以无釉土器居多。同时，木器也在汉代取得了独特的发展，汉人学会在木器上涂漆，以形成一层类似玻璃的保护膜，由此使漆器的制造产业得到发展。当时，蜀地尤以盛产漆器而闻名。

最近，汉代漆器在朝鲜平壤（即汉代的乐浪郡）的古坟中被发现，其精巧程度令学界甚为惊叹。这座平壤古坟中出土的漆器包括盆、觞等器物，这些漆器上面有用红、绿等色颜料绘制的精巧图案，还有的以描金画作为装饰。由此可见，在汉代，人们已经拥有了十分高超的绘画技术。以往一提到汉代画像石，人们就会想到在坟墓石壁上雕刻着人物和风景的石砖，但因画像石的技法十分粗糙，所以人们都认为汉代的绘画尚处于较低的水平。然而如今，汉代漆器上的绘画令人们大大改变了以往的观念。

文字的确立与纸的发明

出土于殷墟遗址的龟甲和兽骨上刻有卜辞，被认为是形态最为古老的中国文字。其后出现的周代青铜器，也有不少在内侧和底面刻有文字。在战国时代，列国各自独立地发展出了自己的文字系统。而秦统一天下后"书同文"，保证了文字字体的大致稳定，具有更加重大的意义。汉代大体上继承了秦的制度，只不过秦的篆书到汉代变成了隶书，接着又变成了楷书。此后，古文典籍也逐渐改用新字体来书写，并呈现出今天我们所看到的样子。

汉字最初无疑是一种象形文字或会意文字。后来，文字的发音也开始受到重视，故开始有人将文字的一部分作为音符来使用。今天的汉字大部分由"偏"和"旁"构成，"偏"是象形的部分，"旁"则大体上是音符的部分。不过，由于中国古人认为汉字乃是圣人所创，故对汉字怀有宗教性的情感，所以，"旁"这一音符部分并没有从文字系统中分离出来，发展为简单纯粹的音符文字。

文字最初是书写在木简、竹简、绢等材料上的。绢是中国特有的纺织物，也是深受其他国家人民喜爱的重要贸易品。在绢的生产过程中进一步加入种种技巧，就可以制成锦缎。不过，由于价格实在过于高昂，而且不便于保存，绢并不适合作为书写材料。于是，东汉时一个名叫蔡伦的人发明了用树皮、麻、布、鱼网等废旧材料制造纸张的方法。此后，纸的制作技术逐渐进步，为人类文明做出了重大的贡献。现在世界上的所有纸张，在生产技法上都可以直接或间接地追溯到中国的造纸术。

宗教思想

古代中国人的宗教信仰，据说与现今仍然在亚洲北部保持着生命力的原始萨满教颇为类似。所谓"萨满"，指的就是"巫"。在萨满信仰中，自然界的万事万物都拥有奇妙的精神力量，能够对人类生活产生明显的影响。而"巫"对自然界的消长生息最为熟知，也了解祸福的变化规律，能够举行仪式为人除秽，因此"巫"其实就是神和人之间的媒介。

从这种原始的萨满多神信仰中衍生出了"天"的概念，这是中国思想史上的一大飞跃。"天"的出现表明，中国人的信仰对象终于实现了一元化。"天"是诸神之中最根本、最有力的存在，人们开始认为人事的吉凶皆是由"天"支配的。同时，"天"乃正义之神，会惩恶扬善。另外，由于"天"位于上天，自身无法行事，故须在人间选择代理者，替"天"完成任务。于是人们相信，"天"的代理者就是所谓的"天子"。如此一来，原始的、个人性的多神信仰终于与现实政治联系了起来。

儒家的确立

尽管"天"的思想得到了发展，政治伦理学也有了学说依据，但是由于在当时社会上从事智识工作的人往往仅限于"巫"，或与此类似的祭祀官阶级，所以当时人们的思想仍然是宗教性的，甚至可以说未能摆脱迷信色彩。再加上受到自古以来的宗教祭仪的束缚，人们的思想更加无法得到自由的发展。然而，在春秋时代，各国之间频繁地进行同盟和交聘往来，因此政治也终于从宗教中分离出来，并进一步具有了现实性的意义。出于政治、外交的需要，人们越来越需要有关过去事实的知识。于是，精通各种典故、知识和礼仪的礼乐之师开始受到重视，其中最具代表性的人物就是儒家的鼻祖——孔子。

孔子十分博学，通晓史事和礼仪。他在将知识传授给弟子的同时，不仅将政治从祭祀礼仪中分离出来，还使伦理学从宗教中独立出来。经过孔子的这番努力，政治伦理学获得了独立的地位，而孔子所代表的政治伦理学流派在后世被称为"儒家"。

孔子以古代的文献为基础，对这些文献进行了道德性的解释，并以此教育自己的弟子。孔子去世后，他的弟子对这些古代文献进行整理，并进一步加上新的解释。这些文献后来就变成了儒家的经典。据说，战国时已经形成了《诗》《书》《礼》《易》《春秋》等"五经"。此后，儒家内部派生出了种种学派，甚至还催生了道家、法家这类新的学派。

两汉的经学

秦始皇将儒家等学问视为无用之物，并加以打压，而将法家的学问立为官学，打算据此治理国家。法家是很晚才从儒家中分离出来的一个学派，认为君权拥有至高无上的绝对地位，主张君王以其所定之法治理人民，人民不得以下论上、非议政治。秦始皇重用法家学者，对其他学派加以压制，据说他还曾将不利于自身统治的古书搜集起来加以焚毁。然而，秦朝很快就灭亡了，到了汉代，各种学派得以复兴，其中儒家的复兴最为显著。最终，汉武帝将儒学定为官学，并特别确立了保护儒学的方针。

儒家经典由于秦始皇焚书等原因而大量散佚，所以后世的学者倾注了大量精力来复原经文、解释字义。烦琐的训诂学由此产生。东汉末年，由于这种学问只注重解释文章字句的细枝末节，以致失去了儒家本来的精神，所以反倒是道家学说在当时更受欢迎。

道家思想及其发展

道家的学说始于老子和庄子。人们一般认为老子是孔子的前辈，但实际上，道家思想是受到了儒家的影响之后才产生的。因此，如果我们认为道家学说的创始人是老子，那么老子一定是战国时代的人。在其政治学说方面，儒家颇为重视形式和礼节，因此存在偏重外在的弊病。道家则格外反对这一点，认为尊崇外在恰恰证明其内在的贫乏，且外在全是人为表现出来的，不足为尊，所以道家主张人应以天然、自然的状态生活。此外，老庄的自然主义学说也倾向于关心宇宙的本体，注重自然界的天和人之间的相对关系。老庄之学确立了比儒学更为哲学化的、先进的虚无主义学说，这一点与起源于印度的佛教在思想上颇为类似。因此，老庄之学在东汉末年主要流行于上层社会，并为日后佛教的传入和传播提供了坚实的社会基础。

佛教的东渐

佛教传入中国的准确时间虽然尚不明确，不过我们基本可以认为，东汉时中亚出现了强大的贵霜王朝，在贵霜王朝治下东西方交通变得更加便利，从而使起源于印度的佛教更易于传入中国。

人们一般认为，佛教正式传入中国是在东汉明帝时，但实际上，佛教在此之前就已经被介绍到了中国，而到东汉，佛典已经被译成了汉文。由于佛教的教义形成于与中国完全异质的社会，佛教徒为了将这些教义介绍给对此一无所知的中国人，便主要使用道家用语进行翻译。

佛教借助道家的概念来宣传教义，同时，道家也在很大程度上受到了佛教的影响。特别是道家模仿佛教教团的形式，以迷信化的道家学说作为信仰的中心，建立起自己的秘密教团组织，并逐渐发展为社会上的重要势力。道家教团趁东汉末年天下大乱之机，强化了成员的凝聚力并扩张了自身势力。最后，在这种教团势力的作用下，黄巾起义将革命行动付诸实践。后来，与此相关的教团势力残存于蜀地，而这也成为道教这一主导中国庶民社会的思想之根源所在。

第 2 章

亚洲诸民族的相互交往

第一节　伊朗的形势与阿拉伯帝国的兴衰

西南亚的分裂

虽然亚历山大大帝侵入了西南亚，作为波斯帝国的后继者实现了广阔疆域的统一和治理，但其治世却未能长久。亚历山大去世后，其帝国很快分裂，此后直至穆罕默德出现，在大约千年的时间里，西南亚都未出现过大一统的局面。

最初，在西南亚，亚历山大帝国的主要部分由其部将塞琉古一世占有。但不久后，伊朗高原北部的土著帕提亚人兴起，建立了帕提亚王国，塞琉古王朝由此退居叙利亚，成为叙利亚王国。如此一来，希腊势力就分成了西边的叙利亚王国和东边印度边境附近的巴克特里亚王国。独存于东方的巴克特里亚王国的希腊文明维持了几个世纪，其希腊色彩对印度地区亦产生了一定的影响。但后来，巴克特里亚王国一方面受到来自西面的帕提亚势力的压迫，另一方面受到来自北面的游牧民族突厥的压迫，其希腊化的文化色彩逐渐消失殆尽，巴克特里亚人也完全被吸纳到当地的土著居民当中。巴克特里亚王国的所在地是从中亚通往印度的必经之路，因此自古以来都是北方的突厥南下的目标所在。巴克特里亚王国由盛转衰后，游牧民族大月氏就侵入并征服了这里，成为中亚地区的大国。后来，尽管土著人的贵霜王朝取代了突厥系的大月氏，但在中国，后来者依然被称为"大月氏"。大月氏基本上与西方的帕提亚王国保持了友好的关系，目前未见二者之间交战的记载。此外，大月氏衰落后，其领地又受到同样来自北方的突厥系嚈哒（白匈奴）的侵袭。

帕提亚王国曾试图在美索不达米亚以东地区恢复古代波斯帝国的文化。"帕提亚"和"波斯"其实是同一个词的不同发音，中国人以帕提亚的建立者之名将该王国命名为"安息"。帕提亚王国的东部边境大体上保持了和平的状态，但其西部边境却常常发生与欧洲势力的争斗，这一点颇令帕提亚人感到头疼。一开始与帕提亚人相对抗的，是以叙利亚城为中心，横跨地中海沿岸的叙利亚王国；此后取代叙利亚王国在帕提亚王国西部边境出现的是罗马共和国。尽管在罗马共和国末期，帕提亚人曾击退克拉苏的入侵，但在罗马进入帝国时代之后，他们依然不得不时刻准备着应对在叙利亚拥有根据地的罗马军队。其实，帕提亚王国正是在与罗马的连年战争中日渐疲敝以致最终灭亡的。

在帕提亚王国衰落的同时，伊朗高原南部的波斯本土再一次出现了波斯人新的国民运动。当时，阿尔达希尔一世以复活琐罗亚斯德教的信仰为名，举兵消灭了帕提亚王国并取而代之。阿尔达希尔一世复活了波斯的"众王之王"称号，将其王朝命名为"萨珊"，萨珊王朝由此闻名于世。中世的波斯就是萨珊王朝治下的波斯，该王朝原样继承了前代帕提亚王国在国际上的地位，在西部国境线上继续受到来自叙利亚的罗马军队的攻击，在东部边境取代大月氏的位置，继续防范北方游牧民族嚈哒的入侵。

萨珊波斯的兴盛

尽管萨珊波斯在对外关系上的处境颇为艰难，但在库思老一世时期，萨珊王朝也曾辉煌一时，取得了耀眼的成就。当时东方的嚈哒势力已经衰落，西方的罗马帝国也分裂为东、西两部分，占领叙利亚的东罗马帝国对波斯的压力也大大缓解。库思老一世攻占了东罗马帝国在地中海沿岸的领地，向南派远征军进入阿拉伯半岛南部的也门地区，向北驱逐北方里海和黑海附近的游牧民族以进入中亚。与此同时，他整顿内政，健全法制，扶持产业发展，吸收和学习印度、希腊的文化，并将其典籍翻译为中世波斯语。这一时期是萨珊波斯的黄金时代，其文化对远在东方的中国和日本都产生了一定的影响。

宗教的混乱与萨珊王朝的衰落

　　萨珊波斯帝国以琐罗亚斯德教为国教，但帝国并未强制其广大领土上的人民全部信仰该宗教。但萨珊王朝对领内其他宗教的宽大政策，反而导致了宗教思想的严重混乱。在萨珊王朝的思想领域中，当时西南亚所有的宗教杂乱地并存。西北方叙利亚边境地带有基督教和犹太教，东方的印度边境附近则流行佛教以及与佛教类似的宗教，而在人口稠密、经济繁荣的美索不达米亚地区，宗教混乱的状况最为严重，曾被罗马人逐出巴勒斯坦的犹太人将巴比伦作为据点，在那里发展起犹太人的宗教文化。甚至在敌对国东罗马帝国的境内，也出现了基督教的内部纷争，阿里乌派、聂斯脱里派等纷纷遁入波斯，以谋求扩张自身的势力范围。于是，萨珊波斯帝国的宗教和思想领域日渐陷入混乱。为了改变这一混乱局面，当时出现了许多寻求宗教统一的宗教改革家。其中，摩尼倡导摩尼教，摩尼教的主张以拜火教为基础，综合了佛教、基督教的教义，提出三教合一论，支持者甚众，其思想直至后世仍对中国和欧洲有着巨大的影响。被认为是摩尼教分支的马兹达克教则否定婚姻，主张女性和财产的公有。马兹达克教曾一度打动波斯国王，使其在政治上推动该教派理想的实现。

　　然而，所有这些新宗教运动都不具备统一既有宗教的足够实力，它们的存在只不过增加了宗教教派的数量，并导致了思想界混乱的进一步加剧。其实，当时的宗教不仅局限于哲学和思维层面，它既是个人实际生活的指导原理，同时也是社会生活的依据。也就是说，一个人如果不加入某个宗教教团，就无法获得任何社会地位，人的生活离开宗教是难以想象的。也正因如此，宗教之间的倾轧才会如此激烈。摩尼因倡导其新宗教而被钉死在十字架上，马兹达克教徒则遭到了两次大屠杀。如何整顿这场宗教混乱和由此引起的社会动乱，是西南亚社会面临的迫在眉睫的问题。而最终解决这一问题的就是阿拉伯的穆罕默德。

　　由于穆罕默德的出现，作为"沙漠之子"的阿拉伯民族得以崛起，并发展成为当时的重要势力。不过真正刺激了这种民族运动的，其实还是当时世界发展的大趋势。也就是说，在萨珊波斯时期，库思老一世击退了哌哒，并与突厥缔结和约，以稳固东部边界。此后他全力西进，与东罗马帝国争夺叙利亚和小亚细亚的所有权，并曾要求东罗马帝国交纳年金，否则就不允许其领有地中海沿岸地区。此后不久，萨珊波斯与东罗马帝国再度开战，波斯军队一度席卷了小亚细亚，将对方逼至君士坦丁堡，并向南占领巴勒斯坦，夺取了基督教的神圣十字架。然而不久后，东罗马帝国卷土重来，击破波斯军队，长驱直入美索不达米亚，攻陷了萨珊王朝的首都泰西封。于是，萨珊波斯不得不请降，将侵略所得的土地归还东罗马帝国，神圣十字架也得以重新安放回耶路撒冷的圣殿之中。凯旋而归的东罗马帝国皇帝在回到君士坦丁堡之际绝不会想到，在阿拉伯半岛上，一件即将改变世界历史的大事件正在悄然发生。

阿拉伯民族的觉醒

在阿拉伯半岛上，除了一些有植被覆盖的地区可用作游牧区域，大部分都是寸草不生的沙漠。不过，阿拉伯半岛临海一侧的狭窄地带却是海陆交通的中转站，其中，半岛南端的也门地区控制着红海的出入口，是印度和埃及之间的交通要冲，所以自古以来借贸易之利而十分繁荣。萨珊波斯占领这一地区之后，将波斯的宗教混乱也带到了阿拉伯半岛，导致当地阿拉伯人原始的庶物崇拜思想受到了冲击和动摇。

另一方面，由于萨珊波斯与东罗马帝国连年交战，经过叙利亚地区的东西方交通路线严重受阻。于是，东罗马帝国找到了受萨珊波斯影响较小的其他路线，即从埃及、巴勒斯坦进入红海，经海路直接抵达印度洋，从而与东方进行贸易。通过这一交通路线的转变，红海上的航线大增，面向红海一侧的阿拉伯半岛西海岸的陆上交通也随之兴盛。在这一陆路交通线上，出现了麦加、麦地那这两座中转商业都市，当地的商人组织骆驼商队，把北部的巴勒斯坦、叙利亚和南部的也门联系了起来。如此一来，以往过着游牧生活的阿拉伯民族通过经营商业，生活水平得到了迅速提升，从而使他们在不久后开始有精力思考人生和宗教问题。

穆罕默德的出现

穆罕默德出生于新兴都市麦加，是麦加的望族古莱什族的远亲。他幼年生活贫困，曾跟随商队往返于叙利亚和麦加之间。在此期间，穆罕默德接触到了基督教和犹太教，他开始同情并试图救济当时处境悲惨的下层民众。据说，穆罕默德40岁的时候，在希拉山上受到了神的启示，自此开始传教。

穆罕默德的宗教主张是信仰唯一的神安拉。一般来说，闪米特民族总是会创建或继承一神教，因为如果我们和闪米特人一样生活在沙漠地带，并认为眼前这片广阔而单调的沙漠是神所创造的，那么或许我们也会认为这个创造者只能是唯一的神。但其中存在的问题是，究竟哪一个神才是真正的神。为此，阿拉伯人之间曾发生过激烈的宗教斗争。不过，闪米特民族这种自古以来的一神教信仰一旦离开沙漠地带，就会变得缓和。进入欧洲的基督教则更加宽容，基督教认可信徒崇拜圣母玛利亚和其他圣徒。与此相对，穆罕默德所倡导的一神教运动则试图再度恢复闪米特民族古老的宗教传统，确立纯真的一神教，因此是一种宗教复古运动。

穆罕默德的新宗教即伊斯兰教。他推动的既是宗教改革，同时也是社会革命。他认为，在神的面前，一切人民皆是平等的。他否定特权阶级的存在，因此麦加的统治阶层（即穆罕默德的同族古莱什族）首先提出反对，将穆罕默德视为异端并施加迫害。因此，穆罕默德和他的信徒一同迁徙到了麦地那。这次迁徙被称作"希吉拉"，在伊斯兰教历中，这一年被作为纪元元年，相当于日本推古天皇三十年，即公元622年。

商业城市麦地那的繁荣程度远超过麦加，在此扎根的穆罕默德不久就击败了麦加的政敌。他进而团结了阿拉伯半岛上的所有阿拉伯人，并向他们传布伊斯兰教。在沙漠生活中经过历练的勇敢的阿拉伯民族，在伊斯兰教信念的感召下，作为新兴国家的国民登上了西亚历史的舞台。而这时，萨珊波斯已经走到了没落的边缘，东罗马帝国也无力再振国威。可以说，此时的阿拉伯民族真是所向无敌。

阿拉伯的统一及其发展

阿拉伯民族在穆罕默德时代实现了半岛的统一，在此后四代教宗的统治期间，阿拉伯人向东击败了萨珊波斯，进入中亚地区；向西平定了叙利亚和埃及，并在小亚细亚压制了东罗马帝国的势力。

亚历山大大帝去世后，西南亚经历了长达千年的分裂，才终于再次实现统一。此后，萨珊波斯帝国虽一度实行中央集权，国威耀极一时，但其国内体制却是封建性的阶级制度。土地皆为豪族"德赫干"所有，一般农民几乎都隶属于德赫干，国家的统治措施无法直接落实到普通民众的层面，这是萨珊王朝统一体制的局限性所在。而阿拉伯人的王国则废除了这种地主专权，政府授农民以土地，并基于伊斯兰教信仰予其以平等的地位，从而使他们发誓忠于穆罕默德。

阿拉伯帝国最大的成就是将西南亚收归亚洲。此前，由于罗马帝国在地中海沿岸地区拥有稳固的根据地，且占据了叙利亚这一东西方交通的要冲，故阻碍了西南亚的统一。但由于伊斯兰教的兴起，东罗马帝国的势力退至欧洲，亚洲终于在千年之后再次恢复了其原有的姿态。此外，阿拉伯帝国实现西南亚的统一，还解决了萨珊波斯治下的社会混乱和导致社会混乱的宗教问题。西南亚的人民厌倦了以往毫无意义的宗教斗争，非常欢迎拥有强大统治力量的新兴的伊斯兰教，他们争相改宗，加入伊斯兰教团。而对新宗教始终怀有敌意的旧宗教信徒则大多逃往中亚、中国、蒙古等地，并试图在当地宣传和推广自己的宗教信仰。唐代中国出现的各种宗教教派，也大多是由此而来的。

倭马亚王朝

穆罕默德去世后，在早期的伊斯兰教团中，穆罕默德的后继者被称为"哈里发"（即教宗），由有权者选举、推戴产生。初代哈里发艾布·伯克尔曾组织收集穆罕默德从神之启示中获得的教诲，但尚不完整，经第二代哈里发奥马尔后，第三代哈里发奥斯曼又组织了第二次编纂，并以麦加地区的方言原样记录穆罕默德的言语。这次编纂的成果就是流传至今的伊斯兰教经典《古兰经》。《古兰经》共114章，信徒们相信《古兰经》中记载的都是神告诫众生的绝对真理。

第四代哈里发阿里执政期间，伊斯兰教内部由于哈里发的选举问题发生内讧，叙利亚总督穆阿维叶巧妙地利用自身地位，对阿里进行武力和财力上的压制，并进而亲自出任哈里发。穆阿维叶以叙利亚作为根据地，又以大马士革为首都，并规定此后哈里发的产生方式须以世袭制取代选举制。此后，这一系统的阿拉伯王朝就成为倭马亚王朝。倭马亚家族是穆罕默德所属的古莱什族中地位最尊贵的一支，在麦加人中有着潜在的强大势力。

在倭马亚王朝时期，阿拉伯帝国的领土不断扩张，实现了跨跃性的发展。在此期间，帝国军队平定了北非，渡过直布罗陀海峡并征服了伊比利亚半岛。以往被视为欧洲世界内海的地中海，就这样大半归入了阿拉伯帝国的治下，仅剩下巴尔干半岛和意大利半岛的海岸地区还留在基督徒的手中。

阿拔斯王朝

倭马亚王朝将位于地中海沿岸的叙利亚的大马士革作为都城，由此向西发展。与此同时，在其东部边境却发生着另一重大事件。当时，倭马亚王朝的领土已经向东延伸到了中亚，并在帕米尔高原附近与唐朝的领土接壤。也就是说，亚洲的东、西两侧同时出现了倭马亚和唐这两大王朝，且二者都致力于维持相互之间的和平，这使得两国之间的交通和贸易日趋繁盛，也使得倭马亚王朝的东方领土（特别是波斯以东地区）实现了极大的繁荣。波斯地区自古以来就与西方的叙利亚地区及其文化相对立，倭马亚王朝将都城设在叙利亚并逐渐欧化，这是波斯人所不乐于见到的。另外，尽管波斯人受阿拉伯人的影响而改信了伊斯兰教，但在波斯地区，古老的国民宗教琐罗亚斯德教仍然存在。琐罗亚斯德教在本质上带有波斯式的多神教倾向，即使当地人改信了一神教伊斯兰教，也理所当然地会对其加以改良，以适应自己的需要。此外，在教宗地位争夺中失利的阿里一派也仍在阿拉伯帝国境内，他们也开始偷偷地在波斯地区传布自身特有的教义。阿里派称，阿里不仅是穆罕默德的堂弟，还是他的女婿，在血统上与穆罕默德最亲近，所以伊斯兰教团的代表必须从阿里的子孙中产生。这一主张成了如今波斯地区强有力的什叶派的起源。后来，阿里派趁倭马亚王朝执政失利之机将其推翻，建立了阿拔斯王朝。

阿拔斯家族是古莱什族的一个支系，在讨伐倭马亚王朝时，阿拔斯家族曾利用过波斯人的势力，但当他们掌握了政权之后，便开始排斥阿里派及其主张，并虐待阿里派的子孙，同时组建了自身的正统派教会。此正统派就是现在存在于美索不达米亚以西的逊尼派的源头。阿拔斯家族在美索不达米亚的中心巴格达建都，经陆路穿过中亚与中国开展交往，经海路与印度进行贸易。因此在阿拔斯王朝初期，西南亚实现了空前的繁荣与安定。

学术与文艺的复兴

阿拉伯帝国在多种意义上都具有近世史的特性。例如，伊斯兰教的出现就是一种宗教改革，它意味着以往专属于僧侣阶级的宗教现在向一般民众开放了。通过这次宗教改革，在阿拔斯王朝时期，特别是在哈伦·拉希德的治世之下，国都巴格达实现了古典文化的复兴。

当时在阿拉伯帝国的境内，除了有阿拉伯、埃及的哈姆系、闪米特系的文化，还包含叙利亚、小亚细亚的欧洲文化，以及波斯固有的东方的雅利安文化。也就是说，阿拉伯帝国包容了多种文化和拥有这些文化的多个民族。因此，对于阿拉伯帝国而言，无论是印度、波斯的文学，还是希腊、罗马的科学，都是阿拉伯的古典文化。哈里发命令学者将这些典籍译成阿拉伯语，古代世界的文化由此得到了复兴，巴格达也成为当时世界的文化中心。这场阿拉伯的文艺复兴，为当时仍然处于分裂之中的中世纪欧洲带来了光明和希望。可以说，此后的欧洲之所以能够逐渐摆脱中世纪的停滞局面，走上向近世发展的道路，伊斯兰文明的重大贡献是不容忽视的。换言之，希腊古典文明的很多经典，正是借助阿拉伯语译本才得以流传至今的。这一点从欧洲的语言中便可发现端倪，因为在当今欧洲国家的语言中，仍有许多与科学相关的词汇是来源于阿拉伯语的。

民族自觉的勃兴

西南亚的宗教改革和文化艺术的复兴，为多民族的融合带来了积极影响，但这种融合倾向却由于民族自觉意识的勃兴，而不得不再度转而趋向分裂。在西南亚的各个民族中，最强烈地表现出民族意识勃兴气象的，就是居于北方的游牧民族突厥。

对突厥的民族意识造成直接刺激的是波斯民族。其实，阿拔斯王朝的兴起不过是阿拉伯帝国统治下的波斯民族势力的复兴。10世纪前后，阿拔斯王朝的黄金时代已然逝去，在阿拔斯王朝东部边境附近的中亚地区，崛起了波斯系的萨曼王朝。萨曼王朝由波斯豪族萨曼·胡达的孙子伊斯梅尔创建，其领土最初是从阿拔斯王朝的哈里发那里获赐的中亚阿姆河与锡尔河之间的地区。伊斯梅尔以"苏丹"为号，他虽然名为藩主，但实际上已经是一位独立君主。他不仅支配了东西方的贸易路线，还从北方招募突厥人为佣兵，以谋国家之富强。萨曼王朝的国家体制十分独特，其宗教是阿拉伯人的伊斯兰教，其文化却明显是波斯式的，而在政治、军事方面却是突厥式的。最终，突厥人以这种国家体制统治了整个西南亚，而其起源就是这个小小的萨曼王朝。

萨曼王朝据有绝佳的交通位置，故首先对北方的游牧民族突厥造成了经济、文化方面的巨大影响，此后突厥人的民族觉醒，或直接或间接地与萨曼王朝有关。从俄罗斯南部和波斯的草原地带到遥远的波罗的海沿岸，萨曼王朝的货币都能够流通，其都市文化足以将突厥纳入自身的统治范围内，并进一步使其改宗伊斯兰教。另一方面，巴格达的阿拔斯王朝则日渐衰落。不久之后，突厥的苏丹政治取代了阿拉伯的哈里发政治，支配了整个西南亚。而与此同时，以民族为单位的西南亚的分裂倾向也变得日益明显。

伊斯兰教出现的世界史意义

西南亚作为古代文明的发源地，尤其是作为人类科学与宗教的摇篮，由于地理原因而对欧洲的影响最大。可以说，被视为当代欧洲文明源头的希腊文化，其实不过是西南亚文化的再现。亚历山大大帝之所以在希腊之外的巴比伦定都，正是因为巴比伦是当时世界的文化中心。亚历山大去世后，西南亚陷入分裂，叙利亚归于欧洲，在此后的约一千年中，西南亚虽曾试图夺回叙利亚，但由于罗马帝国的反击而未能成功。然而，由于日耳曼民族的入侵和罗马帝国的分裂，欧洲的统一被破坏。在此形势下，崛起于西南亚的阿拉伯帝国才终于能够乘此机会实现其千年以来的夙愿。它不仅将叙利亚收归亚洲，而且进军远在彼方的西欧，并在伊比利亚半岛建立了殖民地。

阿拉伯帝国的文化不仅包括波斯、美索不达米亚、埃及、印度的古代文化，还继承了希腊文化，并使古代世界几乎所有的优秀文化都得到了复兴。这种文化的复兴，为世界历史进入近世史阶段提供了坚实的基础。尤其是对于当时尚处于中世纪黑暗时代的欧洲来说，阿拉伯文明的影响可谓极其重大。

在当时的欧洲，基督教风靡上下，但基督教信仰原本是形成于西亚的。基督教传入欧洲后，逐渐失去其原有的亚洲色彩，慢慢欧化甚至退化。因此在欧洲，人们不得不受到欧洲中世纪阴郁的基督教的钳制。这种倾向一直持续到欧洲宗教改革时期，并在马丁·路德的努力下开出了新局面。而早在路德的宗教改革的千年之前，西南亚就已经出现了穆罕默德的宗教改革，具有近世色彩的新宗教也由此诞生。欧洲正是在亚洲宗教的感召下，以亚洲的宗教发展为理想，努力实现了宗教改革。正是通过这场宗教改革，欧洲才终于获得了近世性的体制。

对欧洲来说，伊斯兰教或许仅仅起到了为其提供刺激以促其复兴的作用；但在亚洲的东部，伊斯兰教却实现了对其教义本身的传播。在亚洲的东北方向上，伊斯兰教经中亚传入中国，时至今日，已经在中国拥有约3000万信徒；在东南方向上，伊斯兰教首先进入印度，后经南洋，成功地使印度尼西亚的大部分居民改宗。今天，伊斯兰教在全世界的信徒共有约3亿，与中国、日本的佛教和欧美国家的基督教并称世界三大宗教。

第二节　印度与印度支那半岛各民族的兴衰

中世的分裂时代

孔雀王朝所实现的古代印度的统一局面未能持久，在大月氏入侵后，印度进入了中世的分裂时代。尽管当时仍不时会出现倾向于统一的希望之光，但往往不久就消失无踪，使印度再度陷入社会混乱。这种分裂倾向的出现，一方面是由于印度的地形容易使西部的印度河流域和东部的恒河流域分离开来，且南部的德干高原地区又因其特殊的地形而易产生分裂倾向。另一方面，从人种上说，印度也充满了分裂性的因素。在印度南部，存在着较早形成的达罗毗荼人的固有文明；印度中部的两河流域则基本为雅利安人所统一，但此后，这里又出现了来自中亚的数次民族迁徙浪潮。这些迁徙而来的民族基本上以突厥系为主，最初是斯基泰人，接着是大月氏，之后是嚈哒。对于这些北方游牧民族的入侵，险峻的兴都库什山脉也未能构成大的障碍。入侵者先是在印度河上游的五河地区建设根据地，随后逐渐进入下游平原地区。对此，雅利安人原住民则以恒河流域为根据地，与之对抗。在此期间，出现了笈多王朝的英主沙摩陀罗·笈多和超日王，以及短命的普什亚布蒂王朝的戒日王等。就这样，印度本土势力与来自中亚的突厥系的斯基泰人、大月氏、嚈哒等入侵势力相对抗，双方的力量此消彼长、交错纵横，构成了印度中世大分裂的时代特征。

笈多王朝

中亚的大月氏势力衰落之后，其在印度的领土也随之分裂，印度河下游的斯基泰人恢复了独立。与此同时，笈多王朝在摩揭陀地区的巴特利普特那建都，国家日益兴盛。

笈多王朝的始祖是与孔雀王朝的始祖同名的旃陀罗·笈多一世。旃陀罗·笈多一世在位时，其王朝的领土尚未超出恒河中游地区，但到了其子沙摩陀罗·笈多即位时，笈多王朝已经支配了整个恒河流域，并使斯里兰卡等周边小国成为自己的朝贡国。后来，沙摩陀罗·笈多的儿子旃陀罗·笈多二世被称为"维克拉玛蒂亚"，在汉译佛典中被称为"超日王"。在超日王时期，笈多王朝击败了大月氏和斯基泰人的势力，将印度西北部的大半乃至印度河河口地区的领土都收归治下，这一时期也成为印度中世第一个光明的时代。

在这一时期，一度受到佛教压制的婆罗门教也得以复兴，但其印度色彩难免有所减少。笈多王朝兴起于受外国影响较少的恒河流域，故对婆罗门教这一以印度生活方式为背景的宗教信仰十分倾心。但是，笈多王朝的诸王与民众也都并不排斥佛教，而是将佛教作为婆罗门教的一个派系加以尊奉。同时，婆罗门教本身也在一定程度上受到佛教的影响而发生变化，逐渐形成了以毗湿奴、湿婆信仰为中心的印度教。

嚈哒的入侵

超日王的孙子塞建陀·笈多在位时，来自中亚的新的游牧民族嚈哒开始翻越兴都库什山脉，侵入印度西部。嚈哒也见载于中国史籍，在西方则被称为"白匈奴"。塞建陀·笈多虽然在防卫嚈哒的过程中曾一度取得过胜利，但终究未能抵挡这个未开化游牧民族的压境之势。最终，嚈哒在获得波斯东部边境地区的基础上，如潮水般涌入印度，占领了整个印度河流域，其领土范围几乎完全再现了以前大月氏时期的疆域。

然而，嚈哒的兴盛期并不持久，很快即归于覆灭。其本部所在的中亚地区受到来自北方的突厥的攻击，其在印度的领土则遭到笈多王朝和其他印度本地势力的反击。但是，嚈哒的入侵给印度造成的影响是十分深刻的。

尤其是对笈多王朝而言，它因此失去了在印度的霸权，各个小王国在各地分立并与之抗争。在这些小国中，实力相对较强的是伐拉彼王国和普什亚布蒂王朝。

戒日王

普什亚布蒂王朝原本是位于德里附近的小国，至光增王时期才开始走向强盛。到光增王之子戒日王在位时，王朝才终于得以称霸整个印度北部。戒日王号为"尸罗逸多"，在中国史籍中被译作"戒日王"。

戒日王于十六七岁时即位。他训练战士，以象军五千、骑兵一万、步兵五万征战四方。六年间，象不解鞍，人不脱甲，终于使北印度臣服。据说，当时戒日王已有象军六万，骑兵十万。唐朝巡礼僧玄奘到访印度时，正值戒日王在位之际。

戒日王成功平定了除南印度以外的印度河、恒河流域，并将曲女城定为新都。玄奘曾目睹曲女城的繁华景象，并在自己的《大唐西域记》中加以记载，其记载颇有趣味。据传说，当时的曲女城直径达一里半，外有城壕，还有冲天的高塔与曲女城相对望。城中的佛教信徒与印度教信徒数量相当，且相互之间并不排斥；佛教寺院有上百座，印度教神庙则达两百座。此外，戒日王还每隔五年举办一次盛大的佛教盛典，招待自北印度前来参加的二十国之侯伯。

戒日王也是一位科学与艺术的保护者，其在位期间是梵语文学的黄金时代。当时的梵文作品至今仍有留存，而戒日王本人也始终被视为英雄，至今仍受到印度人民的尊崇。

戒日王的时代与中国的唐太宗"贞观之治"时期相当，两国之间有过数次使者往来。但最后一次唐朝派遣王玄策为正使出使印度时，戒日王已经去世，其臣下篡位并拒绝了唐使的来访。王玄策于是一面说服吐蕃王，一面请尼泊尔国王出兵，使二者进军印度，将僭越者及其追随者作为俘虏带回唐朝。关于该事件的经过，我们目前只能看到中国史籍中的记录，其描写或许不免有所夸张。不过戒日王去世之后，印度的确很快就陷入了混乱，吐蕃军队也趁乱侵入印度，这些都是确有其事的。总而言之，戒日王的大一统仅维持了一代，在他去世后，统一局面也就随之瓦解了。此后的印度中部，中世的混乱分裂局面不断加剧。

南印度的形势

在孔雀王朝、笈多王朝和戒日王朝称霸印度中北部的时候，南印度作为达罗毗荼文化的维持者不断与前者对抗，并保持了自身的独立性。在孔雀王朝时期，德干高原地区就曾出现过安德拉政权；在笈多王朝的鼎盛时期，德干高原上又出现了以坎契浦兰为中心的帕拉瓦王国及其他两三个独立国家。在北方笈多王朝的攻伐之下，帕拉瓦王朝虽然不得不一度屈服，但不久便又恢复独立，并将东海岸一带乃至斯里兰卡都纳入势力范围。此外，在当时的德干高原上还有遮娄其王朝，其国王补罗稽舍二世还曾击败戒日王朝如怒涛般自北方南下的大军，令不世出的戒日王都品尝到了战败的滋味。然而，补罗稽舍二世最终被从东方来犯的帕拉瓦王击败，战死沙场。帕拉瓦王国也由此得以支配整个德干高原。但是，一度濒于亡国的遮娄其王朝在蛰伏了十余年后，终于在超日王一世的统率下击败帕拉瓦王朝，恢复了旧日疆域，并以世袭的方式传承了数代，维持了其在南印度的霸权。

南印度的形势不久就影响到了附近的斯里兰卡。以往称霸北印度的阿育王在消灭了东海岸的羯陵伽后，曾向这里派遣佛教的传教者，以试图实现斯里兰卡的佛教化。与南印度一样，斯里兰卡的原住民也是达罗毗荼系的泰米尔人，但当来自北方的雅利安民族出现在印度东海岸时，斯里兰卡也就不得不面对雅利安新移民的迁入了。雅利安系的僧伽罗人从印度东海岸迁徙至斯里兰卡，始于距今2000~2100年前。这些移民后来独占了西部以及南部的肥沃平原，并被称为"白种族"，而原住民则被他们逼迫迁至东部山地，并被称作"黑种族"。僧伽罗人和原住民都信仰佛教，因此时至今日，即便佛教在印度已经式微，但斯里兰卡仍然是南传佛教的一大中心。

在南印度，达罗毗荼系泰米尔人的势力仍然十分强盛，常有强国在此兴起，从而使斯里兰卡的僧伽罗人不得不时常受到泰米尔人的威胁。尤其是5世纪以后，泰米尔人占据了斯里兰卡北部，并屡次在那里建国。不过,僧伽罗人很快就摆脱了泰米尔人的支配,并将泰米尔王族逐出岛外。在中国史籍中,僧伽罗人占据优势的斯里兰卡北部被称为"狮子国",而原住民占多数的南部则被称为"狼牙修"。10世纪初,印度东海岸的注辇国逐渐强大,并侵入斯里兰卡。此后,僧伽罗人与此强敌也进行了长期的争斗。

孟加拉与缅甸

孟加拉地区以恒河河口附近的平原为中心,但它在印度的古代文化史上尚未占据十分重要的地位。不过,随着印度内陆人口数量的增加,向这片肥沃的三角洲地带的人口迁徙活动也变得旺盛起来。在经济上,孟加拉地区的农作物日渐占据重要地位;在政治上,该地区也愈发受到重视。特别是在笈多王朝时期,以往在历史上未曾有过举足轻重地位的金耳国,自6世纪中叶开始迅速成长为强国,金耳国国王更是曾与戒日王的哥哥大战,并将对方打败,令其丧命。但是,由于戒日王朝的兴起,孟加拉地区遭到攻伐,反而变成了戒日王朝领土的一部分。戒日王朝四分五裂之后,孟加拉地区再度陷入混乱。8世纪中叶,波罗王朝建立,并在达摩波罗统治时期进入了前所未有的黄金时代。在达摩波罗及其子提婆波罗在位期间,孟加拉王国的领土曾一度拓展至印度中部。然而自此之后,孟加拉王国国势渐衰,以曲女城为根据地的普腊蒂哈腊王朝夺取了印度中部的霸权。

与孟加拉地区的东部相接壤的是缅甸。缅甸位于从中国西南的云南省到印度的通道上,尽管这条交通线不甚畅通,但是沿着这条路线生活于山间的民族,既能从北部吸收中国文化,又能从西部接受印度文化的影响,并逐渐实现民族的觉醒。到8世纪末,统御18国的骠国得以在此出现。虽然目前我们尚不明确其中心势力究竟有几种,但可以想象,其居民在海岸地区以孟族为主,在中部以北则以缅族为主。

缅甸虽然在东部与泰国接壤,但二者之间为险峻的山脉相隔,所以据说泰国最初接触印度文明并不是通过缅甸,而是通过海路。在此,我们有必要对印度文明经由海路向东传播的过程,以及受到印度文明刺激的南洋各民族的情况进行说明。

马来西亚与爪哇

　　印度东海岸的原住民自太古时代起就活跃于孟加拉湾的海面上，他们开拓了与斯里兰卡以及远处的印度支那半岛、南洋群岛①之间的交通线。阿育王对羯陵伽的征服，对当地人的海外发展来说更是具有划时代意义的事件。被征服的原住民最初逃往海外时，在临时的落脚点建立了适宜的迁居地，但他们不会想到，后来雅利安人也追随着原住民的足迹走向了海外。

　　船只从印度东海岸出发，横穿孟加拉湾后，自然就可以进入马六甲海峡。马六甲海峡北岸的马来半岛虽有诸多良港，但缺少平地，亦缺乏港区建设；而南岸苏门答腊岛的海岸则多为湿地，不适于停靠，因此无论是北岸还是南岸，都不适合作为大量人口的收容地。于是，印度人仅在马来半岛上留下了若干较小的殖民地，多数人还是将目光投向了土地更肥沃、气候更温和、物产也更丰富的爪哇岛。他们征服了岛上的原住民，在那里建立了殖民地，同时将印度的新旧文明一同带到了那里。印度人向爪哇的殖民大约完成于5世纪前后，爪哇与中国南朝刘宋之间的第一次交通往来记录是在公元435年。中国唐代时将爪哇称为"诃陵"，这与"羯陵伽"或许是同一名称的不同音译。

　　在爪哇得到开发的同时，新加坡海峡的重要性也与日俱增。爪哇与印度之间的交通线需要经过新加坡海峡，从中国前往爪哇的航线也要沿着海岸通过新加坡的海湾，这是当时十分普遍的航行路线。

　　在通行于新加坡海峡时，人们最初并不经过苏门答腊岛海岸，而是从新加坡北部通行。在今天新加坡的地理位置上，估计最迟在5世纪前后就已经出现了印度人的殖民城市。隋唐时期，中国将此地称为"师子石"或"师子州"，将其南部的林加岛、新及岛称为"狼牙修"。

　　随着爪哇岛变得富有而强盛，相邻的苏门答腊岛也逐渐得到了开发，占碑和巨港等平原地区的开发取得了尤其明显的进展。不久后，苏门答腊岛便出现了强大政治势力的集结，这就是以占碑为中心建立的赤土国。后来，以巨港为都城的室利佛逝（三佛齐）也逐渐兴起。该王国一方面控制

---

① 即马来群岛。

着北部的新加坡海峡，另一方面又将东部的爪哇岛置于势力范围之内，长期支配着苏门答腊岛以东的海域。

占婆与柬埔寨

继新加坡海峡之后成为中印之间海路要冲的是占婆。无论是利用东北信风自中国南海之门户广州向南洋进发的航程，还是反向的归程，沿途都必须经过占婆的海域。因此，船只经过此处时大多都会在此靠岸，补充燃料和水。

自汉武帝时期以来，中国的势力范围日渐延伸至占婆北境。汉朝疆域最南端的日南郡象林县，相当于今天越南的广义省周边地区。东汉末年，象林县的原住民获得独立，不仅占领了日南郡北部的大半，还向南扩张，建立了林邑国。

这里值得注意的是，从中国史籍的记载来看，林邑国这一边境之地似乎是处于中国文化影响范围之内的。但实际上，林邑国的建立是由于受到印度文化刺激的缘故。因为印度人很早就开始活跃于海上，并实现了对马来半岛海岸的印度化。此后，印度人又利用信风最先来到占婆，并在这里种下了印度文化的种子。他们与当地原住民孟族人、高棉人一同建立了林邑国，并在该国北境与中华文明接触。总之，从其发展路线上来说，在印度支那半岛东部，印度文化首先被引入占婆，随后其影响波及柬埔寨，进而扩展至暹罗①。

尽管占婆占据了航路上的绝佳位置，但其弱点和马来半岛相同，即山脉迫近海岸线，海边缺少平地，背后的港区过于贫弱等。因此，占婆专以商业立国，但这也暴露了其对外敌的入侵缺乏抵抗能力的弱点。

占婆西侧的湄公河流域是一片开阔的平原，而高棉人很早就在这里居住和生活。在占婆通过航海贸易日渐繁荣的同时，高棉人的扶南国也在其刺激之下逐渐发展起来。正如其建国传说中所言，扶南国是本地的高棉人和外来的印度移民融合后的产物。扶南虽然与东西方交通的主干线距离

---

① 今泰国。

略远，但拥有肥沃的湄公河平原，当地人在平原上发展的农林产业足以弥补其在交通位置上的劣势。此外，占婆在商业上所获得的利益，最终也被扶南掠取。占婆的文化也进一步促进了扶南的开发，而这些因素反而激起了扶南攻伐占婆的野心。

进入7世纪后，扶南国为真腊国所取代。真腊即生活于山间的朴素的高棉民族。在真腊建国之际，生活在湄公河平原上的原住民的国粹主义变得比以往更加浓厚。但尽管如此，印度文化在湄公河地区并未遭到排斥，而且佛教和印度教也仍在流行，柬埔寨佛教还对中国有过相当大的贡献。真腊最初的国都设在伊赏那补罗，唐代的中国人就以此地名称呼真腊。

真腊国在此后曾分裂为内陆和海岸两部分，分别被称为"陆真腊"与"水真腊"。而到了9世纪初，二者再度统一，真腊的国势也迅速强盛起来，高棉民族由此进入了最强大的时代。吴哥城就是当时真腊的国都。强盛时期的真腊向东压制了占婆，向西拓展至湄南河，并进一步将势力延伸到马来半岛。可以说，此后泰族在湄南河流域的兴起，很大程度上也是因为受到了这一时期高棉文化的影响。

印度支那半岛与中国

由于占婆所处的地理位置是航海路线上绝佳的港口地带，所以常常成为邻国垂涎的对象，不仅招致了西面柬埔寨的入侵，也不得不面对来自北方的征服者。占婆原本位于中国疆域的南端，后来当地人获得独立，建立林邑国。但是在当时，大国和小国之间只能以非常微小的实力差距保持均衡状态。自中国南北朝分裂后，南朝的国都大多建在长江沿岸，对于林邑而言，这意味着来自中国的压力突然变大了。在南北朝之前的三国时期，吴国的孙权就曾派遣使者向林邑等南海诸国招降。东晋之后的中国历代王朝都不断与林邑发生冲突，而到了最后统一南北朝的隋代，隋炀帝更是对林邑进行了大规模的征伐。隋朝灭亡后，林邑幸运地得以复兴，并成为唐朝的藩属国。唐代中叶以后，林邑已被普遍地称作"环王国"。可是到了这个时候，林邑的国力已经衰落，并且不得不面临来自西邻高棉人的进犯。

南方地带的国家体制

从印度到南洋，这些有兴有衰的国家往往都有一个共同的特点，即都缺乏国家延续的持久性。造成这一特点的因素或许有很多，但最主要的原因在于民族的复杂性。南亚次大陆的面积与整个欧洲不相上下，其包含的民族数量之多，也并不比欧洲逊色。在南亚次大陆上，一个个政权如泡沫般稍纵即逝，这些政权之所以不断膨胀和收缩，原因就在于该地区民族的复杂性。然而，印度-南洋地区的历史与欧洲历史毕竟有着显著的不同，而这一点或许主要是由于热带风土的影响。在这里，人类的意志力变得相对脆弱。热带的大自然有着巨大的威力，其威力之大并不亚于北方寒冷地带的自然威力，人类在如此强大的自然面前，在获得丰富的食物供给的同时，也容易失去强大的意志力。所以，如果人类不专心于冥想式的思索，就很容易变得懒惰，以致常常失去行动的锐气。不过，从另一方面看，这种气候也给了个体以施展才能的绝佳机会。因为在南方地带，继承父祖之余绪者往往较少，英雄人物往往是从社会的最底层立身出世，成为一代大征服者。但是，鲜有子孙能够守住前人的伟业，一位英雄一旦去世，其国家的统治力就会立即变得松弛，雌伏于其治下的各个民族也会很快争相自立，与之相抗。总之，创业之君留下的国制，几乎很少能够传承至十代。

另外，南方地带之所以人种杂多还有其他的原因，即热带地区因受惠于自然气候而资源丰富，而生活在北方寒冷地带的民族往往会为了追求温暖的气候而南下，这构成了世界史上的一大潮流，并在印度-南洋地区表现得格外明显。也正因如此，印度-南洋地区的历史命运屡屡受到外界势力的影响，而且由于外来民族对这一地区的入侵过于频繁，所以这里的人种分布也变得愈发复杂，南方地带历史的被动性由此可见。

第三节　北方民族的活跃及其对中国的影响

北方民族的隆盛

中国古代史的终结，与北方民族入侵这一契机不无关系，这一点前文已有论述。与欧洲的日耳曼民族大迁徙一样，中国在中世阶段也曾多次出现类似的民族迁徙活动，这一时期中国的支配权很大程度上为北方的游牧民族所掌握。那么，这些北方民族的政治势力是如何得以发展的呢？

正如前一章所提到的，在新石器时代，人们在亚洲内陆靠近北部的干燥地带创造出一种独特的尖状器的石器文化，并在当时游牧式生活的背景下实现了杰出的发展。在这一时期，人类的生活极为和平，可想而知，这是由于当时缺乏精良的武器。不过，进入有文字记载的历史阶段后，南方农耕民族眼中的游牧民族总是以凶狠、勇武、好战的形象出现，这种从和平向好战的转变究竟是如何发生的？这一点令我们颇感兴趣。毫无疑问，导致这种变化的一个重要因素在于南方的农耕民族。农耕民族利用其政治的凝聚力，侵占了游牧民族的居住地，不仅掠夺了对方牧养的牛羊，还抢夺其牧场用于耕作。对于农耕民族的这种暴行，游牧民族最初只能选择屈从，或是改变自己的生活方式以融入农耕社会。但是，游牧民族在农耕社会中学会了其战斗方式，并将这种战斗方式加以发展，由此开始反攻农耕社会。值得注意的是，这种实现反转的新的战斗方式，既依靠金属武器的发明，也仰赖战车和战马战术的发展。

在周代，华北地区的游牧民族被称为"戎狄"，他们只知道步行战斗的方式，与汉人的战车战术形成了鲜明对照。但是到了战国时代，尽管中国输入了来自西方的战马战术，但这一战术的传播可能是以北方游牧民族为中介的。生活在蒙古高原南部的游牧民族较汉人更早地学会了骑马作战的战术，由此提高了军队活动的自由度，并实现了民族的大团结。这一骑马民族最初就是以"匈奴"之名出现在历史记载中的。

匈奴的强盛

战国时代中期，蒙古高原南部出现了游牧民族的大集结。当时，匈奴出现在阴山南麓，他们占领了鄂尔多斯，对赵国、秦国构成了重大威胁；东胡兴起于匈奴东侧的热河与察哈尔地区[①]；而在匈奴西侧，则有大月氏在甘肃地区扩张势力。为了应对这些游牧民族，战国时代的赵、燕等国在北方筑起长城以保护内地，而秦国则在秦始皇讨平诸国后，将匈奴逐出了鄂尔多斯。最终，秦朝建成了西起临洮，经黄河河曲地区，东接赵、燕两国旧长城，延伸至辽东地区的所谓"万里长城"，用以防御游牧民族的入侵。

但是，秦帝国不久之后就瓦解了。就在中原处于分裂状态的时候，匈奴人中出现了一位名为冒顿的英雄。冒顿在南边恢复了被秦朝夺走的旧领地，在东边打败并消灭了东胡，同时向西攻打大月氏，将其驱赶至偏远地区，又向北攻入外蒙古，使突厥系的隔昆、丁零等部落降服。由此，冒顿建成了蒙古高原历史上最初的大国。

匈奴与汉朝的纠葛

在匈奴人的首领冒顿称霸之际，在其南方，汉朝的汉高祖也打败了楚国的项羽，实现了中国的统一。汉高祖以匈奴轻侮汉朝、入侵山西为由发兵征讨，两军在平城开战，最终汉军遭遇大败。高祖遂向匈奴求和，率军逃回长安。此后，汉朝依照和约与匈奴称"兄弟之国"，并将宗室之女嫁与匈奴单于。此外，汉朝还须每年向匈奴提供大量的绢帛和粮食。这一

---

① 今河北北部、内蒙古自治区南部、辽宁西部一带。

事实无疑说明，汉朝在当时已经成为匈奴的属国，而匈奴实际上已经在亚洲大陆的东部确立了霸权地位。

匈奴的体制

　　匈奴之所以能够成为此等强国，与其建立在特殊的游牧社会基础上的国家体制密不可分。匈奴人"逐水草而居"，在牧养家畜的同时也进入山林捕猎鸟兽，或是在暂时的居所周围进行少量的农耕。在食物方面，他们吃肉和乳酪；在衣着方面，他们多穿裘皮。他们的住所是便于迁徙时携带的毡帐（穹庐），在现在的蒙古草原上仍能看得到。毡帐往往以编结的柳条为梁柱，上面覆盖毛毡，作为帐顶和帐壁。当需要迁徙时，匈奴人就将毡帐拆解，并用牛马车运输。此外，匈奴人在平时也会进行一些必要的行军训练，以备战时之需。

　　居住在两三顶毡帐中的20余人就构成了一"落"，成百上千的落就构成了一个部族。部族主要是以血缘关系结成的集团，其中混杂着一些奴隶性质的人。部族首领的命令会被刻在木头上，并通过口头传达的方式从一个部落传到另一个部落，部落民对首领的命令都必须绝对奉行。在战时，壮丁会从部落中一个接一个地被征发，他们以十进制组成队伍，所以有什长、百长、千长，千长之上还有"万骑"。万骑要统率数千以至上万骑兵，整个匈奴共有24位万骑。

　　匈奴的统治者即"单于"，其全称是"撑犁孤涂单于"，该名称在蒙古语中为"天之子、伟大的王者"之意。单于的出身仅限于冒顿的子孙一系，且必须是匈奴人中血统最高贵的屠各部挛鞮氏的后裔。选出单于后，还要进一步从挛鞮氏一族中选任左右屠耆、左右大将、左右大都尉等24位万骑王将。24人都分左、右，左王将分得左地，即东蒙古；右王将分得右地，即西蒙古。相、都尉以下的官属皆服从于24长，并管理所属地区的各部落酋长。在战时，各个万骑将率领数千甚至数万的军队出征。单于的直辖领地位于内蒙古，其首都为单于庭，位于现在的呼和浩特附近。在直辖领地内，与单于有着姻亲关系的贵族有呼衍氏、兰氏、须卜氏等。单于会从这些贵族中选拔出左、右骨都侯之类的大臣以辅佐自己，并管理内政、外交等事务。左、右王将每年正月、五月、九月会到单于庭集合，祭祀天地祖先，同时汇报政务，商议国政。

匈奴所在地区的气候相对寒冷，只有一小部分是适合畜牧的草原，因此生活水平较低，且面临着诸多困难。这就是为什么匈奴会经常与中原进行贸易，试图从中原得到绢帛、酒食的原因，也是匈奴在国势强盛之后会连年侵袭中原的动机所在。不过，游牧的生活方式以及这种水平相对较低的生活状态，为匈奴提供了培养善战之士的绝佳条件。在汉代，汉人对骑马战术并不陌生，但是由于中原的地理条件不适合畜牧，所以汉人未能获得足够多的战马，汉朝军队也因此以步兵为主。如果为了应对灵活机动的匈奴强兵而在国境常年设置重兵，对于汉朝来说将造成难以承受的财政负担；但如果等到发现敌人之后再出兵，则未及交兵，匈奴骑兵就已经达到侵袭的目的并全身而退了。汉文帝时，晁错曾上书分析汉朝与匈奴的军制，认为匈奴的优势在于战马的调教、马上的袭击、行军的持久性这三点；与此相对，汉朝的优势在于平地上的车战、可远距离投射的弓弩、能众箭齐发的弩机、坚甲与利刃以及步兵耐久的战斗力这五点。因此，晁错主张以己之长攻彼之短，并取其长技，以免受制于对方。

与汉朝相比，匈奴虽然在军事上一度占据了相对优势，但其弱点更多。如果这些弱点受到攻击，那么对匈奴来说必然是致命的。匈奴的弱点之一是其国民凝聚力不够强。匈奴社会是以血缘性的集团为单位而建立的氏族制社会，每个个体过于热衷于其自身所属的小集团，因而其行为会不时地导致民族层面的分裂，乃至国家的瓦解。其次，匈奴的人口以及物资相对贫乏。匈奴所占有的土地面积虽然远远超过了当时的汉朝，但其物产却局限于畜牧类资源方面，即便匈奴人熟知刀、镞等兵器的锻造技术，却不得不从汉朝获取相应的原料。所以，在汉武帝登上历史舞台之后，匈奴与汉朝之间的攻守关系就发生了一次巨大的反转。

匈奴的衰落

汉武帝即位之际，匈奴内部因单于的继承问题发生内讧，部分有实力的部族选择投靠汉朝。于是，汉朝以这些匈奴骑兵为先锋，向匈奴发起反攻。汉武帝先是攻取了对方防守最为薄弱的甘肃地区，使浑邪王投降，从而断了匈奴的右臂。汉朝将新归附的匈奴部族称为"属国骑"，令其分属北方五镇，平时让他们负责侦查放哨，战时则让他们作为前后卫从军作战。此外，汉武帝在中原也积极地饲养战马，并从西方买来伊朗血统的马种以改良马匹，从而组建了大规模的骑兵部队。卫青、霍去病等名将遂率领这些新组建的骑兵部队，对匈奴发动远征。在他们的攻势下，匈奴难以继续坚守内蒙古，遂穿过戈壁逃往外蒙古。于是，汉军也随之穿过沙漠继续追击，一直追到贝加尔湖畔，将汉朝之军功记录在石碑上之后才折返回朝。匈奴由此在军事上遭受了重大打击，而在内部治理上则不仅失去了以往对各部族的统治力，还遭到各部族势力的挑战。可以说，匈奴已然不复昔日之隆盛。

这时，居于叶尼塞河畔的突厥系的丁零、西拉木伦河畔的东胡后裔乌桓以及伊犁河畔的乌孙等纷纷独立，与匈奴对抗。于是，匈奴不得不在沙漠周边地区辗转迁徙，以躲避对手们的锋芒。

汉武帝时，汉朝与匈奴曾争夺天山南路之地，位于南路上的各国大多选择归附汉朝，这也使汉朝对大宛的征伐成为可能。到汉宣帝时，匈奴的日逐王率自己治下的北路诸国归顺汉朝。汉朝于是并有南、北两路，确保了与西方之间交通线的畅通。不过，匈奴却因此受到排挤，愈发陷入困窘的境地。最终，呼韩邪单于选择归附汉朝。此后，汉朝与匈奴之间以长城为界，匈奴对汉朝行臣下之礼，并负责长城一线的防卫。相应地，汉朝将宗室之女嫁与单于为妻，并每年赠送大量物资。从此，匈奴就成了汉朝的一个属国。

在王莽时期，匈奴曾一度叛离。但到了东汉光武帝时，汉朝根据传统的国策，招抚了天山南路的各个城邦小国，并由此扫清了匈奴的势力。不久后，匈奴内部出现内乱，蒲奴单于之从兄日逐王自立为单于，两单于并立，以争国权。后来，日逐王请降于汉，光武帝遂令日逐王所率部族迁入长城之南，并使其承担守御北部边境的任务，这一部分匈奴也被称为"南匈奴"。由此，匈奴分裂成了南、北两部分。

居于蒙古草原的北匈奴在外蒙古的鄂尔浑河流域设立单于庭，为争夺天山南路这条与西亚之间的交通线而与汉朝屡次开战。而在东面，鲜卑在摆脱了匈奴的统治后曾袭击北匈奴，并杀死了当时的优留单于。同时，北方的丁零和南方的南匈奴也趁机进攻北匈奴。北匈奴无力应对，在阿尔泰山地区遭遇了汉朝与南匈奴联军的讨伐而大败。此后，北匈奴只好放弃在蒙古草原的领地，逃往天山北路和伊犁河畔。据说，北匈奴到了欧洲后被称为"匈人"，匈人的到来可能就是罗马-日耳曼世界民族大迁徙的原动力所在。而他们原来的领地则大体上被来自东方的鲜卑占领。最后，在长城以北，匈奴的残部只在鄂尔多斯附近有零星的分布。

北方民族的内迁

北方民族向中国内地的迁徙，几乎在各个时代都是存在的。但是，在北方民族的入侵终结了中国古代史的进程之前，最初的大迁徙其实要算东汉光武帝时南匈奴向长城以南的迁徙。他们迁至山西省中北部，在那里拥戴自己的单于，维持旧的氏族体制，保持着与当时汉朝的郡县系统不同的自治性质。不过，由于人口的增加，南匈奴在有限的领地内难以维持生计，于是他们当中的很多人逐渐脱离了氏族，加入汉朝的军籍。当时，山西省中北部在汉朝的行政区划中属于并州，因此东汉末年并州的汉军中胡骑甚多，其勇猛之态颇令周遭忌惮。

以中原以北的并州为中心，其东侧为冀州，西侧为凉州。冀、凉二州的军队都募集了许多境外的游牧民族，凉州的军队中甚至还包括氐、羌等藏系民族。东汉末年，董卓正是率领着凉、并二州的胡骑攻入国都洛阳的。董卓肆意专权，把持朝政，最终导致了汉朝的分裂。董卓死后，继承其地位的是曹操。不过，中国古代史进程的终结和中世分裂时代的开端的第一步，便始于董卓肇始的胡骑横行。

曹操不仅继承了董卓部下的胡兵，而且进一步招募游牧民加入自己的军队。其一是并州的匈奴部族，其二是冀州境外的乌丸（乌桓）部族。乌丸和鲜卑都是东胡的后裔，属于蒙古系的游牧民族。曹操出冀州，攻乌丸本部之柳城，杀其单于，并将万余落的部族强行迁至冀州境内。曹操从这些部族中征集骑兵，以为"乌丸突骑"，被视为当时天下的精锐。

曹操之子曹丕废汉室而建立魏，与此同时，当时自立于中国南方的蜀汉与东吴也出于对抗魏国的需要，各自从境外的领地征募外族将士。蜀国多利用藏系的氐、羌，吴国则多利用生活在山间的山越。如此一来，三国时期的中国军队多含有外族内迁者，而这其实就是塞外民族内迁的第二阶段。西晋之后，中国进入了所谓的"五胡乱华"时代，华北成了北方游牧民族的天下。而其他在蒙古高原南部伺机待发的游牧民族则如潮水一般，一拨接一拨地越过长城，涌入中原，这便是民族大迁徙的第三阶段。

五胡乱华

西晋虽然统一了三国，但其统治时间并不长久。晋武帝死后，惠帝即位，分属于各个藩王的各地军队趁此中央统制松弛之机，纷纷拥立各自的宗主，以图号令天下，"八王之乱"由此发端，西晋的疆域也在事实上陷入了分裂状态。而长期蛰伏于并州山间的南匈奴，则趁此机会再度兴兵而起。

一般认为，东汉一代，南匈奴为汉朝的军队提供了大量士兵，但其自身的社会地位却与汉室的权威成反比，一直在走下坡路。尤其是曹操执政时，曹操对南匈奴施以压迫，将其分割为五部，以弱化其凝聚力。而到了西晋，南匈奴五部又被进一步细分为"三率"甚至"四率"，其势力被进一步削弱。南匈奴由此终于失去了自治权，不得不服从于郡县的役使。然而，晋惠帝时的这次"八王之乱"给了他们可乘之机，呼韩邪单于的后代、屠各部的族长刘渊在这一时期统一了南匈奴五部之众。他举起了独立的大旗，在平阳建都，自称汉帝。因刘渊的祖先历代单于都与汉室结有婚姻关系，而且刘渊自己也改了"刘"这个汉人姓氏，所以他声称自己继承了蜀汉的正统，标榜要兴复汉室，并宣称对汉室拥有继承权。此后，刘渊之子刘聪攻陷了西晋的都城洛阳，俘虏了晋怀帝，又令在长安即位的晋愍帝投降，从而将华北之大半纳入了自己的治下。而晋室之一族司马睿则逃至江南，仅能保有东南半壁江山，后世称之为"东晋"。

刘聪死后，匈奴人的"汉朝"消亡，其后就出现了前、后赵的争霸战。

此后，国土的分裂和统合频繁地在华北地区上演。当时，在陕西、甘肃地区，氐、羌等藏系民族占据优势；而在山西地区，则有匈奴和与之类似的羯族；至于河北地区，则是蒙古系的鲜卑势力较强的区域。这些民族与汉人一样，一个接一个地在华北地区建国，但每个国家都兴衰无常，以致在140余年的时间里，竟先后出现过16个国家。与此相对，据守建康（今南京）以保有江南的东晋，也因内讧不断而国力不振。无论在南方还是北方，民众都徘徊在饥饿的边缘，因此在这一时期，土地荒废、人口减少的现象十分明显。

南北朝

华北地区民族混乱的局面最终得以统一，是借由后来从蒙古草原越过长城侵入中原的游牧民族鲜卑拓跋氏部族之手实现的。鲜卑与乌桓都是从西拉木伦河畔起家的蒙古系民族，但乌桓在遭到曹操的重击之后势力不振，鲜卑遂得以兴起。鲜卑通过占领匈奴故地，吸纳当地的故民，曾一度雄视漠南。鲜卑部族中最初展露锋芒的是慕容部，该部早早就进入中原，建立过前燕、后燕、西燕、南燕等国。与之相比，拓跋部的兴起时间相对较晚。拓拔部以山西以北为根据地起家，并与鄂尔多斯地区的匈奴联手，趁慕容氏衰落之机侵入中原，到太武帝时控制了华北，实现了北魏的霸业。时为公元439年，江南的军阀刘裕也几乎在同时篡夺了东晋的王权，建立了刘宋。此后，中国进入了南北朝对立的时代。

北魏太武帝的祖父是道武帝，他在称帝后建都平城，使国力愈发强盛。至太武帝时，北魏统一了长江以北，还打败了起家于外蒙古的突厥系柔然一族，并直捣其老巢。高句丽和天山南路的小国纷纷向北魏朝贡。与此同时，南朝的刘宋在宋文帝的治理下实现了繁荣，虽然宋文帝曾出兵进攻江北，但遭到了北魏太武帝的反击，北魏甚至进犯至长江边。可以说，在武力层面上，此后南朝历代始终受到北朝的压制。

北魏在建国之际，尚保存着以往游牧民族特有的氏族制度。不过既然要在华北开疆拓土，北魏就必须与中华文明和汉人社会接触。北魏的中央政府中设置了汉式的百官，并由华北地区的豪族来担任；北魏的亲贵们则在武将系统中任职，直接隶属于天子。在地方上，北魏同样实行这种一文一武的双重体制，有实力的武将就像封建诸侯一样，但臣属于中央。不过，随着时代的发展，拓跋部鲜卑人日渐汉化，并形成了鲜卑人的官僚阶级。他们像以往的汉人豪族一样兼并土地，并开始将农民作为部曲，使之成为自己的奴隶。对此，北魏中央政府不得不采取必要的对策，以解决由此产生的社会问题。

太武帝的曾孙孝文帝是一位稀世明君，他在国民中推行了彻底的汉化政策。因此，与其说他是拓跋部的天子，不如说他是汉室的继承者。孝文帝认为，要统治中原，当然是采用汉式的政治体制最为便利。因此，他将拓跋部的历史置于一旁，以成为纯粹的中国皇帝作为统治中原的最佳手段。为了打破以往的氏族制度，孝文帝建立了"三长制"的邻保制度，五家设一邻长，五邻设一里长，五里设一党长，使党长负责户口的调查与租税的征收。孝文帝将土地分配给人民，并允许其开拓荒芜的土地，根据人口数量征收均等的租税。

孝文帝以十分强硬的手段推行汉化政策，然而有些政策看起来并无必要。但是孝文帝力排众议，坚持将国都迁至洛阳，禁止国人穿胡服、说胡语，并要求人人皆穿汉服、说汉话。为了贯彻自己的政策，孝文帝甚至不得不将保守派所拥立的皇太子杀死。然而，发生这样的悲剧也是无可奈何，因为当时迁至华北地区的少数民族并非只有鲜卑人，还有氐、羌等藏系民族，以及丁零、乌桓、高车、柔然等大量蒙古系、突厥系的民族。北魏的鲜卑族希望将这些异族同化，却缺乏能够实现这一目标的固有文明。所以，为了使这些少数民族都沐浴在同一个文明之下，去其杀戮之气，使之享受和平，北魏就必须去除这些异族自身的风俗。为此，鲜卑拓跋部不得不率先垂范，首先放弃了自己的国俗。

总之，北魏孝文帝的政策确实取得了决定性的成果，其对异族的汉化的确得到了有效的推进。然而，北魏未能因此获得更多汉化所带来的好处，反而在推进汉化政策的过程中走向崩溃，最终不可避免地成为时代的牺牲品。

北魏的再度分裂

孝文帝迁都洛阳后，皇室亲贵相继成为汉式的官僚豪族。他们独占高位，兼并田土，极尽豪奢，而与此同时，留守在北边的大多数拓跋氏部民则极少得到朝廷的恩泽。他们生活在寒冷的气候之下，还必须一直防范着可能会从北方侵入的柔然等强敌。也就是说，朝廷在汉化的同时变得软弱无力，而北方的武装力量却在不断积蓄压力。最终，当北方军士的不满情绪高涨至极点时，便爆发了北方六镇的举兵造反，北魏朝廷对此无力加以镇压，只好依靠山西豪族尔朱荣来平叛。平叛成功之后，尔朱荣将自己的亲兵与北魏降兵合并，其军事实力由此变得更加强大。北魏孝庄帝担心难以压制其势力，故决定诛杀尔朱荣，但尔朱荣死后不久，孝庄帝便被尔朱荣之侄所弑。尔朱氏后继无人，其兵权分归部将高欢、宇文泰二人。高欢拥立孝静帝而有东魏，宇文泰则拥立孝武帝与之对峙，北魏由此分裂为东、西两部分。但东魏、西魏的实权都不在朝廷手中，魏帝不过是傀儡而已。六镇之乱后，北方民族再度出现南迁倾向，这便是民族迁徙的第四阶段。

东魏以邺为都城，丞相高欢在晋阳开设军府，手握强兵，把持朝政。东魏领有之地包括山西以东的肥沃地带，其富强程度凌驾于西魏之上。而西魏则以长安为都城，由宇文氏掌握实权，但其领土局限于甘肃、陕西一带。虽然宇文氏试图向东拓展领地，但每次侵入河南，皆为高欢势力所阻，久不得志，只好退后再作打算。

宇文泰在担任西魏丞相期间创立了府兵制，即根据全民皆兵的原则，要求各个民族无差别地承担兵役，平时交替参加军事训练，一旦有战事就可以立即从农村动员和征募大量精锐士兵。同时，这一军事训练制度还起到了同化各个民族的作用。以往以长安为中心的关中地区乃人种最为混杂之地，这里杂居着来自西方的氐、羌等藏系民族，以及来自北方的鲜卑、匈奴、柔然等突厥系、蒙古系民族。此外，由于原居于此的汉人在数量上并不占有压倒性优势，所以统治起来极为困难。通过宇文氏的兵营同化政策，上述外来民族能够逐渐被汉化，在不丧失自身优点的同时，吸纳中华文明的长处。此后的中国之所以能够延续几个世纪的光辉，与宇文氏建立的府兵制有着十分密切的关系，这一点值得我们注意。

与此相反,东魏占据了更加优越的地利,但东魏及其掌权者高氏却过早地被中华文明同化,并受到了其消极因素的影响。高欢之后,其子高洋废魏帝而即帝位,建北齐,即文宣帝。北齐的几位皇帝大多都有贵族趣味,他们将洛阳的文明转移到邺城,并与南朝保持着频繁的交通往来,从而使得北齐上下都浸润在江南文化和浮华之风中。朝廷排斥武将而重用文士,因此北齐之武力渐衰,最终被西魏的宇文氏压倒。

在西魏,宇文泰之子宇文觉废魏帝而自立,建立了北周。至北周武帝时,府兵制渐趋完备,其土地尽管并不丰饶,但军力强盛。北周以其强兵讨伐北齐,并于平阳大破北齐军,长驱直入军都晋阳并使之缴械,而后邺城几乎没有进行抵抗就向北周投降了,北齐后主虽败走但最终被捕。至此,华北地区在分裂为东魏、西魏40余年后,终于由北周再度实现了统一。

南朝

"南北朝"指的是北魏与刘宋之间确立对立关系之后的历史阶段,正如北魏承接了所谓"五胡十六国"的历史进程,刘宋则承袭了东晋,而东晋又承接了三国时的吴国。因此,中国南北对立的历史可以说是始于三国时代的。但是,在三国时代,无论从经济还是文化方面来看,长江流域的江南地区终究比不过黄河流域的中原地区。华北在晋初就有13个州,而与之相比,即便把江南的吴、蜀两国合起来也不过只有6个州。

但是五胡乱华之后,晋室南迁,并建都于吴国的旧都建康。与此同时,晋室将华北的衣冠风尚也一并携之南渡,江南地区的开发由此有了显著进展,南、北双方的势力也变得难分伯仲了。也正是从这一时期开始,南方与北方的力量对比开始发生转变。在当时的华北,北方民族的不断入侵和各民族间的战争使当地人口日益减少,经济也逐渐衰退。而江南地区则得以享受相对和平的状态,迅速实现了当地的资源开发。其中,长江下游地区的发展尤为迅猛,人口也出现了极快的增长。不久,中国经济重心从华北转移到江南的序幕也就由此拉开了。

刘宋在文帝在位期间曾获得一时太平,但因北魏的入侵而未能持久,历时约60年后,刘宋被南齐取代。此后,南齐又历时20年,最终被梁取代。

梁武帝在位的 48 年，是短暂的南北朝混战时代中难得地维持了小康与安宁的一段时光。梁武帝极为笃信佛教，自称"三宝之奴"，甚至舍身佛寺。在皇帝的带动下，南朝出现了以建康为中心的，人称"南朝四百八十寺"的前所未有的佛教盛世。如果要说江南文明是从何时开始超越北方的，恐怕就要追溯到南北朝时期了。而且，当时雄踞中原的鲜卑拓跋氏及其治下的中原社会也开始学习和模仿南朝的风尚。

梁武帝在晚年器重北齐降将侯景，然而后来却反遭侯景的囚禁而饿死。经此乱后，建康的繁荣一朝之间化为尘土。尽管梁武帝死后侯景之乱被平定，梁朝也得以复兴，但权力已经旁落，梁朝也很快为陈朝所取代。而陈朝的北境也因遭到北齐和北周的进犯，无法维持昔日的疆土，只能勉强据守建康及其周边地区，在此做偷安之梦。

总而言之，南朝利用自然的恩惠开发自然资源，提高了江南地区的地位，在江南开出与其风土相匹配的文明之花。但是尽管如此，南朝在武力层面上始终无法匹敌朔北之强劲兵马。在这种南风不竞的状态下，北方势力终于在陈朝时完全压倒了南方。

第四节　汉民族的更张及其昌隆

中世中国的发展

三国时代之后的中国，进入了中世的停滞时代，但这并不意味着中世中国是完全停滞而没有发展的。正如西亚有萨珊波斯的黄金时代一样，中国也有隋唐的黄金时代。在漫长的中世阶段，中国的社会发展也取得了一定的成果。如果要问这个所谓的"中世阶段"的发展之本质究竟是什么，那么我们首先需要知道中国社会之古代史发展进程发生中断的主要原因是来自北方的异族入侵。但是，异族既然能够入侵，也就说明中国古代史的发展本身是存在着不健全之处的。中国社会内部隐藏着巨大的弱点与矛盾，这才是异族有可乘之机的原因所在。相应地，历史也证明，那些能够入侵中国社会的北方民族，多少也是具备堪当征服者之长处的。从一个新的角度来看，中世社会的停滞其实是对不自然的发展方向的停顿和调整。从历史现实的发展状况来说，尽管异族向中原迁徙时在所到之处都会引发混乱，但这同时也是在破坏旧秩序和构建新秩序。

东汉末年的中国社会出现了阶级固化的病态现象，即地方豪族官僚化和官僚地主化。因此，朝廷的官位逐渐为一群出身豪族的官僚所独占，门阀世家也由此出现，依靠家世获得官位升迁的制度确立下来。一名官员不仅可以继承其祖上的财产，还可以一并继承其家族的社会地位，父辈曾居何等官位，子孙也可以升到同等级别，这成了一种得到权威认可的权利。

与这种出现在上流社会的贵族地位的世袭化倾向相对，下层社会也出现了同样的现象，这就是"部曲"这一农奴阶层的产生。古代中国社会存在大量的奴隶，但随着汉朝中央政府的确立，国家的法律逐渐倾向于保护奴隶的人权，于是奴隶的地位逐渐上升，并接近于农奴。但另一方面，由于资本主义向农村渗透，古代的乡制被破坏，强有力的农民根据各自的财力水平，逐渐转变为地方上大大小小的特权阶级。而失去土地的自由农民则成为特权者的隶农，隶农身份经过几代承袭之后，无地农民已然失去了最初自由民的性质，成为被紧紧束缚在土地上的农奴。也就是说，下层民众也注定要继承其祖上的社会地位。在中世中国，以这些半解放的奴隶和零星的自由民为主体的部曲阶层便由此产生了。

这种社会结构的固化使中国社会渐失生气，并导致了文明的僵化和民族凝聚力的弱化。北方的异族之所以能够入侵，其实就是利用了中国社会的这类弱点。

但是，北方的异族本身并没有什么值得一提的文化。他们尽管有着扰乱中国社会秩序的破坏力，却无法为新秩序的构建提供帮助。他们唯一能做的贡献，充其量就是用自身的活力和能量，为僵化的中国体制带来新的生命力。北方民族对中国社会产生的这种返老还童作用，最突出的体现就是中国中世的黄金时代——初唐、中唐时期的社会。

隋的统一与唐的继承

将再度分裂的北朝统一起来的，是建都于长安的北周。北周吞并北齐的五年后，其政权就为外戚杨坚所夺。杨坚就是后来的隋文帝。隋文帝即位九年后派军南征，一举消灭了积弱的陈朝，终于使五胡乱华之后南北分裂的天下在经历了280多年后再度实现统一。

隋文帝时期曾经远征辽东的高句丽，但在此役中不幸失败，不过除此之外，隋文帝基本上采取了偃武息民的政策。但是，文帝之子炀帝则在内政、外交方面都采取了更为主动的政策。隋炀帝对内开凿大运河，以图强化南北之间的联系；对外则屡次兴兵，南征流求及林邑，西击青海地区的吐谷浑，北伐高句丽。但是，由于当时的高句丽兵强难攻，隋朝两度兴兵征讨均遭挫败。这导致隋朝对内的威信受到影响，四方群雄也伺机而起。于是，统一天下后仅过了30年，隋朝就走向了灭亡。

隋之国运之所以短促，人们往往将其原因归结为隋炀帝的暴政，但其实除此之外，也是由于隋朝的中央集权政策侵害了地方豪族的特权，从而招致了豪族的不满。隋文帝和隋炀帝都曾试图压制豪族出身的官僚的势力，于是，隋朝皇帝逐步剥夺了地方豪族世袭任官的权利，并实行科举取士的制度，在中央设置官吏任用考试，将通过考核者任命为地方官。此外，隋朝皇帝还试图将关中地区实行的府兵制和与之相伴的均田制推广到全国，并计划对农民进行公平的土地分配。然而，这些举措无疑都不受地方特权阶级（即豪族官僚）的欢迎。就这一点而言，隋炀帝的政策并非不善，只是其政策执行能力方面尚有欠缺，这才是隋朝的致命伤所在。最终，隋朝试图实现却终究未竟的事业，还须留待唐朝的几位明君来完成。

隋炀帝曾在自己开凿的大运河流域建造大量宫殿，又因喜爱江南文化而经常流连于扬州。但征伐高句丽失败后，地方群雄趁机蜂起，使重要的交通线遭到阻断，身处扬州的隋炀帝亦无法返回国都长安。在此期间，李渊、李世民父子于晋阳起兵，率先进入长安，并将其作为根据地。此后，隋炀帝为部下所杀，李渊废隋之幼帝，即帝位而为唐高祖。其子李世民即此后的唐太宗，父子二人协力平定了四方群雄，为唐朝三百年的历史奠定了基业，中国中世终于由混乱时代进入了一个珍贵的黄金时代。

突厥的臣服

在建国初期，唐朝利用统一后从全国各地整合的资源以及蓄势待发的府兵之力，开始着手处理四方外务。其中最引人瞩目的业绩，就是开始对称霸于北方蒙古草原和西伯利亚地区的突厥采取积极的军事行动，并最终使之归附。

曾对北魏构成威胁的柔然，后来由于北魏太武帝的打击而一时势衰。但到了东、西魏分裂时，柔然的势力再度恢复，将东、西魏变成了自己的保护国。但是不久后，居于阿尔泰山附近的突厥逐渐强大起来，击败并取代了柔然，建立了东起内外蒙古，西至西伯利亚南部乃至中亚地区的大帝国。"突厥"一词也就是"土耳其"的汉语音译。

突厥的君主使用"可汗"作为称号，这一称号原本是柔然人最先使用的，自此之后，"可汗"就成了突厥－蒙古系君主的专称。突厥木杆可汗击败并灭亡柔然后，在东边使蒙古系的契丹臣服，在西边打败了波斯东境的突厥系嚈哒，接着又在北边兼并了西伯利亚南部的突厥系吉尔吉斯族。其疆域之广，能够同时与当时世界上的中国、波斯、东罗马等大国接壤。尽管突厥人并未改变游牧的生活方式，但其强大的武力和对东西方交通要塞的控制，使突厥社会能够吸收来自东西方的文化。在宗教方面，他们既输入了起源于波斯的摩尼教，也输入了佛教。此外，他们还发明了叙利亚文字系统中独特的突厥文字，并在美学方面为后世留下了值得一看的佳作。

北周灭亡北齐之际，担心突厥会出手援助北齐，遂以重金贿赂突厥，避免其加以干涉。此后，当隋取代北周时，突厥对此并不乐见，但当时突厥内部正发生内乱，阿波可汗自立，在伊犁建立牙帐（本营），并使西域臣服，其势力范围便成了西突厥。自此，东、西突厥分裂，东突厥与隋朝建立和亲关系，相约互不侵犯。

隋末大乱时，蜂起于中国北方的群雄无一不向突厥请求援兵。唐高祖举兵时也曾借用过东突厥的援军。唐太宗时，突厥虽然十分强盛，却出现了内乱。当时，薛延陀等部反叛，颉利可汗苦于应付，唐太宗遂与薛延陀等部联手进攻突厥，俘获颉利可汗，东突厥由此亡国。但薛延陀部取代东突厥后，却被回纥打败，不得不让出其在漠北的霸权。值此内乱之际，众多游牧民族的民众迁居到了长城以南，也有不少人加入了唐朝的军队。此后，唐朝利用这些出身异族者构成的军队东征西战，成就了空前的伟业。

西突厥与东突厥互相分离后，西突厥以千泉为根据地，将领土拓展到了里海。西突厥尽数征服了中亚各国，又与东罗马帝国建交，继波斯之后在西亚地区称霸。但是到了唐太宗时期，西突厥也发生了内乱，并再度分裂为东、西两部。唐太宗之子唐高宗趁机发兵征讨，终于夺回了天山南路之地，并在那里设置郡县。此后不久，日趋衰弱的西突厥便为突骑施部所灭。

如此一来，唐朝击败了东、西突厥，成功地倾覆了突厥的巢穴。然而，这一成就并不能完全归功于唐军武力之强。在征战突厥期间，唐朝军队往往是在敌方发生内乱时趁机出兵，而且是在敌方的反对势力的援助下才能够奏以奇功的。而且，战役一旦取胜，唐朝还必须赠与同盟军大量币帛，以示慰劳。这种往来其实是中国历史上十分常见的一种现象。虽说此前的汉朝是盛世，但其实汉朝也未曾真正支配过蒙古草原。同样，即便唐朝曾经一度将外蒙古乃至中亚地区纳入版图，并在那里设置了等同于郡县制的地方制度，但也仅仅止步于羁縻，只是一种间接性的支配，而所谓州县其实很多时候都是有名无实的。

唐与朝鲜之间的关系

唐初，高句丽在鸭绿江上游建国，是当时从中国东北延伸至朝鲜半岛北部的大国。而且，高句丽还曾先后三次击退隋文帝与隋炀帝的大军，武威耀极一时。此后，高句丽虽然在名义上成了隋的朝贡国，但到了唐代，高句丽又曾阻碍唐与新罗的交通往来，并因此招致唐太宗起兵攻入辽东。然而唐军终未能得志，不得不无功而返，而这更加助长了高句丽的气势。当时正值高句丽与南边的新罗、百济两国相争，新罗向唐朝求援，唐高宗遂举水陆之兵讨伐百济，将其国王掳回国内。此后，唐朝又与新罗夹击高句丽并将其灭亡，唐朝疆域由此得以推进至大同江畔。但不久后，新罗又来进犯唐朝边境，并征服了朝鲜半岛大部，从而完成了朝鲜半岛的统一事业。不过，此后新罗便对唐朝采取了十分恭顺的态度，成为唐朝名义上的保护国，以此保证北方国境的安全。

政治性都市的繁荣

随着唐朝国力日益强盛，其国内社会得以归于安定，疆域也逐渐向四周拓展。与此同时，唐朝与外国的交通往来也变得日益频繁，国都长安自然毋庸赘言，凡是疆域内的重要地点都出现了大都市，且皆极尽繁华。

国都长安在中国版图上的位置看上去可能过于偏向西北，但在唐代这个国力向北、向西都有所拓展，且曾使突厥、回纥及中亚各国都臣服于己的时代，长安的地理位置倒可以说恰是整个唐王朝的中心。长安既是国都，又是经营西北地区的军事据点，也可供唐朝贵族消费那些来自各地的物资。西域的胡商和南海的藩客都会来到长安，人们在长安买卖来自各国的商品。这使长安成为一座世界性的贸易都市，街上也因此洋溢着浓郁的异国风情。

唐朝以长安为都城，同时又将洛阳作为陪都。洛阳是东汉和北魏的故都，大体位于华北地区的中心，其繁华程度可与长安相媲美。不过，隋炀帝开凿大运河后，在运河与黄河的交叉点附近出现了开封城。自此以后，开封逐渐表现出几乎要超越洛阳的繁华之势。

前面已经提到，自晋室南迁之后，江南地区便得到了开发，长江流域的经济勃兴之势十分抢眼。而随着京杭大运河的开凿，以及长江下游平原灌溉事业的发展，以往建康的繁荣逐渐转移到了扬州。这首先是由于扬州位于大运河与长江的交叉点，占据了交通要冲；其次，扬州控制着运河附近的海岸产盐区和苏州、杭州附近的大米产地；此外，唐代也有不少阿拉伯商人到扬州进行贸易。所以，扬州作为一个国际都市也是极为繁华的。

在长江上游，位于四川盆地的益州以成都为中心。益州的繁华仅次于扬州，故俗称"扬一益二"。自汉代以来，蜀地多出产精美的锦等丝织品，名声远播西亚，当地亦有不少从事胡人贸易者。

再往南便是面临南海的岭南地区。岭南的地形和风土更接近南洋，甚至构成了南洋的一部分。尤其是进入南北朝时期之后，南朝往往将广州作为经营南洋的根据地，而随着广州与南洋的关系日益密切，岭南的汉人社会开始受到南方文明的巨大影响。例如，当中原的货币主要为铜钱时，岭南却与印度和南洋一样，以金银币作为通货。就这样，以广州为中心的地区成为中国面向南洋的门户。南洋出产的香料等特产以及佛教，大多都是经过这一地区传入中国的。另外，波斯、阿拉伯商人也会不远万里来到这里，并曾在此建立聚居区，他们同时也将西亚的宗教带到了这里。直到今天，广东仍然留存着建于唐代的清真寺。

尽管唐朝的各个地区都出现了大型都市，但这些都市最初都带有浓厚的政治色彩。换句话说，首先为城市带来繁荣的是官僚贵族的消费生活。贵族们的消费活动多体现为佛寺、道观中的各种仪式，而城市便是这种上层阶级及其附属机构人员的居住区。当时，城墙内设有坊，为了便于管理，商业活动被限定在被称为"市"的特殊区域内。在这种城市形态之下，要通过人口的日益集中带来商业的繁荣发展，使政治城市一跃成为纯粹的商业城市，还须等到数百年之后的宋代才能实现。因此，从都市发展史的角度来说，唐代尚未能摆脱中世的性质。

唐代的基础制度

唐朝作为南北朝的统合者，完成了短命的隋朝的未竟之业。另外，与隋朝承袭了北朝一样，从历史地位上说，唐朝也是北朝的继承者。唐皇室虽然自称陇西郡的名门李氏，但其家谱全然不可信。李氏一族对于维护汉代以来中原名门的声望并无绝对的热情，因为其家族内部混杂了大量异族的血统，所以李氏堪称是混合了胡汉血统的豪族。而李氏视之为股肱并加以驱使的，正是形成于西魏时期的府兵制，以及通过府兵制征集而来的关中精兵。因此，唐代的国家规模自然展现出北朝特有的性格，这一点是在所难免的。

在中国的中世时期，官僚贵族的势力甚为强大。三国以来的历代君主都对如何能够更有效地利用这种贵族势力而感到苦恼。北朝的历代皇帝大多试图对贵族进行压制，但即便他们可以压制住个别贵族，却无法从根本上废除贵族制度。到了隋代，尽管出现了试图从制度上对以往的贵族制进行大转换的倾向，但隋朝终究未能见其实现就亡国了。唐代隋兴起之后，中国的统治者才终于确立了针对贵族的政策，这就是官吏任用方式上的科举制度。

最初，三国时期的魏国为了改革官僚独占官位之弊，特设九品中正之官，负责官吏的选拔。然而到了后来，中正官也逐渐贵族化，他们只负责记录门阀和上下关系，变成了贵族制最为忠实的执行机关。隋文帝知此弊病，遂取消中正官，兴建学校，设立科举制度，确立了通过资格考试来选拔官吏的原则。而这项制度的真正确立则是在唐代。

根据唐制，中央与地方州县都设有学校，将学校中的生徒以及在州县考试中及第的乡贡集中到中央进行考试，因考试设有多个科目，故被称为"科举"。在各个考试科目中，最受重视的是必须加考诗词歌赋的进士科，其次是考核经学的明经科，此外还有明法、明算等科。像进士这类在科举考试中取得佳绩的合格者，便能够获得被任命为高级文官的资格。但在实际就职之前，还需要再经过吏部的考核。可见，这是由于唐朝对贵族的打击政策尚不彻底的缘故。

唐朝的中央政府由三省、六部构成，中书令受天子之命，门下侍中审议成命，尚书令则将命令施行于天下。但尚书令一般并不实际任命，而是由左、右仆射二人代行其职。仆射之下有吏、户、礼、兵、刑、工六部尚书，分别负责官吏任免、财政、礼仪制度、军事、司法、工程等事务。其中，吏部尚书的地位最高，多由出身名门者担任，据说其权力之大甚至超过了三省长官。吏部主持官吏选拔考试，通过"身言书判"的标准考核应试者，以此斥退众多寒门子弟，使其难有荣达的机会。因此，朝廷试图公平录用人才的意图，不得不等到后来的宋代才得以实现。

唐代制度对周边国家也产生了影响，日本、朝鲜、渤海国、安南等无一不参照唐制进行立法。除了前面所说的官制和学制，还包括司法制度、田制、兵制等。唐代司法制度体现为"律"这一刑法体系。唐律以儒家精神为基础，其着眼点在于维持社会上的等级制度和家族内部的尊卑秩序。唐律规定，即便是相同的犯罪行为，如果是下层人对上层人的犯罪，或是家族中的晚辈对长辈的犯罪，那么犯罪者就必须承受最重的处罚。可以想象，这种规定其实就是旨在通过儒家道德来维持社会秩序，是不重视财产权而重视血统特权的封建性习俗在刑律上的自然反映。此外，唐律在财产的转移和继承问题方面的规定极少，与同时代西亚地区的伊斯兰法律相比，其差异之大令人吃惊。

兵制的变化

唐代兵制继承了西魏的府兵制,并成为当时东洋[①]各国模仿的对象。唐代的府兵制与其均田制密不可分,即国家将土地均分给农民以保障其生活,同时对壮丁课以兵役,使之承担国家的防御工作。此即唐代的"班田收授法"。依据该制,国家对于18岁以上、60岁以下的壮丁,每人分给永业田20亩、口分田80亩;而对老幼妇孺,则相对减少其口分田的数量。相应地,国家会要求受田者交粟米以为租,纳丝绢以为调;此外,壮丁还有义务在一年之内服力役20天,而服兵役者则可以免除这一义务。

为了实行府兵制,全国设置了600多个折冲府,这些折冲府主要集中在以长安为中心的关中地区,每府约为800人。被选为府兵的壮丁在农闲时接受军事训练,并有义务轮番守备要地。唐初所取得的显赫的对外征战之功,多借力于这些府兵。

但是,持续不断的征战增加了府兵的负担,其负担之重即便免除了租庸调,亦难以支撑生活。由于连年的对外征战使府兵无暇耕作,致使其田地荒芜,难以养家。在这种情况下,社会上开始出现一些一旦参与征战后就始终列在军籍,衣食皆取自官家的佣兵阶层。至此,中央政府也开始意识到府兵制之不可维持。所以到了唐玄宗时,国家开始推行"彍骑"之制,募集自愿为兵者编成军伍,从而将全民皆兵的府兵制转变为募兵制。这种募兵制的确立极合时宜。唐朝以其丰富的自然与社会资源,吸引了大量从塞外迁来避难的游牧民,又吸纳这些游牧民为佣兵,令他们从属于驻扎在边境地区的节度使,以应对外敌。由此,唐朝的国威得以再度显扬。如果说唐太宗时期的贞观之治是以府兵制为背景的盛唐的黄金时代,那么唐玄宗时期的开元之治就是建立在募兵制基础之上的白银时代。但是,募兵制本身存在着重大的缺陷,由此导致的类似事件在中国历史上曾反复出现。即由于国家的军队吸纳了过多来自北方的游牧民,所以一旦对这些游牧民军队的统制出现问题,这些游牧民就会出于自身利益的需要而背叛皇室。唐玄宗晚年发生的安史之乱也正是由此所致。安史之乱后,唐朝的光

---

① 与"西洋"相对,指包括东亚、东南亚等国在内的地区。

辉时代也与之一道消逝，中国不得不再度迎来了中世的分裂混乱的时代。

安史之乱

唐玄宗在边境地区设置节度使，授予其以兵马、财政大权，总共设有十名。在这些节度使中，出身伊朗系民族的安禄山尤其受到玄宗的宠幸，得以身兼平卢、范阳、河东三镇的节度使，从而能够将大量胡人纳入自己麾下。随着自身实力的日益膨胀，安禄山终于举起了叛旗，率军攻取东都，逼近长安。唐玄宗遂逃至蜀地避难。此后，玄宗之子肃宗曾借西北回纥等势力的援兵以图恢复，至唐代宗时，朝廷终于铲除了安禄山的余党，平定了叛乱。但是，叛乱的平定依靠的并不是唐朝自身的实力。如果没有外国的援兵和叛军内部的矛盾，唐朝未必能够取得胜利。因此，安史之乱后，唐朝不得不为北方回纥的专横和国内藩镇的跋扈而头疼。而每当北方藩镇试图坐拥强权以自立时，都会大量招募北方的游牧民，作为其战争的爪牙。此举催生了第五次民族迁徙浪潮，同时也推动了藩镇跋扈的进一步加剧。这最终导致了五代十国的分裂，唐朝就这样在社会的大变动中走向了灭亡。

唐朝的衰亡

唐代取消府兵制，改用募兵制，这使主权者的地位发生了巨大的变化。其实，募兵制本应是近世阶段君主独裁的根基所在。由于晚唐尚处于该制度的试验期，所以这一时期的募兵制不仅没能取得什么正面的成绩，反倒加剧了社会上的政治混乱。尽管朝廷试图通过募兵来强化禁军，但由于唐朝皇室的贵族色彩浓厚，皇帝不愿亲自统率六军，而将军权委任于宦官，结果导致了宦官的专横。而在地方上，节度使们也效仿皇室，募集兵力以为牙军，恃兵力之强而不服中央的管制。朝廷遂在内忧外患的交替出现中逐渐丧失了统治力。

安史之乱平息之际，归降朝廷的安史余党被安置在河北三镇，其残存势力互相援助，不服中央之命，并试图以领地内的兵马、财政谋求独立。朝廷最初试图加以镇压，但以失败告终，遂只能对此采取放任不管的态度。但是，唐朝的都城在长安，当地的资源并不丰富，而募兵本身又需要大量的军需品，所以朝廷只能通过运河、黄河、渭水的漕运，将东南地区的物资运到国都以资使用。河北的军阀见状，便不时派兵袭击运河沿岸，阻断漕运。在这种情况下，朝廷只能用尽各种方法来清除障碍、疏通漕运，为了救都城军民于饥饿困顿，朝廷亦不得不开始讲究手段和策略。

最初，突厥、回纥等归降并移居中原的游牧民族，有不少被安置在河南、湖北等地的边境。但他们苦于生活艰辛，计划谋乱者甚多。所以，黄巢起义时，游牧民族的追随者不计其数。黄巢的势力因此愈发强大，几乎在全国范围内进行焚烧抢掠。朝廷一方面收买叛党，试图从内部瓦解敌对势力，另一方面招纳鄂尔多斯附近日益强盛的突厥系游牧民族沙陀部，请其部族首领李克用攻打黄巢军。在朝廷的反击下，朱全忠等人归降朝廷，黄巢后继无人，战乱终于得以一时平定。但是不久后，黄巢余党就变成各地的军阀势力并纷纷独立，天下也由此陷入了四分五裂的局势。

位于长安的唐皇室，其内部也是危机重重。当时，天子虽有禁军这一支亲兵，但是天子亲自统兵却不被时人认可，所以禁军的指挥权最初被委任于将军。后来为防将军专横，朝廷遂令宦官对将军加以监督和掣肘，如此一来，兵权又转移到了宦官手中。宦官得以亲自指挥军队，其权势变得无法抑制，最终掌控了天子的废立之权。宰相及其之下的官员只能对此示以冷眼。宰相崔胤不堪忍受宦官之弊害，故招请汴州节度使朱全忠铲除宦官，然而此后，朝廷大权又为朱全忠所夺。朱全忠胁迫唐哀帝让出帝位，同时将自己的根据地汴州改为开封府，又将开封府作为都城，在此建立了后梁。至此，唐朝治下的天下前后维持了约三百年。不过，唐朝的鼎盛期持续时间并不长，大一统的时间也较短，反倒是中世的混乱局面持续了较长的时间。唐朝所具有的中世史的性格亦由此可见。

唐代社会的中世史性格

唐代的治世长达三百年，所以初唐和晚唐几乎在所有方面都存在着巨大的差异。简要而言，在这三百年间，虽然出现了由中世社会向近世社会转型的迹象，但这种转型尚处于未完成的状态。不过，尽管唐代最终只走到近世社会形成的萌芽阶段，但在此期间仍然发生了许许多多具有划时代意义的事件。

首先，对于以往的官僚贵族制度，唐朝显然试图通过科举这一新制度加以打击。只不过由于北朝以来贵族势力在官制层面和吏部中有着牢固的根基，所以在这些贵族势力的顽强抵制之下，朝廷的初衷未能得以贯彻落实。而到了晚唐，关于统领百官的宰相究竟是应该任用科举出身者，还是应该任用名门出身者这一问题，时人争执不下，甚至引发了牛李党争，但舆论在整体上是倾向于重视科举的。因此，如果能成为科举的考官，或是在科举考试中状元及第，便相当于获得了最高的荣誉，且会因此受到世人的欣羡。

其次，唐代实行均田制，针对的是以往贵族将农民束缚在自己的私有田地上，使其成为农奴的问题。朝廷试图通过均田制，将农民集中到政府的田地上，并对其进行统一管理。因此，朝廷规定人民不可以无限制地扩大土地所有范围，亦不许人民之间进行无限制的自由竞争。总之，唐朝政府试图令人民将生计依存于朝廷，并在朝廷的统筹下安心生活。而这一点则令人不能不感到唐代中世色彩之浓厚。但是，随着府兵制的崩坏，均田制也无法继续维系。朝廷终于放弃维持均田制的努力，而决定采用新的制度，这就是所谓的"两税法"。两税法认可人民对土地的所有权，并重新设置了政府的预算。该税法根据政府的收入，用金额的形式确定政府所有必须负担的开支项目，每年分春、秋两次，通过收缴铜钱的方式从民间收取税费。但是，这一政策导致通货的需求量迅速增加。当时社会上尚以铜钱为本位币，而铜钱的实际供给量无法满足急速增长的通货需求。所以实际上，人们往往缴纳谷物、布帛等物，以代替同等额度的租税。从这一点同样可以看出，唐代社会仍带有浓厚的中世色彩。

另外，关于兵制，唐玄宗时兵制由府兵制转向了募兵制，但这并不意味着全民皆兵的征兵制度在世界史上就是中世史独有的特征。只不过在中国，募兵制恰巧是其近世史的特征，而征兵制则是其中世史的特色。而且，征兵制原本在北方游牧民族社会中就十分普遍，且中国的中世本就是北方体制得以强化的时代，所以征兵制也就必然地成为中国中世的特色。等到中国在宋代进入近世阶段后，产业经济的发展推动了各个职业领域的分工化进程。于是，军人也作为一种职业从农民中分化出来。中国近世社会的特征也就由此得到了鲜明的体现。

最后，从中国之外的各个民族的发展状况来看，在唐朝所处的中世时期，与唐朝相接触的各个游牧民族的历史也表现出了中世史的发展趋势，但仅止于中世。之所以这么说，是因为作为一种世界史发展的共同现象，近世史发展历程中的最大特征就是民族主义的勃兴。在东亚地区，活动于中国周边的各个民族时不时也有取得巨大发展并形成强大国家的例子，但其国民意识却仍然十分淡薄。这一点从他们进入中原之后的态度便可得见。这些游牧民族尽管最初是以征服者的身份进入中原的，但不久后就会对中华文明心生憧憬，然后毫不迟疑地抛弃自身的旧俗，并希望能够进一步汉化。如此一来，这些游牧民族便失去了自身特有的文化风俗，甚至彻底忘却了自己的语言。倒是到了晚唐，突厥以及回纥受到西方的影响，开始创制本民族特有的文字，用以书写本国的语言。此举恰是游牧民族开始产生民族自觉的先声，宣告了东亚地区近世史进程的开启。不过，这种民族自觉并不是中华文明影响下的产物，而是西方阿拉伯文明影响的反映。直到五代时期契丹人出现后，中国周边的各民族才开始对中华文明的长短优劣进行比较和批判，并在此过程中对自身的优长之处有所自觉。

第3章

亚洲诸文化的交流及其展开

第一节　海陆通商的发展与亚洲循环交通的形成

世界的交通

　　世界史上出现的各个民族和国家，绝不是各自独立成长与发展的。实际上，其相互影响、相互交往的关系，比以往人们想象的密切得多。考古发现证明，早在史前时代，亚洲东部的民族与亚洲西部乃至欧洲的民族之间，就已经有了文化上密切的交流关系。而到了有历史记载的时代，世界各个民族间相互往来的局面变得越来越盛大，而从未有过衰减。已有证据显示，日本早在大和时代[①]，就已经形成了横穿整个亚洲大陆以及绕过亚洲大陆到达地中海沿岸的南、北两条交通线。从奈良时代[②]到平安时代[③]，东西方之间的交通往来变得越来越热闹，共有两条交通干线：北大道主要为陆路，经中国、中亚、波斯通往西方；南大道则主要为海路，经中国东海、南海及印度洋到达西方。

北大道

　　如果从九州岛北部的博多湾出发，沿朝鲜半岛的海岸航行，就可以到达伸入渤海湾的山东半岛之尖角处。接着，从山东半岛北侧向西进发，

---

① 250—593 年，又称"古坟时代"。
② 710—794 年。
③ 794—1192 年。

就来到了黄河入海口；此后，只要沿着黄河向西走，就能到达汉唐中国的国都长安。从长安出发，沿着渭水向上游走，到兰州附近跨过黄河上游河道，经过凉州后再继续向西，就到了沙州敦煌。敦煌位于中国的西北部，其西侧有玉门关和阳关，出关后，前方的一片沙漠与天山南路相联结。

穿过天山南路后，又有南、北两条路可走，北道是沿着天山山脉的南麓走，南道是沿着昆仑山脉的北麓走。两大山脉南北对峙，各自都有高达数千米的高峰相连，山顶上则是千年不化的积雪，从这里流出的河流到山麓地带后，会形成狭小的绿洲，供车马人员休憩的驿站也就会在这里出现，这些驿站不久后就会发展为小规模的城市国家。汉朝的势力范围曾到达天山南路，当时，天山附近南、北道的两侧曾出现过36座城郭。

从北道走，出玉门关后，会经过车师（吐鲁番）、焉耆、龟兹（库车）、疏勒等国。而从南道走，出阳关后会经且末、于阗、莎车等国，之后，南、北两道会再度合而为一，一同向西越过葱岭（帕米尔高原）。不过，南、北两道之间还有另外一条路线，即先取道南道，中途北上，在龟兹地区并入北道，此即所谓的"中道"。流经南、北两道绿洲之地的水流逐渐汇成塔里木河，最终注入罗布泊。古代中国人曾相信罗布泊的水会潜入地下，成为黄河的水源。但是，塔里木水系的水量增减不定，在枯水期几乎完全干涸，以致河水断流；丰水期则与此相反，会出现河水泛滥，导致沿岸无法形成稳定的绿洲。因此，以这条河流为交通路线几乎是不可能的。

越过葱岭后，我们就可以到达锡尔河的上游。在汉代，今天的费尔干纳盆地曾有一个大宛国。这里很早就受到波斯文明的影响，亚历山大曾出兵至此后折返。汉武帝为求大宛之名马，曾两次派远征军来此寻马。如果我们沿着锡尔河而下就可以看到，从锡尔河中游到咸海，周围都是一片肥沃的平原，尤其是夹在锡尔河与阿姆河之间的撒马尔罕地区，其周边一带自古就是被称为"河中"的丰饶之地。而撒马尔罕附近地区，曾经是汉代从甘肃迁徙而来的大月氏人的国家。而流向南方的阿姆河上游沿岸的巴克特里亚地区，则是曾经的大夏国。大夏当时臣属于大月氏，其前身是亚历山大大帝东征后移居此处的希腊人的国家，所以该地区许多个世纪以来都保存着希腊的文明，并一度对周边诸国产生过较大的影响。

穿过阿姆河的中游地区向西南进发，我们就来到了波斯东境的呼罗珊地区，梅尔夫是其中心。如果进一步向西横穿波斯所在的伊朗高原，横亘于眼前的就是美索不达米亚的大平原，以及滚滚流淌的底格里斯河、幼发拉底河两大河流。在接近两河中游的地方，就是萨珊波斯的国都泰西封和阿拔斯王朝的都城巴格达。从这里继续沿幼发拉底河向其上游进发，则在任意一个地方横穿叙利亚都可以到达地中海沿岸。

天山南路

北大道上最大的难关，自然就是天山南路上的大沙漠了。无论选择南、北两道中的哪一条，都必须花费数日穿越绿洲之间的大沙漠。东晋时期，法显和尚先是走北道，后来从龟兹折向西南，来到了南道的于阗，但其间行路之艰难，可以从其记录中得见："上无飞鸟，下无走兽，四顾茫茫，莫测所之。唯视日以准东西，人骨以标行路耳。"而在此之前有汉代的张骞，在此之后有北魏的宋云、唐代的玄奘等，他们无一不是往返于天山南路的沙漠之道的。

截至唐代，作为东西方之间的主要交通干线，以陆路为主的北大道比以海路为主的南大道要重要得多。从汉代到唐代，中国为了尽可能向远方支配这条交通线，经常与活动于天山北部草原地带的北方游牧民族政权争夺天山南路的控制权。汉朝与匈奴、唐朝与突厥之间的冲突，其主要原因就是为了争夺天山南路的控制权。

在北大道的交通兴盛时，天山南路沙漠中的绿洲会不时兴起繁华的城市。北道的龟兹和南道的于阗等就是其中的代表。这些地方的居民原本是来自西方的伊朗系民族，不过在语言方面，北道各国使用的是接近印欧语系的方言，而南道各国使用的则是一种伊朗方言。另外，作为商业领域的国际语言，这里通用的是起源于撒马尔罕的粟特语。

撒马尔罕一带也被称为"粟特"，居住于此的粟特人属于伊朗系民族。粟特人自古以来便以富有商业头脑而闻名，他们很早就经天山南路到达中国，在所到之处都建立了自己的殖民地，并在商业上有着活跃的表现。因此，语言并不统一的天山南路各国民众最终选择将掌握商业的粟特人的语言作为通用语。

粟特人信仰波斯的拜火教（祆教），因此拜火教就传到了天山南路诸国，并进而被引入唐代中国。除此之外，佛教、摩尼教以及基督教系统的景教（聂斯脱里派）也经由这一地区传入中国，并进而传到更远的蒙古草原上的游牧民族那里。所以，尽管中国在政治上支配了天山南路，但直到唐代中叶，中华文明对当地居民的影响力仍相对微弱。

但是到了唐代末期，曾经雄视漠北的突厥系民族回纥被黠戛斯所灭，回纥人由此分散。其中一部分回纥人翻越天山，征服了天山南路诸国，改变了这一地区的形势。回纥人在这里定居之后，与之前居住于此的伊朗系民族融合。征服者的回纥语也成为当地的通用语，之前存在的数种方言此后便完全绝迹了。就这样，天山南路在民族和语言上都被回纥人加以统一。在新民族出现的基础上，这里还出现了一种新的文明。不过，回纥人原本是游牧民族，所以自身并不具备固有的优秀文明，所谓"新的文明"，就是混合了西方的伊朗文明、东方的中华文明和印度文明的一种多源性的文明。回纥人吸收了东西方的多种文化因素，并将其回纥化。例如，为了能够书写自己的语言，他们使用并继承了西方叙利亚文字系统的回纥文字。回纥文字此后传到蒙古草原和中国东北地区，衍生出蒙古文和满文。

在唐末之后，北大道的陆上交通的重要性日趋下降。这是由于南大道的海上交通线变得日益繁盛。随着航海技术的进步，海上运输变得安全且快捷，陆上商队贸易无力再与海上运输竞争。另外，进入近世阶段之后，俄国曾进军西伯利亚，开拓出一条新的交通线，这也使得天山南路困难重重的贸易交通线不再受重视。加之，在天山南路中央的大沙漠地带，砂砾时常移动并侵入城市所在的绿洲地区，造成城市陷于荒废，居民不得不逐渐将住所迁到山麓附近。这导致一些以往在东西方交通的大道上繁荣一时的大城市，最终湮没于沙漠之中而变得不为人知。这些城市的历史也就这样随着古代文明的消逝而一并消失了，东西方交通的历史事实也因此而变得不甚明了。

不过，明治①末年以后，东西方各国的探险队曾进入天山南路，发掘埋藏在沙漠中的古代城市遗址，并在那里发现了重要的遗留物。随着对这些新发现的研究，东西方交通曾经的繁华盛况和湮灭无存的城市的文明面貌得以一一再现，仿佛就在眼前一般。这支学术探险队的主要成员有日本的橘瑞超、德国的冯·勒柯克和格林维德尔，以及法国的伯希和与英国的斯坦因等人。②

张骞与甘英

最早踏上北大道之大部分路线的是汉代的张骞，甘英则紧随其后。张骞曾奉西汉武帝之命，出使大月氏。因大月氏与匈奴为敌，所以张骞出使的目的就是与大月氏结盟以夹击匈奴。张骞在天山南路先是取其北道，来到了锡尔河上游的大宛国，又从大宛国绕到阿姆河流域的大月氏、大夏等国，最后经天山南路的南道返回。虽然与大月氏结成军事同盟的使命未能达成，但通过张骞的出使，汉朝人第一次明确地知道了西亚的状况。此后，汉朝得以与西方各国建立了正式的通商关系。于是，西方的工艺品和珍奇的动植物，尤其是在波斯经过改良的马匹，都得以输入中国；同时，丝帛这类中国特有的产品也被输出到西方。一般认为，张骞西行留下的报告为司马迁的《史记·大宛列传》提供了材料基础。

东汉明帝在位期间，班超负责经营天山南路，他听说西方大秦国（罗马）乃富强之邦，遂派甘英出使，以图与大秦结为友国。当时，波斯、美索不达米亚一带是安息（帕提亚）的支配范围，附近的亚美尼亚和叙利亚都隶属于安息帝国。甘英首先到达安息，但其之后的行程就不为人知了。据估计，甘英曾进入亚美尼亚，到达过"西海"（地中海）地区。但是，对安息帝国来说，敌国罗马与中国直接建立交通往来关系并非其乐见之事；而甘英也颇感航海出使之困难，故最终未到达罗马便返回了。

---

① 明治年间为 1868 年至 1912 年。
② 斯坦因等人在此过程中掠夺和毁坏了我国大量珍贵文物。

极北交通线

除了上述的北大道，在其北部还有一条极北交通线，即从中国东北到外蒙古，再从外蒙古到天山北路，经西伯利亚西部直达俄罗斯南部。一般认为，北方的游牧民族从很早就开始利用这条交通线进行东西方之间的交通往来。匈奴受到东汉的打击后，大体上就是沿着这条路线逃至西方的。他们来到欧洲，并被欧洲人称为"匈人"，匈人的进攻引发了那场著名的欧洲民族大迁徙。此后，唐代的突厥也曾利用这条路线保持着与东罗马帝国的联系。后来，蒙古兴起之后，再度沿着这条路线侵入了欧洲。

南大道

与主要位于陆地上的北大道不同，南大道几乎大部分都是海上航路。该路线从日本九州的博多湾出发，横穿中国东海，到达中国浙江省沿岸的宁波附近，再从这里沿着海岸南下到达广州。广州是中国面向南海进行贸易的门户，自战国时代以来，南洋的物资都是从广州运入中国内地的。秦始皇曾征服这一地区，并建立郡县，在现在的广州地区设有番禺县。秦末汉初之际，南越国一度独立，其领土曾从今天的广东拓展到印度支那半岛。但后来汉武帝消灭了南越，将其领地变为汉朝的郡县。此后，广东、广西两省逐渐汉化，成为中国的内地省份，直至今日。

汉朝的领土沿着印度支那半岛的南部海岸，一直延伸到现在越南的广义附近。广义地区是汉代日南郡象林县的所在地。该地区地处交通要冲，从广州出发的船只在前往南洋途中，都须在此临时靠岸，补充粮食和薪柴。东汉末年，当地民众以广义为中心建立林邑国以示独立，并进而占领了周围地区。为此，汉朝的国境不得不稍向北退却。林邑国占据了南海交通线上的要道，以贸易之利立国，但其绝佳的地理位置常受比邻各国的羡妒。特别是北方的中国，不时举征讨之兵以试图吞并林邑。东晋曾趁林邑内乱而发兵，但历经多年而无果。此后，隋炀帝也曾发兵征伐林邑，虽一度攻陷了其国都，但因当地民众的反抗而未能实现对林邑的占有。此后，林邑得以在相对较长的时间里维持自身的独立。

从林邑的海岸地区一路南下，就可以到达马来半岛南端的新加坡附近。在唐代这里曾有罗越国，日本的真如亲王在前往印度的途中就是在此地去世的。自唐代起，室利佛逝国在罗越国对岸的苏门答腊岛东部兴起，并一度趋于强盛。由于马来半岛和苏门答腊岛之间的海峡扼东西方交通之孔道，所以无论是其南岸还是北岸，凡是通过这里的船只都要在附近停靠。有的时候南岸兴盛，就出现了室利佛逝这类强国；有的时候北岸兴盛，新加坡或其西侧的马六甲就会变成交通重地。

爪哇岛位于苏门答腊岛东侧，虽然距离东西方交通的干道略有距离，但该岛自古以来就接纳了大量的印度移民，开发程度较高。另外，这里也是从东方各个出产香料的岛屿大量集中物资的地方，所以凭借其人员与物资方面的优势，爪哇岛也吸引了大量来自东西方的船舶来此停靠。苏门答腊岛和爪哇岛曾为了独占贸易之利而发生争执，有时是爪哇岛的势力侵入了苏门答腊岛，有时是苏门答腊岛的势力侵入了爪哇岛。到了中国的唐代，东西方贸易变得十分繁荣，苏门答腊王室的一支侵占了爪哇岛，建立了夏连特拉王朝，并在爪哇岛中部地区兴盛一时。直至今日，该王朝的遗迹婆罗浮屠还留有规模宏大的佛塔。

"马六甲"之名的出现相对晚近。据推测，古代著名的贸易港口箇罗就位于其附近。在当时，箇罗被视为西亚商船来到东方后停靠的第一站。

在苏门答腊岛的西南部，就已经可以看到印度洋的孟加拉湾了，从这里向西或向北绕个弯，就可以到达缅甸海沿岸；或是穿过大洋，就可以直接到达印度的东海岸。对岸的斯里兰卡几乎正好位于中国南海与波斯湾的中间，即便对欧洲人而言，这里也自古就是东西方物资的一大集散地。

如果从斯里兰卡出发来到印度的西海岸，取道西北方向的航路便可以进入波斯湾。波斯湾自古就是亚洲西部各国通往印度的海上门户，地理位置十分重要，沿岸有大量的贸易港。在萨拉森帝国[①]时代，巴士拉、撒那威[②]两港十分兴盛，特别是撒那威，这里是海船的集合地，中国商船每次都会在此入港，唐朝的铜钱在这里也可以使用。

---

① 即阿拉伯帝国。
② 今伊朗塔黑里，唐宋时期来自此地的阿拉伯商人被称作"尸罗围"。

流入波斯湾的底格里斯河和幼发拉底河这两条大河也能够通行河船，特别是水量丰富的幼发拉底河，可以向上游溯行很远的距离。人们如果在适当的地点弃船而行，再利用北大道，横穿叙利亚后就可以到达地中海沿岸了。

航海与航海技术

西汉时，武帝曾派使节出访黄支国（位于印度东海岸南部）以及已程不国（斯里兰卡），但我们目前尚不知道，当时人们是否已经学会利用信风进行航海活动。生活于1世纪中叶的希腊系埃及人西帕尔斯，是第一位发现印度洋上存在信风并将其运用于航海的人。此后，罗马帝国皇帝安东尼的使者曾于东汉桓帝在位时（166年）来到汉朝的国都洛阳，当时罗马打败了安息，并一度占据了美索不达米亚地区。因此我们可以推测，罗马使者可能是从波斯湾出发，途中利用信风来到中国的。

信风在北半球的冬天是从东北向西南吹，夏天则是从西南向东北吹。帆船可以利用信风在海上航行，东北信风盛行时就南下向西，西南信风盛行时就北上向东。所以，如果人们要从日本去往南洋，就需要借助冬天的东北信风，沿着中国海岸线到马来半岛和苏门答腊岛，如果还有时间，就可以一口气乘风前往斯里兰卡。然后，等到第二年夏天再利用西南信风北上，就可以进入波斯湾。反过来，如果人们要从波斯湾去往中国和日本，就需要利用冬天的东北信风先南下到达斯里兰卡，或一口气下到南洋，然后等到第二年夏天，利用西南信风前往中国乃至日本。

东晋的法显和尚是经陆路的北大道进入印度的，而回程时则取道海路，从斯里兰卡出发到耶婆提国，然后利用夏天的西南季风回到山东半岛。唐代的义净和尚准备从广州出发前往印度时，也选择在阴历十一月动身。而日本的真如亲王也和义净和尚一样，是在阴历正月末从广州出发的。

由于斯里兰卡位于印度洋的中间，所以在信风转换方向期间，商船必须在此停泊等待。这样一来，从东方的中国和西方的波斯、阿拉伯半岛等地来的商船，大多都会在该地交易各自的货物。也正因为经常在此停靠，所以古代中国人对斯里兰卡以东的地理知识比较熟悉，而古代欧洲人和西亚人则对斯里兰卡以西的地理知识掌握较多。后来，当中国的唐朝日渐强大时，西亚的萨拉森帝国也几乎同时兴起。两大王朝都积极鼓励商人与对方进行海上贸易及交通往来，因此在这一时期，东亚与西亚之间的海上交通就迅速变得频繁起来，从西方来到东方的波斯人和阿拉伯人也日益增多。在850年前后，阿拉伯商人苏莱曼经由印度和南海到达中国，他对途中所见事物以及在中国内地的见闻进行了详细的记录，并将这些见闻传播到了西方。唐末居住在广州的西亚人很多，其数量已经达到数十万。黄巢起义时，据说约有12万西亚人遭到杀戮，由于这一事件，到中国来的阿拉伯商船曾一度明显减少。

红海航路

南大道的路线一般是从印度出发进入波斯湾，从内陆进入地中海，除此之外，自古以来还有一条从印度洋进入红海、经埃及再到地中海的路线。特别是在叙利亚和美索不达米亚地区陷入战乱时，这里的交通就会暂时中断，于是红海上的交通就会呈现出活力。以往萨珊波斯与东罗马帝国争战不断时，叙利亚地区就会成为战场，这也导致南、北两条大道的西端受阻，东西方之间的交通干线便转移到红海。而在红海沿岸过着游牧生活的阿拉伯人，在受到这种交通线的刺激后，开始产生民族意识。由此，阿拉伯人成功地凝聚起来并建立了自己的国家。此后，他们进一步实现了扩张性的发展，并最终创建了萨拉森帝国。

两大干线的连通

在南、北两大海陆道路之间，存在着许多将二者连接起来的支线。这样的支线主要有三条，自西向东分别是：从中亚出发，南下翻越兴都库什山脉进入印度的路线；从中国西南部出发，穿过缅甸抵达印度洋的缅甸路线；沿着中国海岸线，贯穿中国南北的大运河路线。

翻越兴都库什山脉

在北大道上，撒马尔罕附近地区是一个交通中心，由此向北可通往西伯利亚，向南则可直达印度。撒马尔罕南部的阿姆河上游地区被称为"巴克特里亚"。如果从阿姆河上游出发，翻越兴都库什山脉，就能到达印度西北部，可以看到印度河正向南流淌。自古以来，许多民族都曾翻越兴都库什山脉而侵入印度。而在巴克特里亚地区，希腊人曾在此建国。希腊人的势力延伸到印度西北部后，将希腊的文化也传播到了犍陀罗地区。他们用希腊式的手法制作佛像，形成了所谓的"犍陀罗艺术"，而犍陀罗佛像的出现进一步引发了其他类型的佛像雕刻作品的出现。其后，佛教也翻越兴都库什山脉而北上，经中亚地区传入中国，并进而传播到朝鲜半岛和日本。北魏的宋云和唐代的玄奘这两位高僧都是从中亚进入印度，往返途中两度经过兴都库什地区。尤其是玄奘和尚，他在印度时对所到之处的佛迹都加以拜谒，他的巡游记录《大唐西域记》是反映当时中亚、印度发展状况的珍贵史料，深受学界重视。

缅甸道路

自古以来人们就知道有一条缅甸道路，即从汉唐时代的国都长安出发，经过人人称险的蜀道进入四川盆地，之后从云南省的西南部进入缅甸，最终可以抵达印度洋沿岸。汉武帝的使者张骞曾看到蜀地的物产出现在西亚的集市上，并在询问后得知，这些蜀地物产是经由印度而来的。于是，汉武帝在位时曾招降云南的小国，以图通过缅甸实现与印度乃至西亚之间的通商。为此，汉武帝还曾动用兵力在此开道。然而，汉武帝的企图因遭到当地人的反抗，最终未能成功。的确，在这条道路上，只有物资能够不断移动，人马之旅却会受到当地居民的阻碍，故很难形成可供商队通行的贯通之路。从东汉末年开始，云南省西南的永昌成为印度等地特产的重要集散地，三国时代蜀国的丞相诸葛亮为了平定云南地区，曾亲自率兵进入昆明。据说，此举也包含着蜀国想要控制经缅甸道路运输而来的南方物资的意图。

在唐代，居于云南地区的人们独立为南诏，后来建立了大理国。在此前后，中原王朝的政治、经济中心也转移到了东部的沿海平原地区。就这样，缅甸道路由于通行困难等原因，重要性逐渐下降，时至今日，人们甚至注意不到缅甸道路的存在了。

大运河

中国内陆的大河流向都是东西向的，所以东西之间的交通十分便利，但是这也导致南北之间的通行变得甚为不便。要从黄河沿岸到南方的海港广州，如果走海路，须从山东半岛迂回，航线十分危险；而如果走陆路，则须沿着淮水或长江的支流曲折向南，途中还会多次被河流和山脉阻断。在隋代，隋炀帝为了解决这一交通不便的问题，遂下令开凿了一条大运河。这条大运河将东西流向的白河、黄河、淮水、长江、钱塘江五大河流连接了起来，从此，中国的南北交通变得极为便利。而且，大运河并不仅仅连接了中国的南北方，也将南北两条世界性的交通干线连接起来。人们可以从黄河进入大运河，穿过淮水、长江，进入钱塘江，其入海口就是杭州湾；从杭州湾向南，与南大道汇合，就可以经海路前往广州。与以往相比，这条航线要安全得多。中国的南北方在气候和风土上差异明显，所以南北方之间的物资交换也有十足的必要性，运河交通因此日益兴盛。

运河所贯穿的地区是肥沃的平原，有着丰富的物产，运河沿线的所到之处都建起了繁华的都市。由此，中国的经济中心就逐渐向运河附近转移，与此同时，政治中心也被牵引到运河一线。

在大运河北端与白河相交叉的地点附近兴起的是幽州（北京），该地后来成为金、元、明、清四代的国都。而在运河横穿黄河的地方出现了汴州（开封）。开封也逐渐获得了超越古都洛阳的繁华之貌，在唐朝灭亡之后曾成为五代和北宋的国都；金也曾一度迁都于此。在大运河与长江的交叉点附近出现了扬州。扬州靠近长江入海口，与大海相通，西部统辖着庞大的长江水系，可谓四通八达的交通要冲。有唐一代，扬州曾极尽繁华，其万事万物都被冠以天下第一之名，故时人多称"扬一"。

大运河的南端是杭州，它位于钱塘江口，临杭州湾，附近有良港宁波，是海陆交通的枢纽。而且，杭州附近的平原自唐代以来就是有名的稻米产地，并因高超的丝织技术而享有盛誉。因此，金灭北宋后，南宋虽保有华中地区以南的领土，但南宋朝廷却未定都于六朝故都建康，而是将杭州作为行在之地。"行在"之名远传西方，阿拉伯人曾一度将杭州之名讹传为"行在"，称之为"Quinsay"。

世界交通中的日本

前述海、陆两大世界交通干线，其东端在日本合而为一。自古以来，日本人就沿着南、北两条大道与大陆地区进行交通往来。据记载，日本人最初主要利用的是北大道，他们从九州岛海岸出发，往返于朝鲜半岛的西海岸，从事贸易活动。东汉初期（公元57年），"倭奴国王"的使者曾到过东汉的国都洛阳。后来，中国进入南北朝时期，南朝的国都转移到了建康，当时的日本人曾利用南大道，从九州岛出发航行到长江口附近，与南朝建立邦交。随后，隋朝开凿了大运河，此后南大道上的交通往来变得日益兴盛。于是，奈良时代的日本在九州博多湾地区设立了太宰府，以监督和管理与东亚大陆的交通和贸易。

奈良时代之后，日本开始在世界交通史上占有重要的地位，这一点从正仓院的藏品中便可见一斑。正仓院的藏品中有南洋产的木香、丁香、沉香等香料，其中，兰奢待的品质远优于其他。正仓院的漆胡瓶的形状是波斯式的，因为当时所谓的"胡"大多是指波斯。此外，在琵琶等乐器和伎乐面①上，也屡屡出现胡人的服饰与图像。日本的奈良时代正值中国的唐代中叶，后世的史书常常会称唐代文明吸收了西方要素，其规模曾是世界性的。但是，目前能够证明这一说法的遗物在中国却几乎没有留存。而同时代的日本则能够从自身独特的角度出发，汲取世界各地文明的长处，从而实现了奈良时代文化的兴隆。也正因如此，今天人们才能够在奈良正仓院亲眼看到当时的众多文物。

如法隆寺等奈良时代的日本建筑，其圆柱的中间部分会相对鼓起，据说这一处理手法是起源于希腊的。另外，当时日本朝廷的雅乐中存在大食调，而"大食"就是萨拉森帝国在中国史籍中的名称。此外，日本其他寺院所收藏的锦绣制品中，也有不少是带有波斯风格的。这些遗留下来的

---

① 伎乐表演所使用的面具。

文物无一不在说明，古代东西方之间的交通往来是何等盛大。

在平安时代，日本的僧侣学徒中有不少人曾游历中国，其中，真如亲王更是以60岁的高龄造访唐都长安。但是，他在中国未能找到与之对话的良师，遂决定进一步去印度求法。然而，真如亲王从广州出海，却在罗越国（今新加坡附近）不幸辞世，最终也未能达成所愿。不过据说同一时期，名为金刚三昧的日本僧人曾游历过印度，他返程时曾在中国停留，在中国颇负盛名。但遗憾的是，关于金刚三昧的出身与经历，我们目前尚未得其详。此外，据说还有一位名为法道的僧人，也曾途经中国到达印度。尽管类似的记载十分有限，但历史上曾经游历海外的日本人想必一定还有不少。

第二节　波斯文化的东渐

古代波斯文化的发展

西亚古代史的发展历程，在伊朗民族崛起并建立了古代波斯王朝之际达到了顶点。此后，经帕提亚王朝直至萨珊王朝被阿拉伯民族消灭，西亚各国大体上都处于波斯民族的统治之下，他们发展并继承了波斯文化。在此期间，尽管希腊人亚历山大大帝的入侵使希腊文明一度传入此地，波斯文化的传统似乎也因此中断了，但是如果我们加以仔细观察就会发现，希腊文化的冲击非但没有破坏波斯文化的传统，反而促使波斯文化吸收和接纳了许多其他的文化元素，从而刺激波斯文化释放出新的光彩。不过，我们不能否认的事实是，在王朝的更迭过程中，王朝文化的核心地区以及核心民族都会发生变化，各个王朝治下的社会及其文明即便在根源上都是同一个波斯民族的传统，但各个地区都存在其地方性的发展趋势。

古代波斯文明的东渐

正如古代波斯帝国的领土包括了巴比伦、亚述、埃及等多个国家的领土一样，古代波斯文化也包含了各个地区富有特色的文化，这些文化在波斯的体制中被整合了起来。正如我们在已经成为废墟的波斯国都波斯波利斯、苏撒等地的宫殿遗迹中所见到的，波斯文化继承了西亚各国流行的各种文化形式，同时综合了波斯民族的调和性与宽容性。这一点在其政治方面也有所体现。例如，波斯的中央集权结构与皇帝政治的理念，其实就是对以往历代国家的政治体制加以整合，并将其发展到最高水平的产物。通过这种方式确立下来的古代大一统的政治体制，不仅为后来的亚历山大大帝所继承，也成为其他集权大国的模范。

印度最初的大一统是在孔雀王朝的阿育王时期实现的。阿育王的即位较波斯的大流士晚了约 250 年，但阿育王时常巡视各地，使新归附的民众得以知晓其威严，并在所到之处留下碑铭，向官吏和民众垂示训诫，同时强化监察管理，以增进人民的福利和维持社会的安定。这些措施显然是有意识地借鉴大流士所使用的波斯式政治治理方式的结果。

大约 50 年后，在中国秦始皇的施政措施中，也出现了同样的举动。秦始皇平定六国之后，也曾多次巡视各地，将其功绩刻在石碑上，这种举动在以往的中国历史上是从未出现过的。此外，秦始皇还修建了东起燕齐、南至吴楚的驰道，将远隔之地与国都咸阳相连结，并统一文字和度量衡。秦朝与波斯之间在这些举措上的相似性，并不是一种偶然。目前学者已经证实，西亚与中国之间的交通往来早在史前阶段就已经开始了。虽然这种往来会时断时续，但想必二者之间确曾有过令人意外的联系，这种想象或许是更接近事实的。

玛兹达教

波斯人精神文明的基调是玛兹达教。该宗教以全能神阿胡拉·玛兹达的存在为第一要义，带有一神教色彩；但也承认与阿胡拉·玛兹达相对的恶神阿里曼的存在，因此也具有二神教的性质。此外，在善恶两神之外，该宗教也承认善恶神的其他种种神格，故兼有多神教的性质。受玛兹达教的影响，以纯粹的一神教而闻名的犹太教也开始认可与耶和华相对立的恶魔的存在；而从犹太教中派生出来的基督教则更进一步承认了圣徒崇拜，这也是在玛兹达教的影响下在教义方面的让步。可以说，对其他宗教的宽容、对其他民族性宗教的调和以及与全人类道德趋于一致等主张，最早可能都是在玛兹达教中得到了接近于理想的实现。从玛兹达教的构成上来说，固有之神阿胡拉·玛兹达之下依次排列着各个相近民族的神，他们被认为是善神，而敌对民族的神则被视为恶神，与善神相对立。在此基础上，玛兹达教的教义后来逐渐倾向于祈祷善神能最终驱逐恶神。不过总体而言，波斯人对此前各种文明的宽容态度，都与玛兹达教的这种宗教宽容性有关。

玛兹达教的核心信仰，是将波斯人固有信仰中最高的神视为光明、良善之德的体现。玛兹达教兴起于伊朗高原，并在伊朗高原东北部及阿姆河上游的巴克特里亚地区确立了自身的宗教性体制。公元前7世纪前后，一位名为琐罗亚斯德的宗教改革者在这里出现，并归附在当地的统治者之下。琐罗亚斯德将玛兹达教改造为新教，认为最高神阿胡拉·玛兹达与其他善神和代表恶的阿里曼及其之下的一系列恶神分别将光明与黑暗带到了人类的行为中，形成了善与恶的伦理。对此，琐罗亚斯德主张通过善神对恶神的胜利来实现人类的救赎。据说，琐罗亚斯德的这一宗教主张在大流士之后的古代波斯帝国颇受尊崇，只不过其教义在当时尚未被编纂成书。此后，在帕提亚王朝时代，相较于正统的玛兹达教，其分支密特拉教则更具势力。"密特拉"乃太阳神，是继承了阿胡拉·玛兹达之威的善神。帕提亚王朝发祥地与"密特拉"是同一个词，二者在伊朗高原北部的某种方言中有着相同的发音。玛兹达教认为火是神圣的，所以也被称为"拜火教"或"祆教"。

帕提亚帝国灭亡之后，玛兹达教在中世波斯王朝的治下得以再度辉煌。这一时期的玛兹达教取得了国教的地位。同时，琐罗亚斯德的教义和自古传承下来的对善神的赞歌开始得到整理和编纂，最终结集成为留存至今的玛兹达教经典《阿维斯陀》。

中世波斯文明的东渐

波斯本地的文明在通过陆上交通线传播到中国和印度之前，必须首先经过中亚这个世界交通的十字路口。从现在的阿富汗北部到锡尔河、阿姆河之间的河中地区，再向东越过帕米尔高原到达天山南路，这一区域自古就是伊朗系民族的分布区。古代波斯帝国强盛时，波斯本地的文明曾迅速扩张到这一地区。例如，早在入侵巴比伦之前，居鲁士大帝就曾经向东征伐未开化民族，直抵遥远的锡尔河河畔，并在那里修建了以自己的名字命名的金蒲城，用于防范外敌的入侵。此后，锡尔河以南地区逐渐开化，其资源也得到了开发。到亚历山大大帝东征时，这一地区又成了希腊人入侵印度的兵站基地。而亚历山大死后，这里仍留有希腊人的残余势力，并一度出现了希腊人的巴克特里亚王朝。虽然巴克特里亚王朝不久便为帕提亚王朝所灭，但很快大月氏又从北方南下，以撒马尔罕为中心占领了这一地区，并由此拥有了广阔的领土。如此一来，波斯文明通过大月氏的领地，终于找到了通向中国的路径。

此外，形成于印度的佛教在传入中国之际，也曾途经这附近的波斯人居住地。例如，出身大月氏的支谦和尚与出身帕提亚王族的安世高曾一同进入东汉的国都洛阳。安世高后来成为中国译经史上一位不容忽视的重要人物。另外，尽管大月氏领地上的居民以波斯人为主，但这些波斯人远离了伊朗高原这一波斯文明的发源地后不仅受到了印度和突厥文化的影响，还受到希腊文明的感化，故形成了一种独特的地方文化。其中尤其值得注意的，就是以撒马尔罕为活动中心的粟特人的出现。粟特语在当时是东西方通用的商用语言，其文字属于叙利亚文字系统，是突厥系维吾尔族的维吾尔文的前身，而维吾尔文字又进一步发展出蒙古文和满文，二者至今仍为蒙、满两族所用。总之，中世时期粟特人在历史上的活跃程度引人瞩目，同时，形成于西亚的各种宗教也随着西亚各民族的东迁而传入中国。

西方各宗教与中国

波斯的萨珊王朝大致相当于中国自三国时代至唐初的这一历史时期。在此期间，中亚的伊朗系民族大都信奉玛兹达教，到了南北朝末期，玛兹达教也传入了中国，并被称为"祆教"。北周的皇族中有被称为"萨保"者，这不禁让人联想到唐代时朝廷为了管理住在长安的伊朗人而设置的官署"萨宝府"。"萨保"和"萨宝"在胡语中都是"商队领袖"的意思。当时，这些外国人在中国拥有信仰自由。据说，唐高宗永徽年间，波斯人的穆护曾与印度人一起参加改历仪式。"穆护"即"Magi"的译音，是琐罗亚斯德教的僧侣，同时也是具备天文、历法、医药、咒术等知识的人。唐代著名的书法家颜真卿曾以"穆护"两字作为其子的字，由此可见当时祆教流行之盛。后来，唐武宗打压外来宗教，曾强迫两千余名僧侣还俗，由此也可看出祆教流行时的盛况。

摩尼教是波斯人摩尼创立的宗教。摩尼于215年前后出生于美索不达米亚，他以玛兹达教为基础，对当地流行的其他宗教（如基督教、佛教等）的教义加以兼收并蓄，进而创立了新的宗教。所以，摩尼教的创立是一种宗教改革运动。后来，摩尼教曾在波斯上下颇受尊崇，甚至得到了王室的信仰。然而，摩尼教终究未能战胜伊朗人传统上所笃信的玛兹达教，摩尼也在未满60岁的时候被捕并被处以磔刑。摩尼教遭到打压后，其信徒四处逃亡并试图继续推广摩尼教的教义。其实，摩尼教的教义在根本上与玛兹达教的二元论是一致的，但是玛兹达教过于轻易地宣扬善神对恶神的最终胜利，故容易使人形成盲目乐观的世界观；而与之相反，摩尼教则认为现世的一切存在都是恶神所造，人类的身体也是如此，只有人的灵魂才有可能通过善神获得解脱。也正因如此，摩尼教将一切肉体之业都斥为罪恶，禁止教徒杀生、吃肉、奸淫，鼓励教徒断食，并设立严格的戒律。在西方，摩尼教的影响从东罗马帝国扩展至亚、非地区，对思想界的影响也颇为深远，著名的圣奥古斯丁等人也大受摩尼教思想的感化。

摩尼教在一部分粟特人中获得了支持，粟特人又进一步成功地将摩尼教传布到当时在蒙古地区拥有较大势力的回纥人当中。在中国，摩尼教从唐初起开始为人所知。中唐以后，由于回纥人在安史之乱时曾援助朝廷，故有复兴唐室之功绩，回纥遂将唐作为自己的保护国，贪享唐室上交的岁币。这一时期，粟特商人作为回纥人的代表进入唐土，谋经商之利，行止颇为专横。不过，随着回纥势力的衰亡，粟特人在唐朝也遭到武宗的镇压，遂不得不收敛形迹，并最终销声匿迹了。尽管当时粟特语只是波斯语的一种方言，但由于中世粟特商人的活跃，粟特语得以广为传播，并成为波斯与中国之间的广阔地带的国际通用语。据说，粟特文为摩尼所创，其后为回纥人所用，故被称为"回纥文字"，而回纥文字中又派生出了今天我们所见到的蒙古文和满文。

摩尼教原本是一个混合性的宗教，这种混合性倾向在回纥人的宗教思想中更加明显。在回纥人的摩尼教教义中，伊朗的阿胡拉·玛兹达被称为"欧马兹特"，相当于印度教的帝释天。另外，摩尼教的神明尊察宛则被认为是耶稣之父，相当于印度教的梵天。可以说，传到东方的摩尼教吸收了许多印度的元素，而传到西方的摩尼教则明显带有基督教的色彩，二者颇值得对比。此后，摩尼教对宗教之间混淆交杂的宽容性也原样为蒙古人所继承，蒙古人的喇嘛教信仰也明显地体现出这一特点。

基督教的聂斯脱里一派，也是通过波斯文明圈传到唐代中国的。聂斯脱里派起源于叙利亚地区，因主张闪米特人纯粹的一神教思想，故不为欧洲的罗马帝国所容，并被斥为异端而遭到迫害。因此，聂斯脱里派教徒只好逃到对宗教相对宽容的波斯境内。在中国，聂斯脱里派基督教被称为"景教"，景教教徒曾在唐太宗时在中国修建寺院。对景教在中国的发展始末加以记录的《大秦景教流行中国碑》，很早便受到学界的关注。此外，通过近年的中亚探险，学者们在沙漠以及敦煌石窟中也发现了大量的景教经典文献，同时还发现了不少摩尼教经典，这些资料的发现极大地照亮了中世思想的研究之路。

西方生活方式传入中国

值得注意的是，中世时期的中国所受的波斯影响不仅体现在思想和学术层面上，还进一步体现在日常生活方面，并使中国人的生活发生了根本性的变化。自汉武帝时起，中国与西方的交通往来开始变得日益频繁，并由此输入了种种日用品及其他器具，因其制作之精巧而被中国人誉为"西域鬼作"。其中既有宝石、金银制成的工艺品，也有陶器及玻璃制品等。而对中国人的生活影响最大的则是胡床。截至汉代，中国人都与今天的日本人一样，习惯于直接坐在垫子上。但是由于胡床的引入，中国人逐渐改变了端坐于坐垫上的跪坐习惯，而开始习惯于坐在椅子上。

波斯文明的末路

中世的波斯王朝对宗教的宽容态度，反而导致了其社会思想的混乱，这种混乱波及阿拉伯半岛，对当地的未开化民族造成了一种刺激，并导致半岛上出现了宗教改革的运动。随后，波斯被卷入这一宗教改革的浪潮，并最终被阿拉伯人灭亡。然而，波斯文明的悠久传统并不会随即消逝。阿拉伯人占领波斯后，一部分玛兹达教信徒不愿改宗征服者所倡导的新宗教，遂于716年从伊朗东部的呼罗珊出发南下，经海路前往印度西海岸的古吉拉特邦。他们在那里建起了供奉圣火的神殿，并在那里定居。后来，他们又移居孟买，直到今天依然维持着传统的宗教生活。他们被称为"帕西人"。帕西人在印度的各个民族中颇具特色，不与印度社会同化。帕西人善于经商，在近代英国人到达印度之后，他们与英国人共同控制了孟加拉湾的财富，并掌握着称霸印度的关键。

留在本地的伊朗人后来皈依了征服者阿拉伯人所信奉的伊斯兰教，并成为伊斯兰教热忱的支持者。但是，他们雅利安式的思维方式最终还是与闪米特式的思维方式无法完全协调一致。于是，美索不达米亚以西的穆斯林大致是逊尼派，而伊朗高原以东的则是什叶派，二者也成了今天伊斯兰教中的两大流派。总之，伊朗人在理解伊斯兰教教义时，仍然会使用自身的思维逻辑。他们爱好造型美术，喜欢抽象的修辞方式，擅长工笔画和长篇叙事诗。所以，伊朗人的宗教信仰表面上是伊斯兰教，但在思想精神层面却有不少玛兹达教的元素。至于兴起于波斯的工笔画在传播到印度后得以发展壮大，则是更晚的事情了。

西亚文明在中国南海的传播

波斯人很早就开始活跃于海上，并曾与印度人一起经南洋来到中国。他们在广州停留，将中国的天子译为波斯语中的神之子"莫贺弗"，后来阿拉伯人甚至将这一波斯词语当成了汉语。到了唐代以后，波斯人开拓的航路就成了阿拉伯人活跃的舞台。特别是在阿拔斯王朝时期，阿拉伯人在底格里斯河畔的巴格达定都后，底格里斯河入海口附近的商船便大量驶向中国。义净三藏自南洋前往印度时，乘坐的就是波斯人的商船。唐末，从广州去往扬州的东海沿岸海港附近，生活着许多移居于此的阿拉伯人。通过他们的传播，广州以"Canton"之名、扬州以"江都"之名为西方人所知，继而为西方人所熟知的还有被称为"行在"的杭州和被称为"刺桐"的泉州。

波斯文明与日本

正如前文所说，早在中世的萨珊波斯时期，波斯文化就传入了中国。阿拉伯帝国继波斯帝国而起，在阿拔斯王朝之后也与东方有了十分密切的交通往来。阿拔斯王朝的位置靠近波斯文明的发源地，故深受波斯文明的影响。因此，即便是在阿拉伯时代，东亚也依然能够从阿拉伯人那里吸收不少波斯元素。据说，在日本与唐朝开展密切的往来之际，日本从中国输入的文物中有不少是来自遥远西方的波斯式物品。例如东大寺献物帐中出现的"没食子"，其在中世波斯语中被称为"muzak"。又如"密陀僧"被称为"mildassa"，而"毕拔"则被称为"piper"。"piper"一词在进入英文后就变成了"pepper"（胡椒）。此外，正仓院所藏《树下美人屏风》中描绘的体态丰满的美人，便是波斯人的样貌。而在《圣德太子像》中，以太子为中心、前后立有两名随从的三人立像画法，也与今天塔吉克斯坦的波斯雕像有着异曲同工之妙，故被认为是经由中国传到日本的。此外，法隆寺所藏的四天王狩狮锦，展示的完全就是中世波斯特有的纺织品的图案与工艺，上面描绘的人物皆身着胡服。

经奈良时代进入平安时代后，波斯文明继续以种种形式在日本出现。例如，御堂关白藤原道长在日记《具注历》中，每隔七天就会用朱笔写下"蜜"字（或简化的"宀"）。这一记号据说是将星期日的粟特文"mir"音译为日文后的产物，"mir"其实就是波斯语中太阳神"密特拉"（Mithra）一词在东方的变体。在中国唐朝和五代的历书中，也出现了这一"蜜"字的相同用法。此后，"mir"一词被佛教吸收后就变成了"弥勒"。在佛教的阿弥陀净土信仰出现之前，弥勒就已经获得了大众的尊崇。在中国中世，弥勒信仰尤为兴盛，并屡屡成为教团暴动的根据。不过，弥勒信仰传到日本之后就失去了其煽动性的一面，并被安置在既有的佛教诸神的信仰体系之中。

第三节　印度文化的传播

印度中世文化

世界各个地区在经历中世性停顿的时候，也经历了种种难以为人所察觉的中世性的发展，并在此过程中催生出种种光彩夺目的文明。其中，在印度的中世，笈多王朝的超日王旃陀罗·笈多二世和两百年后继之而起的戒日王曷利沙·伐弹那二人统治下的印度，就是这样光彩照人的时代。然而不可思议的是，在印度自身的历史记载中，关于这两个时代的记载完全没有得到留存，反倒是从中国远道而来的巡游僧人将这两个时代的印度社会风貌进行了鲜明的刻画。先是在超日王统治时期，东晋的法显和尚曾游历印度并留下了《佛国记》；此后，唐代僧人玄奘则到了曲女城，巡游了戒日王治下的印度全境，并留下了记录极为详尽的《大唐西域记》。

不过这里值得注意的事实是，法显、玄奘等中国僧人将印度视为佛教的发源地，他们在巡游和朝拜这片佛教圣地的同时，也在不断地收集佛教经典，试图带回当时尚未传入中国的佛教真经。但是，在当时的印度，佛教在宗教领域未必真的占有支配地位。也就是说，笈多王朝之后的印度文化，其重心在于对古老的婆罗门教的复兴与改革。印度人试图恢复奥义书哲学和人们对吠陀诸神的信仰。因此，笈多王朝的历代国王都是热忱的婆罗门教信徒，并为吠陀诸神举办了盛大的祭祀仪式。当然，他们对佛教和其他宗教也并未加以压制，只不过往往将其他宗教作为婆罗门教的支流，对其抱持包容和适当保护的态度。

印度教

婆罗门教的哲学基础是奥义书哲学，在此基础上被分为六个宗派，六个宗派各具特色，其中被视为正统的是吠檀多学派。笈多王朝之后，吠檀多学派的巨匠商羯罗登上了历史舞台，为奥义书之后的学派经典作了颇具权威性的注释。但是，这部注释性的哲学著作仅在部分上层阶级中得以流行，一般大众所支持的婆罗门教则呈现出更为特殊的样貌。这种主流信仰以婆罗门、湿婆、毗湿奴这三大神为中心，同时结合了对各地区固有的土俗神明的崇拜，并在此基础上发展出一种大众宗教。人们习惯于将这种宗教称为"印度教"，以区别于自古以来的婆罗门教和婆罗门神学。现在，印度的宗教信仰的主流就是印度教，大约七成国民都是印度教的信徒。

梵语文学

在改革古婆罗门教的运动中出现的佛教及耆那教，偏爱使用普拉克利特语；而进入笈多时代之后，反倒是继承了古吠陀经典的梵语成为公共语言并得到了普及。笈多王朝的鼎盛时期同时也是梵语文学的黄金时代。

梵语文学中的两大长篇叙事诗《罗摩衍那》和《摩诃婆罗多》，在世界文学之林中也享有至高的位置。然而，二者的起源却极为久远。《罗摩衍那》共有7卷，共24000颂，其成书时间大约为2世纪末；《摩诃婆罗多》则长达18卷，共10万颂，是荷马史诗《伊利亚特》的大约8倍，其完成的时间大约为4世纪。这两大史诗都是印度中世初期的作品，而且随着笈多王朝文艺复兴时代的开始，二者作为国民文学为印度上下所追捧，成为普及于各个阶层民众的读物。因此，两大史诗对此后的印度文学产生了十分巨大的影响。《摩诃婆罗多》的内容以古代俱卢国王子的战争故事为中心，同时融入了古代印度的各种神话传说和民俗故事，并不时以哲学性、宗教性的思考为点缀。其中，《薄伽梵歌》一篇最富哲学色彩，是毗湿奴神之化身对人们进行的说教，故在日后成为著名篇章。

在以上述复兴古文学的运动为背景的笈多王朝，真正打开梵语文学黄金时代大门的，是被称为"印度第一大文豪"的迦梨陀娑。迦梨陀娑的代表作是《沙恭达罗》，他取材于《摩诃婆罗多》等材料，写出了极为优美的戏剧，这部作品在近世之后被翻译成各国语言，在世界文学史上亦产生了不小的影响。迦梨陀娑之后的百年，是梵语文学的全盛时代。

与上述诗篇和戏剧同时并存的一部特殊作品是《摩奴法论》。这并不是单纯的法律书，而是一部印度社会生活的指南，具有普遍性的意义。《摩奴法论》承认吠陀时代以来的祭司阶级婆罗门的尊严及特权，并规定了各阶层人民都必须承担的宗教义务。《摩奴法论》的起源极为久远，几乎与《罗摩衍那》和《摩诃婆罗多》两大史诗成书于同一时期。在《摩奴法论》之后，印度出现了大量相关的注释书。后来，随着印度教的东渐，《摩奴法论》的思想也传播并影响到了南洋等地。

达罗毗荼文明

与上述雅利安语系的梵语文明相对，印度南部残留着非雅利安系的达罗毗荼文明。不过，印度南部的达罗毗荼人也渐渐吸收和学习了北方的婆罗门文化及佛教文化，实现了自身文化的兴隆。在达罗毗荼语系中，泰米尔语占有优势地位。在印度中世初期之后，出现了许多用泰米尔语写成的著名的格言诗集，以及此后用来表达对湿婆、毗湿奴信仰的大量赞歌。

佛教思想的发展

释迦牟尼入灭后，佛教教团的内部分裂成两派，一派是坚守教祖的教诲和制度的保守一派，即所谓的"上座部"；另一派是主张以发展的眼光对教义进行解释，并根据现实需要对教义进行取舍的"大众部"。这两派又进一步分裂为多个派别，而这些派别都属于小乘佛教。在小乘佛教中，从上座部一派分离出来的"说一切有部"以印度西北部的克什米尔、犍陀罗地区为中心发展壮大，并在1世纪前后留下了大量著作。到了2世纪前后，在贵霜帝国国王迦腻色伽统治时期，长达200卷的《大毗婆娑论》结集问世。该论书以说一切有部的教义为中心，可谓是收录并批判了当时小乘佛教各派别教义的集大成之作。到了5世纪前后，世亲论师以《大毗婆婆论》为基础写成了《俱舍论》，整理并总结了说一切有部的学说。这些佛教论书为佛教经典提供了哲学根据，后来被翻译并传播至中国，成为在中国、日本等地确立小乘佛教的学问基础。

然而，小乘佛教分裂为多个派别，各个派别皆坚持自身的主张，不断对教义进行细碎的分析和注释，并反复与其他派别进行论争，而无暇旁顾。也正因如此，小乘佛教各派反而忽视了佛教的理想与真义，并逐渐与社会脱节。而与此相对，在主张发展和进步的大众部那里，出现了试图思考佛教本义并将佛教应用于现实社会生活，以实现共济的新运动。由此，出现了《般若经》《法华经》《华严经》《维摩经》及净土教经典等大乘佛教的经典。大乘佛教的信徒认为小乘佛教各派只注重自我个体的解脱，对佛教的理解相对浅薄，故自称"大乘真佛教"。"大乘"和"小乘"便由此分离开来了。

所谓"乘"，即指将信徒带往解脱之彼岸的载体。在以往的各个佛教宗派看来，新生的大乘佛教不过是邪说左道，应予以排斥和攻击，故出现了"大乘非佛说"的非难和论争。但是公平地来看，不仅是宗教，一切具有思想性的东西都是不固定的且具有发展性的。只要一种思想或宗教不是仅属于个人而具有社会性的，那么随着社会的进步，思想也随之发生变化和发展是理所当然的。所以，根据释迦思想内在的发展趋势，佛教自然会出现从小乘发展到大乘的过程。

大乘佛教倾向于以理论为主，不注重实践，而密教（真言宗）的出现则很好地纠正了这一弊病。在大乘佛教出现后，原始佛教中以释迦牟尼为中心的信仰发生了变化，人们可以崇拜释迦牟尼以外的诸佛。针对这种信仰中心动摇的情况，密教信仰释迦牟尼之真身"大日如来"，并将专注信佛作为要义。印度教对梵天等三大神明的崇拜，无疑在这一点上影响了密教。

北传佛教

佛教从原始佛教发展出诸多流派的过程，主要发生在印度西北部。由于这一地区位于东西方交通的北大道附近，靠近中亚，所以各种佛教宗派能够直接越过兴都库什山脉传入中亚，并从中亚经天山南路传到中国。在中国最具影响力的是大乘佛教，并出现了以《法华经》为中心的天台宗。此后，中国又兴起了被认为是来自西亚而非印度的弥勒信仰。在弥勒信仰的刺激下，阿弥陀佛信仰兴盛起来，净土宗得以风靡中国。后来，这些佛教宗派都经由朝鲜半岛传入日本，并在日本形成了独特的思想体系。

在7世纪前后，青藏高原终于出现了民族统一的动向。与中国的唐太宗、印度的戒日王相同时，名为弃宗弄赞[①]的英雄出现在了青藏高原上。弃宗弄赞统一了吐蕃，并迎娶了唐太宗的女儿和尼泊尔的公主。弃宗弄赞曾从唐朝和印度输入佛教文化，但印度的密教更适合吐蕃的国情。于是，密教与当地既有的原始信仰苯教结合后，形成了独特的喇嘛教。喇嘛教由此成为吐蕃的国教，并远播至蒙古草原，在那里产生了巨大的影响。

南传佛教

另外，印度的佛教又沿着南方的海上交通线，传播至印度支那半岛和南洋群岛，并进一步经此地区传到中国。这时盛行于南部海洋国家的佛教宗派，大多是小乘佛教或密教式的大乘佛教。与大乘佛教占据优势的北传佛教不同，在南传佛教中，小乘佛教压倒了大乘佛教，所以南传佛教体现的更多是小乘佛教的观念。小乘佛教以勤行佛道为解脱的第一要义。起源于炎热湿润的印度的原始佛教，其教义在气候风土相似的南洋诸国得以保持原貌。佛教教团之所以总是强调严修勤行，提高僧侣的声望，是为了将人们从那些容易陷入的堕落境地中拯救出来。

北传佛教的经典大多可以从结集于印度西北部的梵文原典中找到，而与此相对，南传佛教则将巴利文原典作为经书来使用。巴利语原是印度西部的乌贾因地区的方言，在印度南部作为佛教用语曾得到广泛使用。然而，随着印度教和耆那教在印度国内渐具优势，佛教完全衰落，巴利语佛教的根据地也就转移到了斯里兰卡，南传佛教也就成了斯里兰卡佛教。

斯里兰卡的佛教化据说始于阿育王时代。如果这一说法属实，那么

[①] 即松赞干布。

自阿育王时代至今的2250余年间，斯里兰卡人一直坚持信奉佛教，这在世界宗教史上是前所未见的。佛教感化了斯里兰卡的居民后，印度本地的佛教宗派纷争也原样出现在斯里兰卡，但小乘佛教的巴利文经典教派最终保持了优势地位。在印度本地的佛教消亡后，斯里兰卡就成了南传佛教的圣地，祭祀着神圣的佛齿，并吸引着大量来自南洋的巡礼信徒。

在南洋诸国中，较早接受佛教信仰的是爪哇。印度移民将佛教带到了爪哇，并在当地扎下根基，到5世纪前后使当地居民皈依。印度高僧求那跋摩曾前往南朝刘宋的都城建康，拜谒宋文帝。此后，爪哇佛教愈发兴盛，尤其是在夏连特拉王朝统治时期，大乘佛教的密教在爪哇中部地区极为盛行。现在，这里仍留存着至今仍不失其庄严雄伟的婆罗浮屠佛塔、卡拉山寺等建筑，此外，爪哇各地还建有大量寺庙和佛塔。当时，爪哇岛和苏门答腊岛都处在夏连特拉王朝的治下，享有和平的生活，并受惠于东西方交通往来之利，岛内香料的出口贸易繁盛，王朝实现了空前的繁荣，而这也进一步强化了当地人的佛教信仰。此外，爪哇当时的佛像雕刻手法大体上继承的是笈多美术的传统，并展现出爪哇艺术独有的优雅之处。

密教原本和印度教有相通之处，但随着后来印度教在爪哇的流行，爪哇的佛教信仰受到了冲击。此后，爪哇的印度教信仰又被后来的伊斯兰教压倒，所以，现在的爪哇岛和苏门答腊岛已经基本伊斯兰化了。但是，在马都拉岛和爪哇岛东部，印度教仍然占据优势。除此之外的其他地区虽然表面上也完全伊斯兰化了，但我们如果加以仔细观察就可以发现，在当地人的风俗习惯中仍混杂着大量的印度元素，这一点是世所公认的。之所以如此，是由于伊斯兰教原本起源于西亚干燥的沙漠地带，其固有的宗教仪式很难使居住在海滨湿润地区的人们遵从，后者也就因此保留了以印度文化为基调的生活方式。

印度和斯里兰卡的佛教信仰越过新加坡海峡，将前线推进到了印度支那半岛的东岸。在印度支那半岛诸国中，最早成为佛教国家的是柬埔寨的扶南国。扶南国的僧侣屡次前往中国南方，从事佛典翻译的工作。扶南国信仰的佛教基本上是大乘佛教。大乘佛教不仅在扶南，而且在占婆和安南也曾盛行一时。但随着后来在斯里兰卡兴起的小乘佛教的影响，在当今的印度支那半岛上，除了越南，佛教信仰已经完全被小乘佛教统一了。

现今在印度支那半岛上堪称佛教国家之代表的，是缅甸和泰国。据说，在缅甸最初占据优势地位的，是直接从印度传来的大乘佛教。泰国则略有不同，其佛教信仰虽然是从柬埔寨输入的，但泰国和缅甸一样都信仰大乘佛教。不过，早期的大乘佛教信仰最终没能在民众中扎下坚实的根基，故无疾而终。倒是斯里兰卡的小乘佛教逐渐兴盛后，形成了一条从斯里兰卡传到缅甸，又从缅甸传到泰国，再从泰国传到柬埔寨的佛教信仰的扩张路线，这成为今日佛教在印度支那半岛上兴盛的根源所在。

在安南，当地的佛教信仰最初较多地受到南传佛教的影响，但后来安南又受到中国佛教尤其是江南的禅宗的影响，禅宗也因此在当地一度大为流行。

印度美术及其传播

印度美术自古以来就在古代波斯和古希腊艺术的影响下，发展着自身独特的艺术风格。其在古希腊美术的影响下发展出的犍陀罗式佛像最为著名，但实际上，这类佛像仅采用了生硬的希腊式的风格，而不具备印度文化的深邃性；而且，即便从希腊美术的角度来看，这类作品也堕入了浅薄的形式主义的末流。佛教雕刻艺术真正实现印度化，进入不羞于在作品中表现佛教之形而上学思考并展现出艺术的独立性境界之时，恰是中世笈多王朝和梵语文学的鼎盛时代。因此，与体现希腊式风貌的犍陀罗式佛像不同，笈多式的佛像本质上是印度式的，这些佛像作品淋漓尽致地表现出冥想的、大慈大悲的佛之姿态。犍陀罗式佛像和印度的佛教一同传播到中亚，并接着进入中国华北地区，对当地居民产生了一定影响。但随着笈多式艺术在印度的出现，这种艺术样式迅速风靡了整个佛教世界。此后，中国和日本等地流行的佛像雕刻手法大体上也都属于这一艺术风格体系。

在中国的美术史上，除了汉代画像石上的人物雕刻，还出现过对神像、圣贤像的整体雕刻，这一点是鲜为人知的。在受到佛教美术的影响后，北齐时代的人们第一次将孔子像安放在曲阜的孔庙中；而道教在受到这种艺术的影响后，其制作神像的活动也开始变得日益兴盛。

当然，佛教美术的影响不仅局限在佛像雕刻方面，也涉及建筑、绘画等多个艺术领域。由于建筑会受制于各地的土质和气候，所以我们很难考察和衡量佛教美术对其产生的影响。但可以指出的是，印度的阿旃陀石窟的寺院建筑和装饰，曾经经由中亚传到了华北、朝鲜半岛甚至日本。

阿旃陀石窟位于印度西海岸的孟买东北，在那里，印度人曾在半圆石山的崖壁上开凿了29个石窟，其建造过程始于1世纪，历时几个世纪才得以完成。石窟内部的壁画上绘有释迦牟尼的本生谭和传记，以及当时印度上层社会的生活状态。阿旃陀石窟壁画的绘制采用了"阴影法"的作画方式，这一点值得我们注意。这种绘画手法后来在中亚也得到了运用，并传入唐代中国，被称为"凹凸法"。

印度文化与中国

正如前文所提到的，佛教经由南、北两路传入中国，不仅使中国在思想领域发生了革命性的变化，还刺激并催生了中国南北朝时期流行起来的中式宗教——道教。除此之外，印度的天文学也不断通过佛教徒的传播而传入中国，其中尤以唐代僧人一行所作的《大衍历》最为著名。《大衍历》也传入日本，并得到应用。另外，印度自古就有"声明之学"，即声律学，该学问传入中国后，使中国的声律学开始逐渐体系化。汉字是由象形部分"偏"和音符部分"旁"构成的，但是每个汉字的发音和"旁"之间并没有确定的规则可循，加上此后语言文字的发音不断发生变化，只看一个字的"旁"已经不可能知道其发音了。因此，南朝梁代的沈约发明了"反切"之法，用两个字来分别表示某一个字的声和韵。但是，由于用于注音的两个字并不固定，所以反切注音仍然不足以成为标识发音的绝对标准。从这一点来说，中国的注音和日本的假名一样，都是在印度"声明之学"的影响下出现的，但其体系的完整性远不及日本的假名。

印度文化与日本

日本自古以来就将印度称为"天竺"，将中国称为"唐"，认为日本、唐、天竺三国是世界文化的代表。所以在日本人看来，冠绝三国就意味着冠绝世界，"三国传来"指的就是世上最珍奇贵重的东西。尽管如今，流行于日本的印度文化已经为佛教文化所取代，但是这一佛教文化并不单纯是宗教思想，而是介绍整个印度文化的媒介。例如，日本的《今昔物语》就转述了许多印度的寓言；而盂兰盆节和施饿鬼节之类的节日，也都是从印度经由中国传到日本的。印度的历法和音韵学也被日本所学习和利用，而至今仍在日本十分盛行的围棋和象棋，其发源地也被认为是印度。

印度文明与欧洲文明

佛教是世界上最早出现的普世性宗教，比基督教的出现早了整整六个世纪。对于基督教是如何摆脱犹太教属性并从狭隘的犹太教中独立出来的这一问题，不少人认为，佛教思想在此过程中发挥了重要的感化作用。此后，基督教曾对佛教思想加以吸收，这一点已经是毋庸置疑的事实。至于圣托马斯[1]的四谛观，更不过只是对释迦牟尼传记主要部分的偷梁换柱而已。

此外，现代人使用的数字是以阿拉伯数字为基础的，而阿拉伯数字最大的特点就是对"零"的概念的运用，而这一概念其实最初也是产生于印度的。因此，正是由于印度的"零"的概念的引入，数学才能够展现出我们今天所看到的样子。

---

[1] 即托马斯·阿奎纳（约 1225—1274），中世纪经院哲学家和神学家。

第四节　中国文化的复兴及其繁荣

民族迁徙与新文化

文化的发展或停滞，与社会的发展或停滞是同步的。在中国中世，社会上层阶级的固化成为普遍现象，官位为贵族所专有，贫孤之人沉沦于社会底层。当时，中国的文化必然地陷入了一种停滞状态，而为此注入一股清流的，正是北方异族的入侵。

东汉末年，中国社会逐渐陷入阶级固化的状态，在儒家的钳制下，社会思想逐渐表现出形式至上的弊病。东汉末年的战乱终结后，中国进入了魏晋时期，人们的生活变得安定，思想也日渐活跃，社会上出现了许多推崇老庄清谈之人，文学上也出现了"建安七子"这类十分值得关注的文学家。但是，魏晋时期的文化繁荣和魏、晋两代的国势一样由盛转衰，转瞬即逝。

此后是五胡十六国的动荡时期，华北地区再度陷入无止境的混乱局面之中。在此期间，来自西方的佛教文化渗透到社会的各个阶层中，形成了一股不可阻挡的大潮。五胡之乱平息后，北魏时期的中国进入了中世文明的白银时代，来自北方的新兴民族的精神力量，使中国人从中华文明的古老传统中逐渐苏醒过来，这种力量在来自西方的佛教文明中进一步得到了具体的呈现。

在北魏称霸前后，华北地区出现了仿照西方艺术风格修建的石窟和佛寺。从现在的留存情况来看，敦煌、大同和龙门三地的石窟乃是石窟艺术的压卷之作，这些石窟岩壁上雕刻的大小佛像，在创作手法和构思上借鉴了西方风格，但也融入了北方民族清奇的创造力，并同时体现了中国自古以来的美术传统。以往，人们论及中世的造型美术时总会以石窟为例。这不外是由于中国历代战乱频仍，即便我们能够想象北魏时国都洛阳等地曾鳞次栉比地存在过美轮美奂的佛寺，但这些寺院都在天灾人祸中湮灭无存，以致如今我们已经无从得见。所以，尽管石窟被视为第二流的艺术作品，我们也不能忽视石窟艺术的重要性。

　　石窟是中国中世文化的缩影，它不仅是用以展现雕刻技巧的文物，在建筑、绘画、书法等艺术领域以及宗教、思想、风俗习惯等层面，都为我们提供了大量可资参考和研究的材料。例如位于中国西北的敦煌，是通往中亚的第一道关门。在敦煌以南的鸣沙山的山腰上，开凿于此的敦煌石窟年代最为久远，据传始建于五胡十六国的前秦苻坚之时。敦煌石窟的结构理所当然地继承了西域石窟的形制，不过相较于汉代的画像石室，敦煌的石窟建筑是一种全新的样式。在北魏消灭了沮渠氏并取得了敦煌的控制权后，原先营建敦煌石窟的工匠中的一部分移居到了北魏的都城盛乐。他们在盛乐附近选择了大同云岗地区的砂岩山谷，继续建造佛教石窟。这些石窟的内壁上刻有宫殿、山丘和树木，雕刻方式仍遵循着中国的艺术传统。但与汉代的画像石相比，石窟艺术在绘画方面展现出明显的进步。其中的佛像和浮雕不仅带有浓厚的西方色彩，同时还融合了一种不为西方所见的北魏式的气息，这一点无疑是当时正处在鼎盛时期的拓跋氏一族的民族生命力的体现。总之，云冈石窟的石像体态丰满，相貌圆润，表情深邃，整体造型甚为雄伟。

　　孝文帝在迁都洛阳之后，在洛阳附近的龙门地区也开凿了佛教石窟。由于洛阳是古老的中华文明的发源地，所以龙门石窟中的许多艺术元素都鲜明地体现了中国的传统文化。云冈石窟的那种立体式雕刻在这里变得平面化，并在风格上更加接近汉代的画像石。在龙门石窟的人物造像中，衣褶的立体化、构思的复杂化、容貌的神秘化等方面的变化也十分突出，人物身躯大多瘦削，脸上多带着古朴的笑容。总而言之，北朝的这种艺术样式一直延续到唐代初期，并衍生出日本的飞鸟艺术。

南朝文化

长江流域虽然现在已经成为中国的文明中心区域，但是在古代，该地区的开发水平远远落后于华北地区，时人多视荆、扬为低湿、贫瘠之地。长江流域的开发最初是以三国时代东吴的建国为契机的，后来西晋为北方民族所灭，东晋复兴之后，中原贵族纷纷逃往江南避难。由此，以南京为中心的长江下游地区在社会、经济方面便有了显著的发展。而华北地区的文化也随之开始移植到长江流域，从而使南朝得以实现自身的发展。

当时的江南地区在文化上还是一片处女地，这里丰饶的沃土为那些从北方迁徙而来的中原贵族提供了孕育北方旧有文化之种子的绝佳土壤。很快，南朝文化的发展便绽放出璀璨的光芒，并终于压过了华北。

东吴灭亡之后，陆机、陆云两兄弟北上，其才华使中原贵族为之折服。东晋末年，诗人陶渊明出现于世，并成为中国田园诗人的先驱，其诗作清新质朴，深受人们喜爱。继其之后，又出现了山水诗人谢灵运。此外，东晋时还出现了顾恺之等画家和王羲之、王献之父子等书法家，其作品流传至今，十分珍贵。

总之，南朝的文化受到江南优美的自然环境的影响，变得雅致而秀丽。因此我们可以认为，中国文化的格调大致就是在这一时期确立的。

隋唐文化

隋、唐两代在政治上继承了北朝，其在官制、军事、法律等方面基本上都继承了北朝的传统。但是，随着隋唐时代的大一统，其在文化等方面则明显呈现出从江南传来的文化潮流。例如，在经学方面，唐代继承的是南朝的经学流派，故倾向于依据老庄思想来解释经书。而在文学领域，这种倾向更加显著，以致隋文帝曾因嫌弃南朝梁、陈诗文的艳丽浮华之气，而下诏严禁南朝诗文。然而，南朝诗文源源不断地发挥着影响力，及至隋末唐初，南朝的诗风终于风靡了整个中原。不过，在当时的华北，唐王朝在经历了隋末的动乱和战争后终于统一了全国，其赫赫武功仍令人记忆犹新。因此，唐王朝的雄壮之气也体现在文学艺术的风格当中。这种雄壮的艺术风格与形成于江南的修辞文化相结合，迅速促成了盛唐、中唐时期中国诗坛的空前盛况。唐代文学的主要代表便是唐诗。所谓"盛唐"，指的就是以唐玄宗开元、天宝年间为中心的历史时期。此后，尽管空前的太平盛世在安史之乱后灰飞烟灭，但即便到了唐代宗以后的中唐时期，诗坛仍然延续着繁荣的景象。不过毫无疑问的是，到了中唐及晚唐，唐初豪放的诗风已然化作了慷慨悲歌的哀伤之调。

佛教的传播

佛教自汉代传入中国后便不断地扩张，进入南北朝后，佛教已经风靡于社会各个阶层，形成了不可撼动的趋势。不过，随着佛教逐渐深入中国民众的现实生活，其自身也逐渐中国化，变成了颇具特色的中国佛教。而推动佛教中国化的，首先就是隋代天台大师智顗创建的天台宗。天台宗可以说是一种综合性的宗教，以《法华经》为最高经典，认为其他经典只是其补充，将其他经典置于辅助性的地位，试图由此实现佛教各派教理的统一。在同一时期，嘉祥大师吉藏创建了三论宗，以龙树的《中论》《十二门论》和提婆的《百论》为中心。所谓"论"，指的就是以哲学性地探究经典为目的的论著，三论宗即通过"论"来阐述佛教般若思想的哲学。

到了唐代，玄奘赴印度取回了大量佛典并加以翻译。为了避免以往翻译过程中只注重达意而不忠实于文法的弊病，他在翻译时尽可能严格地设置凡例，以追求文法上的准确。由此，汉译佛典变得面目一新，玄奘之前的汉译佛典被称为"旧译"，之后的则被称为"新译"，二者被明确地区分开来。玄奘试图运用当时流行于印度的"因明"逻辑学来证明佛教的真理性，其宗派被称为"法相宗"。不过，由于法相宗过于注重文字的诠释，故不免出现轻视佛教真义的弊病。针对这一弊病，同一时期又出现了贤首大师法藏所创的华严宗。华严宗以《华严经》为核心经典，认为《华严经》优于包括《法华经》在内的所有玄奘所译经典，试图据此与源于印度的新兴宗派法相宗相对抗。以上各宗皆由中国僧人所创，不过盛唐时，善无畏和金刚智等印度僧人也曾来到中国，并向中国僧人传授当时盛行于印度的密教。相较于以往佛教中的经、律、论"三藏",密教还多了"仪轨",即用以提示礼拜和供奉诸佛善神的仪式。密教认为,人们通过践行仪轨,其祈祷在现世即可生效。但为了使祈祷生效,人们必须进行严格的修行,因此,密教是最具舍身意志的宗派。

人们认为,通过对佛的信仰,可以使自己被由佛祖亲自支配的世界(即净土)接纳,这一观念的起源极为古老。在中国,净土思想最初体现为弥勒净土信仰,该信仰自南北朝起流行于民间,在与谶纬之说相结合后,屡屡引发革命性的暴动。此后,阿弥陀净土信仰逐渐兴盛,北魏时的昙鸾大师主张念佛之功德,至唐代的善导大师时,净土宗终于得以实现大成。

据传说,禅宗是南北朝时期由达摩祖师从印度传到中国的。但实际上,禅宗的兴盛是在唐代之后。在禅宗中,经、律、论都被视为教外别传和不立之文,无法传达佛教之精髓。禅宗认为,佛教的真义是佛陀通过其金口直接传授给一个个弟子的,继承这种传统的才是禅宗。禅定是佛教各个宗派共有的一种修行方式,而禅宗格外注重禅定,对信徒的日常坐卧有严格的规矩和要求。总之,禅宗在中国的发展格外引人瞩目,其宗教风格富有中国元素。虽然禅宗的戒律源于印度佛教之"律",但明显经过了适应中国社会的修正。唐代中叶以后,净土宗和禅宗在社会上最具影响力,净土信仰对庶民社会有所渗透,而禅宗则对上层阶级乃至士大夫的教育制度产生了极大的影响。

道教

在中国,佛教被视为外来宗教,曾屡屡受到国粹主义思潮的排挤。特别值得一提的是,中国既有的民间信仰在受到佛教的影响后,开始逐渐体系化。其中具有代表性的就是道教。道教出现于东汉末年,以老子为教宗,秉持自身教义,并拥有类似佛教教团的组织。此后,道教成为与佛教势均力敌的宗教势力。北魏时,道士寇谦之曾与朝廷合作,强化了道教的教团组织。他还向道武帝建言,称佛教有害国体,应加以坚决的打压,由此引发了中国历史上最早的灭佛运动。此后,北周武帝和唐武宗也进行了同样的灭佛运动,史称"三武法难"。不过,由于佛教已经在中国社会扎下了坚实的根基，朝廷不得不尽快解除禁佛之策，转而维系民心，所以这些灭佛运动大多未能持久。尽管如此，灭佛运动仍令当时的佛教徒极为恐慌，他们尽最大努力保持佛教的存续。在华北地区开凿石窟等行为，正是佛教徒拥护佛法的一种表现。又如佛教徒在北京房山云居寺不断刻写一切经的举动，大概也是出于相同的动机。

道教以支配天界的元始天尊、从上天被派至人间传道的老子（即太上老君）以及汉末再度在人间出现以组织道教的张道陵（即玉皇大帝）这三尊作为最高神。佛教专注于死后的解脱，而不关心现世之福德；儒教则关心道德伦理，而不讲究因果报应。与此二者不同，道教最为重视行为的善恶标准，认为积累善行就能立即在现世得到阳报，在极端的情况下，人们甚至可以成为神仙并且白日升天。所以，道教的劝善惩恶主张是最容易为底层民众所接受的。道教信徒认为，对善恶实施赏罚的就是玉皇大帝。在道教中，除了前述三尊，还有无数大大小小的神。道教信徒认为，这些神仙会帮助玉皇大帝监督人们的日常行为，并向玉皇大帝报告。随着历史的发展，道教不断吸收和借鉴儒教和佛教的教义，丰富自身的教理。但是，道教鲜明的实践性特点使其在感化下层民众方面最有优势。甚至有人认为，直到现在，支配中国人内心的仍然是道教的阴骘主义观念。

儒学

自汉武帝"罢黜百家，独尊儒术"之后，儒学获得了几近国教般的地位，成为中国思想界的主流。但与此同时，儒学也因日趋形式化而渐失生气。到东汉末年，儒学终于遇到了思想发展的瓶颈，试图借老庄思想实现自身的全面复兴。尤其是进入南北朝时期之后，南朝的贵族社会格外盛行以老庄思想来阐释儒家经典。受当时佛教讲学之风的影响，贵族之间流行起了义疏之学。所谓"义疏"，即对附于儒家经典的传注进一步加以阐释，是试图对传注的真理性加以证明的一种烦琐哲学。在唐代，太宗曾命颜师古等人校注儒家经典，此后唐高宗又命孔颖达、贾公彦等编纂对传注的义疏，并将其命名为《五经正义》。此后，在科举考试中，考生对于经典的解释皆须参照《五经正义》。由于颜师古是颜之推的后人，而颜之推又是自南朝进入北齐的士大夫，所以南学在唐代十分兴盛，《五经正义》的编纂采用的也多是南学。有人甚至批判道，正是南学的盛行导致了古老汉儒之说的衰亡。

工艺美术

在建筑方面，唐代的都城长安和副都洛阳等城市都建有气势雄伟的官衙和佛寺，这一点是不难想象的。但是其中留存至今者，却只剩几座佛塔和北魏以来持续修建的几处石窟。通过日本的唐招提寺等古建筑，也可以窥见唐代建筑艺术之卓越技艺的风貌。

就佛像雕刻艺术而言，南北朝末期虽然出现了相对平面化的发展趋势，但是到了唐代，人们开始重新追求雕刻的立体感，人物的表情被刻画得更加深邃。这一时期佛像雕刻中的人物面容往往是丰满的，眼睛是细长且上下有眼睑线的，鼻梁高耸，口角下沉，双耳厚大而长垂，躯体匀称，衣服线条流畅，开口处的褶皱十分随意，透过衣着甚至可以看出雕像的体态。这种雕刻手法其实是印度笈多式雕刻的特色，在移植到唐代文化的沃土之后实现了大成。

在绘画方面，到了两汉及六朝以后，以往观念性的绘画手法终于发展为写实的表现手法，人物画和风景画也因此出现了飞跃性的发展。唐玄宗时，吴道子首创了白描的绘画技法，其笔法被世人称为"吴带当风"，中国画由此开始展露出墨绘笔意的独特风格。此后，李思训、李昭道父子因善绘金碧山水而闻名，并被视为后世"北画"之祖。而与之同时的诗人王维也擅长绘画，其所绘水墨山水成为后世"南画"的源头。

中国的手工艺术在这一时期也有着多方面的发展。首先，制作铜镜的金属工艺已经发展到很高的水平。铜镜背面的装饰通过运用螺钿镶嵌的技法，展现出极致的图案美。而在制陶技术方面，在西方的影响下，汉代及南朝的绿釉发展到唐代后，衍生出红、黄、绿的三色彩陶，并出口到西亚，对西亚的制陶艺术产生了影响。此外，造纸技术也随着技艺的发展而得到了范围更广的普及。造纸技术传入西亚之后，造纸工场也随之出现。在西亚以西地区，原本流传着古埃及人制造莎草纸的技术，但该技术失传后，当地人只能用羊皮纸作为书写材料。但羊皮纸价格高昂，造成书籍的价格过高，这不仅对于知识的传播构成了巨大的障碍，还导致了文明发展的停滞。而在中国，人们自古就会将绢帛一类的材料用于书写，东汉的蔡伦发明造纸术之后，书写的便利性更是得到了进一步的提高。751年，唐朝军队与萨拉森帝国军队在中亚地区交战，唐军最终战败，而俘虏中恰有造纸工匠。阿拉伯人由此习得了造纸工艺，并在撒马尔罕建造了最早的造纸工场，这也就成了西亚以西地区造纸工业的起源。

在中国和日本，通过造纸术这项重要的发明，人们能够生产出纯白而强韧的麻纸。此后，人们对纸张的利用方法进行了进一步的研究，终于发明了印刷术。相比之下，同一时期的西欧仍处在连纸张的使用都尚未普及的蒙昧时代。

唐代文化的性格

唐代是中国中世文化的黄金时代。但是，与唐帝国的武功一样，对唐文化的价值也不能过于夸大。其实，唐代的国家性格在于其包容力具有世界性的规模。当时，存在于西亚的萨拉森帝国曾与唐王朝对峙，二者之间大致维持了和平友好的关系，振兴了双方的贸易，相互之间也有商船往来。后来，日本也参与其中，使海上贸易很快变得繁盛起来。另外，来到唐都长安定居的西亚人尤其多，在当时的长安，可以看到胡姬点灯卖酒的异国风情。总之，通观唐代的文化可以发现，其中包含了明显的异国元素。只有在唐王朝强大的武力自信之下，这些异国元素才有可能被包容在中国式的体制之中。但遗憾的是，其中仍然存在很多未能充分适应中国国民性格的东西。因此，与唐王朝表面上的豪放和华丽相反，唐文化的内涵难免有空疏之处。

这一点从宗教领域亦可得见。唐代的佛教不时会因其外来身份而成为被排斥的对象，进而招致相关艺术作品的毁灭之灾。但是，中国本土的儒家被佛教势力压倒而不具备与之对抗的气力，道教在教理实践的层面也不是佛教的对手。

作为唐代文学代表的唐诗，则堪称中国文学史上的奇伟大观。然而，唐诗中所表现的内容却与唐代雄飞于世界的气魄不相吻合。李白是醉酒诗人，杜甫将个人的坎坷遭遇与国家的命运相联系，白居易则在绝佳的处境中感叹乱世与命薄。盛唐时甚至出现了《新丰折臂翁》这样的诗，折臂翁因身残而免于上战场，故以此为幸，这展现的是一种亡国的哀调。可见，唐代文学与唐的国势相反。不仅文学如此，唐代文化在整体上都无法与国家和国民产生共鸣。要而言之，唐代文化的长处是拥有世界性的气度，即便将其照搬到其他国家，也能够在一定程度上畅行无阻。但同时，唐代文化的弱点是包含了太多的异国元素，却未能对其加以充分咀嚼，以致其中留存大量未能彻底融入中国国民性格的东西，这一点是唐代中国作为中世社会所难以避免的问题。

唐代文化的一大转机

如前所述，唐代文化在本质上不免带有许多驳杂不纯的东西，但到中唐以后，唐代社会文化开始进入转折期，各个领域都逐渐展现出新文化的胎动。具体来说，安史之乱后，接连不断的内乱使中原地区陷入动乱，社会上一切陈腐僵化的东西都被彻底颠覆和葬送，而中世的贵族制度自然也不例外。以往在社会大变革之际，身处上层社会的贵族群体虽然也能感受到社会动荡，然而即便一批贵族没落了，不久之后又会出现一批继承前人的贵族群体，其性质和之前相比几乎没有变化。但是，唐代后期的内乱在肃清了一代贵族之后，避免了相同的贵族群体的再次出现。也就是说，不仅个体的贵族被消灭了，而且贵族制本身也崩溃了。随着这些贵族的没落，中世的文化也不得不逐渐走向了衰落。如此一来，出现于唐代的带有近世倾向的诸种文化之萌芽，到了中世贵族制度彻底终结的宋代才终于浮出水面，成为中国文化的主流。

自隋朝开凿大运河之后，运河沿线出现了众多商业性的城市。在这一商业活动得到发展的背景之下，货币经济得以在中国社会流行开来。此后，唐朝由于经历了安史之乱，经济陷于疲敝，朝廷为了整顿财政而确立了两税法，试图以此改变以往收受实物的租庸调法，改为直接以铜钱作为地租。但是，当时货币的使用尚未普及至农村，所以两税法未能原原本本地得到落实，朝廷不得不再次允许缴纳谷物以抵消税额。不过，除了这种直接税，唐代也开始征收间接税。间接税的主要来源是盐的专卖，按规定，专卖所得利润原则上须悉数以铜钱的形式上交。这样一来，间接税就成了朝廷重要的财源。此后，这些税法为后世所继承，并塑造了中国社会的近世性格。

就这样，唐代中叶以后的文化与当时的社会形势并行发展。其表现包括：堪称中国式佛教的禅宗日渐流行，充分体现中国式艺术风格的南画也开始受到追捧。而在文学方面，六朝的骈体文到中唐逐渐势衰，此后一方面是古文复兴运动的兴起，另一方面则是抛弃文言、转而以口语形式写作的通俗文学的发展壮大。另外，在儒学领域，因不满于烦琐的注疏训诂之学而试图自由地思考经书真义的学问也开始逐渐兴起，赵匡、啖助乃是其中的先驱。此外，当时风靡于中国思想界的佛教被韩愈等人视为有害于国体的东西，韩愈等人遂主张排斥佛教，倡导维护国粹的运动。总体而言，上述这些文化上的动向在经历了五代之后，在宋代都变成了社会的主要潮流，风靡一时。

第 4 章

近世的民族主义潮流

第一节　近世史阶段的地区倾斜

地区之间的平行现象

至此，我们已对亚洲各个地区古代和中世的发展过程进行了考察。在开始探讨近世史之前，为了明确亚洲近世史的性格，我们有必要在此再次对此前的历史结构进行一番回顾。

在承认世界各地区皆有其独立性的前提下，如果我们要考察世界各个地区背后整个人类的世界史结构，就必须首先假定：世界各地区的历史进程之间存在着相互平行的发展现象。接着，我们要承认的是，在亚洲大陆上，存在着西亚、远东以及印度这三个地区，每个地区都有着政治统一的主流发展趋势，以及与此相对的趋于分裂的倾向。这两种倾向又进一步使各地区自身的古代史与中世史带上了不同的性格。显然，这种试图通过观察表面现象对时代属性进行说明的行为，会遭到那些主张在历史中探究深意的精神史观者的尖锐批判。不过，为了使历史学成为一门经得起实证与审视的学问，历史学家必须先以这些无可否认的外在事实为基础，然后再继续前行。另外，历史事件的外部表象绝非仅仅是表面上的，而是巨大的力与力的相互作用与总决战之后的结果呈现。这里所谓的"力"，既包括民族、国家的智力和意志力的总和，也包括处于这种力量影响下的土地等经济资源的潜在竞争力。其实，历史上出现的各个地区，就是力量发生作用的场所。而形成地区的力量，就是形成时代的力量。

在此，我们将大致上可以代表亚洲史的两大地区——西亚和东亚——的古代史以及中世史开始与终结的年份进行比较，并进一步将其与欧洲进行对照。

东亚	古　　代	220○三国分裂	960○宋朝统一
西亚	前323○亚历山大去世	中　　世	622○希吉拉纪元　近　　世
欧洲	公元1年　民族迁徙 375○	公元500年	公元1000年　文艺复兴○1330

由此我们可以看出，各个地区之间的历史发展存在一定的先后关系和时代差距。即，历史的发展阶段会由于地区的不同，而导致年代的先后差异，并使时间曲线呈现出角度倾斜。

这种时间上的不同步使以往的历史学家深受困扰，也致使他们对世界史的认识出现了偏差。因为如果我们以西洋史为标准，将西洋史的历史发展年份作为其他地区的参照，将西洋与其他地区相对照，而其他地区却已经进入了下一个历史阶段，那么我们可能终究无法找出世界各地区之间具有共性的时代特色。

但从另一方面来看，如果我们认为世界各个地区都有着相互平行的社会发展过程，那么各个地区将变成完全孤立的存在，人们也将难以把它们纳入一个具有整体性的世界史之中来观察。因此，我们有必要考察那些存在于各个地区独自的发展历程背后的地区之间的内在关联。换言之，后进地区的发展必然会受到先进地区发展的引导和启发。所以，为了认识全人类的世界史，我们必须承认这样一个前提，即不仅世界各个地区之间存在着相互平行的发展现象，这种平行现象之间也存在着有机的内在关联。是否认同这一前提，乃是世界史书写能否成功的决定性因素。

然而遗憾的是，从目前历史学的发展状况来看，这一视角尚未得到充分的重视。但尽管如此，通过一部分已经得到证实的成果，我们仍然可以确信，在不久的将来，这些世界历史的发展问题就能够得到全面的解决。目前最应取得大量历史学研究成果的领域，是从最为先进的西洋史学角度出发，对西亚与欧洲之间关系的研究。对此，学界或许仍存在许多意见相反的议论，但我们仍可以从中得出大致正确的结论，并且据此对西亚和东亚的关系加以类推。

欧洲古代史是在不断受到西亚先进文明的影响下发展起来的，这一点已经得到了许多西洋史学家的验证，剩下的不过是影响程度上的差异问题而已。根据这一事实，我们在考察东亚历史时也可以推测，东亚的古代史也是在吸收了来自西亚的文化要素后实现自身发展的，而能够证实这一推测的两三个非常明显的事实，前文已经有所论及。

西亚的先进性

一般的西洋史通史著作在言及西亚的阿拉伯文化时，往往会使用"阿拉伯人在中世纪就已经具备了近世性的文化"这样的表述。但如果一个社会真的表现出了近世性文化，那我们就应该认为这个社会已经进入了近世史的发展阶段，这样才更为妥当。而且，无论当时的欧洲是否处在中世阶段，至少在伊斯兰教在西亚地区出现时，这一地区事实上已经沐浴在近世的氛围中了。这种在两个相邻地区之间出现的文化发展水平上的差异，必然会引发文化在水平方向上的运动。尤其值得一提的是，恰是十字军东征引发了欧洲与西亚地区之间的接触和往来，而这种往来对欧洲的历史进程产生了深远的影响，成为欧洲开始近世化的源动力，这一点已经得到西洋史学家的公认。可想而知，类似的现象在西亚和东亚之间必然也是存在的。总之，在世界各地区之间，存在着发展阶段之倾斜角度相互平行的状态，同时也存在着试图拉平这种倾角的趋向。可以说，正是这种横、纵两个方向的运动趋势，编织成了世界史的经纬。

近世的民族主义

近世史的发展是从中世的分裂转而再度趋向于统一，而这一历史发展过程的特点在于，它是以民族主义的勃兴作为重要根基的。也就是说，近世阶段的大一统不再是一群人无目的的结合，而是必须有一个用以凝聚人群的内核，而构成这一内核的就是民族。结成一个民族并进而推动民族扩张的思想运动，就被称为"民族主义"。

民族主义的勃兴，是以一定程度的文化发展为必要条件的。其实，古代史上也不乏某些民族的民族意识由于文化的进步而被唤醒的例子，所以民族现象并不是到了近世才出现的。例如，在古代史的发展阶段，日耳曼人由于受到罗马帝国文化的影响，民族意识逐渐得到强化；又如波斯人由于与巴比伦文化有所接触，也开始产生民族自觉。总之，近世的民族主义运动在本质上与这些现象并无差异，只不过近世民族主义的出现是在经历了中世的大分裂时代之后，并带有强烈的试图超越中世的意志，而这一点正是其近世特征之所在。

民族问题

民族并不是自然存在的。民族的凝结多少需要一定的意志力的作用，只有这样，一群人才能在历史的发展进程中最终形成一个民族。民族在根本上是历史的产物。但渴望凝聚为历史性民族的意志力，常常伴随着与之相对抗的反作用力。世界上现存的所有民族，大都是排除了某些阻碍民族凝结的因素才得以形成的。然而，大多数民族都抱持着无限扩大自身范围的欲望，所以一个民族只有通过淘汰大量的弱小民族和中间民族，才能够以强大的历史性民族的姿态屹立于世。

阿拉伯的民族主义

在世界历史上，最早进入近世史发展阶段的是西亚地区，而构成其历史发展源动力的便是阿拉伯人。阿拉伯人的伊斯兰教传教运动同时也是民族主义运动，阿拉伯人由此得以凝聚为一个民族，并试图扩张自身的势力，从而实现了萨拉森帝国的创建。

阿拉伯人原本就是"沙漠之子"，所以在文化上，他们与萨珊王朝的波斯人、东罗马帝国境内的叙利亚人相比处于相对劣势的地位，这一点是毫无疑问的。但尽管如此，阿拉伯人通过武力征服，将被征服地区的人民迅速加以同化。在以往的历史上，文化上处于劣势的一方同化文化上先进者的现象，只有在前者具有压倒性数量优势时才有可能出现。但是，阿拉伯人依靠的却并不是人数上的优势，而是通过特殊的宗教力量实现了这一同化过程。只不过，这里所谓的"宗教"并不仅仅意味着祭祀神灵的宗教仪式，而是指阿拉伯人生活形态的整体。其中既包括武力，也包括经济，特别值得注意的是，语言的亲和力在宗教活动中也占据着重要的位置。

伊斯兰教的圣典是《古兰经》。唯一真神安拉的启示由天使加百列传达给穆罕默德，再由穆罕默德传布给民众，这些启示的集大成之作就是《古兰经》。在伊斯兰教中，神的意志只能通过阿拉伯语传达到人世，民众和神之间虽然不存在僧侣阶级，却存在着阿拉伯语这一不可撼动的媒介，民众只有通过这种语言才能接近神。《古兰经》是神的启示，故绝不容许丝毫变更，也不能翻译成其他国家的语言。这样一来，改宗伊斯兰教的国民皆须诵读《古兰经》，因而必须使用阿拉伯语。于是，信仰同一个宗教、服从同一个政权、使用同一种语言的人，也就成了同一个阿拉伯民族。

不过，从实际的历史发展过程来看，阿拉伯人的民族主义运动所取得的成果存在一定的局限性。阿拉伯语的影响范围虽然扩及周边的美索不达米亚、埃及等地，也波及了远在非洲西北海岸的摩洛哥，却未能同化生活在伊朗高原上的波斯人。不过，伊斯兰教本身的影响力却远远超出了上述阿拉伯语圈的范围，进一步覆盖了西南亚一带。于是，北起巴尔干半岛，南到印度部分地区和南洋群岛的广阔地带，都成了伊斯兰教的影响区域。尤其是在作为中心地区的西亚，形成了所谓"回教圈"的宗教性的统一体。

突厥的民族主义

在中世波斯的南边，当阿拉伯游牧民族开始活跃在历史舞台上之际，在北边的草原地带，另一个民族的民族主义运动也开始跃动起来。这就是以外蒙古和西伯利亚南部为根据地的突厥人的民族意识觉醒。自古以来，这一地区的游牧部落就聚散无常，即便不时会出现以强族为中心建立起来的游牧帝国，其强盛也往往无法长久，很快就会被新兴部族颠覆，因此其政权十分不稳定。而由于他们未能用自己的文字留下相关记录，所以其语言究竟属于怎样的系统，人们至今尚不明了。

但是，这一形势随着突厥帝国的出现而出现了转机。"突厥"（Turk）一词与"土耳其"（Turkey）同源，显然，突厥就是今天土耳其民族的源头。

6世纪中叶，东亚的北魏分裂为东、西两部分，西亚的波斯萨珊王朝则进入了衰落期。与此同时，突厥君主伊利可汗及其子木杆可汗在两代人的时间里，打败了曾经雄视漠北的柔然，建立了庞大的突厥帝国。突厥帝国的根据地位于外蒙古的都斤山，此外，伊利可汗的弟弟室点密在天山腹地也修建了王室的宫殿，并控制了天山南路以西以至波斯国境的整个地区。由于其领土面积过于广阔，这两个兄弟之国到了其子孙一代便分成了东突厥和西突厥。西突厥最初的根据地在龟兹之北的天山，之后向西迁徙，最终定都于吹河（亦称素叶水，今楚河）畔的碎叶城（今托克马克）。

西突厥征服了中亚之后，打败了曾对萨珊波斯构成威胁的哒哒，并由此打通了由中亚去往印度的通道。西突厥将阿姆河作为自身与波斯的分界线，于是，阿姆河以北的波斯领地和波斯系的居民便被置于突厥的支配之下。其中也包括以撒马尔罕为中心的粟特地区。粟特人自古以来便对商业十分敏感，当时他们虽然被囊括在突厥广阔的疆域之中，却在那里找到了施展自身才能的极佳平台。他们或是请突厥君主发起对波斯的侵略战争，或是献策请求开展突厥与东罗马帝国之间的通商活动。我们可以认为，正是粟特人将摩尼教信仰传播给了突厥人，并进一步教会了突厥人使用文字。突厥的民族自觉及其文字的发明，就是受到粟特人带来的波斯文化的刺激的产物。而且，这一文化上的刺激恰与促使南方沙漠地带的阿拉伯人产生民族意识的刺激有着相同的来源。

唐代的突厥

突厥分裂为东、西两部分后，不时互相攻伐争斗，而当时长城以南的唐王朝正崛起为一大强国。唐太宗时曾出兵征服东突厥，到唐高宗时，唐朝大将苏定方彻底攻陷了西突厥的根据地。此后，唐朝在突厥故地设置州县，建立都护府，以管辖该地区。当唐朝的势力拓展到原属西突厥的粟特地区后，东西方之间的交通和贸易便得以复兴，与粟特接壤的波斯东部的呼罗珊地区也变得十分繁荣。当时，波斯及其周边一带处于倭马亚王朝的管辖之下，后来阿拔斯王朝以呼罗珊为据点而日益强盛，最终取代了倭马亚王朝，这与呼罗珊地区的商业繁荣不无关系。

突厥虽然被唐朝击败，但其残余势力尚难根除，故并未彻底灭亡。尤其是东突厥，它趁唐朝发生武韦之乱而无暇他顾时恢复了独立，在默啜可汗、毗伽可汗（默棘连）的治理下一度极为强盛，势在收复西突厥故地。当时，率领突厥部众在各处建立战功的中心人物是默棘连的弟弟阙特勤。然而阙特勤去世后，突厥的势力也很快就衰落了。继东突厥之后兴起的是回纥部，而在西突厥故地出现的则是突骑施部，二者都是曾经臣属于突厥的突厥系部族。

突厥文字的起源

在亚洲北部的游牧民族中，突厥是最早开始使用文字记录自身语言的民族，这一点特别值得注意。突厥的文字又被称为"叶尼塞文"，这是因为早期的西方探险家曾在叶尼塞河附近发现了刻有这种文字的石碑残片，此后又在外蒙古鄂尔浑河畔发现了一块大石碑①，石碑的一面刻有汉文，另外三面刻有与叶尼塞河石碑碑文相同的文字。由此，人们终于知道所谓的"叶尼塞文"就是突厥文。根据石碑上的汉文碑文可知，该石碑是唐玄宗于开元二十年（732年）为哀悼阙特勤，特赠御制之文于突厥人，使立为碑。碑文中的突厥文与汉文内容并不对应，而是独立成文，以突厥人的语言记录了阙特勤的功业。石碑的发现使突厥的历史变得更加明朗，而对突厥文的解读，是由丹麦人汤姆森和俄罗斯人拉德洛夫完成的。

突厥文被认为是叙利亚文字的一种变体，是与汉字完全无关的音符文字。因此，与唐王朝有着密切关系的突厥人，在受到来自西亚的文化影响后创造了体现其民族自觉的本族特有的文字，这是非常值得注意的现象。在当时，文化的波动以西亚为中心，其影响源源不断地从西方传向东方。

唐与萨拉森帝国

突骑施部取代了西突厥，向粟特地区扩张势力，并试图动摇唐朝在这一地区的霸权。对此，唐玄宗曾派出远征军，对突骑施部进行打击，并

---

① 即阙特勤碑。

在这里再次确立自身的领导权。唐朝在漠北地区与东突厥相接，之所以与东突厥保持和平状态并密切关注粟特西部的风吹草动，就是为了保障通往西亚的交通线。但恰在此时，西亚萨拉森帝国的阿拔斯王朝取代了倭马亚王朝，试图将自身势力拓展至粟特地区，以实现该地区的伊斯兰化。见此，唐朝派大将高仙芝与突厥系的葛逻禄部结盟，二者的同盟军在塔拉斯河（怛罗斯河）河畔迎击入侵者。但由于葛逻禄部的背叛，唐军最终大败，唐朝对西亚的控制也遇到了严重挫折（751年）。此后，粟特地区完全被纳入阿拔斯王朝的控制之下。那些不愿意改宗伊斯兰教的摩尼教、琐罗亚斯德教和景教教徒遂大量迁往东方，而伊斯兰教也随之逐渐渗透到唐朝的势力范围之内，并试图与之谋通商贸易之利。在唐代，这些西亚人被统称为"胡人"，其中阿拉伯人被称为"大食"。为了进一步加以区分，唐人将倭马亚王朝称为"白衣大食"，将阿拔斯王朝称为"黑衣大食"。"大食"一词很可能来源于阿拉伯语中的"商人"（Tājir）一词。当然，尽管"波斯"是"Persia"一词的音译，但有时"波斯人"一词也和"胡人"一样，可以指代所有的西亚人。

突厥的内迁

唐玄宗统治末期，唐王朝在西亚的经营陷入僵局，内部又发生了安史之乱，一时处于危机重重的灾厄之中。但安史之乱并不是单纯的内乱，而应将其视为北方游牧民族内迁的产物。当时，东突厥势力渐衰后，其属下的回纥部逐渐兴起，并在漠北确立了自身的霸权地位（745年）。与此同时，覆灭后的突厥各部纷纷归降唐朝，并移居内地。其中，大量突厥人归附了今北京附近的军阀首领安禄山。由于安禄山本人也是突厥系的军人，所以他在部下军队的拥戴下得以举起反叛大旗，占领唐都长安，使天子蒙尘。

为了对付安史叛军，唐朝遂向漠北的新兴势力回纥求援，试图以回纥之力平定内乱，恢复唐皇室的地位。然而此后，唐皇室已然权威扫地，内有军阀之跋扈，外受回纥之压迫，西藏地区的吐蕃、云南的南诏等势力也日益强大。至此，中世性的分裂割据形势已经显现。不久，唐朝灭亡之后，中国进入了五代这个最后的分裂时代。北方民族受到来自西方民族的文化刺激后，终于产生了更加强烈的民族自觉。而与此相对，唐王朝治下的中国却没有形成强有力的民族凝聚力，其统一向心力之弱恰好证明，当时的中国尚未酝酿出民族主义的大潮流。

回纥的民族迁徙

回纥取代东突厥在鄂尔浑河畔建立根据地并统一了内、外蒙古之后，因帮助唐朝平定内乱有功而与唐皇室通婚，并获得了大量财物。由此，回纥得以在外蒙古的沙漠地带建起城郭，并使之变成一座消费型大都市。在这里，回纥的王公贵族过着极为奢侈的生活，回纥的文化也随之发展到相当的高度。但遗憾的是，与此相关的具体历史细节已经无从得见了。不过，西亚的粟特人在进入这一地区后，将波斯文化和摩尼教也引入了回纥，这是确有其事的。此外，回纥人可能很早就开始将变形的叙利亚文字作为回纥文字来使用了。由于回纥文的出现，古老的突厥文终于被淘汰。由于突厥文乃印刷体，而回纥文乃书写体，能够把数字连起来作为一个词，从而极大地便利了书写。

占据漠北的回纥势力经历了约一个世纪的发展后强盛一时，并一度出兵至西亚的粟特地区。但是很快，随着回纥人生活方式的奢侈化，其势力也日渐衰落。在遭到来自北方的突厥系黠戛斯部的袭击后，回纥人的根据地被倾覆，部众遂四散迁徙至各地（840年）。由于回纥人拥有一定程度的文化，且具有一定的民族意识，所以其对迁居地的政治和社会必然地产生了影响。

在这场大迁徙中，首先值得一提的是逃往东方的部分回纥人。这些回纥人融入了居住在内蒙古东部的蒙古系契丹人当中。契丹民族由此摆脱了唐朝的支配，建立了强大的辽帝国，其民族意识的觉醒与这些回纥部众的影响不无关系。

其次是向西南方向逃往天山北部的回纥人，这些人是回纥的主体部分。他们不久后翻越了天山，征服了南大道沿线的各个城郭，成为当地的统治者。而以往居住在天山附近的居民多是伊朗系的雅利安人，当地人的语言也是属于印欧语系的粟特语、吐火罗语、龟兹语等。尽管在回纥人到来之前，天山地区在历史上也曾多次被其他北方游牧民族支配，但以往那些外来游牧民族都不具备自身特有的文化，所以很快就为天山当地的文化所同化，未能改变当地人的文化属性。但是，由于回纥接受了民族主义的洗礼，所以其入侵之举极大地改变了天山地区的文化发展形势。这里的原住民开始逐渐回纥化，并开始使用回纥语。

天山南路就这样实现了突厥化，但新融入这里的回纥人和原居于此的伊朗人之间的文化差异仍十分明显。原住民利用身处东西方交通线上的绝佳地理位置，在沙漠的绿洲地带建起了城市，为经过那里的商队提供住宿；或者自行组织商队，从事往来于中国和波斯之间的贸易并从中获利。而侵入此地的回纥人一方面发现当地无法满足其原有的畜牧需求，另一方面也逐渐为当地居民的生活方式所同化，开始从事商业活动。在这一地区，回纥文字的使用最为普及。回纥人的伊朗化使以往的波斯系各宗教信仰得以保存，并在回纥人中也维持了一段时间的生命力。但随着波斯本土逐渐伊斯兰化，在伊斯兰教东渐的过程中，在天山南路地区遇到了回纥人极为有力的抵抗。在此期间，中华文明也趁虚而入，佛教等思想文化更是以不同于以往的方向，从中国逆向传至此地，对天山地区产生了巨大影响。

漠北地区的回纥势力瓦解之后，向西走得最远的一支回纥部族被认为与葛逻禄部融为了一体。其疆域从天山南路西端的喀什噶尔一直延伸到粟特北部的喀喇汗王朝（又称黑汗王朝），大概就是通过这次民族融合才得以确立的。

突厥人的活跃

回纥人四散迁徙后，在各个地区形成新势力，为亚洲下一个历史时期的发展奠定了坚实的基础。而在此之前，突厥民族就已经开始个别地向西亚发展水平较高的文明社会迁徙，这些人一般被称为"土库曼"。不久之后，土库曼人的势力日渐壮大，开始了大规模的活动，其发展态势亦值得我们再次关注。

突厥人的分散迁徙在东方的唐帝国也有所展开。在安史之乱以及随之而来的军阀割据中，这些突厥人都是不可或缺的战斗力，这一点十分引人瞩目。而同样的情况在西亚的伊斯兰世界则表现得更为明显。

萨拉森帝国的阿拔斯王朝曾定都于底格里斯河畔的巴格达，并与印度、中国开展海陆通商，国力一度极为富强。与此同时，阿拔斯王朝还输入了波斯、希腊、印度的学问和艺术，展现出近世文化的发展和兴隆之势。但是在此期间，被征服的波斯人开始意识到自身文化的优越性，于是开始对其北方的葛逻禄部以及继之而起的喀喇汗王朝等突厥系民族展现出强势的一面。因此，在这一时期，阿拔斯王朝的东北边境地区总是不得不受到波斯人的威胁。

对此，阿拔斯王朝的地方官招募北方的突厥人为雇佣兵，使之改宗伊斯兰教，命他们守卫边境地带。于是，这些得以保持既有的游牧生活习惯并移居内地的突厥人，就被人们称为"土库曼"。一开始，土库曼人尚能很好地完成守备边境的任务。但很快，随着土库曼人数量的增加，他们最终变成了专横的军阀，建立了自身的强大势力，而不再服从中央的统制。

土库曼军阀最初的代表是萨曼王朝（875—999年）。萨曼王朝的血统据说来源于波斯豪族伊斯梅尔。伊斯梅尔召集土库曼人，占领粟特地区，被阿拔斯王朝的哈里发授予"埃米尔"（总督）称号。他在名义上虽然只是一位藩王，却俨然就是一个独立国家的领袖。萨曼王朝的出现，拉开了阿拔斯王朝领土分裂的序幕。

此外，在从中亚通往印度的路上，阿富汗人的土地上也出现了同为土库曼人王朝的伽色尼王朝。但不久之后，波斯东部呼罗珊地区兴起的突厥裔塞尔柱王朝便取代了伽色尼王朝，并实际上控制了阿拔斯王朝的整个疆域。就这样，西亚各地的政权最终都不得不屈身于后来居上的突厥人的霸权之下。

因此，在波斯人的文化和突厥人的武力面前，一度兴盛的阿拉伯势力也不得不逐渐后退。但是，阿拉伯人的伊斯兰教依然作为当地的正统宗教留在了西亚。由于突厥人的改宗，伊斯兰教的范围得以日渐扩大。萨曼王朝向位于其北方的喀喇汗王朝传播伊斯兰教，并成功地使喀喇汗王朝的可汗及其治下的 20 万帐突厥人都变成了穆斯林，这成为萨曼王朝进一步将伊斯兰教向东传播的引子（960 年）。另外，伽色尼王朝在强盛时期曾侵入印度西北部，扩张了自身的领土，这也成为伊斯兰教在印度得以确立的根基所在。

第二节　北方民族的活跃与宋朝治下的汉民族

移居中原的突厥民族

正如前文所说，唐玄宗末年，协助安禄山叛乱的多是流入内地的突厥残党。而待到叛乱被平定，这些突厥人又在河北地区形成军阀性的割据势力。他们表面上对朝廷保持恭顺，实际上却将治下的土地和民众作为私有物，不服从朝廷的统制。

曾经帮助唐朝平定安史之乱的漠北回纥，在平乱之后不到百年的时间里就失去了霸权地位，部众四散，其中有不少归降唐朝并移居中原。这些回纥人不久便在各地被招募为佣兵。在佣兵体制的基础上，他们逐渐发展为一种军阀，成为造成唐帝国分裂的一个因素。

唐朝末年，黄巢率领的起义军横行天下，其势力曾一度南及广州，使整个中国社会都陷入混乱。而黄巢军的核心势力也是移居中原的突厥等异族。黄巢死后，他曾经的部下朱全忠归顺唐朝。尽管朱全忠一度发挥了镇压起义的作用，但其势力不断壮大，最终乘势推翻唐王朝，建立了后梁，并迁都开封（907年）。此后，中国进入了所谓"五代"的割据时代，这也是中国历史上最后一个大分裂时代。

后梁建立后，长江以南的军阀势力各自建立了独立的政权，因此后梁的领土仅局限于黄河流域。但即便在这一地区，也有山西军阀李克用、李存勖父子坚持与之对抗。李氏父子先后以"晋王"为号，进攻后梁。后梁疲于应付，最终在 16 年后灭亡。此后，李存勖称帝，建立了后唐。

后唐李氏的先祖乃突厥部族之一沙陀族的酋长。自其父祖一代起，李氏父子就率领这支沙陀族人迁徙到了山西北部，并曾协助唐朝平乱。自朝廷赐其李姓后，他们便改用汉式姓名，生活方式也逐渐汉化。朱全忠推翻唐朝后，李氏试图复兴唐室。李存勖取代后梁即帝位后，虽然继承了唐的国号，但后世史家为了将其与李唐区分而称之为"后唐"。

后唐王朝建立 14 年后，以山西为根据地的军阀石敬瑭夺取了后唐的帝位，建立了后晋。石敬瑭也出身于沙陀族，为了讨伐后唐，他倚仗了北方契丹人的助力。这也成为北方民族干涉中原的滥觞。

契丹的兴起

唐代中叶以后，名为"契丹"的一支部落以内蒙古东部和辽河上游的西拉木伦河沿岸的松林地带为根据地，逐渐发展壮大。契丹是蒙古系的游牧民族，曾在突厥、回纥强盛时臣属于二者。契丹对唐朝的态度摇摆不定，时而反叛，时而归顺。但在唐末回纥四散迁徙时，一部分回纥人融入了契丹民族，这使契丹人在文化层面上受到了前者的极大刺激。因此，契丹酋长耶律阿保机以出身回纥的萧氏为妃，统一了分为八部的契丹部族，建立了契丹王朝，并被后世称为"辽太祖"，这想必不是偶然的（907 年）。

辽太祖之所以能够统一契丹，并灭渤海国和使内、外蒙古臣服，很大程度上是其接纳汉人、设置州县、发展城市以及利用城市文化和生产力的结果。也就是说，辽太祖在统一契丹之前就曾侵入唐朝河北各州，将汉人掳到塞外，一方面使他们从事农业生产和开发资源，另一方面则任用汉人士大夫为官，使其整备国家体制。辽太祖即位后，将自己的根据地命名为"临潢府"，使其发展成一个汉地风格的大都市。所以此后契丹南侵时，担任其领路人的正是这些居住在契丹领地内的汉人。

辽太祖在尊重汉人的生产力及其文化的同时，也积极地对此加以利用，但其对汉文化的尊重和利用存在一定的限度。即在借助汉文化的同时，契丹人必须维持自身固有的武力上的优势地位，而构成这种武力之基础的恰是他们奉行的游牧生活本身。如果没有这一根本支撑，他们是无法与在人口和经济上拥有绝对优势的汉人抗衡的。辽太祖在意识到这一点之后，尽可能地避免契丹人以及处于契丹治下的其他民族汉化，令其保存自身的国粹。为此，辽太祖设计了特别的应对方案，契丹王朝始创的双重国家体制由此诞生，这就是所谓的"南北面官制"。南面官依据汉人制度，以汉法治汉民；而北面官则依据北方民族固有的习惯，原样维持部族制度，以此统治北方。

为了避免契丹及其他北方少数民族汉化，维持语言的独立性成了契丹王朝的第一要务。为此，辽太祖创制了用以书写本国语言的契丹文字，并大力推行。契丹文字在形式上与汉字非常类似，同样由"偏"和"旁"构成，但也有一些"旁"体现的是回纥文的发音法。由这一点我们也可以看出，回纥文化对契丹有着不小的影响。

辽太祖之子太宗执政时，中原发生了战乱。后唐治下的晋阳节度使石敬瑭据山西而举叛旗，并请求契丹加以援助。辽太宗遂派骑兵支援石敬瑭，以击破后唐军，使石敬瑭顺利称帝，即后晋的高祖（936年）。

契丹借此大功，使后晋成为自己的保护国。作为提供武力援助的酬劳，契丹不仅获得了金帛等岁币，还得到了长城沿线内侧各州的土地。这一地区就是今天北京、大同附近以燕、云二州为中心的十六州之地。对这一地区的占有，使契丹得以开始统治大量汉民。而当时苦于唐末军阀压榨的汉地之民，尚没有余暇考虑什么民族主义。

此后，由于后晋不再对契丹信守约定，辽太宗遂率兵南下，废后晋之幼帝，自立为中国皇帝，定国号为"辽"，试图对中原的汉人加以支配。但这时，汉人的抵抗已经变得十分激烈，地方军阀皆不服从契丹，其中晋阳节度使刘知远更是被众人推举为皇帝。他们以游击战的方式袭扰契丹军队，使太宗最终放弃夙愿，撤兵而返。由此我们可以看出，在汉人当中已经开始出现一种虽然消极但自发的民族意识。刘知远即后汉的高祖，而后汉王朝仅持续了四年便被后周取代。

后周的太祖为郭威，之后出现了名君周世宗。周世宗整顿内政，整肃军纪，在北面威震契丹，在南面则打击了长江下游的大国南唐，并一度有望实现统一天下之大功。然而，周世宗不幸英年早逝，其统一事业由宋太祖继承（960年）。

南方的形势

在中原地区建立后梁的朱全忠原是黄巢的部下，而在长江流域，也散布着许多与朱全忠有着相似经历的军阀将领。在唐朝皇权为后梁所夺后，这些将领纷纷在各自的势力范围内建立了小型独立国家。其中面积最大的是地跨淮南至江西的南唐，继其之后的是长江上游的蜀，居于其中者则有湖北的荆南（南平）、湖南的楚等。此外，沿海地区还有地跨江苏南部至浙江一带的吴越、福建的闽、岭南的南汉等国。

这些独立国家多以自然形成的地形小区块作为领土，这一点从其国境与当今中国的省界大体一致这一点便可得知。同样值得注意的是，这些小国分别占据了中国主要交通线的一部分。具体来说，从华北的中原南下，存在以下三条交通线：一是湖北、湖南一线，二是淮南、江西一线，三是沿海一线。所以，荆南－楚、南唐、吴越－闽这三组政权恰好与这三条交通线相对应，而三条路线都以南汉的都城广州为终点。

南汉所据有的岭南之地，自古就被视为中国的一个特殊地区。因为这里的气候是热带性的，地理位置面向南海，所以与南洋诸岛间的联系自不必说，与印度、斯里兰卡、西亚等地也都有直接或间接的贸易往来。因此，这里不仅珍品异货十分丰富，同时也是中国物产向外输出的门户。波斯、阿拉伯的商船来航后不久，广州在唐代就出现了波斯人和阿拉伯人的聚居区，这进一步为南汉带来了商业上的空前繁荣。与此同时，西亚式的经济体制也被带到这里，相较于中国的其他地区，以金银为货币的习惯更早地在岭南流行开来。进入五代之后，独立于华南的各个小国皆以富国强兵为目的，积极开发国内资源，同时鼓励对外贸易，各国之间的经济联系由此变得十分密切，而这又有效地刺激了各地区特产的生产。此外，当时各国都有志于保持对铜钱这一通货的持有量，故各自发行货币，铸造了各种铅钱、铁钱，使之在市场上流通。此举一方面导致了中国货币制度的紊乱，但另一方面也推动了白银的货币化。尽管截至这一时期，白银仅仅被人们视为商品，但也正因如此，白银被赋予了自由、无害的属性。自此之后，南汉境内利用白银进行贸易的习惯就这样不断地传播到北方各政权的统治区域，白银的信用度也因此得以逐步提高。宋朝的统一时代就是在这一背景下出现的。

与岭南地区接壤的越南地区，自汉代之后就成了中国的领土，称"交州"或"交趾"。但由于此地终究未能彻底汉化，所以五代战乱之际，交趾人从南汉的治下独立，建立了自己的国家。此后，尽管该地对中原王朝不时施以朝贡之礼，但事实上却完全维持着作为民族国家的独立性。

另外，在云南、贵州的山区，散布着许多自古以来被称为"苗"的掸裔民族的聚落。至唐代中叶，当地人在云南地区建立了南诏，后来又将国号改为大理。有宋一代，大理国完全变成了独立的政权。

在与云南西北部相连的西藏，吐蕃的势力自唐初起便逐渐变强。吐蕃吸收了印度文明，开始了自身文明化的进程。然而，吐蕃屡屡进犯唐朝西部边境，使朝廷颇为苦恼，而且试图向北进入天山南路，控制东西方交通的要道，以分得贸易之利。但是，由于吐蕃的资源原本就十分匮乏，其进入天山南路的企图遇到了阻碍。之后，吐蕃只能一如既往地被封锁在山间腹地，其威势也日渐衰微，从而不得不再度回归以往各部族各自为政的分散状态。

就这样，在唐代之后，中国周边的各民族都逐渐乘着民族主义的潮流，试图实现各自的自立。但与此相对，汉民族却最为落后。汉人在经历了唐朝这个世界帝国趋向衰亡的过程后，苦于内乱的频仍和军阀的跋扈，迷茫不知究竟该向哪个方向继续前行。同时，他们还承受着来自南北各地异族之民族主义的夹击。至此他们才终于意识到，如果继续如此，那么中国自身的疆域都将被周边民族蚕食，因而终于感到有必要与这些外来势力相对抗。幸运的是，在宋朝的统治之下，中国终于得以完成民族统一的大业。

宋的统一与对辽关系

五代末年，后周世宗讨伐南唐，迫使南唐割让了其在淮南和江北的地盘。此举使南北之间原有的势力均衡状态被打破，华北的力量迅速压过了南方诸国。此后，南唐成为后周的朝贡国。后来，宋太祖取代后周而自立，建立了宋朝。当时，南唐仍维持其与华北政权既有的臣属关系，继续对宋朝表示恭顺。

宋太祖从南方诸国中势力相对弱小者入手，首先消灭了荆南、楚、南汉，形成了对南海的窥伺之势，并切断了蜀与南唐这两个大国之间的联系。其后，宋太祖灭蜀，平定长江上游，并进一步消灭了处于孤立状态的南唐。最后，未被征服的政权仅剩吴越和不久前才在契丹的援助下于山西独立的小国北汉。到了太祖之弟宋太宗当政时，吴越主动向宋进献版籍，北汉也为宋军所压制。至此，中国历史上中世的割据时代终于结束了。

如此，汉民族终于在宋代基本上实现了民族统一。但在此前的后晋时期失去的燕云十六州，尽管在后周世宗的努力下收复了一小部分，大部分仍处于辽的控制之下。宋太宗平定北汉之后，虽然也试图收复燕云旧地，并兴兵北伐，但出师不利，终究未能实现收复十六州的夙愿。不过，尽管这一收复失地的计划前后两次皆未能成功，但此举本身就是汉人在民族主义的影响下要求民族统一的体现。所以，契丹人虽然取得了胜利，却始终不敢掉以轻心。他们放弃了越过既有国境继续扩张领土的野心，而专注于维持既得的疆土。

作为民族主义觉醒相对较迟的汉族王朝，宋朝未能占有汉人居住地之外的领土。这使得宋朝在战争期间很难获得必要的战马补给，宋军之所以败于契丹，也是由此所致。于是，在军事上缺乏自信的宋朝为了改善其对外关系，只能专注于利用自身的经济资源。所以，宋朝对盐、茶、矾石等重要商品均施行严格的专卖制度，并将所得税金用于供养直属皇帝的禁军，依靠禁军来维持国内秩序和守备边境。此外，宋朝的对外贸易也被置于国家的强力统制之下。值得一提的是，宋朝对契丹曾屡次实施封锁国境和断绝通商的举措，试图以此来弥补其在外交上的不振。

当时，契丹人的生活水平好不容易有所提高，所以对他们来说，与宋朝断绝通商关系造成的经济损失是难以忍受的。而且，契丹人虽然曾将宋军击退，但仍担心此举会导致其境内汉民的人心发生动摇。辽圣宗当政时，遂令大军侵入宋朝国境，要求割地，并终于使宋朝屈服。

宋太宗之子宋真宗在黄河沿岸的澶渊迎击入侵的辽军，双方在军事对峙期间便开始着手议和，最终商定：双方共同维持国境的现状，宋每年给辽岁币白银十万两、绢二十万匹，双方在国境附近设立贸易区域，交换誓约以允许两国人民通商。此后，宋与辽成为关系对等的交好之邦，每年定期遣使互通音信。两国的和约虽然在此后多少有所变更，但一直维持了百余年，直到辽灭亡前不久。这在中国历史上是从来未曾出现过的现象。于是，东亚世界基于民族的分布状况，形成了独立自主的国家相互对立和并存的状态。

党项人的独立

东亚的民族主义潮流，对于居住在相对狭小领地上的少数民族也无可避免地产生了影响。党项族的独立国家西夏的出现，就是一个极好的例子。

党项族是藏系民族，唐末以后，他们在黄河北部河曲地区的鄂尔多斯沙漠地区过着游牧生活。党项族的酋长曾获赐李唐之国姓，世代以李氏自称，臣服于中原王朝。而到了宋代，宋太宗对契丹实施的政策是试图将其彻底汉化，以防契丹势力继续向西延伸，并试图保障宋与西方之间的交通要道。但是，宋朝对党项族的同化政策却起了相反的作用，此举不断刺激着党项人的民族意识，反而增强了以酋长李继迁为核心的党项族的凝聚力。

为了制约李继迁，宋朝封锁国境，断绝通商，尤其严禁输入党项境内盐池所出产的盐。然而，此举进一步激化了党项人的反抗之心。为了对抗宋朝，李继迁之孙李元昊建立全民皆兵之制，宣布独立，自称皇帝，并以"夏"为国号，史家称之为"西夏"（1038年）。

此后，宋与西夏的攻伐战争持续了数年之久。在此期间，作为小国的西夏苦于经济困乏，而宋朝也屡吃败仗，且担心辽伺机而动。所以，宋仁宗时双方约定，西夏在名义上以宋为宗主国，宋每年赐予西夏绢十五万匹、银七万两和茶三万斤，双方由此议和。由于西夏的出现，宋朝与西域之间的交通往来受到了明显的阻碍。但尽管如此，在回纥等族的推动下，国际贸易仍然得到了相当程度的发展。

中国的民族主义

宋朝在受到周边诸民族的压制后，终于开始形成民族国家。但这时宋人已经失去了民族主义发展的最佳时机，故不得不在外交上对北方的辽予以让步，即使对西夏这样的小国，也必须极为屈辱地隐忍退让。自古以来，中国一直以东亚地区盟主的身份发挥着影响力，以此自矜的中国政治家在当时的局面之下，必然会感到难以忍受的屈辱。于是，在朝廷的官僚之中，逐渐出现了试图通过改革来恢复中国原本地位，震国威于四方的动向。于此，我们才第一次看到中国社会中民族主义的具体表现。

在宋仁宗、宋英宗之后，宋神宗即位，他任用王安石为宰相，听取其意见，积极推行各项政治改革。王安石的改革政策并非直接以富国强兵为目的，而是注重反省自古以来的政治得失，以图实现中国社会的健全发展，讲求施行王道政治以实现自强。王安石的均输法旨在促进国家财政的合理化，而募役法则是为了修正以往征用农民时依据的差役法。王安石进而着手整顿地方财政，其青苗法是通过低息的资金借贷政策，缓解农民的金融压力；其保甲法是以唐代的兵农一体制度为理想模范；保马法则是令农民饲养战马，以备不时之需。这些新法皆取得了相当明显的效果，使国家财政变得相对宽裕。也正因如此，宋朝在这一时期十分罕见地在外交上表现出积极的姿态，不仅夺取了西夏的南部疆域，而且试图招降与其南部接壤的藏系民族西蕃，以打开通往西域的孔道。但是，当时宋朝周边各国已经表现出十分强烈的民族意识，不肯轻易接受宋的领土扩张。加之，北方的辽帝国尚在，并时刻监视着宋的一举一动。所以，我们很难期待宋朝发扬国威的举措能够立即取得明显的成效。而且，由于王安石的新法对权势阶级的经济利益多有触犯，所以宋神宗去世后不久，朝廷内部便发生了政治上的反动，保守派掌握了政权，推翻了王安石的全部改革政策。

宋神宗之子宋哲宗在位初期，反对新法的旧党独掌政权，但不久宋哲宗亲政后，便斥退主张旧法之人，重新起用新党，恢复了王安石的新法。然而，宋哲宗的弟弟宋徽宗在位时任用蔡京为宰相，并将新法所得的财政资金用于皇室的奢靡消费。因此，与表面上的繁荣相反，宋朝此时已濒临危机。另外，由于蔡京贪图对外征战之功，曾派宦官童贯拓展疆域，以至西蕃之地，接着又北征辽国，意图收复燕云十六州，以实现宋朝开国以来的夙愿。为此，宋朝运用远交近攻之策，与东北地区新兴的女真人结盟，共同夹击辽国。然而，辽虽然因此灭亡，宋朝却迎来了女真这个更为可怕的强敌，并最终因此而陷入亡国的境地。

金的兴起及其与南宋的对立

辽国不仅拥有从中国东北到整个蒙古草原的辽阔疆域，而且在与南方的宋朝进行贸易的同时，还与中亚突厥系各国保持着密切的联系。随着辽在内地修建汉式城郭，设立汉式官府，其王公们的生活也日渐奢侈。辽国虽然拥有辽阔的疆域，但其所拥有的资源却极为有限，奢侈的生活使辽的公私经济都逐渐陷入困乏。为了弥补经济上的不足，辽国开始觊觎松花江流域出产的砂金，但此举却催生了居住在当地的女真人的民族自觉意识。当时，辽国官吏以征收贡品为名，赴女真部族的居住地强迫其献出砂金。女真人深受其苦，故决意团结一致进行反抗。完颜部的酋长阿骨打统合了女真族，他举起叛旗，驱逐了辽国官吏，称帝自立，以"金"为国号（1115年）。当时正值宋徽宗执政中期蔡京专权之际。金国军队于松花江中游地区大破辽军。正当辽军不知所措时，宋朝试图趁机收复燕云十六州，故从海上向金派遣使节，以缔结共同夹击辽军的同盟。

然而，宋朝从北京出兵，却为辽军所败。在此期间，金军攻入辽都，放逐了辽天祚帝，并接受宋人之请，向关内派兵，平定了北京地区。宋人终于得以从金人手中取回北京附近的领土，却为此支付了高额的犒赏之资。此外，与宋人的本意相背，云州附近领土也被并入金朝。宋人对金军过于强大的力量感到恐惧不安，故反过来与逃亡中的天祚帝携手，试图以此制约金国。此时正值金太祖阿骨打去世，金太宗即位。金太宗俘虏天祚帝后，得知了宋辽之间的勾当，遂对宋之无信感到愤怒，转而举兵侵宋。宋都开封曾两度为金军所困，第一次时，金军接受了宋的请和而退兵。但由于宋人缺乏履行和约的诚意，金军遂再度占领开封，将宋徽宗及其子宋钦宗掳为人质，并进行了大肆掠夺（1127年）。

宋钦宗的弟弟宋高宗得知此消息后，于河南即位。宋人虽曾与金军多次交战，但屡战屡败，最终不得不避至大运河南端的杭州，以保全淮水以南的领土。此后的宋朝便被称为"南宋"，以区别于定都开封的北宋。

金朝兴起于中国东北地区，在攻下辽之核心地域后便开始征宋，并很快地夺取了淮水以北地区，成为华北的主人。但由于金朝根据地和辽的故地一样，都是天然资源相对匮乏的偏僻之地，所以金朝领土的重心很自然地向华北移动。于是，金以燕州为都，并称之为"中都"。该地在辽代乃副都南京，而在此后的元、明、清三代则一直是整个中国的首都。燕州之地位于大运河的北端，通过运河集中汉地的物资，成为关外、蒙古与中原相联结的关键之地。

金朝为了巩固其在华北的支配地位，将女真人迁徙至此，并令其屯田。具体来说，就是政府迫使一部分居住在大城市周边的汉人离开其住地，然后使女真人居住于此，给其土地使之耕作，再从这些女真人中征发士兵。通过这一方式，金朝得以原样维持女真人旧有的部族制度，即以约三百户为一个单位，使之从属于"谋克"，以十谋克为一"猛安"。猛安谋克制是一种封建性的制度，女真人的"猛安－谋克"与汉人的"州－县"构成了两套相互独立的系统，分别直属于金朝的中央政府。对于汉人的州县，金朝尽量任命汉人来担任长官，采取汉人自治的方针。其实，这套制度是对辽朝双重政治体制的模仿和发展，该制度也为此后清朝的八旗制度提供了范例。

金与南宋在此后屡战屡和。南宋之人不忘二帝被俘之国耻，其对金的反感使国内弥漫着前所未有的激烈的攘夷情绪。如果我们考察以往宋、金发生战争时双方对待对方俘虏的方式便可发现，尽管汉人理应维护宋朝，但由于其缺乏这种能力，所以在落入敌手并受其强制的情况下，即便与宋军作对也不会被视为有罪，故常常得到宽恕；而女真人在被俘后则完全无法被敌人感化，往往会因无法利用而被处死。但按照以往的思考方式，尽忠于主人的女真人才应该因其忠诚而得到豁免。

举例来说，南宋的大臣韩侂胄持主战论，开启了与金朝的战端，出兵进犯金朝国境，但最终大败而归。金朝以韩侂胄为战争责任的承担者，向南宋索要其首级。于是，在经历一番挣扎后，南宋朝廷暗杀了韩侂胄，并将其首级装函送与金人。然而在金人看来，韩侂胄乃宋之忠臣，故将其厚葬。可见，当时女真人的势力虽然已经开始走下坡路，但他们尚对自身的武力怀有自信，其国民尚有雅量赞赏敌国将领。而与此相反，国势衰微且常受他国压迫的宋朝虽然表现出强烈的民族主义动向，但那只不过是一种对敌忾之情的神经质的发泄罢了。

然而，金朝隔淮水与南宋对峙了百余年，其作为一个仅拥有少量人口的后进民族，却要在广大的华北地区统治作为先进民族的大量汉人，对于女真人来说，这一矛盾本身就是极难应对的课题。随着社会破绽的逐渐扩大，当女真人开始面对蒙古的崛起这一新局面时，金朝的霸权便不得不黯然消逝了。

第三节　蒙古大征服

满族与蒙古族

　　占据长城以北荒漠般的原野，与长城以南的汉族持续对立的北方民族，从其语言上主要可以分为三个系统，即突厥系、蒙古系、满族系。突厥系民族以外蒙古的西北部为根据地，也曾君临整个蒙古草原，但后来其主力逐渐向西南亚迁徙，其中一部分留在了中亚，其余则融入了蒙古族和汉族。蒙古系民族以内蒙古和外蒙古东部为根据地，成吉思汗崛起之后，将周边类似的民族加以蒙古化，其结果就是使如今居住于戈壁沙漠周边原野的约200多万游牧民都认为自己是蒙古人，并使用蒙古语。

　　突厥系、蒙古系民族居住于草原地带，以游牧民族的形象出现在历史舞台上。而与此相反，散居于大兴安岭以东至日本海地区的满族系民族，由于居住于森林地带，所以自古以来就以狩猎作为主要生计。相较于游牧，从事狩猎的民族更倾向于定居生活，因此满族系民族在狩猎的同时，为补充生活所需，也逐渐习得了相对原始的农耕技术。早在汉代，居住于今长春地区的满族系扶余族就已经算得上是农耕民族了。而在中世时期，长期占据辽东地区的高句丽和继之支配了东北地区的渤海国都具备了较高水平的农业技术。尤其是渤海国，由于其领土一度远及东北地区北部，故有机会向满族系民族全面地传播农耕技术。女真族便是在渤海国被辽国消灭之后，在辽的支配下变强的满族系部族之一。

突厥系的突厥、回纥衰落之后，蒙古的势力在戈壁滩周边的原野地区逐渐兴起。兴起于内蒙古东部的蒙古系契丹民族所建立的辽国，曾一度支配了整个蒙古地区。而向西迁移的突厥系民族的政权，则与喀喇汗等国接壤。此后，辽的势力渐衰并为金朝所灭，出身王族的耶律大石遂率部族向西逃亡。他纠集了从属于辽的突厥系民族，形成了一支重要的力量，并在进入中亚后吸收了喀喇汗的势力，建立了西辽王朝，这股势力一直持续到成吉思汗征战的余波波及西方之前。

另一方面，蒙古地区自辽灭亡之后即处于混乱状态。兴起于东北地区的金人原本就是农耕民族，故对游牧民族的居住区缺乏兴趣，他们在征服了内蒙古东部这一辽的根据地之后，立即转而进入与宋朝的敌对关系之中。金人在灭亡北宋之后占据了华北，接着举族迁居于此。金朝无意经营外蒙古地区，所以对其采取了相对消极的政策；而对与金朝领土接壤的蒙古系部族则实施了怀柔的政策，以维持国境的治安。金人满足于自身所辖疆域，并未试图向远方的外蒙古伸出征服之手。但是，在外蒙古地区，处于放任状态的各独立民族展开了激烈的牧场争夺战。不久之后，在这些游牧民族中出现了一位英雄人物，这位英雄实现了对蒙古诸部族的统一，历史上前所未有的大征服也即将由此拉开帷幕。

成吉思汗的出现

外蒙古地区的中心大致位于鄂尔浑河、图拉河、色楞格河三大河流的交汇地带。蒙古地区尽管面积广阔，但适于放牧的草原地带却十分狭小，而在有限的草原地带中，三河流域的土地最为肥沃，能够提供饲育大量畜群所需的牧草。因此，占据这一地区的部族的经济和军事实力都将处于绝对的优势地位，能够对整个蒙古草原发号施令。因此，自南北朝至隋唐时期，蒙古系的柔然和突厥系的突厥、回纥等，都是在占据这一地区之后才得以雄视整个漠北的。

也正因如此，这一重要的经济中心地区成了北方各游牧民族不断争夺的对象。活动于该地区周边的部族皆对三河流域虎视眈眈，一旦发现三河流域当时的所有者有所松懈，便准备举兵予以重击，以取代其成为当地新的主人。辽灭亡后，外蒙古所受到的外在压力骤然减轻，使三河流域呈现出群雄割据的状态，克烈、蔑儿乞、泰亦赤兀等部族林立争霸，而在其西侧，突厥系的残部乃蛮部也在一旁窥伺着动手的机会。

然而，蒙古人的出现改变了这一局势。最初，蒙古人曾沿着鄂嫩河逆流而上，到达图拉河上游的不儿罕合勒敦山。在唐代，"蒙古"开始作为一个小部族的名称出现在汉人的史籍中。自那时起，蒙古以不儿罕合勒敦山为根据地，趁群雄割据之机逐渐向平原地区扩张势力。成吉思汗出现之后，蒙古广泛地吸纳同系部族，很快便使"蒙古"一词成为这一大部族的总称。

成吉思汗年幼时，蒙古尚不过是力量微小的一个小部族，但后来通过与克烈部的结盟，得以扩张自身势力，最终击破克烈部并兼并其部民。最后，当成吉思汗打败了一度雄视草原西部的乃蛮部首领太阳汗之后，附近的部族也相继投降，于是内、外蒙古皆伏于其足下。成吉思汗的世界大征服也就由此开始了（1206年）。

对突厥世界的入侵

成吉思汗的势力在蒙古地区确立之后，其剑锋首先指向了距离较近的南方。蒙古最先威慑的是自辽代以来作为独立国家的小国西夏，在迫使西夏投降后，蒙古人越过长城，进军位于华北的金。金朝在黄河以北的土地转眼间就被蒙古人的铁蹄践踏，其与东北地区之间的联系也因此被切断。金朝陷入了四分五裂的状态，只能在开封这座新迁的都城附近以及山东一带勉强维持狭小的领地。当时，奉行猛安谋克制并移居内地的女真人已经失去了以往的勇敢作风，有的成了懒惰的官僚地主，不堪其用，有的则经济困顿，穷于生计。因此，朝廷已经无法招募到足堪倚赖的战士了。加之，被女真人夺去土地的汉人也趁此机会群起驱逐女真人，使金朝愈发穷于应付。但是至此为止，蒙古军的侵略目的仍主要在于掠夺，并未打算消灭金朝，也并不热心于在汉地建立政权。因此，蒙古军在不断深入内地的过程中，一旦遇到金朝方面较强的抵抗，往往便会就此引兵而去。当时，成吉思汗只试图将已占领的汉地作为牧场，以便饲养牛马。但后来他听取了契

▲ 位于印度中部的温迪亚山脉丘陵地带的比莫贝卡特石窟中的岩画，发现于1953年。考古学家认为，这些岩画的年代最早可以追溯到石器时代。

▼ 斯塔特金币上的欧克拉提德一世（约公元前170—前145年在位）像。作为巴克特里亚最重要的国王之一，他曾在希腊化世界中四处征战，并将势力范围扩及北印度。

◀ 秦诏版,亦称"秦量诏版",刻有秦始皇二十六年(前221)统一度量衡诏书。青铜制,文字属秦篆体系,风格活泼随意,具有很高的史料价值和艺术价值。

▶ 犍陀罗佛陀头像(芝加哥艺术学院藏)。这尊佛像具有犍陀罗艺术的典型特征,体现为卷发、嘴唇的形状和杏仁状的眼睛,而且有使用过颜料的痕迹。

▲ 拜占庭帝国皇帝希拉克略与萨珊波斯帝国皇帝库思老二世作战（意大利阿勒索的圣方济各教堂壁画，约1452年）。602年，库思老二世趁拜占庭帝国发生内乱之机，出兵占领其大片领地。

▶ 印度教神祇克利须那（黑天）大战马怪克湿（笈多王朝泥塑，5世纪）。笈多王朝时期的雕塑家多用黏土创作，人物形象生动，画面戏剧性强。

◀ 出土于鄂尔多斯高原的青铜人像（大英博物馆藏，公元前3—前1世纪）。这一地区在古代曾长期由匈奴占据，有学者认为该人像带有高加索人种特征。

▶ 位于陕西乾县的唐懿德太子墓中的壁画（8世纪初），通过画中高大的城墙及角楼，可以一窥唐代长安城宏伟壮丽的风貌。

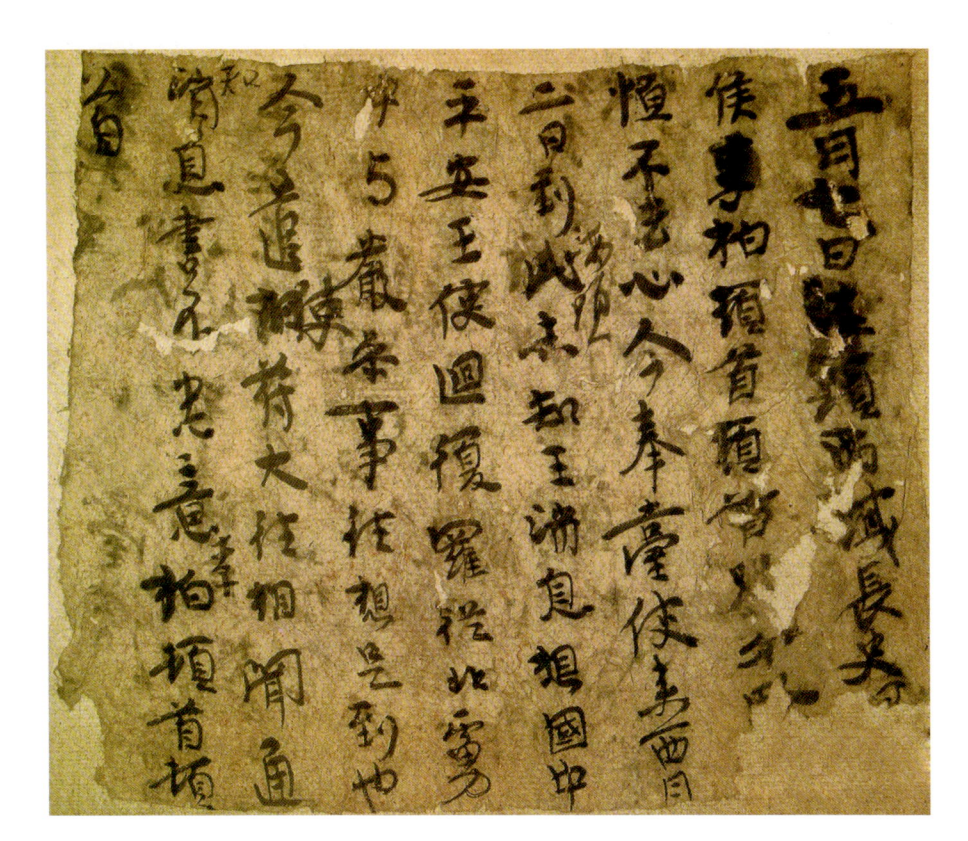

▲ 日本探险家橘瑞超于1909年在楼兰故城遗址发现的《李柏文书》，是前凉时期唯一有史可证的重要人物的文书遗存，也是目前所发现的年代最早的中国纸本书信实物。

▼ 波斯波利斯的法拉瓦哈石雕，其形象是有着人类上身的有翼圆盘。这是琐罗亚斯德教信仰最广为人知的象征，在古埃及和亚述文明中也存在类似的标志。

▲ 这件年代约为 1 至 2 世纪的浮雕，描绘了佛陀乔达摩·悉达多离家的场景（法国吉美博物馆藏）。佛陀本是释迦族的王子，因对人生问题怀有深刻的疑问而弃世出家。

▲ 位于新疆吐鲁番以东的柏孜克里千佛洞中的壁画，描绘了来往于丝绸之路上的唐代商人。在唐代，西域地区成为来自多国的胡商前往长安的必经之地。

▲ 1258年，旭烈兀率军围攻阿拔斯王朝都城巴格达（拉施特《史集》插图，14世纪初）。蒙古军利用弓箭和抛石机，并架设桥梁，以截击企图乘船逃跑的敌人。

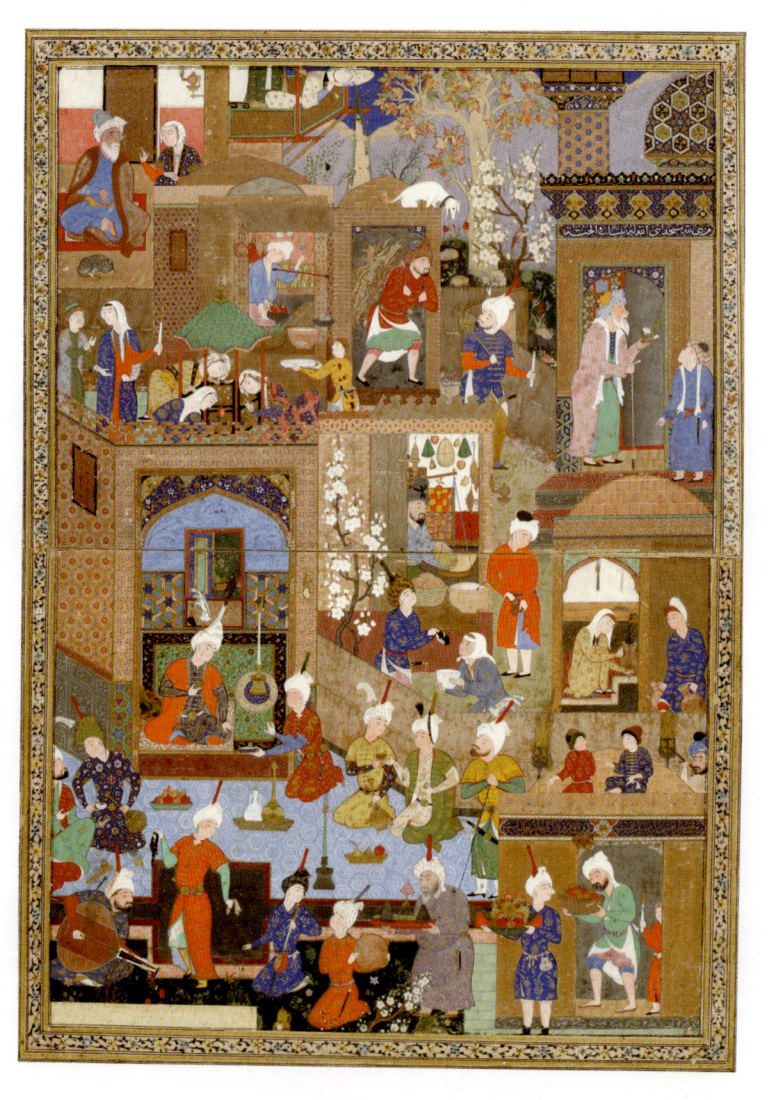

▲ 波斯萨法维帝国时期的细密画（1539—1543年），描绘了复杂的宫廷场景。作者是米尔·赛义德·阿里（1510—1572），萨法维王朝著名的画家、细密画大师。

▶《丹枫呦鹿图》，作者佚名，旧题五代人作。经学者认证，此画属契丹绘画艺术的代表作之一，与蒙古草原甚至中亚地区有着十分密切的关系。

▼描绘征伐回部之战的清代宫廷画，图中的清军骑兵部队均携带火枪。清军自乾隆时代起已经装备了数量可观的火枪，面对使用冷兵器的对手时占有显著优势。

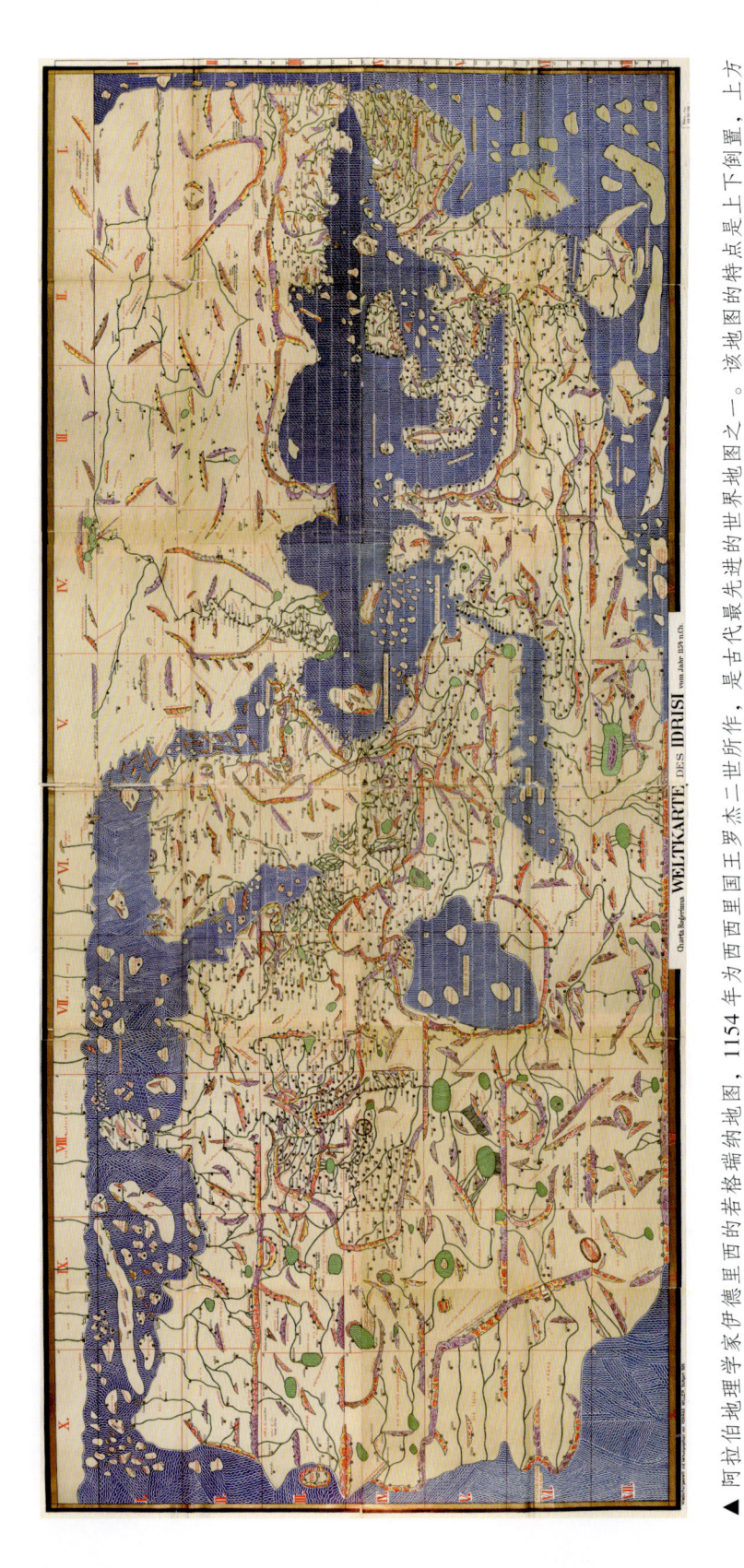

▲ 阿拉伯地理学家伊德里西的若格瑞纳地图，1154年为西西里国王罗杰二世所作，是古代最先进的世界地图之一。该地图的特点是上下倒置，上方为南方。

▲ 波斯文学巨匠尼扎米的《五卷诗》插图，描绘了先知穆罕默德"升霄"的场景。图中的云彩和天使的形象，体现出中国艺术风格的影响。

▲ 在1877年的俄土战争中,俄军攻占格里维察阵地,但几个小时后,奥斯曼军队又夺回了阵地(尼古拉·D.奥伦堡斯基,1885年)。随后,该地落入罗马尼亚人手中。

▲ 1757年6月,英国东印度公司与孟加拉之间的普拉西战役爆发。图为英军统帅克莱武与孟加拉军将领米尔·贾法尔在战后会面的场景(弗朗西斯·海曼,约1762年)。

▲ 1911年10月10日的武昌起义,打响了辛亥革命的第一枪。图为革命军与清廷派出的军队在汉口展开激战(英国维尔康姆图书馆藏)。

▼ 19世纪后期,奥斯曼帝国在欧洲列强的侵蚀下失去了大片领地。1876年8月,哈米德二世登上王位,任命米德哈特帕夏为大维齐尔,并颁布了帝国的第一部宪法。

◀ 出土于日本滋贺县野洲市小篠原字大岩山的铜铎。铜铎是日本弥生时代特有的祭祀礼器，多带有鹿、鸟图案。学者一般认为，其用途是祈祷与禳灾。

▼ 出岛规划图（1824—1825 年）。这个长崎港内的扇形人工岛，在江户时代是外国商人（主要是荷兰商人）的居留地，在"锁国"期间更是成为日本对西方开放的唯一窗口。

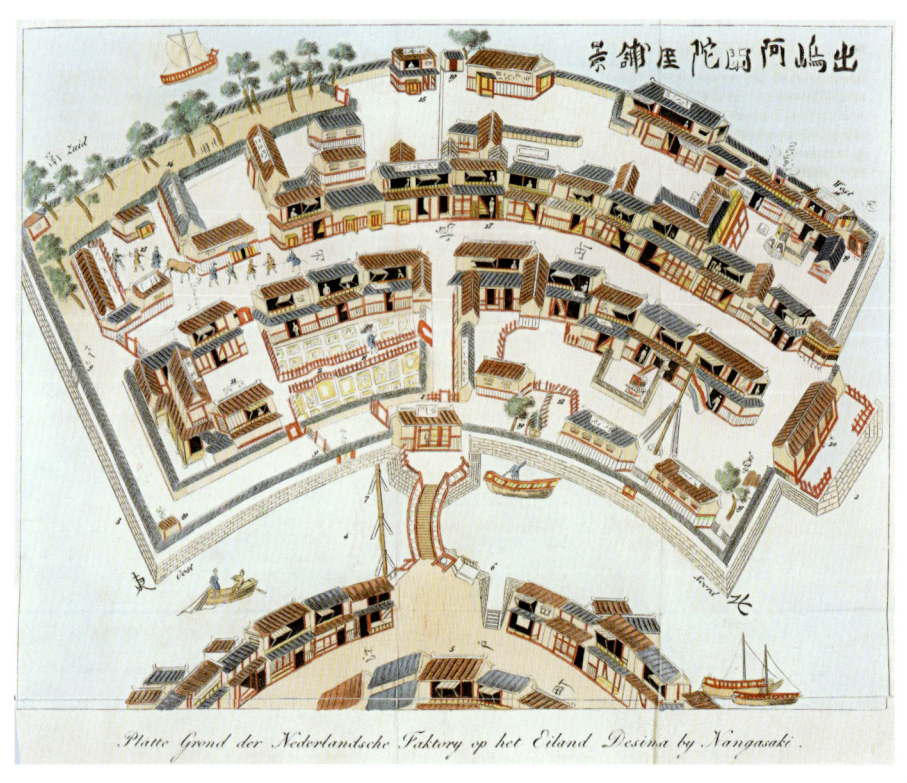

▲ 荷兰制图学家琼·布劳（1596—1673）绘制于1665年的日本、朝鲜地图。这幅地图是琼·布劳绘制的系列地图之一，最初以拉丁文印制，带有典型的巴洛克风格。

▲ 《富岳三十六景·江户日本桥》，葛饰北斋（1760—1849）绘。在江户时期，随着西方科学知识和艺术手法的传入，许多浮世绘作品已经开始采用西方的透视法。

▲ 1919年5月4日，为了对北洋政府在巴黎和会上的外交失败表示抗议，北京大学学生发起了轰轰烈烈的救国运动，即"五四运动"。图为学生的游行队伍向天安门进发。

▲ 1948年5月14日，大卫·本—古理安在宣读《以色列独立宣言》，宣告以色列国正式成立。次年1月，经过全国选举，以色列第一届议会开幕，古理安当选首任总理。

丹人耶律楚材的建议，将当地的经营交给耶律楚材，才知道收缴汉地的租税比放牧获利更多。

成吉思汗晚年曾为征服西亚花费大量精力。当时，突厥人的主力逐渐向西迁移，蒙古人也随之向西，并向西方进军。在此之前，随着伊斯兰教的兴起，西亚的财富也日渐殷实。受其财力的吸引，突厥人开始逐渐迁往西亚，而蒙古人也由于相同的原因被引向了西亚。

阿拉伯人建立的萨拉森帝国在阿拔斯王朝统治时期迁都至巴格达，并在那里实现了无可比拟的繁荣。但是，当这些作为帝国核心的阿拉伯人逐渐成为上流贵族，生活方式变得日渐奢侈之后，萨拉森帝国的武力便随之呈现出衰落之势，阿拉伯人的霸权地位也开始动摇。趁此机会，波斯及突厥的势力开始逐渐抬头。波斯地区原本就总是受到北方游牧的突厥人的威胁，但这时阿拉伯人想出计策，即通过将突厥人雇为佣兵而使之为己所用。此计策的最早实践是在之前提到过的以撒马尔罕为统治中心的萨曼王朝。自那之后，突厥佣兵制度就在西亚一带得到了广泛的运用，突厥人也进而涌入了生活水平较高的伊斯兰世界，并终于开始意识到自身的实力。于是，这些突厥人逐渐团结起来，最终成为割据一方的军阀，并试图建立突厥人自己的王朝。他们表面上服从于坐镇巴格达的阿拔斯王朝的哈里发，并认同其主权，但作为交换条件，哈里发须授予其"埃米尔"或"苏丹"等称号，并赋予其土地和人民的支配权，从而使之在实际上成为纯粹的独立王国。

在萨曼王朝的北方，唐末四散迁徙的回纥人中的一支在这里逐渐壮大势力，并建立了喀喇汗王朝这一游牧国家。喀喇汗王朝虽然受到萨曼王朝的影响而改宗伊斯兰教，但依然没有放弃对萨曼王朝的进攻，并与出身于萨曼王朝旧部的突厥佣兵们建立的伽色尼王朝联合夹击萨曼王朝，在灭亡萨曼王朝后分割了其领地。曾经服务于萨曼王朝的突厥佣兵队首领塞尔柱的子孙在波斯东部的呼罗珊地区独立，并逐渐向西拓展领地，包围了巴格达，令哈里发任命自己为苏丹，建立了疆域直抵地中海的塞尔柱帝国。

塞尔柱突厥帝国在经历了图赫里勒·贝格、阿尔普·阿尔斯兰、马利克·沙埃这三代英明之君后，国势开始走向衰落。这时，由于巴勒斯坦的基督教圣地问题，塞尔柱帝国遭到了西欧的入侵，著名的十字军战争遂由此爆发。此后大约160年（1096—1254年）间，叙利亚的海岸变成了伊斯兰教和基督教两教教徒的血战之地，东、西两大洋间的交通和贸易也因此受到严重的阻碍。而世界规模的交通路线一旦被长时间阻断，必然会产生负面影响。对于当时的欧洲人来说，虽然收复圣地是其热切的愿望，但由于战争所导致的东西方贸易路线的受阻，使他们难以从印度进口香料、调味料等必需品。对此，欧洲人几乎尝试了各种手段，以获得东方的物产。为了满足其强烈的商品需求，欧洲人开始开拓经由黑海的贸易路线。通过这条路线，印度的物产可以首先进入中亚的撒马尔罕附近，然后由此地向北迂回，绕过塞尔柱帝国的领地，沿黑海北岸最终到达欧洲。不过，这条交通线绝非新开设的路线，而是由于十字军出现后原有的经由叙利亚的路线受阻，这条路线才突然作为东西方交通的干道而为世人所瞩目。随着这条路线的启用，黑海贸易路线沿线也罕见地繁荣起来。所以，第四次十字军东征时，军队并没有前往目的地叙利亚，而是攻击了作为同盟国的东罗马帝国，占领了君士坦丁堡，其目的显然就是试图通过控制新交通线在欧洲入口处的关卡，进而获得印度与欧洲间的贸易之利，此举不能不令人失望。

这种交通线的变更，使中亚的撒马尔罕附近到里海、黑海一带因印度物产的往来而获得了出人意料的繁荣。兼并了喀喇汗王朝的西辽，曾企图南下占有撒马尔罕，而刚刚从塞尔柱帝国中独立的花剌子模王国也垂涎撒马尔罕。花剌子模最终击败了西辽，成功地占有了撒马尔罕地区，并进一步沿着通往印度的交通线，将领土扩张到印度边境。如此一来，占据了从印度到黑海的交通线的花剌子模王国，几乎拥有了向欧洲提供印度物产的独占权。在其领地内，以新首都撒马尔罕为代表，莫克兰、梅尔夫、乌尔根奇等城市作为中转贸易都市，都获得了空前的繁荣。另外，由于从花剌子模出发前往欧洲的路线必然要横跨黑海，所以黑海北岸的突厥系钦察人也同样因得到了这条交通线的恩惠而渐趋富强。而成吉思汗在蒙古地区出现时，正值中亚处于兴盛状态之时。于是，繁荣与富有的中亚便成为蒙古人掠夺的对象。可以说，这不过是时机问题而已。

恰值成吉思汗遣其部下平定了西辽，听闻西辽南面的花剌子模王国颇为富庶，故派遣商队，请求与之通商。然而，花剌子模国王怀疑该商队是间谍，将商人尽数杀死，并夺取了商队的财宝。此举成为成吉思汗宣战的口实。成吉思汗亲自率领诸子踏上了西征之路，在花剌子模王国境内肆意抢掠城市。花剌子模国王遂逃至黑海中的一座小岛上，并最终死在那里，王子札兰丁·明布尔努向南逃亡，成吉思汗亲自追击，直至印度河地区。与此同时，蒙古大将哲别、速不台翻越高加索山脉，袭击了居于黑海北部的钦察族，并进而沿着伏尔加河进入并掠夺了俄罗斯的领地，然后引兵而返。蒙古军的进军路线，利用的大体上都是当时新开通的直接连结印度与欧洲的交通干线。

太祖成吉思汗死后，其子太宗窝阔台汗即位。窝阔台首先向东进发，消灭了金，将华北纳入治下，接着向西派出一支庞大的欧洲远征军，以拔都为统帅。拔都的军队掠夺了俄罗斯、波兰、匈牙利及德国南部，并最终进兵至威尼斯，但由于听闻太宗去世的消息，故撤兵而返。后来，拔都在俄罗斯南部的伏尔加河畔的萨莱停了下来，并在那里建立了支配俄罗斯和钦察人的钦察汗国。此后，在经历了太宗之子定宗贵由的短暂治世之后，宪宗蒙哥遣其弟旭烈兀消灭了残留于巴格达的阿拔斯王朝，在从波斯到地中海这一西亚的主体地带建立了伊利汗国。此举导致突厥人被迫向西南方向迁徙，蒙古人也随之西侵，取代突厥人在整个西亚确立了霸权地位。当时，只剩小亚细亚和埃及尚保留着突厥人政权的余绪，尤其是小亚细亚地区的奥斯曼人，他们承担起了在后世再度实现突厥民族称霸西亚这一伟业的重要使命。

四大汗国与元朝

女真人在建立金朝之际保持了氏族内部极强的凝聚力，诸王之间互施援手。然而，蒙古帝国却从一开始就具有明显的成吉思汗独裁专制的倾向，整个蒙古帝国看上去就像是成吉思汗个人的所有物。蒙古人所进行的战争最初都是掠夺战，战利品无论是人畜还是财物，都必须先将一部分进献给成吉思汗，剩下的再平均分配给前线的将士和后方的有功之人。起初，成吉思汗将其征服的部民以一千户为一个单位，分配给自己的儿子和功臣。他先分给长子朮赤九千户、次子察合台八千户、三子窝阔台和四子拖雷各五千户，然后再分给臣下总计约九万五千户，并将各个臣下分派到指定的居住地。于是，蒙古人确立了一种封建体制，即王公将所分得的土地作为自己的领地，进行畜牧并休养部民，一旦遇到战事，就从部民中征发战士；如果成吉思汗本人不亲自出征，便从诸子当中选一人担任统帅。此举的结果是使各个王子的势力逐渐壮大，以致与成吉思汗没有血缘关系的臣下往往会倾向于隶属于某个特定的王子，而这也就成为蒙古帝国分裂的征兆。

蒙古世系

①太祖成吉思汗
- 朮赤—拔都（钦察汗国）
- 察合台（察合台汗国）
- ②太宗窝阔台（窝阔台汗国）—③定宗贵由
- 拖雷
  - ④宪宗蒙哥
  - ⑤元世祖忽必烈
  - 旭烈兀（伊利汗国）
  - 阿里不哥

成吉思汗的统治风格虽然是独裁君主式的，但其在北方游牧民族当中采取的仍是以往惯用的合议制度，即遇到大事时，蒙古人会聚集重要王公和众臣召开忽里勒台大会。然而，成吉思汗去世后，其强大的独裁权力很快就消失了，而此前单纯作为协商会议发挥辅助作用的忽里勒台，也发生了功能上的变化，转而成为决定重要国策的决策机关。在这一背景下，蒙古王公之间的内讧，不久后成为蒙古帝国趋于分裂的原因所在。而进一步加剧分裂倾向的，则是当时蒙古诸王在意识到土地的重要性后，为争夺领土而产生的利益冲突。

成吉思汗最初将外蒙古西部及西北部作为封地，分封给了朮赤、察合台、窝阔台三子，而将幼子拖雷留在自己身边。此后，到了太宗窝阔台汗时期，朮赤的长子拔都在俄罗斯南部建立了钦察汗国，察合台在中亚建立了察合台汗国,而太宗则领有外蒙古、内蒙古和华北,只有拖雷没有自己的封地。太宗之子定宗贵由死后,忽里勒台大会决议拥立拖雷之子宪宗蒙哥为大汗,所以宪宗作为新的君王开始直接统治从外蒙古根据地到华北的领土,反倒把太宗子孙所管辖的窝阔台汗国排挤到了外蒙古西北一隅,太宗的子孙对此十分不满。但从另一方面来说,虽然宪宗拥有了蒙古腹地的主要部分,但他只不过是以大汗的身份,临时管理着父祖的领地而已。因此,宪宗也试图让子孙获得世袭的财产。宪宗派其弟旭烈兀出征波斯,建立伊利汗国,体现的也正是这一意图。另外,宪宗还曾与其弟忽必烈一起南征,试图消灭中国南方的南宋政权。

由于宪宗在与南宋军交锋时战死,所以忽必烈便代其统领军队。而此时,在外蒙古,宪宗之弟阿里不哥在获得窝阔台汗后援的情况下,正觊觎着蒙古大汗之位。如果这时正式召开忽里勒台大会,其结果将是无法预测的。所以,当时手中握有华北地区统治权的忽必烈,试图利用其所辖地区的经济资源掌握霸权,故在北京召开了临时忽里勒台大会,并在会上被众人推举为大汗。忽必烈即位后,采用了汉式的国号"元",并以"中统"作为年号(1260年)。

对此,阿里不哥颇有异议,故与元世祖忽必烈展开争战,但最终因战败而不得不向其求和。此后,外蒙古也归入了元朝的支配之下。不过,与元朝西北部相连的窝阔台汗国却始终不承认忽必烈的正统地位,双方的争战一直持续到两位大汗的子孙一代。最终,资源贫乏的窝阔台汗国自然衰亡,但这一内乱仍然造成了蒙古帝国内部巨大的消耗。另外,随着整个蒙古的忽里勒台制度的消亡,西方的察合台、钦察、伊利三大汗国纷纷独立,与君临东亚的元朝相分离。

元世祖忽必烈不久后南下灭了南宋(1276年),其领土范围包括内、外蒙古以及东北、西藏和整个中原。因此,元朝的统治重心自然转移到汉地。于是,忽必烈将大运河北端的金朝之中都(今北京)定为都城,称之为"大都"。可见,元朝皇帝忽必烈虽然是蒙古人,但与其说他是蒙古大汗,倒不如说他具有更为鲜明的作为中国历代王朝后继者的色彩。

元朝的政治

　　蒙古大汗同时身兼中国皇帝，这一统治者身份所体现出的两面性，不仅体现了元朝政治的特征，而且引发了种种使元朝不堪其苦的矛盾和问题。由于蒙古人对其武力有着绝对的自信，故带有十分强烈的自尊心，喜欢以蒙古至尊的姿态凌驾于汉人之上。元朝的中央和地方长官都由蒙古人担任，而财政事务则主要交给色目人（西域人）来管理。之所以如此，是因为蒙古人在入主中原之前就与回纥等族有所接触，知道这些民族的文化程度并不逊色于汉人，故很早就开始利用他们的商贾营利之才，使之管理自己的私有财产，例如管理战利品的分配和实现所蓄财产的增殖等。因此，蒙古人在国家财政方面试图继续利用色目人的才干。然而，色目人中出现了桑哥这种以政权为依靠，利用包税制压榨人民的官员，其所作所为招致了汉人的反感，朝中也因此屡屡发生汉人与色目人的争斗。

　　世祖忽必烈认识到，自己之所以能够成就霸业，与汉人发挥的重要作用密不可分。所以，他在一定程度上也重用汉人，并对民政颇为用心。但是此后，朝中有实力的蒙古权贵建立了自己的党群，开始独揽大权，再也不去倾听汉人的声音。以往，出身于北方民族的帝王在进入中原之后，其权力很快就会与人民的利益取得一致，并倾向于通过排除中间势力，从夷狄之君变为纯粹的汉人利益的代表。然而，元朝统治者却与此不同，存在于其周围的蒙古势力十分强大，妨碍了君主与汉族民众的直接接触，这成为导致蒙古的统治以失败告终的重要原因。此外，由于蒙古人崇信喇嘛教，并赋予其以极大特权，也使汉人颇受其苦。

　　至此为止，华北已经经历了北宋末年和金朝末年的两次重大战乱，社会伤痕累累，土地荒废严重。为此，元朝决定在华北施行休养生息政策，故采取了从南方征发物资的策略。南方的谷物通过运河或海路，可以被运到远在华北的大都，供给城中的百官和军队。截至元朝统一中国之时，每当华北遭遇战乱，南方便会收容大批北方流民，南方的土地资源因此得到了进一步的开发，南方社会也才能够承受元朝对物资的大量征发，并仍达到了南宋时的繁荣程度。蒙古人向西亚的进军，一度清除了伊斯兰教的影响，使得此前由于与穆斯林的敌对关系而一度封闭了往来道路的欧洲人也开始屡屡到访东亚,并在中国各地建起了基督教的教堂。而与此同时,从属于蒙古人并流入中国的西域人中也有不少穆斯林,因此,清真寺也在中国各地建了起来。现在中国伊斯兰教的分布范围,可以说就是在这个时代确立的。

蒙古人对中原的统治,除了引入优秀的伊斯兰文化和器物,还将蒙古式政治本身的影响带给了汉人。汉人当中开始有人穿蒙古服饰,起蒙古人的名字。另外,由于受到蒙古风俗的影响,汉人在主从关系方面也开始接受以殉死为美的观念。由于蒙古人对中国古典文化缺乏兴趣,所以其诏敕的汉文译本多使用俗语。而与此相伴随,中国的精神文化也开始倾向于从以往古典的重压中解放出来。相较于中国自古以来的儒家观念,人们开始认为,对现实问题加以更为合理的解决才是首要之务。此外,由于科举考试的长时间中断,传统的士人阶级逐渐没落,而拥有自由思想的知识分子开始占据社会的支配地位。这种在蒙古政治体制之下出现的民众观念的变化,为此后明代具有特色的反儒家的法家政治的确立奠定了基础。

满者伯夷王朝的意义

蒙古的大征服对其四邻产生了深刻的影响。日本虽然试图将其国民自觉的形成求诸远古,但就现实而言,日本是在受到来自大陆的威胁后,才借对抗意识的增强而强化了国民凝聚力。因此,日本的民族团结是前后两次蒙古来袭的结果。由于蒙古来袭,日本朝廷与幕府的对立得以暂时缓解。此后,天皇虽一度取得建武中兴,但击退了蒙古军的武家的势力更受国民信赖,武家也因此得以再度将天皇亲政的局面逆转为幕府政治。

蒙古的入侵对南洋诸岛也产生了巨大的心理刺激。元世祖忽必烈曾命将军史弼率军远征爪哇。当时正值南洋诸岛开始出现民族统一迹象的时期,爪哇的信诃沙里王朝正变得日益强大,并试图进军马来半岛和苏门答腊岛。蒙古军的到来恰逢信诃沙里王朝的末代国王被篡权者打败,国内陷入混乱之际。信诃沙里国王之婿罗登·韦查耶借蒙古军的力量平定了爪哇,接着又立即将其逐出岛外。此后,罗登·韦查耶创立了满者伯夷王朝,其领土大致上覆盖了今天印度尼西亚共和国的大部分,南洋的近世史也由此开始。今天印度尼西亚的民族运动，也可以说是以重新构建满者伯夷王朝之疆域为目的的。如果历史上的这一王朝不曾存在过，那么恐怕印度尼西亚人的民族自觉会呈现出相当不同的样貌。

满者伯夷王朝一直持续到了明代，于 16 世纪初被伊斯兰教王国淡目王朝取代。这意味着，自 13 世纪前后传入该地区的伊斯兰教势力终于确立了主导地位，此后，伊斯兰教便开始在南洋一带称霸。当时正值葡萄牙人向东方扩张势力的时期，印度尼西亚虽极力抵抗，但进入 17 世纪后，最终随着荷兰人的到来而不得不屈服。

第四节　明王朝与帖木儿帝国

明朝的兴起

兴起于西亚的近世性民族主义的潮流，通过突厥系民族波及蒙古系、满族系民族，其势力压制下的汉族终于也开始出现消极的国民意识觉醒。但是，面对总是领先一步的北方民族之民族主义，汉族不得不逐渐后退。在南宋灭亡后将近百年的时间里，汉族在元朝的统治之下完全失去了民族的自由。但尽管如此，汉族在此期间并未停下发展的脚步，一度由于战乱而陷入荒废状态的华北，也在治安状况好转后逐渐走向复兴。此外，云南的大理国被蒙古灭亡之后，汉人自由地迁居至大理旧地，使长期以来作为掸裔民族自治之国的云南地区也逐渐汉化。但是无论如何，这一时期汉族最重要的根据地是长江以南地区。南宋灭亡时，南方因受到战祸的影响相对较小，在南宋亡国后顺利地恢复了安定状态，所以其经济实力终于渐渐地压倒了其他地区。此外，由于蒙古人采用的招抚海外诸国的策略颇有成效，南洋诸国与中国之间的贸易往来变得频繁，其中获利的主要就是中国南方地区。于是，史无前例的以中国南方为依托的汉民族复兴运动便由此兴起，而明王朝的建立正是这一运动的结晶。

明朝的兴起是汉人民族主义运动的首次成功，但其中存在着一个矛盾。一方面，汉人自古以来秉持着中华思想，认为异族乃是低劣于自身的夷狄，所以恢复为夷狄所夺之中国当然是一大美行。但与此同时，汉人也有肃正君臣名分的大义思想。一旦作为臣下侍奉君主，则必须在君臣大义面前反省自身。所以，尽管明朝高举"攘夷"之大旗，煽动汉人对异族王朝的反感，但是对于那些一度成为元朝之臣下的人来说，反对元朝必然会成为破坏大义名分的举动。事实上，元朝末年汉人发动起义时，汉族出身的文官中有不少人以出身进士为由，选择尽忠于元朝，并为之殉难。也就是说，从中国的传统思想来说，以君王的夷狄出身作为理由来反对君王是不能成立的。不过，最终克服了这一忠诚与背叛的矛盾问题，使明朝得以统一天下的，却未必是人民对明朝攘夷思想的共鸣，而更多的是元朝治理方式本身的破绽。因此，明朝能够得以兴起的理由，大半要从元朝灭亡的原因中来寻找。

首先，由于宋代铜钱盛行，所以元朝在交易时仍旧使用前代留下来的铸币，并同时发行了名为"交钞"的纸币，以供公私使用。但由于交钞是法定货币，所以其发行量一旦增加，价值就随之跌落，而政府又不得不进一步增加发行量。如此一来，人民深受物价高腾之苦，对政府失去信任，元朝就此失去民心。

交钞可以作为租税上交，但钞价下跌导致政府的租税收入实际上是减少了。为了弥补不足，政府试图增加对间接税的征收，但由于以往间接税的主要征收对象是盐的专卖收入，所以政府一旦提高盐的标准价格，则一方面会导致走私变得猖獗，另一方面也会使以黑市商人为后台的秘密结社变得活跃起来。这些动向发展到一定程度之后，就会成为孕育反抗的母体。因此，到了元朝末年，浙江首先发生了方国珍的起义，接着江苏又发生了张士诚的起义。

不容忽视的一点是，盐的走私在一定意义上也发挥了失业救济的作用。也就是说，由于农村的人口容纳能力有限，为了维持政府的运作，城市所承受的财政负担相对较轻，而农村承担的负担则相对较重。因此，农村人口倾向于向城市流动。但是，一旦农村陷于疲敝，那么城市也无法继续维持其繁荣。所以，当城市中的剩余人口无法进入正规的工商业谋生时，这些失业的城市人口就变成了黑市上的贩盐者。因此可以说，盐的走私的盛行程度与失业者的数量是成正比的。

元朝末年，黄河发生洪灾，贾鲁奉命治水。他召集了 30 万名劳工，以河南为中心，构筑堤坝，整修河道。但是防洪筑堤工程结束后，劳工被遣散，社会上便出现了大量失业者。在此背景下，韩山童、韩林儿父子以宗教为聚众手段，乘势而起，其势力从河南一直波及江南。盐民张士诚在长江口起兵后，北京与江南之间的联系被切断，北方因此失去了粮食补给的途径。

此后，淮水以南地区大体上都脱离了元朝的统治，纷纷宣告独立，中国南方陷入了群雄割据的状态。正值此时，占领了南京的朱元璋的势力愈发强盛，不仅压倒了张士诚，而且将长江下游的谷仓也纳入治下，此举为其成就霸业奠定了基础。长江下游平原不仅是重要的粮食产地，同时也是为长江流域供盐的产盐地。就这样，朱元璋平定江南之后，华北及蒙古地区在资源和人口上都无法与之相比。所以，当明太祖朱元璋的北伐军逼近大都时，缺少粮草的元军已经斗志尽失，元顺帝还一度逃至蒙古草原（1368年）。然而草原上物资更加匮乏，在明朝军队的追击之下，蒙古王公的军队大多投降，只有元顺帝与其近亲进一步北逃。

明初的民族主义

明太祖之所以能够统一天下，是由所谓时势造就的，但我们也不能忽视汉人民族主义在此期间发挥的巨大威力。首先，中国周边异族的民族主义一个接一个地高涨起来，不少异族曾先后压制汉族，其中蒙古人更是最终入主中原。但是，蒙古人的统治维持了大约百年后，汉族终于再度恢复自由，这是不可否认的事实。尽管在此期间，蒙古人的风俗、语言已然渗透到了汉人之中，但明太祖出于汉人的民族主义，仍然试图一改蒙古人留下的风习，使汉人的服饰恢复唐宋衣冠的旧制，并试图复兴中国的传统文化。然而，明朝在对外政策方面甚为消极，这一点从其修筑雄伟的万里长城之举便可看出。在明朝人的观念中，汉人的国家只要确保汉人自身的居住范围就足够了，汉人能够在这片领土上自给自足，如果政府要超出这一必要且充分的范围而对外用兵，必将被视为劳民的愚蠢行径。再加上周边的异族在资源方面十分匮乏，无法自给自足，所以其生存所必需的物资不得不仰赖中原，故必然会要求与中原进行贸易。所以，明朝只需坚守国境。如果对方表示臣服，就应允其要求而与之通商；如果对方不肯臣服，则应禁绝与对方的交通往来。如此一来，明朝对周边夷狄别无用兵之劳，即可保卫自身。在这一意图下，明朝确立了锁国的政策。由此，中国人自由的国际贸易和海外出航开始遭到严禁，只有那些接受了明朝册封的朝贡国的使者，持其国王的凭证才可以在特定的港口进行贸易活动。其实，贸易就是朝贡，朝贡就是贸易。外国船只如果在非朝贡时期靠近中国海岸，就会被视为海贼而遭到处罚。这一限制性极强的对贸易的统制体制，使明朝在日后反受其苦。

永乐帝治下的明朝及其变质

明太祖将自己的诸子封为各处要地的王，并赋予兵权，令其镇守地方。其中，被分封于北京的燕王的势力最为强大，其部下有大量投降而来的蒙古骑兵。根据明太祖的命令，蒙古人必须与汉人通婚，蒙古人同族之间的婚姻被严厉禁止。由此，蒙古人也逐渐汉化。但尽管如此，蒙古骑兵仍保持了自身的勇武。明太祖去世之后，其孙建文帝即位。但此后不久，燕王便举兵南下夺取帝位，他就是明成祖永乐帝。

永乐帝即位后，将都城迁至北京。与此同时，明王朝的性质也随之发生了巨大变化。明太祖曾经视为理想的对汉族的单一民族国家的追求，如今已经无法继续维持。这是由于元朝皇帝的后代逃至外蒙古后，在那里建立了北元王朝，他们试图收复内蒙古，并不断侵扰明朝的边境地带；而等到北元灭亡之后，蒙古草原东部的鞑靼部势力又取而代之，变得强盛起来。对此，明朝意识到，为了确保万里长城的安全，必须首先保证内蒙古的安定，而为了安定内蒙古，就必须安定外蒙古，而要安定外蒙古，就必须占据整个东北地区，将其置于自己的保护之下。所以，即便汉族自身的居住地没有遭到侵略，但只要中国周边地区受到敌寇的侵扰，就不能对此不闻不问。就这样，从明太祖时期开始，明军就曾出兵外蒙古，而到了永乐帝在位时，永乐帝甚至不得不屡次亲自率兵远征漠北。于是，明王朝没能成为汉族的单一民族国家，而是不得不原样继承了元朝的规模，成为一个巨大的外向征服型的王朝。只不过王朝的支配者发生了改变,汉人取代蒙古人登上了历史舞台。

当时的蒙古分为东、西两部分,一个是东蒙古的鞑靼部,另一个是在西蒙古乃至天山北路地区日渐强盛的瓦剌部,二者相互对立。最初,永乐帝与西蒙古的势力结盟,攻打东蒙古,但随着西蒙古变得过于强大,又转而帮助东蒙古攻打西蒙古。然而,由于东蒙古的势力再度变得强大,永乐帝又不得不再次亲征东蒙古。此后,东、西蒙古的对立经有明一代一直持续到清朝初年。清朝保护了东蒙古的迦勒迦部,至乾隆帝时,清朝才彻底击溃了源于瓦剌部的准噶尔部。此后,这一地区终于进入了平稳的状态。

此外,永乐帝为了镇抚女真人,招降了黑龙江河口地区的女真人,并在那里设立了奴儿干都司。永乐帝还对黑龙江以南的女真各酋长授以官爵,并给予他们与官爵相应的贸易特权,在此基础上,还赠与他们大量白银和绢布。后来的建州卫(即清朝建国的根基),就是这些酋长国当中的一个。

永乐帝还曾向南方开疆拓土,试图趁安南地区陷入内乱之机将其吞并,使之汉化,然而这一计划以失败告终。此后,宣德帝也不得不完全放弃了对安南的野心。永乐帝之所以有意向南扩张,是由于其父明太祖的锁国令仍然发挥着效力,民间的自由贸易仍受到极大的限制。所以,永乐帝试图通过领土的扩张,将外国领地转变为国内市场,以此多少缓解由锁国所带来的不便。

事实上,明太祖过于强烈的锁国主义,反而阻碍了其理想中的朝贡贸易的发展。因此,永乐帝曾数次派遣宦官郑和组织大规模的船队,巡回于南海诸国和印度洋。郑和一方面邀请各国与明朝进行朝贡贸易,另一方面也借此机会进行明朝自身的对外贸易活动,大量购入南方国家的奇珍异产。郑和本人是一位穆斯林,其随行的译员也由穆斯林担任,这些人同时也是领航员。其中,还有人曾前往麦加朝觐。通过郑和的远航,明朝与伊斯兰世界的海上交通变得兴盛起来。宣德帝之后,随着明朝海上势力的衰退,伊斯兰势力逐渐取而代之,将势力延伸到了东方。而西方葡萄牙的海上势力在印度洋出现,则是在郑和远航大约百年后的事情,他们追随着伊斯兰势力东渐的足迹，来到了中国的沿海地区。

帖木儿帝国

明朝的疆域沿着东西方之间的陆上交通干线，止步于长城西侧附近的嘉峪关。明朝从嘉峪关向西，也与西亚的伊斯兰文化圈有所接触。

位于东方的元朝灭亡时，西亚的蒙古四大汗国也正日趋衰亡，原居于西亚的波斯人、突厥人等势力开始抬头。正值此时，再度纠集蒙古势力并对西亚开展征服的人物就是帖木儿。

在四大汗国中，偏居北方的窝阔台汗国因与位于东方的元朝相争，国力日渐疲敝，最早亡国；而其他三个汗国也多为内乱所困，国力不振。只有伊利汗国在合赞汗统治时期，不仅复兴了传统的波斯文化，还汲取了中国与欧洲的文化，并使西亚特有的文化发展到了顶峰。而位于伊利汗国以北的钦察汗国由于支配了从黑海通往东方的交通线，也一度十分强盛。不过，这两个汗国的繁荣都未能长久。另外，由于四大汗国境内居住着很多穆斯林，所以四大汗国的王室都相继改宗伊斯兰教。

内乱最为严重的是察合台汗国，因内乱分裂为东、西两部分，又进一步分裂为众多小国，于是陷入了群雄割据的局面。但在此期间，相传是成吉思汗远亲的帖木儿出现在了察合台汗国。帖木儿先是定都撒马尔罕，合并了东、西察合台汗国，而后进一步吞并伊利汗国并招降钦察汗国，接着又侵入印度，占据了印度西北部，统一了西亚的大半。当时，迁徙到小亚细亚的突厥人中有一支奥斯曼族，其势力虽然正日渐强大，但帖木儿西征时在安卡拉战役中击败了奥斯曼人，并取得了活捉奥斯曼帝国皇帝巴耶济德的大捷。不过，奥斯曼帝国并没有因此灭亡，而是雌伏于小亚细亚养精蓄锐。后来，奥斯曼帝国成为地跨欧亚大陆的大帝国，重新活跃于历史舞台之上。

帖木儿的出现正值明太祖、明成祖这两代君主执政时期。帖木儿对于元朝被明朝所灭一事颇感不满，因而试图帮助东蒙古的鞑靼部讨伐明朝。然而，未等到这一计划落实，帖木儿就病死了。随着帖木儿的去世，其大帝国也轰然瓦解。此后，帖木儿子孙中的有力诸侯仍以撒马尔罕为中心建立联盟，但他们终究只能统治中亚一带而已。这些诸侯屡屡从陆路派遣使者与明朝建立邦交，试图通过贸易之利来维持国势。然而，他们这时所面临的形势是：钦察汗国系的乌兹别克族正由北方南下；波斯地区的国粹主义运动正在兴起，萨法维王朝也由此诞生。所以，在此形势下，帖木儿的子孙将侵入印度作为最后一条生路，并获得了成功。此后，帖木儿的后代在印度建立了莫卧儿帝国。

蒙古人对西亚的入侵，其作用仅在于为早已移居至此的突厥人带来秩序，建立秩序的任务一旦完成，各个地区的突厥人就逐渐抬头，反过来开始压迫蒙古人。于是，即便是位于撒马尔罕附近的布哈拉汗国和希瓦汗国，也遭到了具有浓厚突厥色彩的乌兹别克人的占领。硕果仅存的蒙古系汗国浩罕汗国得以延续至18世纪末，最终被俄罗斯兼并。然而，浩罕汗国所处地区也已经完全突厥化了。至此，西亚地区已经完全被突厥人占据。

莫卧儿帝国的兴衰

印度在历史上虽然不断遭到来自北方的异族入侵，但与此同时，先进的文化也由此传入。印度最初的入侵者是古代的雅利安人，他们构建了现代印度文化的基础；其后的入侵者则是波斯人和希腊人。此后，印度的物产除了通过海路被运往西亚和欧洲，还翻越兴都库什山脉被输出到中亚。因此，从北方侵入中亚的突厥系游牧民族便沿着这条交通线，进一步以印度为目标开始了南侵。其中，最初来到印度的突厥系民族是嚈哒，此后则是统治了印度西北部的伽色尼王朝。伊斯兰教在印度传播的基础，就是在这一时期奠定的。

取代突厥人入侵印度的是蒙古人。成吉思汗曾亲自进兵印度河畔，帖木儿的领土更是进一步向东延伸，将恒河上游也纳入自己治下。此后，帖木儿的五世孙巴布尔为躲避突厥人的压迫而从中亚南下，来到了印度西北部边境。

自古以来，印度地区就存在着基于人种与职业差别的严格的等级制度。但随着北方入侵者的到来，印度社会在每一次入侵的洗礼之下都会形成新的阶级。于是，印度社会不仅存在中世的政治分裂，还在此基础上叠加了阶级的分裂，这种双重的分裂使印度终于陷入支离破碎的状态。伽色尼王朝建立后，中亚的突厥系民族将伊斯兰教信仰带到了印度，穆斯林与既有的印度教信徒互相敌视，进一步加剧了印度社会的混乱。不过，尽管蒙古人出身的巴布尔是一名穆斯林，但正如蒙古人在其他地区的先例一样，其在宗教上具有宽容性。因此在印度，巴布尔王室是作为宗教纷争的调停者出现的，并且发挥了将混乱的社会加以秩序化的作用。

巴布尔首先打败了洛迪王朝，攻占了印度西北部（1526年），然后又击败了印度教教徒，吞并了恒河上游，由此构筑起莫卧儿王朝的根基。而"莫卧儿"就是"蒙古"的意思。巴布尔死后，莫卧儿帝国一度濒于分裂。然而，巴布尔之孙阿克巴自14岁继承父业后，屡次击破强敌，并最终占领了印度北部的整个平原地区。阿克巴还迎娶了信仰印度教的藩王之女，以融合两派教徒之间的感情，并免除了印度教教徒的人头税，赋予他们政治上的平等地位。

阿克巴还在其领地内丈量土地，使地租的分派变得更加公平，同时着手实施财政方面的中央集权，使来自十五州的奉纳金的数额大幅增长。莫卧儿王朝此后持续了150年之久的鼎盛，正是以这一经济实力为基础才得以实现的。另外，据说阿克巴还曾将梵文圣典与诗歌译成当时作为宫廷用语的波斯语，并召集婆罗门，听其讲论印度教的教义，还招来西方的传教士，使之与穆斯林进行教理上的争论。总之，阿克巴不是作为一个蒙古人，也不是作为一个穆斯林，而是作为一个印度人，为印度的统一事业贡献了力量。

阿克巴之后，又经贾汉吉尔与沙贾汗，这祖孙三代的统治时期是莫卧儿王朝的全盛期。特别是奥朗则布兼并了南印度后，整个印度得以实现了政治性的统一，这是印度有史以来的第一次大一统。正是在莫卧儿王朝时期，印度进入了近世史的发展阶段。然而，印度社会中存在的社会性、宗教性的中世割据势力，不久后再度逆转了这一近世史的发展倾向，并使印度社会的发展出现倒退。奥朗则布死后，印度再度陷入了严重的分裂割据状态。此时恰值欧洲势力开始膨胀并日渐波及印度洋，葡萄牙、荷兰的近世势力尚仅仅止步于对印度海岸地区的占领。但是等到工业革命之后，英国便开始以新锐的文化为后盾而居临印度。由此，整个印度便屈服在英国的支配之下。

第五节　清代的亚洲

明朝中后期与诸外族的关系

元帝国的统治是在南方汉人的反抗之下露出破绽的，与此相似，继承了相同疆域的汉人的明王朝，则由于未能成功统治北方民族而招致了自身的覆灭。

尽管永乐帝曾多次亲征漠北，但终究未能给外蒙古带来政治上的安定局面，而永乐帝死后，外蒙古的形势就变得愈发危急。当时，外蒙古分为东部的鞑靼部和西部的瓦剌部，二者轮流掌控霸权，并不时乘势入侵中原。不过，其入侵主要是以开放边境贸易为名义的。经过与中原长年累月的交通往来，蒙古人尽管维系着自身的游牧生活，但不知从何时起，其消费生活已经越来越依赖中原的物产。尤其是蒙古人养成饮茶的习惯之后，茶叶便成为其生活必需品。然而，当时明朝对外实行极端严苛的贸易统制政策，如果对方不是绝对屈从和臣服于朝廷，则即使是朝贡贸易亦被禁止。因此，对自身武力颇有自信的蒙古人遂反过来压制明朝，以获得与之进行自由贸易的权力。

永乐帝之曾孙明英宗在位时，瓦剌部在酋长也先的治下日渐强大。他们越过长城侵入中原，在土木堡取得了大败明朝军队、俘虏明英宗的胜利。自此之后，长城以外的蒙古人完全脱离了明朝的支配，而此时的明朝正为维持其新的边境线而忙得焦头烂额。

在也先遭到暗杀之后，瓦剌部逐渐衰落，鞑靼部取而代之，逐渐变得强大起来。但是后来，成吉思汗的远亲后裔达延汗出现于世，他首先在内蒙古确立了霸权，并在蒙古族内部确立了一定的秩序，接着其孙俺答汗进一步远征外蒙古，驱逐瓦剌部，从而再度实现了戈壁沙漠周边地区的完全蒙古化。之所以这么说，是由于瓦剌部虽然也是蒙古族的一部，但其所处位置以前是突厥的居住地，所以瓦剌部总是被视为不同于成吉思汗直系的一支。因此，瓦剌部在被俺答汗驱逐后，直至清朝初年，一直不得不蜷居于其根据地天山北路一隅。

蒙古的侵略导致了明朝的不安，明朝人对被称为"北虏"的蒙古人深感恐惧。然而不久之后，由于蒙古的鞑靼部膨胀到了一定的限度，内部的统治开始逐渐松弛，失去了对外侵略的活力。于是，明朝所受到的主要威胁开始从蒙古转向东北。在那里，女真势力的涌动变得愈发显眼。同样不容忽视的一点是，日本对于女真的勃兴也发挥了一定的作用。

所谓的"倭寇"，是由于明朝行之过甚的锁国政策本身出现了破绽所导致的。原本人们说到"倭寇"的时候，并不是指单纯的海上掠夺行为，而更多的是指海贼登陆后掠夺城市、引发动乱的行为。而这种意义上的倭寇作乱，必然是有中国人作领路人并有协作者与之相伴的，甚至有时倭寇以中国人为主体的情况亦不鲜见。倭寇之乱在嘉靖年间格外多发，这是由于嘉靖年间所谓的"海禁"执行得最为严格。自宋元以来，日本人与中国沿海民众就已经开始进行自由贸易了，但明朝政府采取锁国政策之后，自由贸易就变成了走私贸易。而嘉靖皇帝对走私贸易的压制，与其说是针对日本人，不如说是针对中国人，试图以此对民众加以严厉的控制。为了反抗这一官方的压制，中国人只好勾结日本人掠夺沿海城市，这便是倭寇的真相。[①] 不过，嘉靖帝之后的隆庆帝对海禁政策有所放松，并允许民众从漳州出航海外，所以此后倭寇也就几乎消失了。

丰臣秀吉侵略朝鲜之役，也是一种对明朝锁国政策变相的抗议。因为日本通过正常渠道无法平等地与大陆进行自由的交往和贸易，所以丰臣

[①] 作者关于倭寇性质的观点有失偏颇，请读者注意。

秀吉试图通过出兵朝鲜，创造与明朝建立邦交的契机。丰臣秀吉曾先后两次出兵朝鲜，对此，明朝曾两度向朝鲜派军支援。作为输送物资的要道，辽东地区一方面因此而遭到入侵，另一方面也因交通往来的日益频繁，物资的流通变得活跃起来，而这无疑为女真人带来了经济利益。另外，以往汉人与女真人之间的对立，如今也由于明朝的让步而得到缓和。明朝针对女真人设置的军备都转移到了朝鲜，从而使女真人得以取代朝鲜，进入辽河平原的丰沃之地。这时，作为女真人的核心力量开始活跃于历史舞台上的，是居住于辽河支流浑河周边溪谷地区的建州左卫爱新觉罗氏。

清朝的兴起

明朝自开国以来，对女真采取的一直是分而治之的政策。对处于割据状态的各部族，明朝分别授之以与其实力相应的官爵，然后根据官爵赐予物品，并在朝贡贸易时授以特权。因此，官爵的委任状同时也成为一定额度的贸易许可证，女真人得以带着马匹、人参来到明朝边境与之通商。每当女真人中出现豪杰之士，开始吞并其他部落而势力迅速扩张之时，明朝就会立即与其敌对势力合作，对其进行讨伐。可见，使女真人长期处于分散状态，是明朝统治政策的着眼点所在。万历初年，朝鲜裔武将李成梁在辽东地区建功，蓄养私人军队，充当了明朝的藩屏，很好地压制了女真。但是自丰臣秀吉入侵朝鲜之役后，李氏的兵力就不得不调往朝鲜，碧蹄馆之役中的明朝将领李如松、李如柏兄弟二人便是李成梁的儿子。出兵朝鲜期间，明朝对女真的压力相对变小，努尔哈赤（清太祖）得以登上历史舞台。努尔哈赤复兴了由于李成梁的攻击而濒于衰亡的建州左卫，接着以兴京为中心，不断兼并周边各部，逐渐趋于强盛，最终称帝，以"金"为国号。这是金朝灭亡380余年之后的事情（1616年）。

面对这一形势，明朝根据其传统的政策，命令女真族中反对努尔哈赤的一派出兵朝鲜。明朝试图与这些部族合作，从四周同时围攻努尔哈赤的根据地兴京。然而，明朝军队的主力在抚顺的萨尔浒全军覆没，其他军队也随之败退。此后，努尔哈赤的霸权变得愈发无可撼动。接着，努尔哈赤驱逐明军，迁都沈阳，其子太宗皇太极执政时又兼并了内蒙古东部。此后，明朝不得不以长城作为防线。

　　清太祖努尔哈赤的建国，是女真民族主义的复兴。在女真人的记忆中，尚留存着几个世纪之前灭亡的金朝的故事及传统。在明代，有些女真人仍然使用金朝创造的女真文字。而类似于金朝猛安谋克制的氏族制度，也仍然存在于女真人的社会中。清太祖所确立的八旗制度，就是以这一固有的氏族制度为基础的，即将约三百名壮丁作为一个单位，称"牛录"，五牛录为一"甲喇"，五甲喇为一"固山"或"旗"。最初建制时是四旗，后来增加了一倍而为八旗。这一八旗制度既是行政组织，同时也是军事组织，具有一定的封建属性。各个首领既是行政官员，又作为领主治理其部民，并进而作为臣下隶属于更高层级的长官。平时，各个单位在指定的土地上进行耕作，从事农业生产；战时，则依据制度公平地召集所需的战士，其首领直接作为部队的统帅率兵出征。而且除了满人，汉人与蒙古人也被编入这个八旗制度之中。这无异于意味着，当地的所有居民都要满族化。

　　但是，满人的民族主义绝非固定不变的，它具有随时势而变的弹性。早在清太祖时，满人就将蒙古文稍微加以变形，开始制作并使用与既有的女真文字不同的新的满文。清太宗时将八旗进一步细分为满洲八旗、蒙古八旗和汉军八旗，虽然制度的内容没有什么变化，但他试图通过区分满人、蒙古人和汉人，使各个系统可以相对灵活地实现各自的自治机能，相较于将其他民族彻底满族化的理想来说，这明显是有所让步的策略。同时，太宗还将族名改为"满洲"，并改国号为"大清"，这是因为以往的金朝曾俘虏过宋朝之二帝，所以他担心"金"的国号会招致汉人的反感。不过，清朝强制其治下的所有汉民都必须蓄留满人式的辫发，朝廷用语必须使用满语，公文也须以满文为主，只在必要时附以汉文。可见，其在保持满人的主体性方面是一以贯之的。

　　那么，清朝太祖、太宗理想中的疆域究竟是怎样的呢？可以说，在这一时期，他们还没有占领整个中国的巨大野心。清朝的领土要求可能止步于以长城为界，与明朝以对等的独立国家身份建立邦交，进行自由的边境贸易，并禁止国民越境。但是，由于清朝的出现，明朝在与之连年交战的过程中面临着财政上的重大危机，内部出现了崩坏瓦解的征兆。而且，与作为夷狄的清朝建立平等的国家关系，这是明朝所无法想象的。所以，明朝终究不能抛弃鄙视满人的态度，从而使得两国的敌对关系持续下去。在此期间，明朝意外地由于内乱而亡国。此后，清军趁乱进入北京，统一了中国。

清朝的大一统

明朝在明太祖和明成祖之后采用了极端的君主独裁制，在这一点上，明朝不似儒家而似法家。与此同时，由于明朝宫廷的财政收入丰厚，所以常常在宫中豢养多达数千名宦官，其规模俨然形成了一个小政府。因宦官总是侍从于左右，故天子信任宦官，使其监督官吏，甚至将北京城内的警卫权都交给了他们。如此一来，明朝的政府就形成了以天子为首，其下官吏和宦官两个系统并存的格局。朝中的大臣为了保住自身的地位，不得不与有权势的内廷宦官交往，而这又进一步使得宦官有机会干政。另外，朝中的大臣分成不同的党派，内廷的宦官也有党派之分，宦官的权势有时甚至会压过大臣。宦官当中也屡屡出现依靠天子的信任而行事专横之人。在万历末年之后，亦即清朝开始兴起后，这一局面开始变得格外严峻。

明朝也和历朝历代一样，利用运河将江南的粮食输送到国都北京，以供给百官和军队。但是到了明朝末年，政府收取白银的情况逐渐多于收取粮食。据说，这也与宦官权势的扩张有关，因为白银在内廷广泛流通，更便于宦官们分配。但是对于驻防边疆的军队而言，如果政府也给其白银使之自筹粮食，且自筹的比例不断增大，那么一旦遭遇凶年，华北就将陷入粮食严重不足的困境。这样一来，各地就会频繁发生盗贼的蜂起和军人的叛乱，在以陕西为中心的西北等物资贫乏之地，这种情况尤为严重。于是，这些地方就出现了李自成、张献忠等人。李自成先后转战山西、河南、湖北、安徽等多个省份，曾两度造成当地的严重混乱。后来，他翻越太行山，进逼北京，而失去斗志的明朝军队相继投降。于是，北京最终失守，明朝的末代天子崇祯帝在宫中自杀，明朝也就此灭亡（1644年）。

此后，在江南地区，明朝的遗臣拥立福王即位，并请求清军进入北京击退李自成。但是，对于明朝遗老们提出的这一计划，清朝并未派出一兵一卒，反而指出，明皇室请清朝讨伐逆贼，却未对清朝表示出十足的敬意，并责怪明皇室在未经清朝同意的情况下擅自拥立天子。据此，清朝认为，福王应该受封于清，并作为藩王效忠于清。然而，中国终究不能同时存在两位君主，所以明、清两大王朝只得以实力分出胜负。而此时已然国威扫地的南明朝廷，其内部文官武将互相争权夺利，不能团结一致，其国力终究无法与新兴的清朝相抗衡。于是，清军在巩固了华北之后开始南下，很快就一举席卷了整个中国。

当时满人的总人口估计至多不过六七十万，因此，能够从中征发并用于前线作战的兵力也不会超过 15 万。但即便如此，满人依然能够平定人口数百倍于自身的明朝，这与满人强烈的民族意识之兴起不无关系。此外，也是由于明朝实施极端专制独裁的统治，磨灭了汉人的民族主义精神，使社会各个方面陷入分裂状态。由于明朝未能给军队提供足够的供给，导致军队首先出现分裂，并纷纷投降清朝。同时，明朝官僚也对国内党争之激化怀有不安和畏惧，有不少人归降清朝。但这些汉人并不满足于固守东北一隅，而是热切地拥戴清朝，渴望再度回到中原。因此，最希望清朝平定中原的与其说是满人，不如说是这些流离失所的汉人。

清朝从建国初期开始，就令其治下的汉人服从满人的风俗而剃发留辫，以示忠诚。但是，清军趁明朝灭亡之机进入北京后，满人突然成了上亿汉人的主人，其在治理方针上也经历过迷茫。如果强制所有汉人都剃发，那么恐怕只会招致汉人的反感，而如果对其加以放任，则清朝的威严将无从树立。但尤为需要考虑的是，如果清朝的政策贯彻得不彻底，那些已经剃发留辫的汉人也会恢复汉俗。而这说不定就会导致汉人对清朝的不服从，甚至会导致汉人固有的民族自觉再度高涨。因此，清朝最终决定在全国发布辫发令，并以"留发不留头，留头不留发"为口号，对汉人加以死亡的威胁。果然，心怀不满的汉人在各地发动起义，清朝对此采取了断然加以镇压的态度。就这样，清朝的民族主义终于压服了汉人的民族主义。另外，那些入关前就已臣服清朝，早早遵从了留辫风俗的汉人，在这一过程中能够不失体面地面对后来臣服清朝的汉人同胞，而且还能得到清朝对其特殊的优越地位的认可，故逐渐形成了一个被称为"汉军"或"旗籍汉人"的阶层。

汉人服从满人的辫发之俗，表示立誓臣服清朝之意，由此确立了清朝与汉人之间的君臣名分。汉人只要崇奉儒家，就不能无视君臣之大义。儒家在此发挥了抑制汉人之民族自觉，阻碍其攘夷思想抬头的十分不可思议的作用。但是，清廷对汉人施加的强压之策也存在自身的局限。清朝的辫发令多少会承认一部分例外情况的存在，对于该命令，男子须从之，女子则不必从；壮年人须从之，幼儿则不必从；儒者须从之，僧侣则不必从。例外情况的存在，是一个民族不以文化而只以强制手段来同化其他民族时难以避免的现象。汉人的民族主义表面上看似乎已经消失不存，实际上却始终潜藏于其思想的根底部分，并伺机而起。所以，即便当时清朝的武力处于鼎盛时期，也面临着令其束手无策之处。

当时，满人已经获得了中原丰富的资源，且处于民族发展的鼎盛期。清王朝统率着以这些满人为核心的八旗精锐之兵，可谓处于所向无敌的状态。在蒙古草原西北部，瓦剌部中的准噶尔部逐渐壮大，甚至试图征服外蒙古的喀尔喀部。对此，清朝自康熙帝到乾隆帝这三代君王每年都出兵外蒙古，最终歼灭准噶尔部，使蒙古完全归服清朝。对于中原王朝来说，不必再担心蒙古人之侵袭，这在历史上是第一次。在此期间，天山南路、青海、西藏等地也陆续归属清朝，安南、缅甸、朝鲜、暹罗等则成为清朝的朝贡国。清朝的疆域虽然不及元朝鼎盛时之大，但在其统治区域之内，却近乎完全地实现了和平的状态，这是以往历代王朝都未能做到的。清朝与同时期出现在西亚的奥斯曼帝国相对，成为东亚近世历史上最后一个大一统王朝。

清朝的统治

顺治帝迁都北京之后，清朝的根据地从关外变成了中原。由此，对于清朝来说，最重要的问题就是如何长久地维持对中原的统治。对此，清朝统治者设计出了一套独特的统治方法。

清朝直接继承了明朝独裁专制的政治制度，并在某些方面展现出更进一步的观念。在清朝，由于康熙帝立太子失败，为了解决这一问题，雍正帝创立了秘密建储制。这是一种在天子去世之前绝不明示后继者的继承人选任办法。由于皇太子的地位仅次于天子，是天子之外最容易集聚官僚势力的据点，因此有受到利用和误导的危险。而君主独裁政治的理想状态是，不允许任何人拥有与天子相似的威严。因此，雍正帝还架空了明代以来的内阁，另外设置了军机处。此后，重要的政令都由军机处发出，内阁则降格为单纯的行政执行机关。军机处是直接连接天子与各个官员的机构，通过军机处，官员们可以不必经由上级，直接将意见上奏天子，并可以直接从天子那里得到秘密的指令。这样一来，全体官员都直接地成为天子的手足，一旦受命于天子，即使是自己的上级亦无法加以约束，这就是独裁君主的理想。

这样的独裁君主为了巩固自身的地位，必须立足于不分伯仲的两大势力的均衡状态之上。而清朝恰好有满人和汉人这两个用以立足的绝佳阵营。于是，清朝在军事上立足于以满人为核心的八旗兵和由汉人组成的绿营兵二者的平衡状态之上，一方面以八旗制约绿营，另一方面以绿营的存在激发八旗的凝聚力。

这一策略在中央政府的组织上也有所体现。在作为行政机关的内阁、六部以及军机处等机构中，满、汉官员的数量几乎相同，其结果就是导致了各机构负责人都由两个人（满、汉各一人）来担任的罕有现象。清朝不允许官员独断专行，凡事皆须开会商议之后办理，如果意见无法取得一致，便由天子来进行裁决，独裁制度的真面目由此可见。然而，与此同时，这也难免会导致官吏对自身职务缺乏责任感，并将最终责任都推卸给天子的弊病。

清朝虽然在中央政府采用了这种满汉并用的双重体制，但在地方政府层面，则只在一些要地设置了满人官吏，主体则交由汉人自治。但是，独裁政治终究离不开密探政治。明代的独裁政治是派遣宦官到地方，使之收集信息，而清朝则可以很方便地利用比宦官更安全的、堪称心腹的满人作为爪牙。满人官吏除了担任总督、巡抚之类的大员，镇守地方并建构谍报网络的据点，也有不少人被任命为统治体系末端的密探。正是由于满人具有较高的忠诚度，所以清朝才能够将宦官的弊害控制在最小的限度之内，这也是清朝的统治能够比较成功的原因。

　　清朝采用了汉式的独裁君主制，在满、汉两方势力互相平衡的基础上实现了统治的稳定，而在此过程中，清朝皇帝在满人中的地位也不得不逐渐发生变化。清朝的君主已经不再作为满族的族长，与同胞共享满人的身份，而是开始作为出身满族的君主，自上而下地居于满人之上。以往，在满人固有的朴素的主从观念中，天子是其同宗之长，满人对其多怀有很深的亲缘之情。然而如今，他们在汉式的君臣大义之下，被要求须在道德上义务地向天子尽忠。这种地位的变化必然会消磨满人的民族意识。如今，满人不再以族群整体的身份来拥护天子，而不得不像汉人一样，变成一个个直属于君主的臣下。由此，满人的族群意识也就日渐衰退了。不过，满人作为少数群体生活在数量庞大的汉人之中，因而不得不强化族群的凝聚力。而且事实上，在清朝的三百年间，满人的忠诚从未被天子怀疑，也几乎从未发生叛乱。然而，这种忠诚不过是消极的忠诚，随着岁月的流逝，他们理所当然地受到汉式的个人主义的影响，趣味和教养也逐渐汉化，甚至连满语也逐渐遗忘。满人已然失去了积极振兴民族意识的热情。

　　在清朝兴隆的同时，印度出现了莫卧儿帝国。另外，在同一时期的西亚，奥斯曼土耳其帝国也成就了霸业，这一部分我们将留待后文再叙。

第 5 章

近世文化的展开

第一节 伊斯兰文化的光辉

伊斯兰文化的地位

在倭马亚王朝时，伊斯兰国家的领土已经地跨亚、非、欧三大洲，并占据了世界的中心位置。所以，这里会出现世界性的文化也是理所当然的。因为倭马亚王朝从东方吸收了波斯、印度的旧有文化，从西方输入了希腊、罗马的文化，并将它们投入伊斯兰的坩埚中加以熔炼再生。不过，由于倭马亚王朝的首都设在叙利亚的大马士革，所以早期的伊斯兰文化还是更倾向于西方。在当时的君士坦丁堡，东罗马帝国仍自负是欧洲文化的正统所在，即便帝国已经有所衰落，但早期伊斯兰文化仍然明显受到它的影响。但是到后来，伊斯兰文化获得了更为广阔的发展空间，很快就凌驾于西方文化之上，对中世纪欧洲产生了深刻的影响。

伊斯兰法制

伊斯兰教的胜利，既是其获得宗教霸权地位的结果，同时也是由于其自身所具备的对所有文化进行统合的卓越能力。通过武力征服获得的土地，必须通过法制来加以维持。

毋庸赘言，伊斯兰法制是以宗教作为终极来源的。"安拉之外没有神，穆罕默德乃神的预言者"是伊斯兰教的核心信条。因此，穆罕默德说的话就是神说的话，《古兰经》就是绝对真理。但是，《古兰经》并不具备法律性的体系，法学家们不得不对其进行法律上的解释，或是通过推论，或是参照习惯法，然后另外构建一个伊斯兰法律体系。通过这种方式确立的法制，主要分为身份法、财产法、契约法、婚姻法、继承法、奴婢法、刑法、诉讼法、组织法、教会法等大类。在此，我们举其二三特点为例。例如在身份法中，穆斯林与非教徒之间存在权利上的等级差别，在法庭上，非教徒不能作为证人出现；在奴婢法中，奴婢获得自由的手续被简化，通过主人的遗言或者自赎等方式都是被认可的；在契约法中，高利贷和赌博被严格禁止；在刑法中，正当防卫也得到承认。此外，女性的权利也得到保护，女性的继承权也得到了法律的认可。其实，阿拉伯女性原本和男性一样，同样可以参加社会活动，后世伊斯兰世界普遍存在的戴头巾的习惯，不过是受到了波斯贵族的后宫制度的影响。这一伊斯兰法虽然可能受到了当时最为先进的东罗马帝国的罗马法的影响，但在某些方面又超越了罗马法。

西亚的文艺复兴

在倭马亚王朝时期，作为沙漠之民的阿拉伯人在接触了以叙利亚为中心的优秀文化后，苦心致力于如何在确保伊斯兰教与阿拉伯人的民族主义不发生矛盾的情况下吸收前者的文化。不过，当时阿拉伯人因急于学习实用性的新文化，所以无暇考虑知识体系的问题。但是，到了阿拔斯王朝时期，由于王朝中心转移到了东方的巴格达，而该地靠近波斯和印度，且由于阿拉伯人对叙利亚文化的吸收已经告一段落，所以此后阿拉伯人开始有组织地、体系性地吸收这些既有文化，并在此基础上进一步尝试加以重新整理。这是一种文艺复兴现象，并成为后世伊斯兰文化发展的根基。

以当时阿拔斯王朝的国都巴格达为中心，东西方的古代典籍在这里被译成阿拉伯语。希腊的医学、哲学、天文学、地理学、数学等方面的书籍都被引介到这里，亚里士多德、柏拉图、托勒密、欧几里得、阿基米德等人的作品都可以用阿拉伯语来阅读。波斯的文学和印度的数学也被引入。不过，阿拉伯人并未止步于单纯的对古代典籍的收集，而是在此基础上进行了大量的研究和创造工作。

阿拔斯王朝的哈里发马蒙在巴格达修建了天文台，命人观测恒星和日食，并计算出各个地区的经纬度，甚至测量了经线的长度。也就是说，当时阿拉伯人已经知道地球是球形的这一事实，后世欧洲的地动说也是由此发展而来的。而刺激了哥伦布发现美洲的，其实也是阿拉伯地理学。

9世纪之人阿尔·花刺子模写成了《代数学》（al-jabr）一书，其知识来源于希腊和印度的数学。此书被翻译并引介到欧洲以后，书名便成了"代数"（algebra）一词。阿拉伯数学的杰出之处在于三角学，正弦也是阿拉伯人最早开始使用的。

在化学方面，8世纪末的阿布·穆萨·贾比尔是最具代表性的人物。阿拉伯人通过进行精密的实验，以彻底掌握药品的性质，为此使用了升华、过滤、蒸馏等方法。他们通过升华硫化砷，成功提取了砷元素，并通过蒸馏的方式实现了对液体的精炼。当时，他们将所有精炼所得的产物都称为"al-kuhl"。而欧洲人从葡萄酒中蒸馏出酒精并将其称为"alcohol"，则是12世纪的事情。另外，蒸馏器被阿拉伯人称为"al-anbīk"，欧洲语言也将其直接引入，而日本则是从荷兰引入蒸馏器的，所以将其称为"兰引"。

在医学方面，最初犹太教徒和基督徒都有所建树，不过后来，阿拉伯人中出现了声震整个中世纪欧洲的学者伊本·西那。阿拉伯医学虽然在解剖学方面没有取得明显进步，但进行了大量的外科手术，另外在药学方面也有十分杰出的贡献。阿拉伯医学经由犹太人之手传播到了欧洲，由于见效显著，人们甚至坚信这是一种魔法。

阿拉伯地理学与历史学

在伊斯兰世界广阔的领土上，有着完备的驿站设施，这极大地便利了商业、交通和朝觐。伊斯兰世界经过不断扩张，或许是由于国家要从各领地征收租税，或许是由于个人出于贸易的目的，需要频繁地往返于国内外，种种原因使得阿拉伯人的地理学知识愈发丰富。另外，阿拉伯人所进行的大帝国建设及其强烈的民族意识，唤醒了他们对过去的关心，这也推动了地理学和历史学的发展和兴盛。在阿拉伯人的典籍中，已经被译成近代欧洲语言并颇负盛名的作品有以下几种。

首先是9世纪人伊本·霍尔达兹贝的《道路与国家》。该书记录了全国的驿站和纳税额,并对中国、朝鲜等远东地区的地理情况也有所涉及。据说,书中所记的远东地区附近的"Wāqwaq",指的就是日本。其次是12世纪人伊德里西的地理学著作,该书虽然相对粗糙,但因附有地图而闻名于世。进入13世纪之后,雅谷特编纂了规模庞大的地名词典,可按照阿拉伯文的排列顺序进行查阅。

在历史学方面,10世纪时出现了塔巴里的《历代民族和帝王史》。塔巴里从创世时代写起,对自己所处时代的历史也有所涉及。与此同时,马苏第写了《黄金草原》一书,他试图将当时世界的地理和历史知识加以综合。另外一位值得注意的人物是伊本·赫勒敦。时值西班牙的伊斯兰国家进入衰落期,伊本·赫勒敦出生于突尼斯,并于15世纪初在开罗去世。他不仅留下了优秀的历史著作,而且在该著作卷首写下著名的《绪言》,从而成为世界上第一位历史哲学家。

伊斯兰科学的特点

伊斯兰科学在很多方面继承了希腊的科学,这一点从其以希腊语的"Geographia"一词来称呼"地理学"便可窥见一斑。不过,伊斯兰科学也发展出了自身的独特之处,其数学成就更是代表了伊斯兰科学高度发达的水平。欧洲近代的数学,是在使用了阿拉伯数字的基础上才得以成立的。不过,据说阿拉伯数字是吸收并改良了印度原来所使用的数字后产生的。在阿拉伯数字中,"零"这一记号及其概念构成了阿拉伯数学发达的根基。如果没有"零"的概念,人们就无法掌握"进位法",也就不可能进行复杂的运算。随着数学的发展,天文学、物理学的发展也得到了促进,音乐也可以通过数学理论来加以说明了。伊斯兰建筑特有的圆形屋顶,无疑就是通过力学计算设计出来的;而装饰内壁的阿拉伯式花纹则是几何学之美的创造。总之,伊斯兰文化在很大程度上实现了对世界文化的集大成,我们几乎不可能将其成果尽数举出。仅从今天英文等西方语言中"alkali""alcohol"之类取自阿拉伯语的单词数量之多,我们就不难看出阿拉伯文化对欧洲的影响程度之深。这里的"al"即阿拉伯语中的定冠词。

阿拉伯文学

阿拉伯人是沙漠之民，所以在伊斯兰教出现以前，他们就已经以大自然为背景，创作出许多充满热情的诗歌。在阿拉伯人的社会中，能够进行即兴创作的诗人最受尊重。有时为了避免战争，交战双方甚至会分别选派代表各自阵营的诗人进行对决，以诗歌应酬的方式决一胜负。到了阿拔斯王朝时期，在波斯文化的刺激之下，阿拉伯人除了诗歌方面的成就，还取得了散文方面的发展。

被视为阿拉伯文学代表作的《一千零一夜》并非由一人之手完成，而是阿拉伯人共同合作的成果。构成该作品核心部分的是9世纪时由波斯语译成阿拉伯语的《一千个故事》。到了巴格达的阿拔斯王朝时期，阿拉伯人又在此基础上注入了阿拉伯的元素。到了13世纪之后，该作品才最终在埃及首都开罗得以完成。

中世纪欧洲与伊斯兰文化

尽管阿拔斯王朝将都城迁到了巴格达，但以叙利亚为中心的地中海西部的伊斯兰文化并未就此走向衰落。大马士革精美的纺织品、金属工艺品以及玻璃制品和纸张，都令中世纪的欧洲人深深为之着迷。阿拔斯王朝衰落后，出现在这里的塞尔柱王朝遭到了十字军的入侵，导致叙利亚地区在大约两个世纪的时间里一直是一片战场。当时，德、法、英等国仍处在后进国家的发展阶段，而这些国家的王公贵族都曾前往叙利亚，呼吸近世文化的新鲜空气。与此同时，东方的奢侈品也因此逐渐流入了欧洲的上层社会，使欧洲的封建贵族日趋堕落。来自东方的物产逐渐普及，开始变成欧洲人日常生活的必需品，所以，经营这类商品的远距离商贸活动就变得愈发兴隆。犹太商人的活跃正是以此为背景的，而他们之所以屡屡遭受迫害，也在很大程度上与其财富积累受到嫉妒有关。

对于中世纪的欧洲来说，以地中海西岸的西班牙的科尔多瓦为中心的后倭马亚王朝，也是欧洲文化知识的一大来源。后倭马亚王朝对于异教徒相当宽容，所以基督徒也经常到这里的伊斯兰学校留学并学习哲学，甚至出现过异教徒当选校长的例子。

突厥文学的起源

从某一方面来看，伊斯兰教的发展和兴隆也是阿拉伯民族主义发展的体现，而且这种民族主义还促进了位于阿拉伯以东的突厥的民族自觉，这一点前面已经有所论及。事实上，正是由于伊斯兰教的影响，突厥才开始形成自身的文学。在喀喇汗王朝治下的八剌沙衮地区，一个名叫玉素甫的人以阿拉伯文抄写突厥文，著成《福乐智慧》一书，并将此书进献给君王。据说，《福乐智慧》一书是现存最古老的突厥文学作品。该书是以伊斯兰教义为基调的道德书，成书于1069年。

事实上，在此书问世之前，波斯文化就已经深刻地影响了突厥人。而且，由于回纥文在突厥也十分流行，所以这部《福乐智慧》也被突厥人以回纥文抄写并得以普及。不过，虽然突厥语和回纥语在一般突厥民众中已经得到了广泛使用，但是突厥出身的君王和贵族们在宫廷中却更多使用波斯语和阿拉伯语。因此，突厥文学因受限于宫廷语言，其发展受到了一定程度的限制。

到了帖木儿的时代，尽管帖木儿是蒙古人，但由于其武装力量的来源是突厥士兵，所以突厥文学得以在蒙古人的治下再度抬头。也正因如此，帖木儿的传记中有好几种是由突厥文书写并留存至今的。此后，沙哈鲁继承了帖木儿的大业，同时作为突厥诗人登上了历史舞台。沙哈鲁的五世孙即进入印度并建立莫卧儿帝国的巴布尔，也留下了用突厥文写成的自传。然而，由于拥有古老传统的波斯语在伊斯兰世界东部地区仍占据着绝对的优势地位，所以印度的莫卧儿王朝不久后也开始在宫廷中使用波斯语。突厥文学的兴隆，只能等到那个远走他乡并在西方世界开辟新天地的奥斯曼帝国兴起之时。

波斯文学的传统

在伊朗高原以东直到中亚地区，自古就分布着伊朗系民族，因此波斯文化很早就在这里得到了普及。当地的方言分为多种，在商业上占据重要地位的撒马尔罕及其附近地区所使用的粟特语，其影响力向东延及中国，成为当时国际上的通用语言。但是，随着唐末之后突厥系回纥人的南下，塔里木盆地周边逐渐突厥化。接着,由于撒马尔罕遭到喀喇汗王朝和蒙古人的入侵,其商业地位受到冲击,粟特人的商业权力也逐渐衰落。所以与此同时,粟特人的语言也不知不觉地销声匿迹了。但取而代之的并不是突厥语,而是接受了贵族式洗礼的波斯当地的波斯语。

消灭了萨曼王朝的伽色尼王朝,其名君马赫穆德原本是突厥人,但他同时也是波斯文化的爱好者,他的宫廷诗人菲尔多西是波斯文学史上无法被遗忘的伟大人物。菲尔多西在马赫穆德的保护之下,创作了波斯文学史上最重要的杰作《列王纪》。该书以传说中的英雄鲁斯塔姆为主人公,并将其故事以及波斯历代君主的事迹写成长达6万韵、12万行的长篇叙事诗。据说,他为完成这部作品花了30年的时间。尽管在当时,伽色尼王朝所在的地区已经进入了伊斯兰教的时代,但由于菲尔多西是以萨珊波斯的末代之君伊嗣俟三世留下的材料为基础完成《列王纪》的,所以其思想与其说是伊斯兰式的,不如说更倾向于琐罗亚斯德教。这部讴歌了波斯国粹主义的情感之作,在后世作为波斯人的国民文学被广为传诵。该作品已经被译成欧洲各国的语言,但在日本目前只有转译的版本。

波斯语取代粟特语,成为通行于东方各国的语言。到了蒙古人开始远征的时代,波斯语在蒙古人广阔的领地上也作为商业用语,甚至有时还成为宫廷用语。帖木儿的王朝治下便是如此,而到了帖木儿之子沙哈鲁的时代,波斯语的使用更加普及。帖木儿的子孙进入印度后,其建立的莫卧儿王朝的宫廷用语也是波斯语。

伊斯兰文化对中国的影响

由于伊斯兰教是通过陆路,借由回纥人之手传入中国的,所以在中国,人们将伊斯兰教讹称为"回回"。不过,中国人开始自发地信奉伊斯兰教则是相对晚近的事情。大约从元代起,大量西域人移居中原之后,中国人才开始信仰伊斯兰教。当然,除了陆路,伊斯兰教也曾经通过海路传播到中国。早在唐代,阿拉伯人就已经来到了中国,并在广州和扬州拥有自己的聚居区。可以说,相较于陆上的传播,更多先进的伊斯兰文化是从海上传来的。

在宋代，中国以江南地区为中心，取得了科学技术领域的极大发展。不过，这大概也是受到阿拉伯人启发的结果。北宋中叶，与王安石同时代的政治家沈括在《梦溪笔谈》中记载了许多新鲜的科学知识，而沈括是泉州人，泉州又是阿拉伯商船的集散之地。此外，作为宋代新学的性理之学，也被认为受到了伊斯兰神学的影响，不过这一点还没有得到证实。至于朱子已经知道地球是球体一事，估计是受教于阿拉伯人的天文学。

火药以及指南针的知识，至迟在北宋就已经为中国人所知了。虽然我们不知道这些知识的确切来源，但一般认为这也是来自伊斯兰世界的。在北宋的兵器中有应用火药的武器，这一点是事实。不过，宋人尚未能对此加以有效的运用。但是，当蒙古军进攻南宋前线时，曾利用西域大炮攻陷了襄阳这一坚固要塞。这无疑说明，火器的发源地就是伊斯兰世界。到了元代初期，阿拉伯的天文学知识传入中国，郭守敬用以制定《授时历》，其精密程度据说可逾千古。

第二节　中国近世的新文化

新文化的根基

在宋代之后，中国的政治经济中心转移到了大运河沿线，近世性的商业都市也在此勃兴。而与此同时，地方上中世性质的庄园日益没落，立足于小农经济基础上的地主阶级也开始出现于世。商业城市中的资本家由于从事的商业活动受到国家的强力统制，所以有必要得到某种意义上的政权庇护才能生存。于是，商业资本与官僚之间的勾结关系便得以产生。不过，孕育官僚的母体在很多情况下就是地主这一群体。所以，从结果上说，农村的地主阶级、城市的资本家阶级以及朝廷的官僚，三者在根本上是一样的。由此，三位一体的新贵族阶级得以产生。宋代之后新文化的出现，其实就是以这些新的实力贵族为依托，并以城市中的消费人群为前提的。

宗教

以中世时期的王公贵族为供养者的脱离尘世的佛教，自唐末以来与贵族阶级一同衰落，取而代之的是净土宗、禅宗这些与民众接触较多的佛教宗派。对印度佛典的翻译在唐代已经告一段落，此后即便仍有译经活动，也都不具备撼动佛教思想界的力量。此后，佛教明显进入了需要加以咀嚼玩味的时期，即中国的佛教必须要用中国人的思想来对其加以新的解释。而这种新解释的代表性产物就是禅宗。禅宗以"不立文字"为口号，并在一定程度上宣称与印度佛教绝缘。其公案和语录之类也是用符合中国文人趣味的方式，对佛教教义重新加以书写的产物。由此，我们也可以感受到当时中国民族主义意识的跃动。

在宋代，道教也有了面目一新的变化，尤其是北宋灭亡之后，全真教在华北确立了自身的地位。全真教排除了中世那种迷信的或念咒式的修行方法，认为若要获得幸福，只有通过节制欲望，才能实现精神的安宁，从而向人们推行更为合理的自我修行方法。

儒教

关于儒教究竟是不是宗教这一问题，世间争议颇多。若将儒教视为宗教，则无法解释儒教何以一方面承认"天"这种万物主宰的存在，另一方面却并不主张人对天的绝对皈依。所以，从这一点来说，儒教的宗教性相当淡薄。不过，儒教也绝不是单纯的政治学或伦理学，不仅拥有不可置疑其真理性的经典，其冠、婚、丧、祭等活动也完全不依靠其他宗教，而能以自身特有的礼仪来开展。无疑，从这一点来说，儒教至少可以代替其他现存于世的宗教。而儒教的宗教色彩逐渐变得浓厚，是宋代之后的事情。在古代中国，虽然也有冠婚丧祭的儒教礼仪，但是佛教传入后，古代的礼仪被佛教礼仪取代，即便是儒者，一般也会以佛教的仪式来祭祀祖先。然而到了宋代，尤其是南宋时期，朱子登上了历史舞台，他编纂了《朱子家礼》之后，儒者们便再度开始进行儒家式的冠婚丧祭等礼仪活动了。

不过，宋代儒学的革新更多地体现在思想理论方面。中世儒学不过是对儒家经典进行解释，人们称之为"训诂之学"。所谓"训诂"，即只要是出于孔子门人之手的古代经书，宋代儒者便对这些经书的内容逐一加以注释。对于孔子所著的《春秋》，与其同时代的左丘明作了注释，名为《左传》。此后，晋人杜预又对《春秋》和《左传》进行注释，后来，孔颖达又进一步对已有的经典加以注疏。这种不断增加注释的举动，并无助于理解经书的思想，而且这些注释仅仅是对字句的解释，故只能归之为章句之学。其结果便是，注释的过分积累反而使经书的真义变得愈发不可解。

因此，从唐末开始，中国就已经开始出现反对这种烦琐学风的运动。

这种运动在宋代实现了集大成的发展，即世人所说的"宋学""性理学"或"朱子学"。宋代儒者试图将探究经书中字句之意的举动控制在最小的限度内，并试图直接探求经书的思想内涵。但是，经书毕竟是上千年前的东西，即便其内容具有一定不朽的价值，但对于当时理智上有所发展且受到佛教思想洗礼的中国人来说，原始的儒家只不过是实践性的教诲而已，已远不能满足当时人们的思想需求。因此，宋代儒者采取的方法只能是进一步用发展了的思想对经书进行重新解释，从而试图从中找出更深奥的意义。

北宋初期，学者陈抟制作了《太极图》，不过，据说这是根据道家的宇宙论制作出来的。此后，周敦颐对太极图进行了阐释，朱子等人则进一步对周敦颐的阐释进行补充，完成了儒教的宇宙论。太极图说的要义即认为，现象世界有木、火、土、金、水五行，如果对五行进一步加以还原，则有摆脱了性质之差异并表现为量之正负的阴、阳二气。所谓的"气"乃指所有物质，而物质世界会在"理"这个精神性原理的作用下运转。天地的运行、四时与日月的循环都遵循一定的法则，而这一法则的存在就是"理"发挥作用的结果。要想明确"理"与"气"之间的关系，我们只需思考一下某些极端的情况即可。由于事物产生运动本身是需要时间的，所以没有时间的地方就不存在事物的运动；或者说，物质是借由运动才能够成为物质的，所以如果没有时间和运动过程，则物质本身亦无法拥有其存在的空间。如果我们现在将时间加以无限细分，以至无限接近于零，那么就将出现一个没有时间，没有运动，没有物质，也不存在空间的"无"的世界。然而，这并不是说物质完全消失了，而是物质被包容在精神性的"理"之中，其形迹消失了，因为精神不需要空间就能够自立。这种"无"的世界，其实是将森罗万象的现象世界之整体包容于其中，并能够有力地推动现象世界进一步发展的"全"的世界。所以，"无"的世界也即"全"的世界。这就是所谓的"无极即太极"。

那么，如何才能训练人的"气质之性"呢？这只有通过回到精神上的"太极"状态才能得以实现。即在无念无想之际，"气质之性"才能被包容于"天然之性"之中，从而取消其形貌上的存在，正如在太极的世界中,"气"被包容在"理"之中一样。当人即将从"无"的状态转向"有"的世界时,人们有必要训练自己抓住"气质之性开始活动的瞬间",然后不断控制作为"气质之性"的欲望,使之不背离"天然之性"。当意识到"气质之性"脱离了"天然之性"时,我们就必须努力恢复无念无想的状态。

这种太极、性理之说,无疑是孔子和孟子做梦也想不到的。但是,讲究"中庸"的永恒与"至善"的子思之说,和追求"放心"、以"四端"证明"性善"、以"夜气"养"浩然之气"的孟子之说,都可以很容易地在宋儒的性理学说中找到其立足之地。所谓"求放心",是在"天然之性"的统制下掌握"气质之性";所谓"四端",乃指"气质之性"在根源上与"天然之性"是相连续的。而所谓"夜气",则指人在睡眠中处于无念无想之境,其间,作为"气质之性"的欲望可以一时消逼,人类也就恢复到了"天然之性"的状态。

如此,朱子就以新的哲学体系重新解释了古代经典。为此,他选择了最便于操作的"四书"。所谓"四书",即《论语》《孟子》《大学》《中庸》这四部以往并未被视为"经"的作品。一直以来,人们习惯于将孔子直接整理过的"五经"称为"经"。而作为孔子门生对孔子言行记录的《论语》,就被视为较"经"略低一级的"传"。《大学》和《中庸》都是《礼记》中的一篇,而《礼记》则是对《礼》这一经典的记录,所以《大学》和《中庸》也属于"传",更不用说后世之书《孟子》了。但由于《孟子》是朱子初学"四书"时的入门之书,且一般认为孟子最能够传达圣人之道,所以朱子对此加以新注并发表于世后,后世的学者都将"四书"与"五经"并列,并在实际上将"四书"置于"五经"之上。

如果将儒教与其他宗教进行比较,那么"四书"就相当于佛教的"论藏"。一般来说,宗教的成立至少需要三部经典。由于宗教是以信仰为中心的,所以首先要有记录绝对真理的、作为至上命令的经典,即"经藏";其次,必须有为日常行为赋予规则的"律藏";此外,还需要有证明宗教的真理性并能够用以回应非难和攻击的理论,即"论藏"。在儒家的"五经"中,《礼》就相当于"律藏",而"四书"则发挥了"论藏"的作用,用以补足儒教的理论部分。可见,儒教理论之所以变得能够与佛教相对抗,应归功于宋儒。从这一点来说，宋学的出现既是文艺复兴，同时也包含着宗教改革的意义。

宋学用太极论宇宙，又从宇宙论及人性，在某种意义上带有唯物论的倾向。而产生于明代的王阳明之学则被称为"心学"，由此可见，阳明学有着很强的唯心论的倾向。阳明学是以对"我"的自觉，亦即"心"为学问根本的。"心"即是"理"。阳明学认为，人先天就有追求"良知"的倾向；换言之，人先天即有服从天地之法则的倾向。所谓"圣人"，就是明白"良知"之人，而"凡人"则是良知为欲望所蒙蔽之人。昔时之圣人将其"良知"的显在状态写在经典中留给了后世，但那也仅仅是圣人所提供的一个特殊案例而已。人的修养应在于激发自身"良知"的作用，而不应盲从圣人所提示的特殊情况，经典也不过就是启发"良知"的一种刺激罢了。总之，经典是对"心"的注解，阅读经典时，人不应被经典牵着走，而要把经典视为一种认识自身"良知"的手段。所以，在阳明学中，"我心"与"经典"的相接之处就是学问的出发点，学问的目的不是为了明白经典的意义，而是为了明了"我心"。在这一点上，宋学和阳明学有着完全相反的态度。宋学承认"心"的法则性，但由于法则是借由经典展现出来的，所以宋学的修身方法不可避免地会将服从经典作为最高命令；而与此相对，阳明学的重点则在于主张把经典视为单纯的反省内心的手段。

但是，阳明学也将宋学的太极之说直接视为客观的宇宙观，并对此加以承认，这就好像当今哲学中的唯心论直接承认了物理学的科学性一样。不过，与那种以科学道理来解释伦理道德的态度不同，宋学认为伦理学必须站在唯心论的角度来看。此后，中国虽然也兴起过清代考据学那样的新学问，但从哲学思想体系的高度上来说，再未有能超过朱子和王阳明的人。在此，我们不得不承认宋代之学特别是朱子学的伟大。

文学

宋代的新文学体现在两个方面。一是古文的复兴，二是白话文学的勃兴。中世贵族阶层流行的文章，是用所谓"四六骈俪体"创作的，其内容常常会为文字的形式所害而陷于空疏。因此，自唐代开始，韩愈等人就已开始呼吁人们参照汉代的《史记》，不拘泥于形式，创作能够达意的文章。而到了宋代，文坛上出现了以欧阳修为首的众多古文派的名家，宋人的文体也由此一变。所谓的"唐宋八大家"也由此出世，其文章逐渐成为后世文人写作的榜样。

宋代的古文流行于士大夫阶层，但从唐代开始，就已出现了被视为庶民文学的口语体文章，即所谓"白话"。到了宋代，随着都市的兴起，说书与戏曲等以大众为对象的娱乐形式也得到发展，由此产生了话本、院本、杂剧等。宋代话本至今仍留存于世，但院本则已经散佚不存。到了元代，《西厢记》《元曲百种》等著名的杂剧流行开来。当时的戏曲以歌舞为主，"曲"即歌谣，多由长短句的复杂组合构成。宋代士大夫之间流行的名为"词"的韵文，即元曲的源流。唐诗是用以朗读之物，而宋词则是配合着音乐来演唱的。元曲以大都为中心流行开来，所以被称为"北曲"；进入明代以后，戏曲的中心转移到了南方，所以被称为"南曲"。南曲的构成方式明显变得更为自由，虽然出现了一些长篇作品，但人们一般认为其在文学价值上不及北曲。

另一方面，宋代话本系统的小说在元、明两代取得了长足的进步，尤其是进入明代之后，产生了《水浒传》《三国演义》等长篇杰作。这些作品的作者都不为人知，但与其说这些作品是个人著作，倒不如说是自然形成于民间的合作文学。这些作品相当细致地表现了民众的情感，所以对于那些想要了解中国风俗民情的人来说，这些作品乃必读书目。

元明时期的白话文学对日本自然也产生了一定的影响。日本能乐的谣曲就被认为是受到了元曲的刺激而产生的。进入德川时代之后，《水浒传》在日本被冠以众多读本之名，曲亭马琴的《八犬传》[①]也被视为《水浒传》的翻版。

印刷术

宋代的新文化之所以能够有力地风靡于整个社会，其原因除了城市

---

① 即《南总里见八犬传》。

的发展、交通设施的完善这类社会性的条件，也不应忽视在印刷术的发展之下，书籍得以普及这一重要因素。在此之前，中世的书籍多为手抄本，到唐代才开始出现印刷术。印刷术最初只被用于简单的佛经、词典、历法之书的印刷，但到了五代和宋初，儒家经典和一般书籍都开始应用印刷术，专门的书店也由此应运而生。据传，宋代的木版印刷品制作最为精良，绘画印刷品中也不乏十分精美者。北宋中叶，毕昇发明了活字印刷术，但由于受到木版印刷的压制，未能在当时得以流行。但到了明代，活字印刷术终于实现了一定程度的普及，并通过丰臣秀吉入侵朝鲜之役，经由朝鲜传到了日本。

绘画

绘画起源于装饰，我们从汉代的文物中可以看出，当时的人们已经掌握了十分卓越的绘画技术。当时的绘画作品展现了六朝以来贵族社会的流行趋势。最初，绘画被应用于众多寺院的壁画，后来终于开始作为室内的挂轴或画卷而流行开来。而与此相伴，新的画风也发展起来，这就是南画的勃兴。

由于绘画原本是兴起于手工业行会组织式的师徒制度之下的，因此须严格遵守师法。此外，早期画作注重装饰效果，多倾向于使用金碧之色，色彩浓烈鲜艳。但是，从六朝开始，小型画作不再单纯被视为底稿粉本，其自身的价值开始受到人们的关注。由此，社会上开始形成一种新的绘画鉴赏的潮流，即士大夫开始欣赏非专业画家所作的画。这些所谓的"素人画"无视既有的规矩，以自由的视角观察事物，以诗人的学养描绘作品，因而变成了极具个性的高雅艺术。素人画中的山水画尤其值得注意，这些山水画多以淡彩为主，并利用了独特的皴法。而皴法的利用，使表现山岳和岩石纹理的绘画技术得到了发展。此后，采用这类绘画技法的作品就被称为"南画"；与此相对，采用旧式绘画技法的作品则被称为"北画"。南画一般以唐代诗人王维为鼻祖；至唐末五代时，荆浩、关仝出现于世；宋初，董源、巨然继于其后；两宋之际，米芾父子发明了"米点山水"的画法，被认为是元代之后最终风靡整个画坛的中国画的正统。

与此相对，北画仍坚守着师徒相承的同业组织和代代相传的精细技法，以此与南画相对抗。在宋代，北画因受到皇室的保护而极为隆盛。这一时期出现了堪称皇室技术院的画院，培养了许多画家，尤其是在徽宗宣和年间，更是名家辈出。画院的山水画多采用"钩法"，花鸟画则以色彩浓烈的精巧写生为主。徽宗本人也拥有杰出的画才，至今仍有不少相传是徽宗所作的画作流传于世。画院画家有北宋的郭熙、李唐和南宋的马远、夏珪等人。但是，由于画院的画风过于精巧，缺乏可堪回味的余韵，因此当其失去了朝廷的保护之后，北画也就日渐衰落，最终为民间士大夫的南画所压倒。

工业

与城市的勃兴相伴随的是商业的发展和兴隆，而商业的发展又必然地推动了工业的发展。尽管在宋代，货币铸造所需要的铜的生产被置于政府的统制之下，但其产量依然十分惊人，并使铜钱的铸造一时极为兴盛。所以，即便当时受到禁令的限制，铜钱仍得以大量流往国外，变成当时整个东洋地区的通用货币。因此，宋代铜钱在现在的日本及南洋诸岛仍有大量留存，我们由此可以想见其当时盛大的流通之貌。

不过，宋代的工业中最具世界性意义的是制瓷业的发展。瓷器的制作与烧制时温度的高低关系最为密切，而在宋代，对石炭[①]的利用在华北已经普及。因此，以盛产石炭的磁州[②]为中心的华北地区制造了大量坚硬的瓷器，其制瓷技法甚至传播到了朝鲜半岛，并很快影响到了日本的濑户和唐津一带。而在中国南方，当地人以松木为燃料，也成功地获得了较高的烧制温度，从而使得景德镇成为中国最大的窑业基地，其瓷器直到今天仍具有代表性。于是，宋代中国在制瓷领域掌握了冠绝世界的工艺技巧。所以，即便瓷器极易破损，但中国仍能通过海、陆两线拓展针对西亚和欧洲的瓷器销售路线，截至19世纪，中国瓷器的名声都可谓是无可匹敌的。

---

① 即煤。
② 今河北省邯郸市磁县。

中国近世文化的局限性

除了上述这些，还有纸、墨等文房用品以及绢绸、缎子等织物，这些工艺品无一不是声名远播欧洲的中国特产。然而，我们不得不认为，中国的近世文化存在一定的局限性，即当时中国的工商业受到行会组织的限制，自由企业的发展受到压迫，即便存在新的发明，也很难为社会所采用，这无疑会妨碍新发明的出现。

可以说，不仅是工业部门，就连学问也变成了行会式的。由于在这一时期，学问的目的在于为官谋职，所以自宋初官僚阶级形成后，中国官僚阶级的社会封闭性就一天比一天严重，导致任何试图创造新的学问以融入这个知识群体的举动都极难成功。根据立场的不同，考生在科举考试中及第之前的举人时代都是特定考官的门生；而成为进士，就意味着皇帝认可其拥有独立门户的资格。也正因如此，为进士登第锦上添花的"传胪"典礼，总是被举办得最为盛大风光。在这一时期，不以考取进士为目的的学问求索是没有意义的，而且事实上也不可能存在。宋学出现后，当其一旦被确立为官学，其学问本身也就立即停下了发展的脚步。到了明代，阳明学也步了宋学的后尘，最终与其说是在为追求真理而与宋学相争，不如说是倾向于以党派斗争的形式与宋学相对立。因此，阳明学终究没有作为自由的学问而扎根于民众之中。

在此期间，南画由于是素人画，所以能够作为文人们的业余爱好，超然于宫廷画家的行会组织之外，这一点具有重要的意义。因为在学问、文学都已成为商品的时代，只有绘画不是商品，并能够保持其作为艺术的身份。加之，南画作为高水平的艺术，无疑能够超越绘画领域，发挥提升大众品位和修养的作用。因此，宋人在瓷器表面上所画的无心之作，亦带有极强的艺术气息。中国文化在日后之所以能够以绘画为中心对西方世界产生影响，也绝非偶然。

蒙古帝国治下的文化交流

宋朝灭亡后，蒙古帝国出现于世，而在西亚，一直与基督教保持敌对的伊斯兰势力一度受到打击。与此同时，随着蒙古的驿站制度的完善，东西方之间的交通也得到了明显的促进。元初的马可·波罗和元末的伊本·白图泰的长途旅行，都体现了这个时代交通的自由。

在占领了西亚的伊利汗国，中国文化所做的最大贡献便在于绘画方面。原本伊斯兰教是禁止偶像崇拜的，所以在绘画和雕刻中连动物的形象都不能出现。因此，伊斯兰世界盛大的文艺复兴中缺少绘画方面的元素，穆斯林在装饰上使用的是蔓草纹或阿拉伯式几何花纹。不过，随着突厥人的南下，尚处于幼稚阶段的绘画终于开始以书籍插画的形式悄然进入伊斯兰世界。到了伊利汗时期，蒙古人开始将中国绘画大量应用于书籍插画，这些插画便是所谓的"细密画"。在伊利汗时期，官方设立的书局在前代波斯诗人菲尔多西的《列王纪》和当时的历史学家拉施特的《蒙古史》等作品中都插入了色彩丰富的细密画，这些作品都被制作成十分豪华的版本。细密画一方面受到了中国画的强烈影响，另一方面也展现了波斯的艺术传统。细密画在狭小的纸张上收纳了广阔的空间，从而形成豪放的装饰效果。此后，到了帖木儿统治时期，中亚的细密画艺术发展到了顶点，其作品随着帖木儿的子孙一同进入印度，在莫卧儿王朝的统治下也发展出了别样的天地。

伊利汗国的细密画兴盛起来后，欧洲开始展露出绘画方面的文艺复兴之光。细密画在帖木儿统治时期盛行后不久，欧洲就迎来了绘画领域文艺复兴的全盛局面。可见，细密画与文艺复兴之间似乎是存在因果关系的，欧洲的文艺复兴或许可以从东方艺术的传播这一角度来解读。

在元代，东西方交通的发达使西亚文化得以传入中国。其中，在天文学方面表现得尤为明显。阿拉伯天文学传入中国后，促进了中国历法的改革，出现了郭守敬的《授时历》，该历法后来也为宫廷所用。当时，郭守敬为观测天体，曾利用青铜来制造观测仪器，其制作之精巧令明末来到北京的利玛窦都颇为震惊。但是，清代的天文学却严重退步，以致几乎没有人知道如何使用前人留下的观测仪器。然而，当时欧洲的发展却是日新月异，基于第谷、开普勒等学者的贡献，清朝初年来到中国的耶稣会修士南怀仁所制作的天文仪器，已经远远超越了郭守敬的仪器。总之，欧洲在文艺复兴中走上了迅速发展的道路，而在东洋，宋代出现的新文化却倾向于固化和停滞。尽管在此期间，中国也不时会在外来的刺激下出产一些新事物，但中国人却未对新事物做进一步的培育和促进。而这一时期，欧洲的文化却始终保持稳步前行，不久就完成了工业革命，其前进的步伐已经将东洋远远地甩在了身后。

第三节　三种近世文化的交流

欧洲文艺复兴文化的优越性

近世文化首先出现在西亚，并带来了伊斯兰国家的兴隆。远东受到这一刺激，也开始出现某种文艺复兴的现象，于是有了宋代新文化的形成。接着，欧洲也从其后发的落后地位开始奋起直追，首先从意大利开始闪耀出近世文化的曙光，而后很快就扩展到了整个欧洲。如此一来，整个欧亚大陆都被近世文化之光所照耀。然而，东亚、西亚和欧洲都各自保存着自身特有的传统文化，且由于三者进入近世阶段的时间各有先后，所以即便都处于近世阶段，三者仍然特征各异。于是，三者之间开始出现平均化的运动趋势，并开始互相影响。

公平地来看，在发展时间上相对落后的欧洲，其近世文化在品质上却最为优秀。其中的原因或许有很多，但欧洲确实拥有其他地区无法企及的自由思想。虽然时有起伏，但从古典时代的希腊到中世纪意大利的各个城市，欧洲各地都承袭着其特有的自由风气。因此，在这一背景下发生的欧洲文艺复兴，不仅没有处于专制的压迫之下，反而拥有相当宽广的精神活动空间。对欧洲人来说，在他们试图加以复兴的目标中，有着作为其所有物的希腊文化，这一点确实是其优势所在。

在对欧洲文艺复兴时代的科学发展产生严重阻碍的因素中，教会的压迫是其中之一。但是，对于古代经典规模浩大的复兴，有时将教皇也带入了时代的潮流中，教皇在其中甚至还曾扮演保护者的角色。从这一点来看，西亚是在阿拔斯王朝的专制统治之下推进文艺复兴的，而与之相比，欧洲文艺复兴的处境则明显要好得多。

进一步而言，欧洲的文艺复兴还得到了旺盛的科学精神的支持。即便是在看起来与科学最无瓜葛的美术领域，人们也开始在绘画上采用精密的几何学透视法。此外，天文学也不再依靠肉眼，而是通过望远镜来进行观测。这种科学方面的知识先进性和机械方面的技术优越性，就这样持续地跃进发展着。几个世纪之后，这些科学技术领域的发展终于将欧洲社会推向了工业革命的进程。对于当时的欧洲来说，文艺复兴都已成了遥远的过去。

但值得注意的是，为了实现欧洲文化的扩张，书籍是必不可少的，而书籍的印刷离不开纸张。为了实现欧洲人知识视野的不断扩大，航海术发挥了重要的作用，而对于航海术的发展，指南针也大有作用。所以，在欧洲人不断扩展和增进文化的时代，起源于亚洲的造纸术和指南针作为提升其文化水平的条件也是不可或缺的。可见，欧洲的文艺复兴绝非孤立于世界的独立产物，这一点是我们必须承认的。

莫卧儿帝国的文化

作为欧洲近世文化的代表，经海路前往亚洲的葡萄牙人首先接触到的是印度海岸。当时，散布在印度的割据政权多是伊斯兰国家，其文化并无特别吸引欧洲人之处。然而在这时，莫卧儿帝国正在印度内陆逐步发展其势力。所以，当英国人取代葡萄牙人开始取得海上霸权的时候，莫卧儿帝国正凭借其巨大的财富，展现出印度特有的近世文化。

为装饰其首都，莫卧儿帝国君王曾屡次大兴土木，营建壮丽的建筑。与其他文化领域一样，莫卧儿建筑也大受波斯文化的影响，只不过其房屋的圆顶倾向于使用半球的形状。奥朗则布的父王沙贾汗为其爱妃在国都阿格拉建造了泰姬陵，据说这是莫卧儿建筑中最伟大的杰作，以大量宝石作为装饰。可以说，这一时期莫卧儿帝国的富有超越了同时代世界各地的所有王朝，当时曾到访莫卧儿帝国的旅行家无不赞叹其宫廷生活的华丽与奢豪。

波斯文化的影响还体现在莫卧儿贵族社会中流行的细密画艺术上。但是在莫卧儿帝国，细密画褪去了其波斯式的鲜艳，而更加忠于写实，甚至表现出自然主义的倾向。这种莫卧儿式的细密画反过来对西洋也产生了影响，据说，伦勃朗的画风就受到了莫卧儿细密画艺术的影响。但西洋画家在借鉴细密画艺术的同时，又进一步将西方绘画技法中特有的阴影法应用于其中。

莫卧儿帝国的经济繁荣不仅受惠于帝国境内出产的作物，也得益于手工业方面的贡献。棉布、绢布等被赋予了美丽的色彩后，被输送到了欧洲市场。而这无疑在此后不久刺激了欧洲的仿制品的生产，以及工业革命的发生。

欧洲人虽然对印度的伊斯兰教没有兴趣，但印度古老的婆罗门神学却终于引发了他们的关心。然而，欧洲人对印度神学的深入探讨还须等到欧洲的语言学有所进步之后，即19世纪之后。对印度思想的研究以德国为最盛，先是施勒格尔将印度思想介绍到了欧洲，此后，歌德也受到了印度思想的影响。而到了叔本华时，印度思想终于在欧洲的哲学中找到了自己的立足之地。德国观念论与印度哲学的融合，就这样在19世纪初得以实现。

中国文化与欧洲

在中国，唯心论的阳明学在明朝中叶进入了全盛时期，而另一方面，在万历年间，西洋文化也借由耶稣会传教士之手传入了中国。在此期间发挥了最大作用的是利玛窦。为了获得耶稣会传教的许可，利玛窦进入北京，修建天主教堂，试图在皇族和高官中找到信仰耶稣的皈依者。当时的中国人非常喜欢自鸣钟、地球仪、光学仪器等器物，所以利玛窦就利用其科学知识，博取中国士大夫的信赖。特别值得注意的是，利玛窦绘制的《坤舆万国全图》是最早用中文记录的世界地图，其对中国人的世界观所产生的影响之大是不可估量的。到当时为止的中华思想都是将中国置于世界的中央，认为周围是夷狄，而世界地图的出现使这一思想不得不发生根本性的变化，中国人也由此开始对世界的真实面貌有所了解。与此同时，中国的地图也传入西方并得到出版，这也补全了西方人的世界地图中所缺少的部分。不过，明代的地图仍然不甚准确，精密地图的出现还要等到清代。

明清易代之际，汤若望尚在北京。当时，尽管清朝要迁都北京，但城内的天主教堂仍获许原样留存。清朝入主后，汤若望还曾在钦天监从事制定历法的工作。由于康熙帝倾心于西洋的科学和数学，所以常命耶稣会传教士侍于左右。在奉康熙帝之命编纂的《古今图书集成》中，就有西洋的器械图，操作器械者的着装虽然被改画成了汉人服装，但图中表示力点的符号仍使用了西方的阿拉伯符号。另外，由于康熙帝意识到以往中国地图的不足信，故命令传教士实地测量并绘制了《皇舆全览图》。该图被送到法国，经由唐维尔的改绘，被收录在杜赫德的《中华帝国全志》中。从此之后，中国地图皆以此为参照。而中国国内对《皇舆全览图》原图也进行了多次复制，以铜版或木版印刷。就这样，清朝不懈地对西洋传教士的科学知识加以利用。据说，乾隆帝也是西洋文化的爱好者，他甚至将法国凡尔赛宫作为建造离宫圆明园的模板。但是，乾隆帝禁止了基督教在中国国内的传播。此后，由于欧洲的耶稣会被解散，所以活动于中国的传教士也在不久后消失了踪影。

西洋近世的科学，尤其是天文学、历学、地理学、物理学等实证性学问的传入，不能不对流于空疏的中国学问产生极大的触动。儒家的实证性学风在清代发展为考据学，并取得了一定的研究成果，这恐怕也是受到了西方思想刺激的缘故。从明朝末年开始，世人变得不满足于阳明学的唯心论，试图回归宋朝的朱子学，并倾向于进一步通过注疏"十三经"，以训诂之学探求经典的真义。由于明朝的灭亡，儒家士大夫一时得以从政治中解放出来，他们目睹了汉人王朝的灭亡，开始思考亡国之因，并反省汉人的文化。他们的结论是，以往的学问并非纯粹的汉人的学问，这是汉人王朝亡国的原因所在，于是他们试图复兴佛教进入中国之前的原始儒家。由于他们在方法上采用的是考证法，因此这门学问便被称为"考据学"，由于该学问的目的是复兴儒学，所以也被称为"汉学"。

清代学者的考证方法极具分析性和实证性，要而言之，其方法与西洋近代的科学精神有着极为近似的共通性，这一点不能忽视。他们在对古代经典的研究中首先运用了语言学的方法，通过研究古代文字的发音，理解古人用文字来代指字音的习惯，从而明确了文字的构成与意义之间的关联，修正了以往对经典解释中的错误。在此基础上，为了提出新的主张，考据学要求学者必须提出实证性的证据，而且认为仅有孤例不足为证。这大概是由于考据学家们担心学问受研究者的主观意志左右，故试图纯粹地、客观地将经典作为研究的对象。因此，考据学家们还进一步收集古代经典的各种版本，对其文字进行比较考察，以尽可能地复原正确的文本。于是，顾炎武的《音学五书》、段玉裁的《说文解字注》、王引之的《经传释词》、阮元的《十三经注疏校勘记》等作品陆续问世。此外，阎若璩的《尚书古文疏证》则是对经典文本进行批判的一大成果，证明了以往被人们视为出于孔子之手的《书经》其实是后世之人的伪作，对思想界产生了巨大影响。

考据学的方法在史学中也有所体现，钱大昕的《廿二史考异》、王鸣盛的《十七史商榷》等对以往被视为中国历史之基准的历朝正史的价值有所批评，并指出了其记述的谬误之处。此外，还出现了论及历史记述方法的章学诚的《文史通义》和对古代史的史料加以辨伪的崔述的《考信录》等著作。

考据学的目的原本是发扬汉代之前未受外来文化影响的汉民族之精神，但是该学问终究未能形成体系化的哲学。考据学最终止步于单纯的考证工作，考据学家的思想也仍然没有超出朱子学和阳明学的范畴，尽管他们并没有意识到这一点。在考据学的方法层面，清代学者确实明显凌驾于宋儒之上，但其学问的根基仍然是宋代构筑并确立的中国的近世。因此，清代的学问终究未能超越近世，进入新的发展阶段。我们在承认朱子学伟大之处的同时，也不能不看到中国文化的停滞性。

尽管如此，明清时期的朱子学被引介到欧洲之后，却引发了巨大的反响。因为对于当时批判教会的声势日益高涨的欧洲来说，摆脱了宗教影响的伦理学和政治学有着极大的魅力。耶稣会传教士将他们在中国出于传教目的进行的研究及成果带回欧洲，反过来被那些反教会的人道主义者利用，以煽动形成革命之机，其命运堪称讽刺。

在欧洲哲学家中，最早对中国思想产生共鸣的或许就是莱布尼茨。

据说，莱布尼茨的哲学体系中存在与宋儒太极理论相通的部分，而其数理哲学又与《易经》的原理颇为接近。伏尔泰虽然没有所谓的思想体系，但以文笔之才享誉欧洲，他对儒家的贤人政治的理想极为赞赏，甚至主张应该以儒家取代基督教，并将其应用于欧洲。

经济学家魁奈也是醉心于中国思想之人。自古流传于中国的排斥工商业的言论，估计也对魁奈的重农主义学说有不小的影响。从整体上来说，在当时欧洲的中国研究中，有一种过分美化中国，甚至将自身的理想投射到中国的倾向。但这也并不全然是一种虚构，中国的儒家思想中确实存在着某些在欧洲、西亚、印度都无法得见的独特要素，对于当时对这类要素有着强烈需求的欧洲来说，儒家思想发挥了补其不足的重要功用，这一点我们必须加以充分认可。

然而，儒家的理想即便在中国也未曾实现。因此，以儒家思想的形态被介绍到欧洲的中国，只能说是一个假想的中国。不过，在儒家思想之外，现实的中国也以美术品和工艺品的形态被输入欧洲，并博得好评。这类欧洲人的中国趣味最初兴起于17世纪的荷兰，到了18世纪，这种中国趣味曾风靡整个欧洲，并催生了在美术史上被称为"洛可可风格"的特殊趣味。而最受欧洲人喜爱的中国器物便是陶瓷。由于当时的欧洲尚无法制造陶瓷，所以硬质而又美丽的中国瓷器极大地激发了王侯贵族们的收藏欲。于是，无数花瓶和器皿成为贵族宅邸中不可或缺的东西，并被装饰在他们特别设置的中国房间里。这一时期，中国式的花纹被用来装饰墙壁，中国风的人物和风景也出现在棉织画中。

在日常用品中，屏风也颇受喜爱。而在漆器方面，日本漆器压倒了中国产的漆器，更受欢迎。另外，和中国陶瓷一起被引入欧洲的，还有柿右卫门[①]制作的陶壶和碗碟。陶器表面的花纹和漆器上的莳绘不时被欧洲人仿造，这些都为欧洲的装饰美术注入了新鲜的元素。

在东洋画中，花鸟画和山水画已经超出了纯粹的装饰领域，而进入美术领域。受此影响，在荷兰出现的风景画能够让人感受到东洋美术的气

---

① 酒井田柿右卫门（1596—1666），日本江户时期著名陶艺家。

息，这种东方影响甚至留存在法国的风景画中。

另一方面，西洋的绘画也对东洋产生了影响。在中国，意大利人郎世宁曾在乾隆年间担任宫廷御用画家，其油画作品颇受中国人的赞赏。而在日本，渡边华山也开始创作西洋风格的肖像画，并在山水画中运用西洋绘画的透视法。以往，东洋人对西洋的远近透视法一无所知，而到了近世阶段，葛饰北斋等浮世绘画家纷纷开始运用远近透视法作画。另外，司马江汉还将铜版画的技术引入日本，并以此对风景画进行印刷。

艺术的相互影响与其说是艺术家个人的问题，不如说是艺术传统的问题。因为在漫长的历史中积淀下来的传统，使得某些艺术家在无意识中轻易地掌握了其他艺术家绞尽脑汁也想不到的艺术手法。正如渡边华山为之感到惊叹的西洋铜版画，未必比华山自己的画作更具艺术价值。同样地，东洋的瓷器、漆器和纺织品上的装饰性画作，能够对欧洲一流的艺术家产生影响，也绝非不可思议之事。进入19世纪之后，日本的浮世绘尤其受到那些处于欧洲艺术最前沿的印象派画家的欣赏，并为欧洲绘画理论的发展做出了不小的贡献，这无疑就是异文化世界培育出的文化传统之力量的体现。

不过，随着东西方之间相互理解的不断深入，人们不能不感受到超越单纯的社会传统之外的东西，即对艺术家自身个性的评价。单纯的技艺传统在工艺品和艺术品中都有普遍的体现，但如果不能从中辨识出高雅艺术的馨香，那就不能说对这门艺术有完全意义上的理解。直到最近，欧洲的艺术家们终于能够和东洋人站在相同的角度，对那些在微妙的线条上展现艺术性效果的南画作品进行鉴赏了。

奥斯曼土耳其文化与西洋

在古希腊的废墟之上建立的帝国是东罗马帝国，而在此后征服并继承了东罗马帝国的是奥斯曼土耳其帝国。奥斯曼帝国是伊斯兰教逊尼派的热忱支持者，奥斯曼苏丹后来还曾兼任逊尼派的哈里发。不过，奥斯曼帝国对其他宗教的态度也比较宽容。据说，当欧洲的犹太人成为十字军的矛头所指，并作为异端接受宗教裁判时，奥斯曼帝国的领地就成了这些欧洲异教徒安身的避难所。而且,奥斯曼帝国与欧洲之间的交通相对自由,达·芬奇也曾到奥斯曼帝国境内旅行,据说其绘画和雕刻作品中之所以会出现东方事物,就是其奥斯曼之旅的结果。

奥斯曼帝国的文化中包含继承其之前的东罗马帝国文化的部分,但奥斯曼人终归是穆斯林,所以他们和叙利亚人、埃及人一样,都属于地中海式的伊斯兰西部文化系统。因此,奥斯曼土耳其文化的特征是以宗教为中心的。以伊斯坦布尔为代表,奥斯曼帝国各地都建有壮丽的清真寺。其特点是球形圆顶有一部分被切平,故呈倒扣的平底碗状,高度较小。另外,其内壁上会使用精美的马赛克陶砖,并大多会组合使用蔓草纹和郁金香花等图案。东罗马帝国的圣索菲亚大教堂也经过了改造,其华丽之貌至今仍然令人惊叹。任何曾到访伊斯坦布尔的人,大概都会因为大教堂里大大小小数不清的彩砖而感受到视觉上的震撼。

奥斯曼帝国的寺院往往附设学校,教授神学、法学、文学、数学、哲学、天文学、医学等课程,培养学者阶级。突厥文学主要受到波斯文学的影响,其中,作为宫廷文学发展起来的诗篇中有不少作品值得一看。

奥斯曼帝国的鼎盛期大致与西方的西班牙、葡萄牙的鼎盛期属于同一时代。进入17世纪之后,奥斯曼帝国和西、葡两国一同走上了势力渐衰的下坡路。进入18世纪后,尽管国运衰落,但奥斯曼帝国的文化却大放异彩,展露了昌盛一时的文运。这大概是由于以往因宗教束缚而无法自由输入的近世性的欧洲文化,得以在这一时期迅速地涌入奥斯曼帝国。尤其是在艾哈迈德三世时期,宰相伊斯梅特帕夏成为政权的中心人物,他曾在各地修建离宫,使君臣昼夜沉溺于欢宴享乐。在同一时期,来自欧洲各国的使节也会在固定的时节来访,并得到盛情款待,这也成为奥斯曼帝国当时一年中的一大节日。此外,据说活字印刷术也是在这一时期从欧洲传入奥斯曼帝国的。不过,奥斯曼帝国的逐渐西化尽管有效地为学术界和艺术领域带来了一阵清新的空气,但原本尚武的奥斯曼人却因此而变得贵族化,这必然会导致国势走向衰落。总之,世人将这一时期的奥斯曼文化称为"郁金香时代"的文化,而这也是西亚文化最后的光辉时期。进入19世纪之后,奥斯曼帝国在政治和文化上都处于欧洲的重压之下,并进一步衰落。

19世纪的奥斯曼帝国进入了革新时代,历代皇帝都有志于采纳西方文化,实行中央集权,同时也致力于根绝旧弊,彻底解散耶尼切里军团[①]。然而尽管如此,这些努力仍未能挽回帝国的颓势。最终,在第一次世界大战中,奥斯曼帝国失去了全部属地,人们只能期待土耳其人以单一民族的形态新生为共和国的那一天了。

---

① 奥斯曼帝国的禁卫军,于1826年被解散。

第 6 章

最近世① 文化的东渐

---

① "最近世"乃宫崎市定对于"近代"的另一种表述,用以强调"近代"对于"近世"的继承性,可参看结语部分。

第一节　欧洲势力膨胀的由来

奥斯曼土耳其帝国的位置

近世以来，欧洲势力的膨胀在某种意义上来说，是对此前亚洲势力的反动。例如西班牙、葡萄牙的海上称霸，是对伊斯兰势力占领伊比利亚半岛的反动；俄罗斯的东进，则始于对蒙古人的征服行动的反抗；而欧洲中央地区各国摆脱中世纪的停顿状态，并实现文明社会的重建，这与突厥势力对西亚的入侵也有着密切的关系。此后，欧洲中央地区各国的十字军通过与塞尔柱突厥接触，开始输入西亚的近世性文化，为撼动封建社会开了端绪。接着，在伊利汗国、帖木儿帝国、奥斯曼帝国等国强盛态势的刺激下，欧洲开始出现文艺复兴运动。尤其是当奥斯曼帝国入侵欧洲中央地区时，德国发生了宗教改革运动，由此看来，二者之间也存在着紧密的因果关系。无论如何，奥斯曼帝国在西亚地区的称霸，对欧洲近世史的发展产生了重要的作用，这一点是不容忽视的事实。

当亚洲的大征服者蒙古的势力衰败之后，亚洲就自然地分裂为东亚、西亚、印度三个地区。在东亚地区，明、清两王朝相继而起；在印度地区，稍晚出现了莫卧儿王朝的统一；而在西亚地区，则有奥斯曼帝国的称霸。三者当中，奥斯曼帝国的起源最为古老，持续的时间也颇为长久，甚至比东亚地区的明、清两王朝加起来都要久。

据称，奥斯曼帝国在小亚细亚建国是在1299年，此后过了大约一百年，因受到帖木儿攻击而遭受巨大打击,但帝国很快就恢复了势力,并在此后不到半个世纪的时间里,占领了东罗马帝国的首都君士坦丁堡,又平定了巴尔干地区。1453年,东罗马帝国灭亡,东罗马的学者纷纷亡命意大利,而这无疑是意大利地区的文艺复兴运动别具光辉的原因所在。

奥斯曼帝国在东方控制了波斯,兼并了美索不达米亚地区,又侵入埃及,俘虏了继承阿拔斯王朝的哈里发,并迫使其让位。由此,奥斯曼人确立了将世俗权力和教会权力合而为一的独特的苏丹-哈里发制度。这一制度其实是对阿拔斯王朝的理想的重现,不同之处仅仅在于奥斯曼人取代了阿拉伯人,成为伊斯兰势力圈的主体。奥斯曼帝国之所以能够延续较长时间,很大程度上就是因为这一苏丹-哈里发制度得到了全体穆斯林的支持。

在奥斯曼帝国组建了由出身巴尔干的军人组成的耶尼切里军团这支精锐部队,并以之为先驱威慑欧洲中央地区各国时,位于伊比利亚半岛的伊斯兰国家却与此相反,正逐渐走上没落之途。当时,西班牙、葡萄牙等兴起于伊比利亚半岛北部的基督教国家在逐渐南下的过程中,不断地驱逐着穆斯林。同时,这些基督教国家也吸收和借鉴了伊斯兰文化,开始活跃于海上,并从海上首先打开了欧洲的膨胀与扩张之路。当时,奥斯曼帝国的舰队控制着地中海东部地区,与意大利等国的海上势力持续对峙,这一方向上的交通也因此而经常中断。新兴的西、葡两国渴望找到自由的新天地。于是,葡萄牙人沿着非洲海岸南下迂回,试图找到通往印度的航路;而西班牙人则不断地向西进发,试图更早地到达日本和印度。穆斯林在伊比利亚半岛上的最后一个据点格拉纳达的陷落是在1492年,而这也是哥伦布发现美洲的那一年。几年后,瓦斯科·达·伽马也绕过好望角,成功到达印度。

葡萄牙海上势力的局限性

当时正值欧洲人所谓的新发现、新发明的时代,欧洲文化在各个方面都实现了飞跃性的发展,但尽管如此,我们也不能对欧洲人所取得的成绩过于夸大。毕竟,作为其核心航海技术的罗盘针、作为铁炮等火器发明基础的火药以及用于普及新知识的印刷术,都是亚洲人更早发明和知晓的。后来,这些技术在欧洲人的改良之下威力大增,亚洲也确实落到了后人一步的境地,但在知识和技术的根底上,欧洲和亚洲却有着共通的东西。所以,要而言之,欧洲只不过是对始于西亚的近世史发展进行了延续。

16世纪是西班牙、葡萄牙两国拥有海上霸权的时代。西班牙向西,以美洲大陆为活动平台,并绕过美洲南端来到太平洋,占领了菲律宾群岛。而与此相反,葡萄牙则主要是在从印度洋到东亚海岸等地区培植势力。

葡萄牙人的舰队首先南下至非洲大陆西岸,越过了赤道。当时,越过赤道一举对于世人来说是无可比拟的大冒险,因为人们都认为,大海在赤道地区会像瀑布一样落至地狱深渊。然而,葡萄牙人的船只安全地越过了赤道,来到了好望角,此举不仅用事实击碎了中世纪的迷信,而且使人们确信,舰队一定能够从好望角到达印度。

1497年,葡萄牙国王曼努埃尔一世令人装备了3艘船,并为其配备了160名水手,任命达·伽马为统帅。启航前,葡萄牙人在国都举行了盛大的任命仪式,国王亲自将军旗授予达·伽马,并嘱其部下将校要绝对服从司令官。达·伽马在启航地里斯本港的圣玛利亚教堂中待了一夜,祈求平安,而后便扬帆出港了。当他绕过好望角,来到马达加斯加岛对面的莫桑比克时,那里已经有穆斯林活动的身影,而且西亚的商品也有所买卖。于是,达·伽马隐藏了自己作为基督徒的身份,雇用穆斯林为领航员,利用当时阿拉伯人普遍使用的航路,横穿印度洋,最终到达了马拉巴尔海岸的卡利卡特。这是1498年5月的事情。在那里,达·伽马遇到了以往曾在葡萄牙居住并能够讲葡萄牙语的北非人,遂请其担任翻译。接着,达·伽马面见了卡利卡特的国王,希望与之缔结通商条约。然而,他献给国王的礼物只有西欧的手工制品,国王遂对此表示不满,拒绝与之缔约通商,称没有黄金就不能接受条约。但实际上,葡萄牙人远征的终极目的并不是香料,而是通过香料贸易得来的黄金。缔约不成令达·伽马颇为沮丧,他由此意识到,相比于和平的贸易手段,掠夺的方式才是捷径。于是,西方先进的大炮在此发挥了极大的威力,达·伽马的三艘船均满载印度的物资回到了葡萄牙。

此次远征的成功令葡萄牙人为之狂喜。此后，卡布拉尔成为司令官，率领13艘船的舰队出发前往东方。卡布拉尔曾强迫卡利卡特王同意在海岸设立葡萄牙商馆。而为葡萄牙在印度洋确立霸权的则是总督阿尔布克尔克。他曾与穆斯林的联合舰队作战，并将其击败，夺取了波斯湾与红海之间联络通道上的索科特拉岛，封锁了对方的舰队。阿尔布克尔克因此得到了葡萄牙官方封赏的"印度副王"的称号，并奉命统领在东方活动的全部葡萄牙海军。阿尔布克尔克虽然占领了卡利卡特地区，但他听从周边海盗的建言，夺取了位于北方的果阿，并将其作为舰队的根据地。

当时的葡萄牙可以说是一个海上帝国。古希腊的雅典可以说是这种形式的国家的先例，另外，中世纪的威尼斯、热那亚等也属于此类。其特点是帝国本土的面积虽然十分狭小，却能将海洋作为自身的领土，将舰队浮于海上，并以此作为国家。此外，这种海上帝国还在大陆的沿海地区建立了大量的殖民地，这些殖民地大多位于半岛的尖端或岛屿之上，其位置也多选在可以由舰队实现完全防卫的地方。这种殖民地既是舰队的军事基地，同时也是帝国的经济据点。海上帝国通过这些殖民地吸收来自大陆的营养，以此供给舰队，再通过舰队的力量来守备殖民地。舰队的移动是自由的，所以能够以最快的速度，十分容易地将国家的全部兵力集中于一点。

这种海上帝国的威力，原则上是无法抵达内陆深处的。因此，在葡萄牙作为印度洋地区的强国盛极一时之际，大陆内部却发生着几乎与此毫无关系的事情。在印度，莫卧儿帝国的始祖巴布尔越过印度西北边境，正是"印度副王"阿尔布克尔克死后不久的事情。与此同时，西亚则正处于奥斯曼帝国的全盛时代、苏莱曼大帝治世的初期。

葡萄牙人在西亚对于奥斯曼帝国的陆上势力丝毫未能有所染指，同样，其在东亚对即将衰落的明王朝，也必须采取仰其鼻息的姿态来行动。葡萄牙人在澳门的殖民地，并不是在得到明朝官方的许可后才得以建设的，而是在地方官的默许之下，勉强得到了对方对殖民地现状的认可而已。

令人感到意外的是，葡萄牙人在日本的活动的影响也十分微弱。步枪最早是由葡萄牙人传入日本的，但日本人很快就对此加以仿造，使之普及于日本全国。其结果就是日本实现了统一，而葡萄牙人却不得不在这一统一政权下遭受迫害。另外，致力于在内陆传布的天主教因受到丰臣秀吉、德川家康两人的压制，未能留下任何成果和痕迹就消失无踪了。葡萄牙人也不得在日本滞留，他们在商业上取得的既得权力也被剥夺，且连有效的抗议活动都无法进行。

荷兰人对东方殖民地的经营

进入 17 世纪后，西班牙、葡萄牙两国势衰，取而代之作为海上势力出现的是英国、法国、荷兰这三个国家，它们都通过东印度公司开始进行海上活动。葡萄牙在东方所获得的军事和商业地盘，几乎都被英、法、荷三国夺取，勉强残留下来的殖民据点，也因为葡萄牙力量的弱化而几乎没有任何可用之处了。

在英、法两国试图在印度建立基地时，荷兰人却进一步前往东方，从事对南洋诸岛的经营。当时的荷兰在欧洲是一流的海军强国，同时也是整个欧洲的商业中心。而且，东洋贸易的主要贸易对象是香料，所以被荷兰纳入其势力范围的南洋群岛有着极大的价值。虽然英国人也试图参与南洋贸易，但不久之后便被荷兰人驱逐，所以不得不忍受着各种不便，从印度退了出来。在南洋群岛，殖民者只要掌握了海上的权力，就能确保其商业权力得到维持。而印度海岸容易受到来自内陆的强大压力，所以那里的海上商权的地位颇不稳定。

在南洋获得了立足之地的荷兰人进一步北上，占领了台湾岛，并独占了与日本之间的贸易通道。但在此，我们也能够看出当时欧洲文化的局限性。因为台湾不久后被明朝遗臣郑成功夺取，而与日本的单独贸易，也必须以日本方面的好感为绝对必要条件才能够维持，因此荷兰人必须为此用尽各种手段，赢得当权者的欢心。而英、法两国因受到荷兰的妨碍，在印度以东和东亚沿海地区的活动几乎完全被封锁，而未能有所作为。

俄罗斯的东进

蒙古人的钦察汗国受到其领内突厥系民族的感化，不久后皈依了伊斯兰教。但是，处于其支配下的斯拉夫民族却信奉东正教，他们深受蒙古人所课的沉重的贡纳负担之苦。斯拉夫人的贡纳是以莫斯科大公作为代理人，从俄罗斯诸侯那里收缴金钱，然后将这些金钱交给钦察汗国。于是，俄罗斯诸侯在不知不觉间就处在莫斯科大公的支配之下了。后来，钦察汗国受到帖木儿王朝的打击，其后发生内讧，分裂成了几个汗国。于是，莫斯科大公伊凡三世率领俄罗斯人宣布独立，并占领钦察汗国的旧领，势力日渐强大。东罗马帝国被奥斯曼帝国所灭后，伊凡三世迎娶东罗马的公主为妃，伊凡三世之孙即位为伊凡四世，他在称帝的同时，宣称自己是东正教的保护者。由此，兼具政权与教权的俄罗斯沙皇政治得以确立。

气候寒冷、物产匮乏的俄罗斯为了与当时愈发富强的西欧诸国进行贸易，只能猎捕森林地带的兽类，将其毛皮作为贸易抵押品。为了获得毛皮，俄罗斯人终于逐渐打开了通往东方的道路，他们翻过了乌拉尔山脉，进入西伯利亚。在乌拉尔山脉的东侧山麓地区，是钦察汗国的分支西伯利亚汗国。俄罗斯人依靠从西欧进口的步枪之威，毫不费力地征服了西伯利亚汗国。随后，这一时期被利用而成为先导的，是被称为"哥萨克"的处于半游牧状态的突厥系民族。其酋长叶尔马克从沙皇那里获赐官爵，接受了开拓西伯利亚的任务。于是，叶尔马克执着而持续地进行征服活动，不断向东进发，向被征服地区的西伯利亚人征收毛皮税，并尽可能地利用河流继续前进。此后，他建立了托博尔斯克、托木斯克、叶尼塞斯克、雅库茨克等城市，并最终抵达太平洋沿岸，在那里建立了鄂霍茨克。

俄罗斯势力的这一东进路线，比今天的西伯利亚铁路还要更靠北，是一条极北交通线。当时，在俄罗斯南部有天山北路的准噶尔部和外蒙古的喀尔喀部等强有力的游牧民族国家，俄罗斯人为了避免与其接触，遂选择了抵抗能力最弱的地区，以打开通往东方的道路。但是，在这些位置靠北的殖民地区，农业生产无法开展，所以俄罗斯人必然苦于粮食供给的紧缺。因此，俄罗斯人到了东部的鄂霍茨克之后，就调转方向，开始向南进发。

从西伯利亚南下，抵抗能力最弱的是中国东北地区。当时满人为了与明朝作战，将其人口和兵力都集中到了南部，而等他们击破明朝、迁都北京之后，居住在故地的居民都被编入八旗，开始逐渐迁居内地。清朝以关外为祖先发祥之地，认为没有外敌会企图入侵此地，故几乎没有设置防备措施。在此期间，清朝仅对那些在东北地区森林中的狩猎行为征收一些名义上的贡赋，并就此满足。

俄罗斯的西伯利亚总督哈巴罗夫开始南下至黑龙江沿岸，这与清朝迁都北京几乎是在同一时期。俄罗斯军队被驻守于黑龙江上游的清朝官吏驱逐，在当地建立了尼布楚城，而后又建立了雅克萨城。清朝的康熙帝得知此事后，遂在黑龙江畔建立瑷珲城，利用松花江、黑龙江的水路输送军需品，要求俄罗斯军队退出黑龙江流域。在遭到拒绝后，清朝进军攻下了雅克萨，驱逐了俄罗斯人，并毁其城池。但是，清兵撤走后，俄罗斯人再度占领此地，双方的战争由此而起。这时，俄罗斯方面向清朝提出了讲和的请求，由于清朝当时也正忙于与西北准噶尔部的战事，所以双方就此签订了《尼布楚条约》，约定以外兴安岭为界，俄罗斯可以通过与清朝贸易而获得所需物资（1689年）。值得注意的是，在这次谈判中，法国传教士张诚为清朝担任翻译工作，对条约的签订发挥了重要作用。

这一条约的签订抑制了俄罗斯势力的进一步南下，此后，俄罗斯人再次南侵已经是大约两个世纪之后的事情了。不过，通过这一条约，俄罗斯不仅获得了供养西伯利亚人口所需的物资，而且通过从中国输入粮食，维持了对殖民地的控制。当时，俄罗斯正值彼得大帝即位初期，国力尚不十分强盛，故终究没有能力与地处远方且正值全盛时代的清朝进行长期作战。因此，在此后两国之间的交往中，俄罗斯使节即便作为朝贡使受到清朝方面的屈辱对待，也终究无可奈何。

新交通线的形成及其影响

近世欧洲的扩张给亚洲带来的最大的变化，可以概括为交通线的变化。

首先，位于海上交通线西端的波斯湾几乎已经成为死胡同，其重要性不再受到认可，反倒是非洲海岸（尤其是非洲南端的开普敦附近）开始占据海上交通的重要地位。

其次，随着葡萄牙、荷兰向远东的扩张，中国南海地区的交通得以日渐繁荣，以此为背景，出现了日本和中国沿海居民联合组成的海上势力，即构成所谓"倭寇"的主力人群。此后，由于日本实现了国内的统一，德川幕府又继而进一步强化了锁国令，所以日本人逐渐从这一海上势力中脱离出来。剩下的中国人被明朝遗臣郑成功统合，他们从荷兰人手中夺回台湾，并以此为据点，建立了一个独立的政权，直至最终被清朝康熙帝平定。

西班牙对菲律宾的占领，是出于联络作为其领地的美洲大陆的需要，而占领之举进一步催生了横穿太平洋的航路，使南太平洋上的岛屿成为中途补给或提供奴隶之地，展现出新的价值。

与此海上交通线的变化相呼应，陆上的东西方交通线也发生了巨大的变化。这一变化的具体体现就是俄罗斯对西伯利亚交通线的开拓。当时，这条交通线尚不发达，有极多不便之处，但它却是将中国与欧洲东部直接相连的媒介。而且，该交通线的优点在于其中部不受伊斯兰国家的阻碍。于是，西伯利亚交通线逐渐兴盛起来，并在不久后使那条拥有数千年历史的、经由中亚的所谓"丝绸之路"变得无用了。

上述东西方交通线的变化，必然给亚洲各国的盛衰造成了巨大的影响。在中国，清朝放松了锁国令，允许开广州一港与西洋各国进行贸易。其结果就是，中国南方的物资被集中于广州，并由此输出海外。于是，中国本来就北轻南重的经济形势进一步加剧。中国南方这种富强而有力的倾向，不久后给扎根于北方的清朝的统治带来了深刻的危机。不过，在清代初期，西班牙人从美洲大陆开采的白银经由菲律宾以及澳门大量流入中国，受此刺激，中国的产业进入了前所未有的繁荣时代，此即人们所讴歌的康熙、乾隆时的太平盛世。然而此后，这种形势发生逆转，中国的白银大量流出，中国南方陷入了严重的经济萧条。所以，以南方为中心的革命运动由此勃发，清朝的统治也由此出现破绽。

同样的现象在日本也有所呈现。日本曾针对荷兰开放长崎一港，以避免因锁国而窒息。萨摩藩的岛津氏通过琉球保持着与中国的贸易关系。由此所得的利益，使西日本的力量得到强化，也使日本内部东、西势力的均衡状态被打破。对于代表东日本势力的德川氏来说，这不能不说是一个致命的因素。

在印度，莫卧儿帝国的繁荣在很大程度上也要归功于其与西方诸国的海岸贸易。印度可以不再通过西亚作为中介，直接与欧洲进行贸易。因此，印度人不再像以往那样需要向西亚各国支付手续费，而可以直接获得全部的贸易利润。但是不久后，利益关系就发生了逆转。在印度海岸地区建立根据地并积蓄了财富与实力的英、法两国，趁莫卧儿帝国国运衰微之际，向印度内陆伸出了干涉之手。

因新交通线的出现而被世界抛弃的地区是西南亚。奥斯曼土耳其帝国好不容易将其统治中心确立在了横跨欧、亚两大洲的绝佳位置上，可如今，这里却成了被两条交通干线抛弃的地方。东西方的文化和物资都不再经过这里，此地也因此失去了呼吸世界的新鲜空气的机会。在此期间，奥斯曼帝国逐渐落后于世界之大势，仅仅维持着伊斯兰教宗主国的虚名而自我陶醉。与奥斯曼帝国东部相接的波斯以及位于帝国东北方向的各突厥系汗国也在同样的情况下，不断地走向衰落。

第二节　亚洲对欧洲近代化的贡献

西班牙、葡萄牙海上称霸的意义

从近世到最近世，将二者加以区分的两大事件是英国的工业革命和法国的政治革命，这同时也是欧洲拉开与亚洲的距离，并领先于亚洲的出发点所在。这两大事件无疑是欧洲文艺复兴运动的继续和发展，但如果欧洲社会没有积累充分的财富和实力，并为革命提供强有力的社会根基，这种革命性的发展也是不可能实现的。而令人意外的是，对于这种根基的形成做出极大贡献的，却是亚洲旧大陆和美洲新大陆。

葡萄牙对于印度洋航线的开辟和西班牙对于新大陆的发现，这二者在当时并未被人们等同视之。因为葡萄牙人的印度洋航线往返一次所投入的成本，可以换取四五倍的利益，这种情形绝非罕见。而与此相反，西班牙人从美洲大陆获得的东西仅仅是珍奇之物，但都是缺乏经济价值的天然物产而已，而航行本身导致损失的情况倒是更多。因此，美洲大陆的发现者哥伦布是在失意中度过余生的，然而当西班牙人到达墨西哥、秘鲁之后，得知这两个土著人的王国蕴藏着大量金银资源，于是西班牙人通过掠夺和征服获取了大量财宝，并在掠夺之后开始了对矿山的经营。特别需要指出的是，西班牙人对银矿的开采，使得美洲出口到欧洲的白银达到了极为惊人的数量。据说，其数量之大几乎颠覆了数千年来一直相对稳定的金与银十比一的兑换比例。

另一方面，欧洲与印度的贸易不可避免地导致了欧洲的金银出超，所以如果出超状态一直持续，欧洲的贵金属不久就将面临枯竭的命运。好在当时大量来自美洲大陆的金银流入了欧洲，欧洲人进而将这些白银转用于与东洋进行贸易，以继续购买其生活中不可或缺的香料等产品。

西、葡两国在海上的活动，使曾经在中世纪独占地中海商权，通过向欧洲提供东方物产而一度极为强盛的威尼斯、热那亚等意大利诸国日渐衰落。意大利商人在埃及的亚历山大港买到的胡椒价格是80镑，而葡萄牙人在印度的卡利卡特却能够以2~3镑的价格入手。葡萄牙人将这些胡椒运到里斯本，再以20镑乃至40镑的价格卖出，从而能够从中赚取极大的利润。如此一来，意大利商人逐渐无法承受这种价格竞争而相继没落。在意大利诸国不振的同时，埃及、奥斯曼帝国的商业也愈发衰微了。

在16世纪，欧洲各国纷纷将其代理机构从意大利转移到葡萄牙的里斯本，里斯本遂成为商业和金融中心，一度十分繁荣。但进入17世纪之后，葡萄牙的繁荣逐渐向荷兰转移，使阿姆斯特丹成为整个欧洲的金融中心。这是因为荷兰支配了香料最为丰富的南洋诸岛，同时又独占了欧洲与日本的贸易通道，因此当时荷兰的富强在欧洲占据了首席地位。

但是在荷兰的对岸，出现了阿姆斯特丹的有力竞争者，这就是英国的伦敦。因克伦威尔而为人所知的英国革命，其发生的背景就是英国城市的日渐兴盛和市民阶级的勃兴。英国革命的最终结果与其说是所谓的"光荣革命"，不如说是以荷兰的奥兰治登上英国王位为结局的。英国正是从这时开始，确立了与法国、西班牙等大陆国家相对抗，作为一个贸易殖民国家专心从事海上活动的国策。

以英国为中心的工业革命

英国自古便出产羊毛，并凭借精巧的纺织工艺，向欧洲大陆输出十分优质的织物。然而，英国人后来开始从印度进口棉布，并认识到棉布的实用价值之大，遂开始意识到，与其输入制成品，不如输入原料，然后利用本国的传统技术进行加工，会更有利可图。于是，英国开始了棉花的输入，棉纺织业也由此兴起。1764年，英国的棉花输入量已经达到400万磅，其中一部分被制成商品并输出到欧洲大陆。

羊毛是英国的特产，原本羊毛纺织只是作为家庭手工业，由农民以副业形式进行生产，再由中间商加以收购。然而，对于棉纺织业来说，首先需要资本家购买大量棉花；接着为了对棉花进行纺织，还必须采取承包加工的办法；为了进一步统一生产规格和提高产品品质，还须设立专门的工厂，雇用专门的劳动者；而接下来要面对的，就是如何提高劳动效率、降低劳工工资等问题。于是，为了解决以上种种需要，各式各样的发明也相继问世。

1767年，哈格里夫斯发明了多轴纺织机，一名纺织工人可以同时纺8~10根线；接着，阿克莱特开始在纺织中使用水力；而到了克伦普顿的时候，当时的纺织机原理已经与今天的纺织机几乎没有什么不同。到18世纪末，一名纺织工人已经可以同时操作200根线头了。此后，美国人伊莱·惠特尼进一步发明了轧花机，使得以往要靠上千人力才能完成的给棉花去籽的工作，如今只需要五六个人就能完成了。

继而出现的发明，就是将棉线有效地织成布匹的机器。1784年，卡特莱特发明了可以自动穿梭，以上下转换经线的织布机。这台机器一直被沿用至19世纪，并经过不断的改良，使一名纺织工人的效率能达到手工纺织机的200倍。

在纺织机的发明有所发展的背后，作为其支撑的是"动力革命"。纽科门和瓦特发明的蒸汽机，取代了以往的畜力和水车，能够为人们提供持久而有力的动力源。在当时，工业革命的精神能够以英国为中心横溢于世，是历史上前所未见的新现象。但是，如果当时不存在能够为各种机器提供能源的原料以及这些产品所需的市场，那么这些新发明都将被视为中世性的反动，成为后世之人用以怀旧的谈资。但事实并非如此，工业革命的精神本身也是由于受到当时活跃的东西方贸易的刺激才被现实唤醒的。

法国革命的精神

在欧洲各国中，法国是较早地兴起民族主义，并实现了国民统一的国家。不过，波旁王朝所采取的绝对独裁的君主制度，在其他国家也存在先例，即位于法国西侧的西班牙。独裁君主制原本起源于古代西亚，由于该制度对于大一统国家来说最为简便易行，所以罗马共和国在与西亚接触之后，也逐渐倾向于建立独裁制。随着穆斯林侵入伊比利亚半岛，当地也引入了西亚的独裁君主制。此后，西班牙对居住于半岛地区的穆斯林进行了驱逐，并在此建立了国家。西班牙不仅在文化方面，而且在政体上也吸纳了许多伊斯兰元素。于是在西欧的一角，就出现了西班牙这个实行独裁专制的君主国。

独裁君主制之所以被引入法国，很大程度上是由于波旁王朝的两代君主都从西班牙迎娶王后。路易十三及其子路易十四的王后都是西班牙王室成员的女儿，而路易十三的遗孀、曾辅佐路易十四的安妮太后，对法国宫廷的影响尤为深远。安妮之子路易十四长大后成为"太阳王"，并发出了"朕即国家"的豪言壮语，可以说绝非偶然。

另一方面，与立足于凡尔赛的波旁王朝的独裁政治相对抗，在巴黎出现了与此完全不同的新风潮。这是巴黎市民与荷兰人进行通商后出现的新现象。巴黎逐渐成为法国的商业和交通中心，在巴黎，工商业市民阶级的势力得以壮大。尽管工商业阶级在莫里哀的戏剧中被骂得体无完肤，但他们的经济实力最终还是凌驾于以往的骑士和贵族之上。这些新兴的工商业市民受到荷兰人的影响，自然而然地开始尊崇自由，主张平等，反对君主独裁的专制政治。这一新兴势力已经发展到了无法被压制的程度，于是，法国大革命的爆发有了其社会层面的必然性。

但是，革命当然必须有理想。作为法国大革命的口号，自由、平等、博爱这三大理念在当时并非单纯的抽象概念，而是各自有着不同的意义实指。自由和平等意味着拥护人权和废除阶级制度，这是反抗压迫而自然产生的主张。而博爱则是以四海为同胞的思想，这无疑是文艺复兴时代以来人本主义思想的延续。法国大革命的根本理念，可以说就存在于人本主义之中。

正如自由和平等意味着从专制政治之下得到解放一样，当时所谓的"人本主义"即人道主义，其实主要是以从宗教的束缚之下得到解放为内容的。文艺复兴时代的欧洲人即便渴望从宗教的束缚下得到解放，但距离具体的行动仍然有相当长的距离。到了此后的宗教改革阶段，改革运动从宗教本身发展到从教会中求得解放的实践运动的阶段。但是，这种解放运动却带来了意外的结果。解放与非解放的对立，新教会与旧教会的冲突，使运动的所到之处都发生了惨烈的流血事件，上演了宗教战争的残酷画面。

在法国大革命时期，人们从宗教的存在这一角度，对人类社会所遭受的灾难进行了深刻的反省。于是，革命家成了所谓的"无神论者"，他们对宗教本身加以否定，主张无论在精神层面还是在社会层面，人们都应从宗教中解放出来。他们认为人类不应该侍从于过往的宗教，而应该信奉理性之神，塑造新的偶像。

但是这些人终于意识到，支配欧洲思想界上千年并奠定了欧洲所有文化之基础的宗教，终究是无法与民众生活相分离的。那么，只要宗教停留在其自身的领域内，不对政治进行干涉即可。于是，通过宗教与政治的分离，这一宗教解放的问题就得到了解决。而对此政教分离政策的确立最感到安心的，无疑是生活在欧洲的犹太人。他们在漫长的中世纪里受到各个国家的区别对待，尤其是在欧洲各国发动十字军东征时，犹太人更是在各地饱受虐待与迫害。如今，他们终于被包容在剔除了宗教的四海同胞主义之中。

这种认为人格的存在可以独立于宗教的主张，在作为现实问题被提出之前，必须面对极大的困难。对于那些长期以来不断与西亚的穆斯林进行斗争的欧洲基督徒来说，宗教上存在着鲜明的敌我关系，人与人之间非友即敌，除此之外再无第三种立场。在那个以宗教作为思想根基的时代，人们无法想象脱离宗教而又有文化教养的人类的存在。当一切皆处于非友即敌的对立状态时，想要抽象出对立双方的共通人性，实在是难上加难。

不过，随着新航路的发现，欧洲人在亚洲东部发现了非敌非友、宗教性淡薄且在思想上与基督教有着诸多类似之处的第三种人。这就是中国人与日本人。中国人与日本人无法被划入以往欧洲人观念中的敌我范畴，但同时又是具有高度文化水平的人类群体，其社会内部虽混杂着佛教与儒教等思想，但不同思想间仍能保持协调而相互无争。

其中特别引起欧洲人注意的是儒教。在那些致力于向中国传布基督教的传教士中，就儒教究竟是不是宗教这一问题存在着长期的争论。问题的焦点在于，中国人能否在维持儒教式礼仪的同时成为基督徒；以及，作为基督徒而行儒教之礼仪，能否得到欧洲教会的认可。罗马教皇对此做出裁决，认为儒教式的礼仪与基督教不可并行。不过，该决议的得出仍然经历了长久的争论，甚至有人一度认为儒教礼仪与基督教信条并不抵触。这一点无疑足以证明，儒教的宗教性是极为淡薄的。

这种不依赖宗教的文明社会的存在，对于欧洲主张排斥宗教的论者来说是非常有力的武器。他们称，摆脱了宗教束缚的社会构成是有可能存在的，这一点已经在东亚得到了证实，那么将其实现于欧洲又有何不可？就这样，中国社会以被美化的理想化形象传入了欧洲。以往，传教士在中国出于传教之便，会否定儒教的宗教性，而这种否定儒教宗教性的中国观传到欧洲之后，却产生了意料之外的结果——它为欧洲的无神论者和革命思想家壮了声势。

然而，这种观念的传播并没有介绍儒教本身，而是介绍非敌非友的第三种世界。这种观念的传播本身，从更为根本的程度上动摇了欧洲的思想根基。人们原本很难从相互对立的敌我关系中抽象出共通的人性，但当第三者出现后，人们终于能够由此产生对整个人类社会的新的意识自觉。毫不夸张地说，在欧洲与西亚的敌对关系中，东亚长期以来一直扮演着无言的调停者的角色。东亚的出现使欧洲人对伊斯兰教的认识得到了修正，以往被视为恶魔化身并遭到欧洲人嘲笑的穆罕默德，在18世纪之后也终于被欧洲人认可为历史上之伟人，得到了公正的评价。与此同时，对于以往被视为同为穆斯林的犹太教教徒，欧洲人的对待方式也逐渐有所改善。

欧洲民族主义的强化

如果人们能够对法国大革命所提出的"四海同胞主义"从字面意义上加以实践，必然能够超越民族主义，引领欧洲建设世界国家。但现实的走向却是，法国内部的革命骚动招致了各个君主政体国家的干涉，并使局势最终发展到了国际战争的地步。受到列国包围的法国革命军为了对帝国的民众进行呼吁和动员，不能再高举四海同胞主义大旗，而只能诉诸法国国民的爱国心。他们试图通过强化国民的凝聚力，以突破难关。于是，拿破仑"变态"的独裁政治登台后，得到了法国国民的狂热支持。接着，拿破仑顺利地击败了敌对国家，并试图乘势反过来对其占领地施压，此举最终招致了各国人对于法国的反抗之心，同时也激发了各国的民族主义运动。就连最落后于时代的德意志，也在拿破仑战争之后兴起了民族主义运动。

在与各国联军作战的过程中，遭到围困的拿破仑帝国最终崩溃。之后，出于保持欧洲势力均衡的需要，波旁王朝得以复辟。但是，对于已经呼吸到了革命时期自由空气的法国国民来说，专制王朝的复活是忍无可忍的事情。于是，法国接连爆发了七月革命和二月革命，共和政治得以复兴。然而，法国的革命并没有波及欧洲其他国家。德意志和奥地利虽然也仿佛与此呼应般地开始了革命运动，但与其说是国际意义的革命，倒不如说是要求实行宪政之类的国家内部的革命。因此，其作为爱国民族主义运动的属性及倾向更为明显。

为了缓和这种民众的运动，各国的执政者先后颁布宪法，开始采用议会制度。如此一来，民众的声音得以在政治层面上得到反映，大多数国民都能够参与政治生活，其结果便是导致了比以前更为强大的国民意识的出现和国家主义的兴起，而这种国家主义甚至进一步转变为排他性、侵略性的帝国主义。接着，新兴的帝国主义在欧洲内部相互竞争，并很快发展到临界点，即在欧洲内部实现了一种相对安定的势力均衡格局。如果有国家试图改变这种均势，那么变革者与被变革者都会陷入危险。意识到这一点之后，欧洲各国便宣布在欧洲内部维持现状，保持休战，然后转而将剑锋指向其他大陆，试图以此来满足国民过于旺盛的民族主义情绪。而成为其目标的就是亚洲和非洲。

东西方交通距离的缩短

作为工业革命的延续，进入19世纪之后交通方式的革命也值得我们注意，即在陆地上对蒸汽机车的使用和在海上对汽船的使用。二者的实现皆以蒸汽机的发展为前提。

蒸汽机车最初是1814年由英国人斯蒂文森为搬运矿山里的货物而发

明的。1825 年之后，供一般旅客乘用的客运铁道开始铺设。利物浦与曼彻斯特之间的铁道，是曼彻斯特棉纺织业能够居于世界领先地位的决定性因素。当时的列车时速尚不超过 13 英里[①]，但之后在不到几十年的时间里，铁道将欧洲各大主要工商业城市都连接了起来，从而从整体上振兴了欧洲的工业，使欧洲能够确保其远远领先于其他大陆的优势地位。

与蒸汽机车几乎并行发展起来的是汽船。1807 年，由富尔顿制造的汽船完成了从纽约前往奥尔巴尼的处女航。接着，1819 年，"萨凡纳号"用时 25 天，成功横穿了大西洋。这艘汽船为了节约煤炭，在航行过程中利用了风力。此后又过了 20 年，横穿大西洋的时间缩短到了 15 天。后来，无需借助风力即可完成大洋航行的汽船的出现，更是极大地改变了东西方交通的样貌。以往，帆船出航时为了等待方向适宜的季风，很多时候不得不在停泊地空耗时日。如今，无论季节如何，汽船都能够随时出航。

兼具伟大的组织能力和机械水平的欧洲，当其一旦开始了最近世史的发展进程，那么抱持着更为悠久的文化却停滞于近世史阶段的亚洲，终究无力抵挡来自欧洲的重压，这也是理所当然的。

---

① 1 英里约合 1.6 千米。

第三节　印度的没落

英国在印度势力发展的由来

印度与欧洲之间的交通自古以来都是以西南亚作为媒介的，也就是说，二者是所谓的间接性的交涉关系。然而，在达·伽马绕过好望角并发现新航路之后，欧洲人航行至亚洲首先接触到的就是印度的海岸。如此一来，印度就成了亚洲面向欧洲的玄关。

而且，在莫卧儿帝国实现印度内部的大一统之前，印度一直处于极为严重的中世性的分裂割据状态。葡萄牙人与这些割据政权进行交涉，或加以威胁，或施以战争，以种种方式取得了在海岸和岛屿上的驻足之地。这些地区便是葡萄牙人的殖民地，其中有一些一直延续到现在。

葡萄牙的海上霸权维持了大约一个世纪之后就陷入了衰颓状态，17世纪之后，英国、法国、荷兰三国的活动变得引人瞩目。葡萄牙的印度殖民地首先成为英、荷两国夺取的对象，法国稍后也参与到了争夺之中。不过，当时欧洲的势力还相对较弱，而莫卧儿帝国在印度内陆也正逐渐兴起。英、荷两国对于划界以明确双方商权范围的热心程度，也远大于向印度内陆扩张势力的热心程度。此后，由于荷兰排挤了英国在南洋群岛的势力，英国遂专心将其精力集中于印度。英国或谋求莫卧儿王朝的认可，或与地方政权交涉，终于获得了印度西部马拉巴尔海岸的孟买、乌木海岸的金奈、孟加拉海岸的加尔各答等根据地，并逐渐展露出即将独占印度贸易的趋势。

马拉塔联盟

由于莫卧儿帝国的出现，印度实现了近世性的统一，迎来了持续两个世纪左右的光辉时代。但是，进入18世纪后，随着莫卧儿帝国皇帝奥朗则布的去世，印度再度陷入了无止境的中世性的混乱之渊。印度自古以来的历史都表明，其社会不仅内部的等级制度极为复杂，而且屡屡遭到来自北方的雅利安人、突厥人和蒙古人的入侵。入侵者进入印度后，也成为某种社会等级而残留于印度社会内部，因此随着时间的推移，印度社会内部的等级有增无减，各个等级之间皆以嫉目相视，互相排挤。再加上穆斯林入侵后，又发生了穆斯林与印度教教徒之间的冲突和倾轧，宗教对立激化到了不可调和的地步。作为最后的入侵者，莫卧儿王朝发挥了调停种种冲突的作用，并且取得了一定的成效。但莫卧儿帝国的皇帝仍然是穆斯林，所以其亲善政策的效果终究存在一定的局限性。

对于莫卧儿王朝统一印度构成最顽固阻碍的，是印度教教徒的马拉塔联盟。当时，拥立莫卧儿王朝的穆斯林的根据地位于印度西北部；在印度南部，则分布着几个分散的伊斯兰王国；而活跃于印度中部的，则是马拉塔联盟。马拉塔联盟以居于德干高原北部的非雅利安后裔的原住农民为母体，并在此基础上建立了封建式的军阀势力。最初，莫卧儿帝国试图合并印度南部的各伊斯兰小国，并屡次出兵攻打各小国。对此，南部诸国雇用了马拉塔的佣兵，与莫卧儿帝国对抗。在此期间，佣兵首领沙吉·蓬斯尔在孟买的腹地获得了领地，他在那里建立了封建制度，供养自己的臣下与军队。至其子希瓦吉掌权时，马拉塔联盟已经将周边的印度教教徒纳入自己的治下，成为一个强国。

然而，当莫卧儿皇帝奥朗则布举兵征讨印度南部时，希瓦吉向奥朗则布投降，并转而担任奥朗则布南征的先锋，征服了南部的伊斯兰诸国。接着，由于征伐有功，希瓦吉不仅获得了广大的领地，还获得了对印度南部各国征收赋税的权力。如此一来，成为南印度主人的希瓦吉，便试图依靠南印度的力量独立。但当时，莫卧儿皇帝奥朗则布的权威正处于巅峰状态，面对希瓦吉试图独立的举动，奥朗则布立即派兵讨伐。希瓦吉死后，其子孙被处死，马拉塔势力也一度几乎尽灭。

然而，到了奥朗则布晚年，马拉塔势力得以复兴。由于马拉塔联盟是以原居于印度且信仰印度教的农民为根基，并从农民中征发战士的，所以拥有近乎无穷的人力资源。而与此相反，穆斯林的军队是以城市居民为主体的，因此以莫卧儿帝国为首的伊斯兰诸国都存在着兵员有限的问题。另外，由于不得不雇用外国人当兵，所以在忠诚度这一点上，伊斯兰诸国也存在着难以完全信赖外籍军人的弱点。

奥朗则布死后，莫卧儿帝国内部出现了试图独立的强势王公，而且帝国又遭到了来自西方的波斯人的入侵，这些都使得奥朗则布的子孙只剩下皇帝之名号，而几乎没有了实权。在马拉塔联盟内部，也出现了类似的现象。马拉塔联盟的联盟形态的维持，是基于希瓦吉的子孙各自领有领地并在领内称王的方式而实现的，但在复兴后的马拉塔联盟中，佩什瓦（即宰相）掌握了实权，占据了联盟的领导地位。

自第一任佩什瓦巴拉吉受命以来，该职位就成为世袭之职，在此后三任佩什瓦的治下，马拉塔逐渐蚕食了莫卧儿帝国的领土，并最终攻陷了莫卧儿帝国的国都德里，将势力延伸到印度北部。然而，好战的马拉塔帝国在各地频频引发战争，使印度陷入混乱。对于那些在印度南部沿海地区确立了势力的欧洲人来说，这是干涉印度事务不可错失的良机。

英法争霸

法国自路易十四时开始，便积极着手与印度通商。在乌木海岸的英国殖民地金奈以南约 160 千米处，法国人拿下了本地治里，并将此地作为其根据地。这时正值奥朗则布执政的鼎盛期，英、法两国都须赢得这位莫卧儿皇帝的欢心，才能够维持其在印度既得的商业权力。为此，两国曾暂时互相妥协，以避免破坏印度的和平。

然而，奥朗则布死后，印度陷入了割据状态；欧洲的国际形势也在印度的分裂局势中有所反映。英、法两国在印度的争斗也是从这一时期开始的。在当时的欧洲，腓特烈大帝领导下的普鲁士正日渐兴起，而英、法两国之间的敌对行动却开始日渐激化，二者的战争甚至波及到了其殖民地。1748 年，以恢复原状为目标的《亚琛和约》的签订，曾使英、法两国一度重回和平状态。但是没过多久，两国在殖民地的冲突再次将其卷入战争的漩涡。当时，法国驻印度总督杜布雷曾对印度南部某政权的王位继承问题进行干涉，并安排了法国所青睐的人选继承王位，从而使法国在印度南部突然获得了主权者一般的地位。对此，英国在印度拥立反对势力，与法国势力对抗。由此，印度分裂为英国派和法国派，两派相争不下。与此同时，英、法两国位于其他地区的殖民地也纷纷开始请求宗主国支援，于是，两国开始了全面的对抗战争。

最初，法国总督杜布雷的战略极为巧妙，几乎使英国势力完全被法国压倒。然而在英国将领克莱武的努力下，英国的颓势得以及时扭转。在1757年的普拉西战役中，英国军队取得了决定性的胜利。这大概是由于法国人对殖民地的重要性认识不足，未能调拨足够的援军，致使杜布雷这样的名将无法在前线施展拳脚，只能黯然被召回国。与此同时，法国在加拿大的殖民地也被英国夺取，英国作为殖民帝国的根基由此得以确立。

英国人的征服时代

英国人进军东洋，是通过东印度公司这个特许公司来进行的。东印度公司创立于1600年，总部设于伦敦。该公司垄断了东洋贸易，因此，来到印度的英国人都必须作为东印度公司的员工，接受公司的管辖。东印度公司以"公司"的名义经营殖民地，并拥有战舰和军队，以备不时之需。不过，这些举措最初都不过是自我防卫的手段而已。

然而，英国与法国之间经年累月的殖民地争夺战，使东印度公司的性质不得不发生彻底的变化。普拉西一役的胜利，可以说是英属印度建立的元年，正是从这时起，东印度公司开始成为统治印度人的机构。

克莱武协助孟加拉的印度地方长官平定了内乱。不久后，克莱武又约定每年给莫卧儿皇帝以岁币，将孟加拉的广大领土纳为公司的所有地，并进而从当地居民那里征收租税，作为公司的收入。收入的一部分被送交英国政府，剩下的则用于支付公司文武官员的薪俸和印度佣兵的工资。如今，英国人的任务是代替莫卧儿帝国，再度使印度实现近世性的统一。

孟加拉的面积大约是英国本岛的1.5倍，这里居住着宗教、语言、风俗各异的数千万印度人，对于英国人来说，统治这里绝非易事。在克莱武之后，沃伦·黑斯廷斯是首位被赋予印度总督权限的英国官员，他的贡献在于对统治机构进行了整顿。此后直至康沃利斯担任印度总督的三四十年间，英国人在印度的领土几乎没有扩大。但英国人在此期间的苦心经营，却构成了其在进入19世纪之后不到半个世纪的时间里便席卷大半个印度的基础。而且与此同时，在欧洲发生不久的工业革命也将其新文化的压力传向了东方，这无疑对英国支配印度有所助益。

18世纪末，作为总督上任的韦尔斯利奉英国国王之命，进一步在印度扩张英国的领地。于是，韦尔斯利在包括莫卧儿王朝故乡德里在内的恒河上游地区以及印度南部开疆拓土，并驱逐荷兰人，平定了斯里兰卡。当时，欧洲正在发生法国大革命，拿破仑率兵登陆埃及，荷兰也被法国吞并。英国以防止法国势力的扩张为借口，占领了各地的荷兰领地。于是，斯里兰卡也被英国纳入支配范围内。

马拉塔联盟以往时而与英国结为同盟，时而与英国作战，并在印度中部培植隐藏势力。但到了莫伊拉伯爵的时代，英国军队对马拉塔联盟施以最后的打击，并在印度中部确立了霸权。

如此，印度的大势已定，拿破仑战争也结束了。印度总督本廷克勋爵遂首次将欧洲先进的自治制度引入印度，并开始招录受过教育的印度人进入东印度公司，缓和对言论自由的控制。特别值得一提的是，英国人还禁止了印度教要求寡妇殉葬的野蛮陋习。此外，东印度公司还致力于平定印度国内的盗贼，维持社会治安。

在这一时期，印度教中的一个派别锡克教在印度西部的印度河流域开展活动。锡克教教徒的联合势力逐渐变强，并接受了欧洲式的军事训练，武装力量堪称精锐。对此，印度总督哈丁爵士历经四次激战，最终击败了锡克教势力。此后，英国的势力扩展到了印度西北部。至总督达尔豪西侯爵在任时，旁遮普地区已完全被纳入英国领地，自这时起，锡克教教徒反而成了最亲英的军队，对英国人极尽忠勤。

达尔豪西锐意推进印度的英国化。对于土著王侯中没有正当子嗣者，达尔豪西将其领地没收，划为英国的直辖领地。接着，达尔豪西在印度内陆地区修筑道路，铺设铁道，开凿运河，架设电线，以便利交通。在这一时期，英国本土的汽船来到印度，利用整备一新的交通网集结印度的物资并运回英国，再将英国加工制品的销售扩展到整个印度市场。

在中世色彩依然十分浓厚的印度，旧有的各个社会群体对于欧洲近代文化的输入颇感惊异。但在印度人看来，英国人对印度的旧风陋俗的干涉令人难有亲切之感，只不过是对印度国粹的轻侮；而邮政、电信等新文化，也被印度人视为试图灭亡印度的手段。加上数十年来，在那些失去领地和王位的王侯们心中，对英国人的不满情绪越积越深，而一些印度官僚和军人也仍然对故主心有所向。所以，总督达尔豪西离任后不久，印度就发生了以土兵为核心的大起义。

当时，东印度公司供养了大约 30 万人的军队，然而除了构成中坚力量的少数欧洲人，其他都是由印度的穆斯林及印度教教徒构成的，这些印度土兵被称为"西帕依"。当时，在这些印度土兵中有传言称，他们的子弹上所使用的油脂是牛油或猪油。由于穆斯林不能接触猪油，而印度教教徒又将牛视为圣物，所以印度土兵们认为，这种油脂是欧洲人诅咒他们的一种手段。1857 年，印度土兵们联合起来发动了起义。他们冲入故都德里，拥戴莫卧儿王朝的末代皇帝为印度皇帝。除了印度西北部，几乎整个印度都被卷入了起义的漩涡。对此，总督坎宁率领大约 4.5 万人的欧洲部队镇压了起义，夺回德里并抓捕了莫卧儿皇帝，用了两年时间，终于使印度恢复了平静。

东印度公司原本是英国政府和个体股东们合办的特殊公司，当它一旦变为殖民地的统治机构，就有可能为了股东的利益而错误地推行国策。为了避免这种危险，很早就有人提议将东印度公司的全部权限收归国家。因此，英国政府也在不断强化对东印度公司的监督。如今，在印度土兵大起义这一契机下，英国政府终于下令解散东印度公司，将其治下的全部领地置于政府的直接统治之下。当时，在直属东印度公司的领地上居住着 1.5 亿印度人，除此之外，在与东印度公司缔结同盟条约且隶属于公司的王公们的领地上，人口也达到了 7000 万以上。英国为了统治这片广阔的领土，任命一名内阁大臣为印度的副王，与 15 名参事会成员共同组成印度政厅机关，以英国国王的名义在印度施政，并规定其军队直属于英国国王。

如此一来，印度成了纯粹的英国殖民地。借英国人之手，印度的土地开发得以开展；伴随着铁道的铺设，新文化也在印度得到普及。交通的便利不仅对印度人有利，同时也强化了英国对印度的统治。英国人利用少量的军队和发达的交通网，可以在任何时候、任何地点集中兵力，从而及时地对起义和暴动进行镇压。

1869年，苏伊士运河开通，印度与英国本土的距离进一步缩短，二者之间的结合也更加紧密了。此前，英国趁法国大革命之机从荷兰手中夺取的非洲南部的殖民地开普敦，如今也完全失去了其在交通上的重要地位。接着，长期以来对英国势力进行抵抗的缅甸，也完全被并入了英国的领地。这是1886年的事情。

英国人在马来地区的殖民活动

法国革命的战争为英国获得殖民地提供了绝佳的机会。除了法国自身的殖民地，由于荷兰本土被法国占领，所以荷兰的殖民地也成了英国的囊中之物。长期以来为荷兰所独占的南洋群岛，在这次战争期间也被英国占领，直到维也纳会议后才归还。而在此期间一度大显身手的，便是新加坡首任总督莱佛士。

在英国人占领原属荷兰的东印度群岛期间，莱佛士作为副总督奉命统治该地区，他对以往荷兰人的殖民政策进行了诸多改良。荷兰本土与英国不同，由于缺乏工业原料，所以荷兰人只专注于进行中介贸易，因而在殖民地会强制当地人栽种适合出口的商业作物，并令其上缴这些作物作为租税，以便荷兰本土从中获利。然而，这一政策使大量原住民深陷奴隶般的境遇。有鉴于此，莱佛士废止了这种强制性的办法，对土地制度进行改革，使当地居民摆脱奴隶般的境遇，改善其生活水平，同时试图将英国本土的产品输出到当地。尽管拿破仑战争结束后，南洋诸岛被归还给了荷兰，但莱佛士的改革成果却为荷兰政府所继承。荷兰的东方殖民地以往也和英国一样，处于东印度公司这个特殊公司的支配之下。而借此机会，荷兰的东印度公司也被解散，荷兰政府也开始直接统治其殖民地。

马来半岛此前也处于荷兰的支配之下，其特别之处在于，荷兰从葡萄牙手中夺来的马六甲，作为荷属东印度的门户辖制着马六甲海峡。莱佛士注意到了马来半岛的重要性，故在其南端的新加坡建立了新的殖民地，计划将新加坡作为英国在东方的根据地。也正是为了这块根据地，英国纵使把南洋群岛归还给了荷兰，也绝不放弃马来半岛。1824年，英、荷两国达成协议，英国以交换苏门答腊岛的利权为名，使荷兰承认马来半岛为英国的领地。英国在马来半岛的领地最初被置于印度总督的管辖之下，但后来获得独立，在新加坡设置了总督的政府机构。正是由于新加坡地处东西方交通之要冲，才能够最终成为马六甲最繁荣的地方，并作为英国推行远东政策的据点，逐渐展露出我们后来所看到的兴盛之貌。

法国经略印度支那半岛

在与英国争夺印度的过程中败下阵来的法国，试图在印度支那地区得到补偿。在法国革命期间，安南发生内讧，王族阮福映听从法国传教士百多禄的建议，借法国人之手统一安南，建立了越南国，并自称皇帝。不过，由于阮福映曾向清朝的嘉庆帝朝贡，并接受其册封，所以他对清朝仍自称国王。

越南建国后，国人从国粹主义的立场出发，阻碍法国传教士的传教活动，甚至发生了残杀传教士的事件。对此，法国皇帝拿破仑三世出兵占领了西贡。越南国王只得割让包括西贡在内的所谓"交趾支那"，以此求和。此后又过了十年，交趾支那西侧的柬埔寨也成为法国的保护国。至此，法国确立了其在印度支那半岛的霸权基础。当时是1867年，即日本明治维新的前一年。

几年后，法国强迫越南国王允许法国船只在红河自由航行，又以保护航路为名出兵北部湾。由于越南对此举加以阻止，法国遂出兵攻陷了越南国都顺化，越南不得不表示降伏，并完全成为法国的保护国。如此一来，北部湾地区便被纳入了法国的直辖领地。接着，法国又向其西邻暹罗要求割地，并由此获得了湄公河以东地区。至此，范围广大的法属印度支那殖民地便形成了。

第四节　清朝的开国及其灭亡

清朝与攘夷思想

　　清朝兴起于中国东北地区，经历了与明朝之间大约 30 年的漫长战争，于明朝灭亡后进入北京，成为国家的统治者。在汉人看来，清朝即是夷狄，因此不难想象，清朝对汉人的统治面临诸多困难。事实上，汉人中确实有一些主张攘夷并对清朝怀有强烈的敌忾之意者。清朝对此有时进行镇压，有时则采取怀柔之策。

　　清朝对汉人实施的剃发令一度危及了王朝自身的前途，但仍依靠其强大的武装力量，严格地推行这一法令。居于曲阜的孔子后人虽曾请求特别赦免，但未获应允，故不得不抛弃数千年的传统，服从夷狄的风俗。历代古书中能找到的有关夷狄的记述都经审查后被改写，"夷""狄"等字眼必须避讳，用其他字词来代替。明代书籍中有关满人的部分都被删除，过甚者则被焚毁。此外，清朝还屡屡大兴文字狱，有不少文人学者因遭质疑鼓吹攘夷思想而被处以重刑。

　　清朝的皇帝致力于使民众承认，自己乃中国的正统之君。康熙帝还曾亲自说明清朝之所以得天下的理由：清朝不是灭亡明朝以取代其当政的，而是明朝自身陷于灭亡后，清朝从逆贼手中夺回正统，为救人民于涂炭之苦，而成为中国之主。其后，雍正帝以儒家的君臣大义，试图使汉人明白：君臣间的道德乃中国数千年来的传统，不因时间、地点的变化而发生变化；

如今，既然满人成为汉人的君主，那么汉人就不得再有二心。据此，满人要求汉人应绝对忠诚于清朝的统治。清朝皇帝认为，从历史上来看，像清朝这样堂堂正正地取得天下的王朝是前所未有的。清朝原本与明朝是地位对等的国家，因德行高尚，所以受命于天，吞并了明朝的天下，这种取得天下的方法才是理想的正统君主的应有行为。起兵于民者，若欲建立王朝，必须对其旧君主引弓相向，所以对于元朝来说，明朝的太祖只不过是一介乱民。而清朝原本就与明朝地位对等，没有忠于明朝的义务，明朝皇帝未能尽其天子之职，失去了天命，清朝才取而代之支配天下。所以，清朝对中原的统治才是天命的体现。

就这样，清朝对汉人的攘夷思想采取软硬兼施的手段，不久后，清朝又发现了将此思想转向外部的方法。西洋人在中国的出现，就是这样的一个契机。

葡萄牙人开始向东方航行之后，耶稣会传教士为寻求布教的新天地，来到了印度与中国。中国当时正值明朝末年国势不振之际，朝廷大臣中也出现了徐光启这样的改宗者，但徐光启其实是通过改宗来学习西方先进的科学技术，以试图挽回国运。事实上，明朝对新兴的清朝曾屡屡施加打击，对其剑锋加以重挫的是汤若望等西洋传教士铸造的红衣大炮。但是，清朝也学会了使用大炮并用以攻打明军，结果导致明军失去了胜算。

清朝迁都北京后，汤若望等人继续为清朝服务，北京城内的天主教堂也得以保留。清朝往往任命传教士在钦天监任职，负责制定历法。康熙帝尤其欣赏西洋科学的精准性，常命传教士侍从于左右，并请其讲授数学、物理学、地理学等。但是，传教士原本的目的在于传教，他们曾得到康熙帝的许可，在中国各地进行传教，但由于后来罗马教皇判定儒教与基督教不可并立，康熙帝遂怒而禁止传教。不过在当时，西洋人来中国是未被禁止的，所以康熙帝禁止传教之后，仍然有大量传教士居住在中国，其中也有人偷偷地从事传教。这一时期欧洲的形势在中国也得到了反映，法国籍的耶稣会士在中国人数极多。

雍正帝即位后，根据地方官员的进言，认为基督教有害中国之国体，故下令除清政府所任用的人之外，所有居于中国的传教士都须退居至葡萄牙人所占的澳门。清朝尊崇中国文化之传统，并担当了守护这一传统的角色，故认为西洋传教士是试图以夷狄之道改变中国之道，将其视为有可能灭亡中国社会的危险因素。

乾隆帝与雍正帝不同，他对西洋文化采取了理解的态度，对奉仕于宫廷的传教士予以优待，但他绝非要解除对耶稣会士传教的禁令。另一方面，在欧洲也是一样，由于耶稣会士屡次过度干预政治，因而到处遭到非难，被认为蓄意策划阴谋。对此，罗马教皇听从了信奉旧教的各国国王的劝告，下令解散耶稣会。此举使得中国境内的耶稣会传教士失去了存在的依据，又由于取而代之的其他旧教组织缺乏在中国传教的热情，所以北京的天主教堂终于不再有人居住，自然地陷入关门的悲惨境地。于是，中国的基督教问题就这样一度消失了，代之出现的则是通商问题。

中英通商的由来

靠近广州的澳门，是明代葡萄牙的海上势力达到鼎盛时，由葡萄牙人建立的殖民地。葡萄牙人先是得到了当地官员的许可，在这里借地建了商馆。后来，在不知不觉间，澳门就变成了葡萄牙的领地。荷兰人一度试图夺取此地，但未能成功。最终，澳门作为葡萄牙殖民地的地位确立下来。进入清代之后，澳门成了中国沿岸地区唯一的欧洲人聚居地。欧洲人虽然可以到广州进行贸易，但不能与家人一起在广州定居，所以在完成贸易活动后必须回到澳门。

广州地区的贸易处于政府的严格控制之下。西洋人的贸易对象仅限"行商"这类特许商人，行商之名得自"十三行"，后者也是西洋人在广州活动时的住所。随着广州的国际贸易日渐隆盛，行商得以积累大量财富，行商的居所也被建造成豪华壮丽的西式风格，使许多中国人纷纷侧目。

英国东印度公司在印度确立霸权之后，通过澳门，英国人在中国的贸易也变得日益兴隆。英国人原本试图在浙江宁波附近建立独占的根据地，但由于受到清朝政府的限制而未果，故不得不将其贸易局限于广州一地。但随着其在海上的称霸，英国整合了本国的工业和殖民地的资源，逐渐成为一个工业大国。尽管葡萄牙人占据了澳门这一绝佳位置，英国人仍然在广州贸易中占据着首要地位。此后，英国掌握了欧洲对中国贸易的领导权，与此相伴随，英国人也不得不代表全体欧洲人，承担起改良中欧贸易方式的责任。

清朝政府严厉的对外贸易统制政策，特别是行商的独占权，尤使外商感到不便。行商独占了贸易的利益，外商对中国官员也不得不进行大量的赠与。事实上，行商伍氏①等人在19世纪初堪称世界头号富豪。另外，即使西洋商人和行商之间发生纷争，驻在澳门的外国官员也没有与中国官员进行对等交涉的权利，只能和普通的中国百姓一样向中国政府提交请愿书。

英国压倒法国并在印度确立霸权的十年后，英国国王派遣特使马戛尔尼访问中国，试图向乾隆帝提议改善贸易方式。然而，乾隆帝对此举的理解是，英国国王是在请求成为清朝的朝贡国。对此，乾隆帝褒奖了英国使臣的忠诚，便命其退下。中国皇帝认为，对于夷狄之臣，在朝仪上采取宽容的态度并允许其拜谒，已经是莫大的恩惠了。拿破仑战争结束后，英国又派遣使者阿美士德访问中国，试图与嘉庆帝进行交涉。然而，当时清廷要求英国使节在谒见皇帝时，须作为朝贡使向皇帝行三跪九叩之礼。结果，阿美士德虽然进了北京，但最终未能谒见皇帝，便愤然离去了。

尽管经历了种种不便与屈辱，英国及其他欧洲国家仍然不能放弃对广州的贸易，其原因便在于中国有其特有的物产。特别是中国的茶叶，在很短的时间里就在欧洲及其殖民地得到了普及，作为日常饮料成为欧洲人生活中不可或缺的商品。茶叶不仅在贸易层面有极大的利润，相关消费税在政府收入中也占有巨大份额。众所周知，这正是美利坚合众国爆发独立战争的重要原因之一。

英国东印度公司的对华贸易长期处于入超状态，为了购买中国的茶叶、丝绢等，东印度公司不得不支付大量的现银。这些白银成为清朝乾隆帝的全盛时代得以出现的源动力，这是一个值得注意的事实。对此，英国试图以印度出产的棉花作为对华贸易的代偿品，然而勤勉的中国劳动者利

---

① 指伍浩官（1769—1843），本名伍秉鉴，清代著名行商。

用这些棉花织成棉布，然后输出棉布制成品，从而获取了巨大的外贸利益。19世纪初广州贸易的大致形势就是如此，不久后，欧洲的工业革命浪潮波及东亚，这一形势终于发展到了即将发生逆转的时刻。

鸦片战争与《南京条约》

以广州为中心的中国纺织业，其性质仍然是手工业，英国兰开夏的机械工业发展起来后，很快压倒了手工业。与此同时，英国东印度公司开始将鸦片作为对华贸易的商品，将其输出到中国。鸦片逐渐成为中国人的嗜好品，市场需求量大增。但由于鸦片有害健康，所以在嘉庆年间，清朝政府曾屡次发布禁令，禁止贩卖鸦片。对此，沿海的中国人与英国商人从事走私贸易，将鸦片转卖至内地，并结成了以走私鸦片为目的的秘密组织，政府为了取缔这些组织费尽心思。很快，鸦片的盛行逆转了以往中国的对外贸易状况，大量购入鸦片导致白银年年外流，中国国内出现了严重的经济萧条，社会上出现了大量失业者，而这又进一步导致了走私贸易的猖獗。

道光年间，清朝政府再度发布严禁鸦片的禁令，然而政府也意识到，仅仅通过制约中国人是难以取得实际成效的，故试图对进入广州的外国人也施加禁令。于是便出现了林则徐以强硬手段打击鸦片商人之举，不幸的是，其结果是引发了战争，清朝战败，不得不被迫求和。

至此为止，清朝皇帝一直自诩为中国乃至全世界的皇帝，并自负地认为中国的对外贸易是对缺乏物资、无法自立的夷狄朝贡国的恩惠。事实上，尽管乾隆帝时尚有实施这一朝贡贸易政策的余地，但到了道光帝时，该政策就已经难以为继了。而对于这种变化，清廷却未能有所察觉。而且，这种变化不仅是清朝势力的衰微所致，还与这一时期欧洲先后进行的工业革命和政治革命不无关系，欧洲的力量与百年前相比，已经有了今非昔比的变化。利用蒸汽动力航行而来的英国军舰，可以轻松地集结于中国沿海地区，其大炮令中国的炮台毫无还手之力；英国舰队可以横陈长江，截断从中国南方前往北方的谷物运输之路。清朝因此陷入瘫痪，不得不接受英国提出的讲和条件，与之签订了《南京条约》（1842年）。

《南京条约》规定将香港岛割让给英国，于是在广州湾之外，与西边的澳门相对，东边的香港被建成了一个自由港。在英国人的经营下，香港逐渐取代了澳门，成为推进英国在远东地区商权的根据地。十年后，日本面对美国使节佩里时之所以缔结了通商条约并实施了开国政策，就是因为看到了鸦片战争的前车之鉴。

　　《南京条约》还规定开放广州、上海、宁波、厦门、福州五港，以进行对外贸易，并规定贸易应由中英两国人民自由进行，且废除了行商的贸易独占权。然而，此举并未取得英国人所期待的成效，即清朝虽在强制之下开了港，但这并不意味着开国。所以即使英国人来到了开港地，也不得不在所到之处遭遇官民共同推动的攘夷运动。

　　当时的清朝皇帝仍然是理想的中国正统君主。应该说，由于其变成了过分正统的君主，所以清朝皇帝必然要为中国人民保护中国之传统，他们必须坚强地承担起抵御那些试图破坏这一光辉传统的外夷的任务。由于清朝皇帝以中国之正统君主自居，他们将国民的攘夷思想转嫁到了西洋人身上，如今他们必须为自己种下的种子负责，这一点与日本的德川幕府的境遇颇为类似。德川幕府曾出于保全德川自家之安泰的目的而采取"锁国"政策，却最终因此受到开国论和攘夷论的夹击，陷入了作茧自缚的境地。

太平天国

　　清朝一心想要转移国民的攘夷情绪，却无法抵御西洋势力的入侵，最终只好与之讲和，这番举动再度唤醒了长期以来被中国民众遗忘的、针对清朝的攘夷情绪。于是，"清朝和西洋人一样都是夷狄"这一点，首先是由中国南方的民众发现的。

　　道光末年，从广西的山沟里起家的洪秀全率领起义军进入湖南，他们沿长江而下，攻陷了南京，在南京建立了太平天国这一独立政权。该政权在此盘踞了约12年之久，在此期间，他们曾屡次挫败清朝的讨伐大军，其影响几乎波及中国所有省份。

　　太平天国以"灭满兴汉"为口号，剪辫留发，煽动汉人的攘夷情绪，并以此收集人心。洪秀全还创立了类似基督教的新宗教，并自称耶稣的弟弟。他下令废除奴隶买卖和妇女缠足陋习，试图以此获得欧美人士的同情。

但是，洪秀全的这种两面政策在哪一方面都未能得到贯彻，故最终没能得到民众和西方的支持。中国民众对于太平天国缺乏实效的各种新政策怀有恐惧感。另外，太平天国的政权在地盘巩固之后便不再有进一步的发展，转而与清朝政府为伍，试图维持中国传统的道德，以君臣之大义，明确了自身试图讨伐叛贼的角色。此外，作为构成士大夫阶级之经济基础的农村地主阶级，尤其受到太平天国土地均分政策的威胁，所以这些地主为了维持治安而组织了自卫团，在此基础上出现了曾国藩、李鸿章等人指挥的湘军、淮军，与太平天国对抗。

另一方面，刚在上海扎下根来的外国人最初认为洪秀全宣扬的宗教就是基督教，故曾对其表示同情。然而不久之后，他们就意识到其宗教思想其实是一种异端，对基督教而言是一种极为危险的思想。另外，洪秀全也明显以中华帝国的皇帝自居，并暴露出对外国人所抱持的传统的夷狄观。所以外国人开始认为，支援清朝使之尽早终结内乱并恢复贸易，反倒是上策。因此，太平天国终于未能得到其所期待的来自内外双方的支持，再加上内部各势力之间出现权力斗争，并由此引发了惨绝人寰的血腥杀戮，于是就这样自生自灭了。

英法联军之役

太平天国发展至巅峰之际，以"亚罗号事件"为导火索，清朝官民针对西洋人的攘夷运动终于引发了英法联军对北京的入侵。

清朝官员逮捕了"亚罗号"上的船员，此举在国际法上是否妥当暂且不论，咸丰帝所宠信的两广总督叶名琛却对此问题拒绝做出任何妥协，坚持强硬态度，从而激化了中英之间的冲突。加上当时在广西发生的法国传教士被杀的事件，英、法两国遂联合起来，发起了针对清朝的问罪之师。

英军占领了广州，将总督叶名琛作为俘虏送到印度，以此指望清朝反省。然而清朝坚持主张，如果英军不撤离广州，则一概不接受谈判。于是，英、法两国的全权代表额尔金伯爵、葛罗男爵做出了强硬的决断，他们率舰队北上，攻陷了大沽炮台，之后逆白河而上，来到天津。清朝为之大惊，遂首先与英国缔结了《天津条约》。条约认可了英国提出的四项核心要求：允许英国公使常驻北京，在长江沿岸新开三个口岸，允许英国人到内地旅行，赔偿英军所受损失。此后，清朝与法国也缔结了内容几乎相同的条约（1858年）。在此混乱之际，俄罗斯也趁机威胁清朝，与之签订了《瑷珲条约》（1858年），得到了黑龙江以北地区。

然而，清朝从一开始就不打算履行其与英、法两国缔结的条约。因为如果外国使臣常驻北京，且对之施以与清朝大臣对等的礼仪，会有损于天朝的威严；而如果外国商船进入长江，外国人在内地旅行，则将使中国的文化遭到玷污。清朝统治者为了摆脱夷狄的身份，故将西洋人视为夷狄；为了证实自己乃中国的皇帝，故对外国人施以夷狄之礼，认为自己有义务将西洋国家与中国社会隔离开来。当时朝廷中宗室势力的代表郑亲王[①]和肃顺兄弟二人是特别热忱的攘夷论者，咸丰帝也受其影响，认真地考虑以免除对外贸易关税的恩典作为诱饵，与英、法两国进行交涉，以全面修改此前签订的《天津条约》。

次年，英、法两国公使根据条约的规定，率军舰来到大沽湾以交换条约，他们试图沿白河而上，但清兵加以阻止，提出要么在上海交换条约，要么只许公使以下的少量官员登陆进京。但由于英、法两国向来认为清朝缺乏诚意，故试图以武力强行进入白河，并在此展开了战斗。不过，由于清朝接受了前一年失败的教训，强化了防备工作，攻英法军舰之不备，使之折损败走。

这一时期，英、法两国和清朝虽然处于交战状态，但战事都仅限于局部地区，并没有发展为全面的战争。其原因在于，英、法两国不希望上海和其他口岸受到战争的影响，引发外国人聚居区的骚乱。同时，面对太平天国起义，清朝也担心英、法两国对其有所支援。而且，清朝非常担心英法军舰封锁从中国南方向北京输送粮食的船只。所以，清朝意识到，在其统治稳固性不受影响的范围内，与外国势力相妥协是不得已的事情。外国势力也认为，维持中国的现状，恢复和平的贸易关系乃是上策。

[①] 指爱新觉罗·端华（1807—1861）。

1860年，英法联军大举北上，攻陷了天津和北京。身为主战派的咸丰帝出逃热河，将京城后事留给恭亲王处理。于是，恭亲王会见了英、法两国公使，与之签订了《北京条约》，再度确认了之前《天津条约》的条款，并约定增开牛庄、汉口等七个口岸，从而解决了问题。美、俄等国对此纷纷加以效仿，特别是俄罗斯，在三年内先后两次向清朝提出割地要求，从而将黑龙江以北、乌苏里江以东地区划入本国版图。

同治中兴

逃往热河的咸丰帝得到主战派的拥护，拒绝与外国人士进行亲密交涉，故未回北京，而在热河的行宫病死。在此期间，恭亲王在北京实际上负责处理国家政务。同时，为了处理与外国的交涉事务，清廷还设立了总理各国事务衙门，以根据条约逐步准备开国。咸丰帝死后，同治帝幼冲即位，其从热河返回北京时，恭亲王抓捕了郑亲王、肃顺等强硬派并将其处死。据说，同治帝的生母西太后对此事多有策划。此后，西太后斥退了恭亲王，逐渐掌握了清朝的实权。同治帝回到北京，成年后开始亲政，在接见外国公使时放弃了清朝的旧仪，而开始采用西洋式的谒见礼。此后，清朝官民都开始逐渐熟悉和习惯各种外国事物，尤其是对新科学的威力有所认识，并出现了试图采纳和借鉴外国之长处的趋势。但是，民众对于基督教的传播仍极为反感，尽管《北京条约》中有相关的条文，但各地仍然频繁发生排斥基督教的所谓"教案"，西方各国对此也无能为力。

同治帝时期，太平天国起义造成的长期以来的骚乱也得以平定。这有赖于曾国藩等人训练的"乡勇"的贡献。当然，西方各国满足于《北京条约》的成果，明确表示要为清朝提供援助，也是清朝得以平定太平天国的原因之一。

《北京条约》签订后的两年中，美国、法国军官以西式方法训练中国军队，以此为上海提供防御，但因清朝方面请求两国派兵讨伐太平天国，两国遂决定出兵。这支军队以英国人戈登为指挥官，转战各地，因其军规严格，装备精良，遂成为所向披靡的常胜军。此外，乡勇也购入了外国武器，大振清朝之军威。最终，南京被包围，洪秀全自杀，太平天国起义由此终结（1864年），世人遂称这一时期为"同治中兴"。然而这次起义的平定，依靠的并不是堪称清朝手足的满人武装，而是汉人士大夫和乡勇的自卫以及外国的援助。其结果是在提升汉人自信心的同时，沉重打击了清朝的威信。但是，当时的汉人武装之所以没有乘势直接发展为推翻清朝的运动，是因为清朝的疆域仍然涵盖东北、蒙古、新疆、西藏等地，且仍然是朝鲜和安南的宗主国。汉人担心如果推翻清朝，由这些地区所构成的东亚共同体就会随之瓦解。然而，到了光绪帝时，安南被纳入法国领地，朝鲜在甲午战争之后脱离了清朝的控制，俄罗斯对东北的入侵危及了清朝的领土权，西藏也由于英国的支援而表现出背叛清朝的征兆。如果继续这样发展下去，中国恐怕将会成为欧美国家的殖民地。所以从这时起，为了实现自立，中国开始出现以推翻清朝为目标的革命运动。

革命的实现

光绪末年，中国官方和民间都出现了变法自强的动向。这种变法运动是借鉴日本明治维新的成功先例，试图在推戴清朝的同时进行政治改革，引进西式的宪法政治，整合国民的力量，以挽回国家之运祚。但这一动向的背后隐藏着试图依旧以清朝为盟主，并保持东亚共同体之轮廓的企图。光绪帝听从主张变法自强的康有为之说，下令推行种种激进的改革措施，然而这些措施尚未得到落实，就遭到西太后等保守派的抵制。光绪帝被幽禁于宫中，改革运动以失败告终。这就是所谓的"戊戌政变"（1898年）。

以西太后为中心的满族宗室并非单纯认为光绪帝的改革会危及清朝的根基，而且担心改用外国制度会导致中国传统文化灭绝。另一方面，在民间，自《北京条约》允许基督教在内地传教后，教堂在各地修建起来，各国传教士开始布道，同时教会以保护其信徒的名义干涉地方政治。另外，中国民众为迷信所惑，散布教会施行邪术的谣言，导致各地纷纷出现迫害基督徒的运动。

朝廷中的保守派以强力扼杀了光绪帝的改革运动，其结果是鼓舞了保守的攘夷论者的士气。发源于山东的义和团就以排斥基督教为口号，得到了诸多认同，甚至朝廷大臣中都出现了对此表示支持的人士。在此情形下，义和团进京包围了外国公使馆。由于清廷对此完全没有加以控制，所以各国联军出兵占领了北京城，西太后遂慌忙携光绪帝逃往西安。尽管不久后清朝与各国议和，但清朝为此支付了大量赔款，国威尽失（1900年）。

尽管清廷已经无法完成稳健的政治改革，但过于盲目而反动的国粹运动会进一步导致中国在国际上难以立足。因此，中国应有的发展道路只能是在取得各国同情和理解的前提下，推行国内革命以建立新政府这一条路。于是，孙文从较早时候开始倡导的西式革命运动日渐得到舆论的支持。对此，清廷也紧随其后表示准备立宪。但遗憾的是，尽管清廷有意缓和舆论，但已人心尽失。

宣统帝即位后的第三年，辛亥革命的烽火在武昌点燃，革命的星星之火很快就烧遍了整个中国（1911年）。清朝皇帝服从革命党的要求，宣布退位。但在新的中华民国建立之际，我们不能忽视这一过程中出现的不甚明朗的权力交易行为，这是由中国当时的国内形势决定的。当时，革命党尚缺乏充分的准备，无法确立承担国家行政事务的体制；而另一方面，形成于清代的汉人军阀的势力在袁世凯的统率之下，保持着强大的凝聚力。此外，在当时的世界形势之下，虽然英、美两国对革命党表示支持，但俄、德两国则试图尽可能地利用清廷以伺机获取利益；而日本的国内舆论则分裂为两派，民间主张支援革命党，政府却倾向于援助清廷或取而代之的军阀势力。可以说，当时任何人都很难预见中国的前途究竟会如何。终于，革命党表示退让，同意选举袁世凯为首任大总统（1912年）。如此一来，好不容易获得了新生的中华民国，又变成了旧态依然的军阀政府，而新型政府的出现，则还须再等数十年的岁月。

第五节　西亚的衰颓

奥斯曼帝国的位置

奥斯曼帝国的疆域最初覆盖了黑海沿岸一带，而后从巴尔干半岛、叙利亚和埃及延伸到北非，同时又占据了美索不达米亚，临望波斯湾。因此，从以往的角度来看，自东洋通往欧洲的交通线应该说已经全部被纳入奥斯曼帝国的疆域内。事实上，截至奥斯曼帝国兴起的14、15世纪，从中国、印度去往欧洲的道路必须经过奥斯曼帝国的领地或其周边地区。因此，全盛时代的奥斯曼帝国正是坐落在地跨亚、非、欧三块大陆的世界的中心位置上。

但是，这一形势在此后的16、17世纪开始发生急剧的变化。由于葡萄牙人发现了新航路，因此欧洲的商船甚至可以不必靠近奥斯曼帝国领地，就能够抵达印度，还能将航路进一步延伸至南洋群岛或中国沿海地区。另一方面，在陆地上，由于俄罗斯对西伯利亚的征服，极北迂回路线得以确立，中国人可以穿过俄罗斯的领土与欧洲人联系，而不必再像以前一样经由奥斯曼帝国的领地。于是，奥斯曼帝国彻底变成了被世界交通体系及其发展进步所抛弃的孤岛，孤独地横陈于世，逐渐被东亚和欧洲遗忘。而这个被世界遗忘的帝国，也就轻易地沉睡在身处太平的梦中。就这样，奥斯曼帝国在世界的竞争局势中逐渐落伍，并迅速地衰落。

从领土方面来说，奥斯曼帝国先是在北方强敌俄罗斯的攻击下失去了黑海北岸，此后巴尔干半岛上的各个民族在德、俄两国的援助下，也逐渐走上了独立的道路，帝国势力不得不从北方逐渐后退。与此同时，帝国南部边境也逐渐出现反叛的征兆，其中尤其具有重要意义的就是埃及问题。

埃及问题

埃及这个国家拥有世界上最古老的文化，然而自其古代的闪米特人衰落后，其历史便完全是遭受其他民族征服的一连串经历。特别是由于阿拉伯人的入侵，埃及被伊斯兰化，埃及人的语言和文化也都因此而阿拉伯化了。阿拉伯化之前的历史逐渐被遗忘，埃及人开始形成作为阿拉伯人的自我认同。因此，阿拔斯王朝被蒙古灭亡之际，埃及人曾最为顽强地与蒙古人进行战斗，而阿拔斯王朝的后裔被拥立为哈里发后，埃及也以伊斯兰教的信仰中心自居。

进行了新一轮大征服的奥斯曼人，在埃及人看来不过是北方的野蛮人罢了。对于埃及人来说，他们的哈里发因奥斯曼人的入侵而被废黜，所以即便奥斯曼皇帝取而代之，埃及人也不会对其心生敬意。就这样，埃及人内部始终存在着从奥斯曼帝国分离出去的强烈愿望。所以，埃及被纳入奥斯曼帝国的支配之下后，本土的马穆鲁克军阀的割据势力却愈发强盛，伊斯坦布尔朝廷对此常感到难以统治。

作为法国大革命的余波，拿破仑远征埃及，再度将世人的目光引向了那条被遗忘的旧交通线。拿破仑对于经营东方究竟有多大的把握和热情，这一点我们无从知晓，但如果他成功地控制了埃及，并开凿运河以连接地中海和红海，那么法国人仅需要英国人绕行好望角所用时间的三分之一就可以到达印度，并能够轻松地夺下英国在东洋所取得的利权，这或许就是拿破仑的企图。而对于奥斯曼帝国政府而言，尽管拿破仑宣称其意图仅在于讨伐马穆鲁克军阀，而无意侵犯帝国的主权，但是当其听说拿破仑的军队在亚历山大港登陆，随后在金字塔下击溃了马穆鲁克军并进入开罗后，就听从英国人的建议而向法国宣战了。法国舰队在尼罗河河口被英国将领纳尔逊歼灭。拿破仑的叙利亚远征军由于暑热和疾病而受损严重，不得不退至开罗，所幸拿破仑收到了国内发来的召回令，急忙启程回国。如此一来，拿破仑最初试图建立东方帝国的梦想便破碎了（1799年）。

为了平定拿破仑入侵所导致的埃及的混乱局面，奥斯曼帝国政府曾向埃及派出军队，其中有一个名叫穆罕默德·阿里的阿尔巴尼亚人。穆罕默德·阿里与奥斯曼军队和马穆鲁克二者时而为敌，时而为友，由此有效地扶植了有利于自己的势力，一方面驱逐奥斯曼军队，另一方面歼灭马穆鲁克势力，从而成为埃及事实上的统治者。尽管穆罕默德·阿里被奥斯曼帝国政府任命为埃及总督，并年年向帝国纳贡，但他在国内却聘请法国人按西洋方式训练军队，同时在政治上也推行改革，以增强国力。

于是，埃及的实力不断增强，不久后就与奥斯曼帝国拉开战局，占领了叙利亚。英国不希望看到一个强大的埃及，故联合俄罗斯、德意志、澳大利亚等国加以干涉。结果，叙利亚被归还奥斯曼帝国，作为补偿，列国承认埃及是穆罕默德·阿里的世袭领地（1841年）。

在此干涉过程中，法国始终对埃及表示善意，埃及人对此心怀感激，因此法国人在埃及的活动范围也就此愈发扩大了。所以说，后来埃及借由法国人雷赛布之手开凿苏伊士运河也并非偶然。

在此之前，拿破仑远征埃及时就曾计划开凿苏伊士运河，但负责实际测量的技术人员报告称，地中海与红海之间的水位差达10米，因此开凿运河的计划便宣告中止。此后，法国青年外交官雷赛布被派遣至穆罕默德·阿里手下，他看到了运河工程存在实现的可能性，故在经历重重困难后，得到了当时埃及总督赛义德帕夏的同意，建立了苏伊士运河公司，并在花费了十余年时间后终于完成了这一工程（1869年）。

苏伊士运河的开通，将从北欧通往印度的距离较绕行好望角的路线缩短了8000海里。因此，对于占有印度的英国来说，这条运河可谓关系重大。苏伊士运河公司是国际性的股份公司，其大约一半的股份（即17.7万股）归埃及政府所有。公司还规定要向运河中通行的船只课税，并将收益分配给股东，但后来由于埃及政府陷入财政困境，英国遂偷偷收买埃及政府所持有的股份，一跃成为最大的股东，从而掌握了公司的实权（1875年）。

但是英国人对此并不满足。由于埃及在世袭总督伊斯梅尔的放纵下出现财政紊乱，所以当埃及开始停止偿还国债利息时，英、法两国便一同向世人宣告埃及政府已经破产，两国政府由此成为埃及财政的监督者。受此刺激，埃及人开展了激愤的排外运动。对此，英国单独出兵对反抗运动加以镇压，并占领了整个埃及。虽然英国宣称对埃及的占领只是暂时的，但实际上却占领了30多年。第一次世界大战爆发后，英国进一步以埃及有可能被战争波及为借口，直接宣布埃及为自己的保护国。

在苏伊士运河开通之前，英国人意识到红海在东西方交通线上的重要性，故在考虑了种种可能的状况后，趁埃及与其宗主国奥斯曼帝国交战的混乱之际，占领了阿拉伯半岛南端的亚丁，建立了用于控制红海出口的据点。至此，英国便大体上控制了从苏伊士运河、亚丁到斯里兰卡、新加坡、香港等亚洲大陆南端的要地。这样一来，只要连接英国占有的各个港口，东西方之间的海上交通线便可以呈现在我们眼前。

俄罗斯的中亚征服

俄罗斯通过征服西伯利亚，成功地从陆地上开拓了通往中国的通道，并试图进一步打开通往印度的陆上通道。然而，生活于此的居民与西伯利亚北部的那些原始民族全然不同，这使俄罗斯的开拓事业遇到了预想之外的困难。而且，对于作为后发国家的俄罗斯来说，要想在欧洲占得一席之地，也必须经过多方努力。为此，俄罗斯不得不屡开武力之战和外交之争。俄罗斯正式向印度进发，已经是进入19世纪之后的事情了。

当时在俄罗斯南部的南西伯利亚一带，生活着突厥系的游牧民族吉尔吉斯人。吉尔吉斯人的酋长虽然表面上承认俄罗斯的主权，但其目的不过是获得官爵以及相应的收入。吉尔吉斯人曾屡屡掠夺通行于其领地的商人，甚至曾试图侵入俄罗斯的领地。吉尔吉斯人对于俄罗斯的这种不服从，是以其南部的希瓦汗国、布哈拉汗国和浩罕汗国这三大汗国为后盾的。

上述三大伊斯兰汗国与俄罗斯互通商人，贸易互市。穆斯林商人在俄罗斯领地内能够不受歧视且安全地进行商业活动，但进入三大汗国的俄罗斯商人却会因其异教徒的身份而遭到特别课税，且无法自由地进出市场，可谓是受到了种种不便的束缚。对此，俄罗斯常向三大汗国要求获得商业上的平等地位，但始终未果。

19 世纪初，沙皇亚历山大一世废除了吉尔吉斯人的酋长政治，并任命俄罗斯官员直接对其进行统治。进入 19 世纪下半叶，西欧的工业革命终于传播到了俄罗斯，其国力也得以迅速增强。对此，三大汗国试图通过结成共同战线，与俄罗斯相抗衡，然而它们终究不是俄罗斯的对手。三大汗国中位于中央位置的布哈拉汗国首先投降，其西侧的希瓦汗国也沦为俄罗斯的保护国，剩下的浩罕汗国尽管不断尝试讨取俄罗斯的欢心，但最终还是灭亡了。俄罗斯对三大汗国的平定，只花了不到十年时间。此后，所谓的"俄属土耳其斯坦"就在这里成立了（1876 年）。

从三大汗国通往印度的路上还有阿富汗这个障碍。阿富汗人属于波斯系民族，但由于他们屡屡遭受来自北方的游牧民族的侵袭，所以混杂了较多突厥人的血统，其宗教也因此以伊斯兰教逊尼派为主，故与其西侧信奉什叶派的伊朗互相对立。英国人征服了印度后，曾来到印度北部边境，试图将阿富汗置于自身的保护之下，故先后两次派军远征阿富汗，其中的第二次远征与俄罗斯平定三大汗国几乎是在同一时间发生的。

此后，英国又发动了第三次阿富汗战争，俄罗斯也侵入阿富汗的北部边境，两国一度陷入即将正面冲突的危险境地。于是，英、俄两国在丹麦国王的调停下互相妥协，俄方承诺，只要其国境稍微再向南推进一点便不再进一步侵略。可是此后，俄罗斯又绕道阿富汗东侧，从帕米尔高原向南进发，英国遂对此再度表示抗议，并在俄属领地与印度之间设置了一片细长的缓冲地带。该缓冲地带被视为阿富汗领土，英、俄双方皆表示决不进犯（1895 年）。此后，英国势力在阿富汗境内逐渐占据优势，尤其是日俄战争之后，阿富汗几乎完全变成英国的保护国。

与阿富汗西侧接壤的伊朗因信奉伊斯兰教什叶派，一直以来都与周边的伊斯兰国家不能相容，并因此带有较强的独立行动倾向。在伊朗，将什叶派确立为国教并鼓吹伊朗国粹的是伊斯迈尔一世，他趁帖木儿帝国衰微之际建立了萨法维王朝。此后，当奥斯曼帝国日渐强大并发展到鼎盛时，伊朗都能够勇敢地与之对抗，毫无屈服之态。18 世纪中叶，阿夫沙尔王朝取代了萨法维王朝，其建立者纳迪尔沙入侵印度，给日渐衰落的莫卧儿王朝以致命一击。而 18 世纪末建立的恺加王朝虽然也曾致力于实行中央集权，但始终受到来自北方的俄罗斯的威胁。同时，英国也因恺加王朝与印度接壤而主张对其拥有特殊权益。结果，英、俄两国各自在伊朗地区划定势力范围，并相约尊重对方的势力范围，这种关系一直维持到第一次世界大战爆发的前夜。

奥斯曼帝国的末路

盛世之下的奥斯曼土耳其帝国曾经地跨三块大陆，以绝佳的地理位置居临周边各国，还曾在苏莱曼一世的统治下进兵至维也纳郊外这一欧洲心脏地带。然而，随着17世纪以来世界交通线的变更，奥斯曼帝国的国势一路走向了没落。

据说，强盛时期的奥斯曼帝国曾拥有6000万人口。其中有4000万人都是穆斯林，故具有一定的凝聚力，但其人口的民族构成十分复杂，除了分裂为数派的突厥人，还有闪米特系的阿拉伯人以及雅利安系的巴尔干人，语言和风俗的不同为奥斯曼帝国的统治带来了极大的困难，而随着帝国国运的衰颓，这些民族也终于显露出了动摇之色。

被世界交通干线所抛弃，同时也将导致文化发展的停滞。从18世纪起，欧洲文化开始大量涌入奥斯曼帝国，但这并未使帝国的国力得到恢复，反而成为其被欧洲政治势力压倒的前兆。另外，从地理位置上来说，奥斯曼帝国所受压迫的最大来源自然就是其北方的邻居俄罗斯了。然而，俄罗斯终究未能吞并无力的奥斯曼帝国，其原因并非由于奥斯曼帝国的自身实力有所恢复，而是由于欧洲的国际政治局势保持着势力均衡的状态，所以每当俄罗斯对其发起攻击，欧洲列国便因担心俄国会破坏势力均衡而不断出手加以干涉。

18世纪末，俄罗斯占领了克里米亚半岛，从而控制了黑海。俄罗斯对巴尔干半岛的斯拉夫系各国加以支援，以图将势力伸向地中海。然而，奥地利帝国也企图支配巴尔干半岛，但半岛上的各国只求获得独立，而不愿被俄罗斯吞并，因此接连宣布独立。

进入19世纪后，最早实现独立夙愿的是斯拉夫系的塞尔维亚，紧随其后的是拉丁系的希腊和罗马尼亚。在独立之际，希腊作为古典文化的发祥地，得到了欧洲各国的广泛同情。当时，俄罗斯也出兵攻击了奥斯曼军队，使奥斯曼帝国承认多瑙河北岸人民拥有独立的权利，罗马尼亚由此建立。俄罗斯乘此成功之势，要求获得对奥斯曼帝国境内的东正教信徒的特别保护权，但英、法两国担心此举会使奥斯曼帝国受到威胁，故出兵与俄罗斯作战。这就是英、法两国围攻塞瓦斯托波尔要塞时爆发的广为人知的克里米亚战争。其结果是，俄罗斯同意将黑海作为中立地带，并约定保证奥斯曼帝国的领土完整（1856年）。

一度收敛了锋芒的俄罗斯，此后为追究奥斯曼帝国虐杀保加利亚人的责任而再度发动入侵。英国对此加以干涉，召开柏林会议，以抑制俄罗斯向巴尔干半岛的扩张，并确认了保加利亚和黑山在事实上的独立地位（1878年）。另外，在这一时期，斯拉夫民族所居住的波斯尼亚地区被奥匈帝国吞并，此事构成了第一次世界大战的一个远因。

不过，巴尔干半岛诸国的独立并不是依靠自身的力量，而是在列国维持均势的状态下借助外力才得以实现的。由于巴尔干地区的民族分布状况十分复杂，因此该地区变成了阴谋和骚乱的舞台，甚至被人们称作"欧洲的伏魔殿"。而且，巴尔干半岛诸国的国民皆从偏狭且利己的民族主义立场出发，投身于扩张领土的争夺战，由此招致了20世纪初的两次巴尔干战争，而战争的进一步发展终于导致了第一次世界大战的爆发。

奥斯曼帝国因国力衰弱而国威尽失，这使土耳其人民深陷失望的深渊之中。从这时开始，青年土耳其党的改革运动也逐渐兴起。在第一次世界大战期间，在几乎失去了全部属地且自身也遭到分割的处境下，土耳其人民在军官凯末尔的统领下重新崛起，击退了入侵的希腊军队，确保了自身的领土安全。土耳其人推翻了拥有七百年历史的奥斯曼王朝，并选择以土耳其共和国的姿态重生于世。以往在奥斯曼王朝治下的土耳其，因受到周围局势的抑制而不得不采用欧洲式的文化和政治模式，但由于受惑于伊斯兰教宗主国这一名目，终究无法彻底地推行欧化政策。然而与此不同，土耳其共和国明确发表了政教分离的宣言，摆脱了以往的宗教束缚，断然进行改革，采用拉丁字母以取代阿拉伯字母。尽管此前工业革命的文化已经逐渐渗透进了落后的西亚，但直到奥斯曼王朝这个直到最后关头都在进行顽固抵抗的保守派大本营灭亡后，工业革命的文化才终于得以传遍整个西亚（1922年）。

在土耳其东侧的伊朗，也出现了相似的发展趋势。在第一次世界大战中，来自北方的俄罗斯的压力虽然消失了，但英国却派兵侵占了伊朗的大部分领土，并通过缔结条约使伊朗成为自己的保护国。为了进行反抗，伊朗人组建国民政党，组织新政府，拥立礼萨汗，发表宣言宣布独立，并宣布废除与英国签订的条约。礼萨汗受到国会的拥戴，推翻了恺加王朝，即位为王，改国名为"伊朗"（1925年）。这时的伊朗尚未采用共和制，在宗教上也仍然将伊斯兰教什叶派定为国教，故仍带有一定的保守性。但即便如此，在吸收西洋新文化、振兴教育和产业等方面，伊朗也与土耳其一样，带着极大的热情积极地推行和实践各项改革政策。

第 7 章

亚洲历史上的日本

第一节　日本古代史诸问题

亚洲大陆与日本

正如日本在地理上是亚洲的一部分，在历史上，日本史也应该被包含在亚洲史之中。甚至可以说，只有将日本史视为亚洲史的一个部分，日本史的意义才能更好地得到理解。不过，这并不是说要让日本史隶属于中国史。中国屡次发生的政治变动，其影响时常会波及周边国家，但若要到达日本，则陆上有朝鲜半岛作为缓冲地带，海上也隔着较远的距离，所以中国的政治力量几乎没有直接对日本产生压力，从而使日本能够在较长的时间段里保持政治上的独立。

然而，以中国为中心的文化波浪比政治波浪的影响要有力得多，这不仅是由于中国文化自身所具备的传播力，也是因为日本人具有积极地对中国文化加以吸收的能动性。另外，中国未能充分消化和吸收的西亚、印度的文化，也经由中国流向了日本。日本社会在吸收这些文化资源的同时，也实现了自身独有的发展进程。

日本社会的发展进程和其他地区一样，都经历了古代、中世、近世这三个历史阶段，但其在各个阶段的表现形态却未必与其他地区相同。最初，在以大和地区为活动中心的飞鸟朝和奈良朝，日本内部的统一进程得到推进。到平安时代，日本实现了北起奥州，南抵琉球的统一。由于这一时期具有明显的统一倾向，故可以把这一时期归为日本古代史的发展阶段。

接着，从平安朝末期开始，武家势力以关东为中心日渐兴起，随着这一与公家迥然不同的社会势力的扩张，日本社会出现了急剧的变化。武家势力一开始就带有封建性，因此他们登上历史舞台后，日本国内就表现出与此前完全不同的分裂倾向。镰仓的武家社会与京都的公家社会以对立的关系并存于世，这种并存现象本身就是一种分裂，而这种分裂趋势在进入南北朝之后，以朝廷自身分裂的形式更为明显地表现出来。中央的分裂进一步波及地方，激化了地方豪族之间的对立状态。在足利义满统治时期，这种分裂虽然一度从社会表面消失，但由于分裂的要素和根源仍然深刻地潜藏在地方社会之中，所以应仁之乱后，这种分裂再度浮出水面，并在不久后导致了战国时代群雄割据状态的出现。由于这一时代以分裂为特征，所以将其理解为日本的中世时期应该是恰当的。

战国时代的分裂割据在织田信长、丰臣秀吉两人的手中终结，日本得以重获统一。继之而起的德川家康开始了幕府统治，确立了封建制度。封建制原本具有割据性，因而是中世性的，但德川氏却将封建势力置于强大的幕府权力之下，且能够对其施加严密的控制。从这一点来看，这个时代仍然是具有较强统一倾向的时代，因此我们也可以看出其近世性。事实上，在德川幕府统治的三百年间，几乎没有出现过地方割据势力举兵相向的例子；而且只要幕府愿意，还可以自由地对大名的领地进行改封（国替）。这是日本封建制度的特色所在，即尽管外表看起来是中世性的，却必须将其作为近世史来加以理解。然而，封建制终究不是纯粹的近世。日本的近世史中残留了许多中世性的残渣，这只能说是日本社会发展落后性的体现。

考古遗物中的史前日本

毫无疑问，日本民族是在遥远的古代从大陆迁徙至此的。直到第二次世界大战结束时，日本都没有发现可证实的旧石器时代的遗物，但是之后，以群马县岩宿遗迹为代表的诸多遗迹被发现，人们据此推测，比旧石器时代的人强壮得多的人类曾经栖息于此。

新石器时代的遗迹、遗物在日本留存极多。掌握了新石器文化的人类，估计不少都是从大陆以数条不同路径来到日本的。例如从北边途经库页岛、北海道岛，从南边经台湾岛、琉球群岛北上，不过主要还是经朝鲜半岛来到日本。这些渡来者在气候温和的日本定居下来，人口也逐渐增加。

他们日常所使用的石器因材料坚硬而难以加工，所以制成品的形状大体上都是一样的，这导致后人难以通过其使用的石器来识别其文化系统。不过，我们可以根据他们使用的陶器及其制造手法来进行推测，并可以由此划分出两大系统。

最初曾流行于整个日本的是被称为"绳文式"的陶土器。在这些陶土器表面的边缘处，有用贝壳或模具连续刻印的倾斜或平行的短线，这让人联想到粗绳的纹路，故被称为"绳文"，但绳文图案并不都是一样的。绳文土器的特点是，大都是以粗糙的土坯烧制而成，但由于烧制火力不甚充足，所以土器表面因碳化而有些发黑。绳文土器随着时代的发展也逐渐进化，古旧者大多厚而平浅，而后逐渐变薄、变深，边缘也开始出现复杂而奇特的立体装饰。可见，当时的人们已经有了一些精神上的闲暇，其陶土器也相应地展现出较高的工艺水准。

使用绳文土器的日本人主要以狩猎和捕鱼为生。这一点是通过已发现的大量打制石镞，以及由鹿骨、猪牙等制成的众多骨角器而推断出来的。这些骨角器多发现于适于保存它们的贝冢之中。从关东地区到东北地区，残留着许多这样的贝冢。这些贝冢是早期日本居民将贝类作为食物后，集中丢弃其残骸的地方。绳文文化圈以关东为中心发展开来，绳文土器具有各种各样的形状，表现出日本与周边各国截然不同的样貌，然而这决不是说日本乃孤立于周边各国的孤岛。在绳文时代，早期日本居民开始使用以美石、硬玉打磨制成的耳环等饰物，但他们使用的硬玉并非产自日本。

当绳文文化在东日本发展到顶点时，近畿①以西地区又出现了一个新的文化圈。这就是以弥生土器为特征的弥生文化圈。弥生土器以实用性为主，不强调装饰性。这类土器大多坯壁较薄，以大火进行烧制，最后烧成

---

① 指日本本州岛中西部，包括京都、大阪等地。

红色。其形制包括深钵、高杯等高大器型，装饰也以简单的几何图案为主。弥生文化圈从西日本开始，逐渐影响至东日本，在一些混合了绳文和弥生两大文化的贝冢遗迹中，我们往往可以看到贝冢底层有绳文式的遗物，而在顶层则保留着弥生式的遗物。

有些弥生土器上留有使用过转轮的痕迹，此外，我们从同一时期的石器多为磨制生产这一点也可以知道，弥生文化显然已经进入了较绳文文化水平更高的一个阶段。事实上，曾有一些弥生土器的表面残留着稻壳的痕迹，由此可知，弥生文化是以农耕生活为基础的。另外，在弥生风格的遗物中，人们除了能找到青铜器，还能不时地发现铁器，而当时留下的磨制石剑，有些还是以金属剑为模型制成的。这些事实说明，弥生时代的人们从金石并用时代直接发展到了金属时代。当然，这些人对金属器具的使用肯定受到了大陆方面的影响。

铜铎的问题

日本有一种特殊的青铜器，即铜铎。以往被发现的铜铎几乎都是单独出土的，没有伴随物，多在断崖等地土壤中被偶然发现。因其形状特别，在日本周边各国并未发现相同样式的物品，故被认为是日本特有的器物。在这一时期，学界曾流行一种对铜铎的来历进行说明的假说，认为现代日本民族的祖先来到日本之前，克鲁波克鲁人①制作了铜铎，这些土著人在逃亡之际，将铜铎这种贵重的铜器埋在土中，以免被入侵者发现。但是后来，铜铎与铜剑、铜矛、铜镜以及一些弥生土器一同被发掘出来。由此，人们认为，铜铎还是应该算作弥生文化中的金属文化之一种，其形制受到了盛行于中国的乐器编钟的影响。尽管人们一度认为铜铎并不具有作为乐器的实用性功能，但是当人们发现有些铜铎内部存在铜制的钟舌后，铜铎是以乐器为原型的这一事实就成了不可动摇的定论。

从分布状况来说，铜铎的出土地以近畿地区为中心，从四国、中国

---

① 在阿伊努人之前生活在北海道的土著居民。

地区①的东部到本州岛中部地区的西部均有分布。不过到目前为止，铜铎尚未出现在有史记载以来被筑造的古坟中。在日本，铜铎是将铜矛等利器熔化后重铸而成的。但问题是，如果青铜材料在当时十分贵重，那么为什么不用青铜制造利器，而是将其改铸成连声音都发不出来的乐器呢？显然，这无疑表明，铜铎时代虽然是缺少记载的史前时代，但当时的日本人已经开始使用铁器，所以青铜制的利器相比之下就没有那么重要的价值了。

同样，在以九州北部为中心，包括南九州、中国地区、四国地区的区域内，也出土了这样的铜剑和铜矛。在这些铜制品中，除了一些明显以实用性为目的而制造的利器，还有许多是徒有利器之形的仪式用品。也就是说，青铜器最初是作为利器，从中国大陆经北九州传入日本弥生文化圈的。但几乎与此同时，铁器文化也从大陆传入了日本。于是，失去了实用价值的青铜利器就被收集起来，在中国地区以西被重铸为仪式用的铜矛；而在以近畿为中心的地区，则被重铸成铜铎。几乎在同一时间从大陆输入青铜器和铁器，这是日本史前时代文化的特有现象。

日本金属文化开始时间问题

根据殷墟出土的遗物，我们可以推测，中国从殷代就已经开始使用青铜器了。这一青铜器文化经由朝鲜半岛传到了日本。其进入中国东北地区和朝鲜半岛北部是在春秋时代，进入朝鲜半岛南部是在战国时期，而传到日本大体上是在战国末期到汉初。

另一方面，在中国，铁器文化是在战国中期之后得到普及的，至秦汉时期传至中国东北地区和朝鲜半岛，并被认为在西汉时期就已经传到了日本。如果我们将青铜器和铁器两类文化向东传播的过程进行图表化，便可以知道，尽管青铜文化从中国传向日本的过程大致经历了十个世纪以上的岁月，但铁器文化却只花了一两个世纪就从中国传到了日本。除了青铜器文化先铁器文化一步，为其开拓了传播之路这一条件，也是由

---

① 日本地域名，位于本州岛西部。

于铁器文化明显具有比青铜文化更为强大的威力，它击破了文化传播途中的障碍，故其传播速度也有了极大提升。这也从另一方面说明，由于铁器文化的流行，中国与日本之间的距离被显著缩短了。

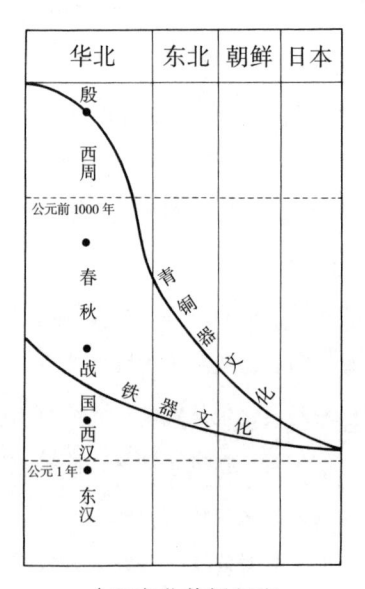

华北	东北	朝鲜	日本
殷／西周 ---- 公元前1000年 ---- 春秋／战国／西汉 ---- 公元1年 ---- 东汉	青铜器文化 铁器文化		

金属文化传播年表

由此看来，日本几乎同时从大陆输入了青铜器文化和铁器文化，这意味着日本的所谓"金石并用时代"，其实是石器、青铜器和铁器的并用时代。而且我们可以推测，日本国家的形成过程，在很多方面也是借由铁器文化的威力来实现的。

对古代传说的批判

在日本的古代史中，日本的纪元问题被认为是最为重大的问题。但一个更重大的综合性问题其实应该是，如何对日本的《古事记》中记载的传说加以认识。

由江户时代的富永仲基提出，并由内藤湖南博士加以介绍和阐发的"加上原则"，为解决这一问题带来了一道曙光。"加上原则"指出，古代传说中的年代，会随着时间的推移而逐渐延伸到更古老的时代上去。具体来说，假如某政权以某个地区为中心发展起来，其在逐渐壮大并将周围部族也统摄在其治下的过程中，会吸收当地的传说，并将该传说作为历史事实。然而，某一地区社会主体的历史记载从某个时代开始就确立下来，所以人们不能将传说的历史插入主体的历史叙述之中，故只能将其置于自身历史之前。这种倾向不仅在日本，在世界各地都是存在的。

例如，关于大和朝廷和出云地区的关系的记载，大和朝廷方面流传着"日本武尊征伐出云建"的传说，其流传形态接近历史；而在出云地区，关于二者的关系则流传着"大国主命让国"的传说。出云地区在完全被大和文化同化后，大国主命的传说反过来由出云传到大和地区，但这段传说故事由于无法被安放在大和地区的历史传说之中，所以就作为神代传说被写进了《日本书纪》的神代卷。在这个例子里，作为"第一传说"的出云建故事被认为更接近史实，大国主命故事作为反映"第一传说"的"反映传说"，被认为相对脱离史实。但由于"第一传说"发生在远离大和地区的偏远地带，大和朝廷对此缺少认知，所以"第一传说"的影响反而较小，甚至有时会被完全遗忘。而作为反映"第一传说"的"反映传说"，却由于在大和发生并得以传播，所以其后虽然经历了几度更易，但仍然保持着鲜活的生命力，并为人们所乐道。此外，"天岩户传说"是兴起于信州北部的传说，"武瓮槌命、经津主命"的故事则是常陆、下总地区的传说，这些传说传入大和后，或是以种种方式混合在一起，或是与出云的传说结合在一起。总之，神代传说大多并不是发生在大和的故事，而是产生于边境地区。同样，以日向为中心的皇祖传说也属于这一类。

以日向为中心的"第一传说"认为，日向之所以从属于大和朝廷，是景行天皇西征的结果。然而根据古坟的分布情况来看，日向在当时无疑是豪族势力十分强盛的地区，而且这些豪族的祖先是翻过雾岛山来到日向平原的。因此，日向地区流传着"高千穗的神降传说"。据此，我们可以认为，日向地区被平定之后，其传说也被大和朝廷纳入了自己的传说体系中。

另一方面，大和朝廷逐渐变得强盛，是在来自伊势的一大入侵族群定居于大和南部之后的事情。当时，从九州到近畿，正是铁器文化开始流行而青铜器开始失去实用价值的时代，铜矛和铜铎等也开始作为礼仪宝器被留存下来。当大和朝廷的威势超过入侵民族后，后者在逃走之际将其宝器埋藏起来，所以大和军队鲜有机会看到这些东西，铜铎就这样被埋在地下而被人们遗忘。也正因此，在奈良时代初期铜铎被发现时，世人对其属性全无了解。

在大和朝廷逐渐扩大势力范围并向西扩张时，抵抗最为强烈的是北九州的诸侯。他们很早就开始与朝鲜半岛有所往来，在向日本引介大陆文化方面堪称功臣，但他们或许反而被文化上的超前性拖累，以致最终被文化相对落后的大和朝廷吞并。这种先进文明为落后势力所制的例子，在世界历史上也是屡见不鲜的。

其实，大和朝廷的功绩只不过是从伊势扩张到大和，所以其自身并没有多少可以作为"第一传说"来讲的故事，即便有，也作为正统的历史被集结在日本武尊的传记之中。但另一方面，随着大和朝廷对外部的征服和同化，被征服地区的传说流入，丰富了大和人的知识。这些传说也逐渐被当成大和自身的传说。特别是日向地区的"反映传说"，在不知不觉间就被接续到了伊势时代的前面，成为神代传说的核心故事。神武天皇东征的传说便出现于此，而东征的路线其实就是基于当时的航路知识被描述出来的。所以说，古代的历史书同时也是百科全书。

从大和朝廷的势力确立时起，供王公贵族们使用的巨大古坟便开始修建。修建古坟的劳动力来源究竟是奴隶还是服徭役的部民，这一点尚不明确，但为修建古坟而聚集起来的劳动力的数量，几乎与同时期从事其他生产活动的劳动力的总和相同。因此可以说，大和朝廷之所以能够打败位于其西侧的文化先进之国，并为日本带来了大一统，就是由于其成功地集结了众多劳动力。

中国古代史籍中的日本

就这样，我们在对日本上古时代的发展情况进行梳理后，才能够论及日本的纪元问题。而且，我们既不能完全相信《日本书纪》等古书所记载的年份，更不能根据传说故事来确定真实可靠的年代。在这种时候，反倒是中国正史中有关日本的片段记录，虽然可能有些暧昧不清，但多少能够为我们提供一些推测之资。在《汉书·地理志》中有这样的记载：

> 乐浪海中有倭人，分为百余国，以岁时来献见云。

由此可见，当时的汉人尚不认为日本拥有统一的政权。但据此可知，日本人曾赴乐浪，一定程度上与之存在贸易往来。

《后汉书》中记载了光武帝时倭奴国王的使者入朝一事。至于是读作"倭之奴国王"还是"倭奴国王"，学者们的结论各有不同，但"奴国"是此后也曾出现的名词，所以读作"奴国王"是没有问题的。而如果在前面冠以"倭"字，则会使人认为"奴国王"是从属于"倭"这一统一政权的。所以由此可见，从这一时期开始，《汉书》中提到的"百余国"正逐渐走向联合，或者说走上了统一的道路。只不过我们尚不明确，这个统一的中心究竟是在九州还是在大和。

接着，在《三国志》的《魏志·倭人传》中，出现了对基本统一了日本的女王卑弥呼的记载。有学者认为，这个卑弥呼是九州南部的一位女酋长，但《三国志》的成书年代距离西汉已经历时数百年，想必当时的中国人对于日本的认知也有了相当的发展，他们既然来过九州并曾留下足迹，那么就不可能对已经发展为一大势力的大和朝廷视而不见，而只去关心九州南部的一位女酋长。所以，卑弥呼应该就是大和朝廷的掌权者，其所居住的邪马台国应该就是大和。如果这一推测能够成立，那我们就可以认为，当时的大和朝廷已经完成了对九州北部的统合，并从松浦湾出发，开启了与朝鲜半岛和中国之间大规模的交通往来关系。

如果通过这些论据来对大和朝廷的实际年代进行推测，那么其建立的时间大致是在东汉时期（1—2世纪）。到了三国时代，从本州岛中部地区的西半边到北九州的这一区域，是归大和朝廷实际统治的地区。

当然，以大和朝廷为中心的日本的统一进程，并不是一朝一夕之间完成的。而且，我们不能把某个具体的时间点确定为大和朝廷实际的建立时间，更不能通过回溯历史来确定科学而准确的类似公元元年的年份。但是，我们可以以周边的情况作为考察的切入点。我们知道，为了实现大规模的统一，必须以金属文明为支撑，而金属文明大致是在汉代才传入日本的，且青铜器和铁器几乎是同时传入的。考虑到这一点，那种足以被视为大和朝廷之建立的极大势力的集结，就不能被追溯到过于古老的年代。所以从这一点来说，《日本书纪》所确定的纪年明显太长了。在此，我们可以非常粗略地推测，在东汉一代，大和朝廷的势力逐渐向西部扩张，实现了对北九州的控制；而大和朝廷的势力得以确立的时期大致就是东汉初期，或是公元元年前后。多数认为《日本书纪》的纪年较事实多了六百年的观点，其根据往往都是以上述推论为依据的。当然，我们并不知晓具体的史实究竟如何，但我认为上面的假说大致上是妥当的。

日本古代史的发展

上古时代的日本被称为"濑户内海之国"。来自中国大陆的文化先从北九州传入，然后经由濑户内海到达近畿地区。本州岛中部地区以东是尚未开发的新领土。近畿地区正好位于近畿以西的文化区和中部地区以东的未开发地区相结合的海峡地带，地理位置十分重要。大和朝廷以西侧的文化势力为依靠，向东进行扩张；同时又从东边的未开发地区征发将士，依靠其武力强化对西边的统治。

中国南朝宋的史书《宋书》中记载了倭王瓒以下的世系，但与日本的记录并不一致。如果勉强进行对应，便如下页图表所示。但反正天皇和允恭天皇都应是仁德天皇之子，所以记载有误。仁德天皇曾将皇居迁至难波，其名号出现在南朝宋的史书中也并不意外。而至国王武时，正如《宋书》中所记载的，倭国"东征毛人五十五国，西服众夷六十六国，渡平海北九十五国"。倭国平定了东北地区的虾夷和九州南部的熊袭，并进一步将朝鲜半岛南部任那地区的各个国家置于保护之下。此外，新罗、百济两国也出于对抗北方高句丽的需要，置身日本的保护之下。这些事实在流传于大和朝廷的"第一传说"中，就成了"神功皇后征伐三韩"的故事。

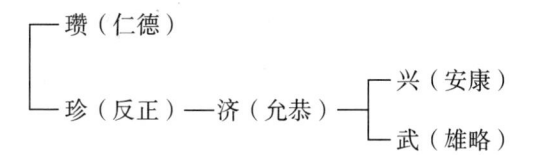

```
        ┌─ 瓒（仁德）
        │                        ┌─ 兴（安康）
        └─ 珍（反正）── 济（允恭）
                                 └─ 武（雄略）
```

对东国毛人的征服故事，在大和结晶为日本武尊的东征传说，但实际上这一征服活动历时很久，从大和建国之初便已开始。不过，未开化地区有其自身的特殊优势，尤其是其处女地中富藏的砂金等贵金属，或许就是吸引大和之处。另外，在未开化地区，无论征发劳工还是将士，都较开化地区更为容易。就这样，随着倭国与东国的关系日益密切，联络东西的交通线也变得愈发重要，近畿地区的政治中心也不得不逐渐北移。今天日本的关西线是连接大阪平原与名古屋平原的最短路线，大和朝廷在该路线周边建设了日本最早的都城——平安京。此后，随着大和朝廷对北陆、山阴的开发，为了统合北陆道、山阴道和东海道，并进一步通过淀川的水运与濑户内海相联系，大和朝廷遂在现在的京都建起了平安京。

在进入奈良朝之前，日本虽然失去了在朝鲜半岛的领土，但其对东国及东北地区的统治和经营却得到了稳步推进。进入平安时代后，陆奥全境几乎都被纳入大和朝廷的实际统治之下。

当日本开始古代史的进程并向大一统发展时，中国已经进入了分裂的中世时代。而当日本大致完成了国内的统一大业时，中国则开启了隋唐这个在分裂的中世时代极为例外的、统一而强盛的时代。于是，日本在终于完成了统一和国内的整顿后，便开始输入唐朝的制度，以施行于各地。

从制度本身的层面来说，唐朝制度是中央集权式的，如果能够不受阻碍地得到贯彻实施，那么以皇帝为中心的官僚政治就会自然形成。然而，唐朝未能彻底摆脱六朝以来的旧习，最终推行了由名门贵族主导的门阀政治。而输入了唐制的日本，由于其旧有的氏族制度仍然有明显的残留，所以日本式的门阀政治便以一种特殊的形态开始了。换句话说，日本并没有形成像中国那样由大量贵族组成的金字塔式的门阀制度，而是形成了贵族藤原氏一家垄断式的门阀制度。

藤原氏是皇室的外戚，在其他门阀走向衰落或成为牺牲品的过程中，实现了自身势力的扩张。然而这一时期过后，藤原氏这个巨大的门阀也遇到了发展的瓶颈，藤原氏同族之间开始出现严重的内讧。激烈的生存竞争使这些早已忘记武力为何物的贵族不得不重新拿起了刀枪。而正值此时，以东国为活动中心的坂东武士华丽地出现在大和朝廷的行政机构中。在保元、平治之乱后，平氏一族曾一度取代藤原氏成为主导门阀。为了压制平氏的势力，公家试图利用源氏的势力对其加以制衡。然而这一次，公家的政权直接被源氏夺取，源氏确立了镰仓幕府的统治。日本从此就进入了分裂的中世阶段。

日本文化的独立性

古代日本的政治势力一度扩张至朝鲜半岛，并在事实上对朝鲜半岛的均势状态产生了种种重要的影响。此外，据推测，出于贸易的需要，日本的特殊物产（砂金等贵金属）曾被输出到大陆。不过除此之外，日本主要扮演的是输入者的角色。尤其是在文化方面，日本基本上是在单向地输入大陆文化，而几乎没有出现过日本文化对大陆的逆向输出。当然，在平安朝，日本制造的纸张为中国贵族所喜爱；另外，日本也曾将在中国早已不存的古书反向输出到宋朝。不过，与中国文化流入日本的量级相比，日本的文化输出几乎不能算数。

但是，这种情况并不意味着日本文化是完全隶属于中国文化的。事实上，从中国流入日本的大陆文化在日本落地生根，逐渐变成了日本式的东西。日本文化之所以没有逆向输出到中国，是由于在文化水准上，中国是明显处于较高水平的；而且，日本文化的根基从很早开始就表现出与中国不同的发展方向。中国人对朝鲜只关心箕子的井田之迹，而对日本则只对秦皇使节徐福的坟墓感兴趣。即便到了近世阶段，中国人也只关心日本的中国元素，而不曾试图研究日本自身。

每当大陆发生政变或民族迁徙，就会有大量大陆之民为寻找安居之地而来到日本，其中也包括知识分子。来自大陆的知识分子及其后人作为"史部"，在日本朝廷中世代承袭书记官的职位。最初，日本人使用从中国传入的汉字。但是在书写地名、人名等专有名词时，日本人也会和中国人一样将汉字作为字音，换言之，就是将汉字作为音符来使用。另一方面，对于使用较为频繁的文字，日本人会在汉字字音之外为其附上日文的训读音，作为固定念法。于是，日本人在写文章时就可以不再按照汉语的表达方式，而是通过兼用汉字字音和日文字训来表达。《祝词》《万叶集》《古事记》等日本文学作品就是这样写成的。

所谓"万叶假名"，就是将汉字作为单纯的表音符号。由于万叶假名的选择缺乏固定的法则，当时日本人每写一个音时，就随手从无数汉字中选一个来使用，因此作者和读者都感到极为不便。于是，假名的使用就发展到了下一个阶段，即人们首先对日语的发音进行整理，然后指定固定的汉字与固定的发音相对应，接着对这个汉字的字形进行简化，从而发明了假名。关于假名的发明，人们普遍认为这是弘法大师[①]的功绩，但事实究竟是否如此，我们就无法得知了。不过事实上，日本是受到印度"声明"这一表音文字的影响后，才形成五十音图体系的。当然，"声明"也是经由中国与佛教一起传入日本的。中国人在其启发下发明了"反切"之法。但中文表音系统的发展却止步于此，最终也没有建立起具有普遍规律的音符体系。而与此相反，日本却是东亚各国中最早发明方便的音符文字的国家，此举确实称得上是值得引以为傲的成绩。在生活水平较低的日本，教育却能够普及到相对底层的人群，这在很大程度上要归功于假名。此外，日本在此后能够免于形成类似中国士大夫阶层的群体，或许也可以从中找到一些原因。

---

① 即空海（774—835）。

第二节　日本的中世

武士与夷狄

　　无论是在欧洲还是在西亚或中国，古代统一局面的终结和中世历史的开端，都伴随着异族的入侵。在日本，武士阶层虽然不是异族，但是其勃兴也有着与异族入侵极为相似的特点。

　　武士是以东国为中心的全国性的新兴势力，然而在朝廷看来，武士群体与其说是底层民众，不如说是一种异质性的存在。在当时的大和朝廷中，人人身着唐式盛装，这种朝廷文化在向地方渗透的过程中，因不符合日本国情而存在局限。而在这种朝廷文化的影响范围之外，异质因素大量残留于近畿的畿内和边境。在东国地区，这种异质因素格外多。在这里，由于作为武家首领的源氏和平氏皆出身于皇室，所以并没有引发大的问题。源氏原本被认为是清和天皇的子孙，但后来源赖信的告文称源氏是阳成天皇的后代，人们于是开始对其族谱的真实性产生怀疑。但即便其族谱是真实的，即便源氏和平氏继承了皇室血统，他们也并没有作为京都文化的继承者出现，而是以武家顶梁人物的身份登上历史舞台。另外，在京都，朝廷之人往往以"东夷"来称呼东国武士，他们在感情上几乎已经把这些武士视为夷狄了。

　　源赖朝创立镰仓幕府之举，可谓是一大革命。此举绝不仅仅是源氏取代了藤原氏而掌握实权这么简单，也不单纯意味着政权从京都转移到了镰仓。其革命性在于，镰仓幕府的建立使政治方针及其落实都随之发生了巨大的变化。

奈良、平安两朝的政治虽说在实际上受到了一定阻碍，而未能如设计者所期待的那样得到落实，但我们可以看出，其根本方针是以中央集权为目标，建立汉式的郡县制度，将地方纳入整齐划一的体制之中。但由于实行中央集权，政府特别强调财政方面的集权，所以平安时代的弊政就在于地方的财力被过度地吸收到中央，并被朝廷贵族用于奢侈的生活消费。由于租税负担过于沉重，地方经济的开发遂逐渐陷于停滞。

镰仓幕府对此采取的对策是，将地方的财力积蓄于地方，以实现对各地土地的开发。武士作为幕府的御家人，安居于自己在地方上的庄园，致力于开垦新田和开发资源。这样一来，武家权力的根基便在地方武士的农耕地上稳固地建立起来。幕府最重要的政治活动就是对土地诉讼进行裁决。

构成平安朝政治之根本的"律令格式"以及辞令、公文等文件，都是用中文书写的。然而，镰仓幕府时期却是以日文作为表达工具的。尽管镰仓幕府的公文中还残留了一些对京都文化的崇拜之意，故尽可能地不用假名，而用汉字进行书写；但在其法律文书或《东鉴》这样的历史作品中，则明显倾向于用日文书写。

世界上其他地区的中世时期往往始于异族对古代文化的破坏，然而在日本，中世却是始于固有文化的复兴，这是日本历史颇具特色的一点。源氏第三代执政者源实朝的和歌，就明显继承了《万叶集》的风格。所以，镰仓时代的雕刻及其他美术作品剔除了平安朝细腻的、贵族式的色彩，而带上了奈良朝或更早的飞鸟时代的豪放气质，这也绝非偶然。

中世日本的近世性因素

幕府政治引导下日式体制的复活，可以说是一种民族主义的显现，而幕府建立后不久发生的蒙古入侵，则进一步强化了这种倾向。日本的国民自觉并不是从这时才开始出现的，早在古代末期假名被发明出来时便已可见端倪。不过，假名在当时仍只是作为女性文字，除了和歌，假名还没有得到官方的认可。因此，在这种情况下，幕府能够放弃对汉式制度的依赖，并基于日本的实际情况而采取新的政治策略，这对于催生日本人的国民自觉确实是一大刺激。

对大多数国家来说，国民自觉的出现往往是近世特征的一个重要体现。然而在日本，国民意识的觉醒与中世历史的开端相重叠，这不能不说是一个奇特的现象。而类似的现象在日本的宗教领域中也有所体现，即在中世历史的初期，日本出现了具有近世史性格的宗教改革运动。

一般来说，教会势力与帝王权力之间的冲突和矛盾是中世历史的特点。但是在日本，南都北岭①的专横强势在古代末期的平安朝就发展到了顶峰，此后，寺院的力量一直在走下坡路。到了中世初期，日本已经进入了宗教改革的时代。在社会历史的转型时期，净土宗、真宗、日莲宗等新宗教运动积极地在各地扩张其势力，其中尤其具有特殊性的就是亲鸾上人创立的真宗。

对弥陀净土的信奉和对唯一佛的绝对皈依等理念并不新鲜，但真宗的生命力在于其传教方式十分新颖。具体来说，首先，真宗的教典是用日文写成的，其目的在于向大众普及。尽管《阿弥陀经》和《教行信证》被视为真宗的根本经典，但这些不过是僧侣的经典，真正能得到大众共鸣和笃信的其实是《叹异抄》或《御文章》。在这一点上，日莲宗也和真宗一样，其信徒究竟能在多大程度上对《法华经》感到共鸣呢？事实上，真正使日莲宗得以确立的其实还是用日文写成的《立正安国论》和《消息》。由此看来，中世的新宗教其实就是日语佛教，而日本国民宗教的形成便是其必然结果。

亲鸾上人主张的不收弟子的在家佛教，其理念与欧洲的新教极为相似，其思想甚至可以追溯到盛行于西亚的伊斯兰教的信条。真宗认为，特殊的僧侣阶级没有存在的必要，信徒的领导者就是僧侣，信徒的集会之地就是寺院。真宗的寺院也以民房为样本，是铺设榻榻米的和室。于是，以往专门以王公贵族为施主、由特权阶级独占的宗教，从此向一般民众打开了门户，猎人、渔夫、贱民都可以无差别地得到阿弥陀佛大慈悲的普照。

---

① 指奈良（南都）的兴福寺与比睿山（北岭）的延历寺。

佛教由此不再是一门学问，而成为一种信仰。

真宗传教运动的最大特色之一，就是对各种修行的排斥。真宗认为，为了专心向佛祷告，必须抛弃其他所有祈祷和咒术。从这一点来说，真宗也是非常新教式的和实用主义的。另外，其对迷信密仪的坚决排斥，或许对于净化日本国民的精神也起到了一定的作用。

从某种意义上说，这是民族自觉的体现；从更广的层面来说，则是理性精神的体现。正因如此，这场新宗教运动有充分的资格被称为一场宗教改革，具有十分鲜明的近世性格。如果确实如此，那么我们应该如何解释这个时代的矛盾性呢？

由于日本历史的发展与世界其他地区相比具有明显的后进性，日本古代史的末期与近邻中国的近世初期相重叠；而与此同时，世界范围的近世性历史潮流也不能不对日本产生影响。日本社会的后进性使其社会组织的发展仍止步于中世的状态，但世界历史的动向却使中世日本突然展现出近世性的元素。这种矛盾性不仅体现在日本宗教的发展上，也体现在此后整个日本社会的方方面面。当然，这一时期的宗教改革现象可以说是这一点最为鲜明的体现。

或许有人会问，既然近世性的现象在镰仓时代就已经表现出来，那么从世界史的观点来看，将镰仓时代之后的历史称为近世史不是更恰当吗？对于这个问题的回答主要取决于，我们是否将日本的历史看作一个独立地区的历史。如果认为日本隶属于中国而否定日本的独立性，那么日本史的时代划分只需要原样照搬中国史，将日本的民族主义勃兴、宗教改革等现象视为东亚近世史的一环就可以了。

但是，正如前文所述，日本有着自身特有的古代、中世、近世的历史，我们可以从日本与其他地区的发展现象相平行这一点，看出日本史的独立性。不过，日本史与世界史的发展进程在具体年代上存在错位，所以在世界史的影响下，日本史就出现了这种中世史当中混杂着近世性元素的矛盾现象。事实上，正是由于日本社会的中世性残留，使得前文提到的宗教改革运动最终未能顺利地实现近世性的发展，并很快就被中世性的潮流吞没了。例如真宗的在家佛教的理念，后来在不知不觉中催生了僧侣阶层的世袭制度，并在乱世中催生了一向一揆①这样的军事力量。另一方面，北岭的僧侣仍旧没有收敛其干涉世俗权力的行为，而且一直持续到丰臣秀吉统一日本之际。对于世界其他国家和地区来说，这些历史事件都是在中世阶段才会出现的。

日本中世历史中近世光芒的闪现，在其他许多方面都屡有反复。例如承久之乱和建武中兴时出现的复古理念，与文艺复兴的精神就有相通之处；而且，建武中兴还是以中国近世宋学的大义名分论作为思想背景的。但是，这些近世性的色彩皆受到中世性潮流反动作用的碾压，所以仅从日本史的角度来说，镰仓时代虽然包含近世性的元素，但整体上仍带有很强的中世倾向，这一点是我们不得不承认的。

庄园与货币经济

日本中世史显露出只鳞片羽的政治和宗教方面的近世性要素，力量尚十分薄弱，未能改变中世社会的大势。但是乘同一潮流出现的经济上的近世性要素，却强有力地挑战并动摇了中世社会及其根基，并最终为近世的到来奠定了基础。而构成日本经济方面近世性要素之本质的，正是货币经济。

一般来说，古代社会尽管会受到一定程度的制约，但仍会出现货币经济的发展。日本也是如此，奈良朝之后，日本屡屡独立铸造铜钱，并通行于民间。可以推测，在平安朝，日本市场上流通着相当数量的货币。

但是在镰仓幕府建立后的整个中世时期，日本都没有铸造过钱币。因为武家政治的理想是，将构成幕府势力主体的御家人固定在庄园土地上，使之尽可能实现自给自足，确保其人员和物资的充足，以便在紧急情况下从中调集士兵和粮食。站在这一立场上，幕府当然不可能铸造钱币，因为钱币的出现会促进市场经济发展，而市场经济会导致庄园制度走向消亡。但是，尽管幕府的根本方针如此，但货币交易依然开始流行起来，并很快与实物贸易产生了矛盾。另外，日本当时使用的并不是本国铸造的货币，

---

① 指日本战国时代净土真宗（一向宗）本愿寺派信徒的势力。

而是从处于近世阶段的中国大量流入的中国货币。

　　日本尽管拥有较丰富的铜矿，但采铜业仍然处于不发达的状态，倒是以东北地区为主要产地的砂金采掘曾取得引人瞩目的发展。砂金也曾直接作为货币进入流通市场，但由于价格太高且使用不便，所以民间倒是更欢迎铜钱。当时中国正值宋代，也正是盛行铜钱的时代，所以铜钱的价格相对低廉，宋朝商人冒着违犯国家禁令的危险将铜钱带出，在换得日本的黄金后回国。如此一来，日本虽然没有铸造钱币，但社会上却流通着相当数量的铜钱，这些铜钱几乎都是舶来品，因此具有较强的购买力。青砥藤纲有关铜钱的逸闻自不待言，在当时的日本，铜钱确实被视为珍宝。

　　御家人作为庄园的所有者受到幕府的保护，他们通过朝廷之手，拥有获赐官职的荣誉权。然而与此同时，御家人对幕府须承担番役义务。御家人须征集战士以守卫国内各关塞要地，征集的人数与其庄园的面积对应。当然，一旦遇到紧急事态，庄园主必须自筹经费出征。他们须负责将战士送到外地，为其整备武装，并在当地购买粮食。而这必然会将御家人的生活卷入货币经济体系之中。加之，镰仓幕府意外地遭到了蒙古人的入侵，在经历了两次大战后，幕府深感不能继续疏于对九州沿岸的防卫，所以进一步加重了御家人的负担。这些负担最后都变成了金钱上的负债，使御家人的经济状况日渐穷困。这时，日本出现了为御家人调度物资或提供临时借款的商业资本家和金融资本家。这些资本家尽管并非御家人，且出身平凡，却在社会上成了深受世人尊敬的人物。另外，建武中兴之所以能够成功，最主要的原因就在于镰仓御家人的穷困，以及幕府未能提出有效对策，以致失去了民众的信赖。

　　但是，建武中兴的理念终究不过是政治性的，中兴政府以复活已然逝去的王朝政治为唯一目标，这在理念上与那些为其提供武力支持以旨在打倒幕府的不平武士全然不同。另一方面，在这一时期，出身低下的新兴社会势力的成长尚不充分，他们尚未发展到能够支持中兴政府肩负起新时代的水平。

　　继建武中兴后出现的是南北朝的战乱，在战乱中，地方上的土地所有权之争通过各势力的武装力量一一得到解决，于是室町幕府在一度得以整理的新的土地分配框架之上，确立了相对安定的治理秩序。然而，战乱时期对土地的再分配使庄园制度被大领地支配取代，换言之，土地的再分配造成了大名领有土地的局面。原本大大小小的庄园的所有者，都会与新出现的大名结为主从关系，以确认自身对庄园土地的所有权。然而如今，大名支配权的强化使庄园制本身变得有名无实。即这一时期，武士奉仕大名所获得的补偿是大名贷与武士的领地，武士在该领地上能够收缴到相当于自己俸禄的租税。在南北朝的社会混乱之际，大名都是以自身实力夺得地位的掌握实权的人，因此他们不再认为自己有义务服从室町幕府的统治。大名领地成为一个个独立的生命体，其领土越是扩张，就能豢养越多的臣下，而拥有越多的臣下，便越有机会开拓新的领土。如此一来，在应仁之乱后，各个大名都开始以自己的根据地为中心，投身旷日持久的领土争夺战。由此，战国时代群雄割据的大幕就这样拉开了。

战国时代的意义

在战国纷争的乱局中，新旧势力的交替在各个地方都有所体现，这是值得我们注意的现象。在这一时期，即便是有着数代传承的旧武家，一旦对家臣统治失策，也很快就会被臣下中的有力之士夺去权势。然而，正如君主可以选择臣下一样，臣下也有权选择君主，并将自己的生命和财产托付与之。也就是说，在以实力竞争的时代，君臣之间也仍然存在不能被单纯地视为"下克上"的情况。对于这些情况，我们无法进行简单的道德评判。

战国初期，许多看上去偶然的或精神上的因素，往往会成为左右战争胜败的关键，所以战争的胜败几乎总令人难以预料。但随着战术的普遍进步，大名的经济实力成为更具发言权的战争决胜因素；而随着战术知识的普及，战争的结果在越来越多的情况下，是由装备的精良程度和数量多少决定的。在火器（即鸟铳）传入日本之后，这种倾向便得到了更加明显的体现。

大名之间战争规模的扩大，使各个大名都开始有意识地对其领内的资源进行开发。这当然不仅是为了扩大农业生产力，以供养尽可能多的职业士兵，也是为了通过开发矿山以获得军用资金。战国时代的战斗不是单纯的武力战，而是总体战。据说，甲斐的武田氏之所以能够以山间僻地为根据地而睥睨四方，正是武田信玄推行富国强兵之策的结果。然而到了武田胜赖的时代，武田氏之所以会在长篠之战中大败以致失去立足之地，就是由于其已不再适应时代，特别是受到敌人火器威力的压制之故。

面对织田氏所率领的装备火器的新编足轻军，群雄的旧军不得不悲惨地败退。单打独斗的勇武故事已经成为过去时，战国时代的武将与其说是战士，不如说更像政治家与经世家。当时，织田信长平定了近畿地区，拿下了京都、堺市两大城市，其统一天下的大业基本上实现了一半。然而，织田信长因明智光秀设下的阴谋而惨遭横祸。后来，织田信长遗留下来的统一大业借丰臣秀吉之手最终得以完成。在此期间，石田三成这类经世家能够得到重用，恰是对战国末期社会局势的反映。

堺港的特殊性

如果鸟铳在战国时代没能传入日本，日本的再度统一可能需要花费更长的时间。因此我们可以毫不夸张地说，日本的重新统一和近世历史的开始，都受到了鸟铳的推动。其实，鸟铳也曾是欧洲近世的冲锋兵。作为后进国家的日本，在中世时期除了受到中国近世的影响，也开始受到欧洲近世的影响，并终于能够由此从自身的中世中脱离出来。

与日本的中世不相称的近世性格，除了在货币的流通方面有所体现，堺港的存在也是一种表现。

室町幕府自足利义满之后与明朝开展邦交，并屡次向明朝派遣朝贡使；但朝贡使出使的目的在于贸易，他们尤其希望能够输入明朝的铜钱。在室町时代，日本为满足国内市场的需要，输入了明朝的洪武钱和永乐钱，以取代镰仓时代的宋钱。明朝虽然允许与朝贡使进行官方贸易，但严格禁止朝贡使与民间进行贸易。然而，对于两国人民共同的贸易诉求，朝廷的禁令无法完全落实。于是，中日两国民间的走私贸易背着官府的耳目逐渐兴盛起来。在嘉靖年间，明朝政府曾使用武力手段镇压沿海地区的走私贸易。对此，两国人民曾试图联合起来进行反抗，而这些人就是所谓"倭寇"

的主体。

另一方面，幕府批准的官方贸易的掌控权，在不知不觉间转移到了大内、细川两个大名的手中。而在细川氏的控制下，作为对外贸易港口而发挥作用的就是堺港。

尽管当时正处于战国时代的乱局之中，但堺港作为对外贸易港口，实现了无可比肩的经济繁荣。不久，在细川氏逐渐失去权势之后，堺港就脱离其控制而成为自由港。倭寇曾将九州沿海地区作为前进的根据地，然而毫无疑问，在背后对倭寇加以操纵的有力人士中，肯定有不少堺港的町人[①]。

通过对外贸易积累了大量财富的堺港，在其周围掘凿堑壕，雇用浪人，以防外敌。其町政由町役人负责，町役人则通过选举来任命。堺港看上去就像一座欧洲的自由城市。

尽管是在一个小区域之内，但在中世日本能够依据共和制运作自治组织，仍然是十分特殊的现象。在同一时期蜂起于各地的一向一揆之中，也存在以合议制为基础的最高管理机构。然而，这种机构明显是尊奉本愿寺为主权者的，故与堺市的情况不同。那么，堺市的特殊性是以什么为背景的呢？不用说，当然是其所拥有的海上势力。我们可以认为，堺港人的领土不是狭窄的堺港，而是整个海洋。他们的海上势力与中国的沿海势力和东渐而来的欧洲海上势力相联系，并在这种交往过程中发展壮大。从这一点来说，堺港的特殊性可以被看作发生在近世欧洲势力末端的一个现象。堺港的存在证明，只要出现了与欧洲相同的社会环境，那么即便是在日本，也有可能出现和欧洲一样的自由城市。但是，日本只出现了堺港这一个特殊案例，而未能出现几个堺港联合为汉萨同盟式海上势力的局面。而且，堺港也不具有像威尼斯那样，在各地建立殖民城市以形成海上帝国的实力。不久后，孤立的堺港被纳入织田氏的领土。在丰臣秀吉的治理下，日本出现了大阪港。此后，堺港的繁荣地位为大阪港所夺，日渐衰微，其自由城市的传统也如泡沫一般消逝无踪。对于这种种事实，我们也不能不认真视之。

[①] 日本江户时代的城市居民，主要从事工商业。

第三节　中世性的近世

近世日本的中世性因素

一般来说，人们大多将织丰时代视为过渡期，而将德川幕府之后的日本史作为近世史。这样划分不仅是由于幕府建立了封建制度，也是由于幕府的统治力超过其他大名，实现了国家的统一。从这一成果来说，我们有充分的理由说德川氏实现了日本的再度统一，其后的历史应被称为近世史。

在此，我们有必要从世界史的角度，再一次对封建制度的性格进行探讨。中国周代的封建制度被认为是古代史发展的一个环节，而欧洲的封建制度则被认为是中世纪的主要特征；如今，日本史又将封建制度编入了近世史之中。由此看来，将封建制度本身作为时代划分的依据，似乎是完全没有意义的。

事实也的确如此。所谓"封建制度"，原本只不过是用以决定统治阶级内部阶序的方法而已。在封建制度的底部，有着其他更具根本意义的社会基底。在中国周代封建制度的底部，有诸多城市国家。而欧洲的封建制则以采邑为根基，这与日本的庄园制十分接近，即领主不仅领有土地和人民，而且对其拥有私有权。然而，德川幕府所建立的封建制度却与上述几种皆不相同，其城下町是城市而不是国家，大名是土地和人民的管理者而非所有者。大名依据幕府制定的法则对人民进行统治和管理，而不能将其土地和人民转让给他人。于是，封建武士逐渐官僚化，成为一种薪俸阶级。对于幕府的直辖领，幕府派遣"代官"进行管理，其管理方式可以称之为"郡县制度"。但即便大名的领地被没收而成为幕府的直辖领，一般民众的生活也不会发生丝毫改变。所以，德川幕府的封建制可以说是一种有限的郡县政治。大名对其领内的政治及幕府负有责任，即如果大名对公仪[①]无礼或对人民失政，都会受到谴责。另外，幕府发行的大判、小判、银锭和铜钱，在国内各地都可以不受限制地流通。

但是，日本国内仍存在数百个大名的领地，从而使日本的各个角落仿佛都被重重国境隔开，人民行动的自由受到了极大的妨碍。这一事实也说明，幕府的统治尚未完全实现国内的统一。我们不能否认，这一点就是日本中世史的残留，日本的近世社会在这一点上，仍然保留着浓厚的中世色彩。所以，作为后进国家的日本不得不面对的宿命，就是在进入近世之后对已经过去的中世进行清算。

日本的文艺复兴

日本从古代末期就开始与近世中国保持着近邻间的往来关系，虽然屡次出现文艺复兴现象的萌芽，但在固有的中世社会的潮流之下，这种萌芽都未能结出果实。但是，日本的社会发展在几经曲折进入近世阶段之后，终于获得了使文艺复兴运动顺利发展的机会。德川时代的国学复兴，就是这种文艺复兴运动的代表。

中世的文学和记录使用的虽然是日文，但这仍是一种无意识的行为。当时的日本人在书写日文的同时故意省略假名，试图将文字形态表现得像汉语一样。然而，进入江户时代之后，古代的文学在国民意识的觉醒中得以复活，有些学者甚至开始有意识地排除佛教、儒教等外来文化，对日本之真理进行探究。在复兴古典的过程中，首先有必要进行的工作就是从语言方面对古典进行处理。于是，《古事记》和《万叶集》等作品第一次得到了科学的研究。在此过程中，近世的理性主义得到了体现。国学家们在

[①] 即江户时期的幕府。

这时指出，日本人应使用日本语，创作能够表露日本人之真情的文学。据此，我们足以将国学家们的运动评价为一种文艺复兴。不过实际上，国学家们在文学方面并未能留下什么值得夸耀的杰作，其主张反而是由那些非学者出身的作家实现的。

国学家们研究古文，赞美《万叶集》，但其自身所咏之和歌却不及古人之格调；而宣扬《源氏物语》者，自己却不屑于写这类故事；且国学家的文章只是模仿古文，徒增理解起来的难度。总之，他们终究不过是古典的整理者，而非新文学的创造者。倒是近松门左卫门、井原西鹤等剧作家，虽然身份卑下，却在无意识间成功地确立了国民性的大众文学。当然，在对他们进行评价时，我们也不能无条件地将其类比于莎士比亚或莫里哀。他们的作品归根结底是在自由的空气中，或描写义理与情爱的纠葛，或嘲笑权力阶级而为庶民发声，但这已足以证明这些作品所具有的近世文学的资格。

两个外来的近世

但是公平地说，当时的日本尚未发展到文化上能够自立的水平。因此，日本的学界并没有完全依靠和追随国学家的文艺复兴运动及市井作家的新文学运动。江户幕府初期，社会秩序安定下来之后，邻国中国作为文化上的先进国，其文化如潮水般地涌入日本。日本人由此才意识到，在中世阶段，日本对中国文化的摄取几乎是一片空白。另一方面，尽管国学家致力于排斥异国元素，但由于幕府和大名的保护，儒学仍然在近世时期风靡日本。当时，藩校的教科书大多使用儒家经典，民间还出现了为市井之人垂帘讲学的私学教师。作为对中国学风的反映，当时日本还出现了阳明学、朱子学、古学、古文辞学等学派。日本对外国文化的摄取，很容易被视为明治以后才有的现象。但实际上，在德川幕府统治的极为短暂的近世时期，日本曾忙于输入当时已有数百年近世历史的中国的文化。到了江户幕府末期，日本终于追上了同时期清代考据学派所具有的文化水平，并领先一步发表了《七经孟子考文》这样的名著。

在近世时期，日本除了与中国式的近世有所接触，还强劲地保持着与欧洲式近世的接触。尽管当时幕府厉行"锁国"之策，只许以长崎一港作为门户进行官方贸易，但西欧的近世文化仍然不断地传入并渗透进日本内地。因此，日本近世的绘画一方面引入了代表中国近世文化特点的南画，另一方面也理所当然地习得了荷兰式的远近透视法。

欧洲的近世文化中最堪称具有近世性者，便是其科学技术方面的成就。欧洲最令日本惊叹者也正是这一点。光学器具和电器机械是荷兰人进献给幕府的，此后，炮术、航海术也是受教于荷兰人的传授。可以说，在德川三百年的太平盛世中，日本全体国民并非贪于沉睡，而是忙于同时输入两种外来的近世文化，并达到了眼花缭乱的程度。但尽管如此，日本绝对的后进性却未能得到根本改变，而且为锁国令所累，以致追赶先进文化而不能及，并终于与西方文化的差距越拉越大。所以，以"锁国"为国策而阻碍日本实现近世性发展的幕府，最终不得不为日本的落后负责，并作为责任的承担者被打倒。

日本内部的西与东

面向濑户内海的西日本与被包围在难以利用的大海之中的东日本，已经表现出与古代不同的性格。大体上，西日本是开化的、文明先进的地区，东日本则是后进的、未开化的地区。在中世之后，这两个地区之间的界线被画在了名古屋附近。战国时代末期，在这条东西边界线附近出现了织田信长、丰臣秀吉、德川家康这三大独裁者，在这些独裁者的实力运作之下，日本再度统一的大业得以完成，其中必然存在某种理由。想来，边界线在某种意义上也是一种中心。这些统领尾张武士和三河武士的武将居于东、西日本的中心，集合了东、西日本的长处，自然就有了成为独裁者的资格。

当时，东国仍然是一片未开化之地，但这同时也意味着这里在未来具有发展潜力。丰臣秀吉讨伐并消灭北条氏之后，将德川家康从三河转封至江户，其目的原本是为了将德川家康从中央流放到偏远地区，然而这反而成了放虎归山。果然，德川家康所居的江户后来成为东日本的中心，与西日本相对立，不久后甚至压倒了西日本。

丰臣秀吉去世之后，东、西日本的冲突集中体现为德川家康和石田三成的内战。定乾坤的一战发生在名古屋平原边缘处的关原。石田三成在战争中失败的原因是，他最终没有获得各大名军队的支援。经历了战国的动乱和两次出兵朝鲜之后，各大名已经十分疲惫，由于他们已经获得了立足之地，故试图维持和平，以巩固既得权益。因此，石田三成的举兵被视为好乱之举，而且考虑到石田一旦取得成功，时局又会出现不可知的动荡，西国的大名终究对石田难以完全信赖，而更信赖与自己在本质上相同的、纯粹的军阀首领德川家康。如此一来，在关原之战以后，代表东日本的德川家康就掌握了日本的霸权。

从当时日本的整体局势来看，江户的地理位置过于偏东，所以幕府为了守护其根据地江户，将谱代大名配置在关东和东海道。但幕府仍然十分担心西日本的势力过大，存在背离幕府的倾向。于是，通过前后两次大阪之战，德川氏剿灭了难以成为西日本之中心的丰臣氏的残余势力，并借此向西日本展示了东日本的武力之强。

德川幕府试图将大阪这个商业大都市作为其在西日本的直辖地，但仍然不能不警惕西日本力量的抬头。因为当时欧洲的海上势力正逐渐向日本扩张，所以西日本如果以九州为活动舞台，与欧洲进行交通往来，那么其经济实力很可能会日益强大。果然，反对幕府统治的天主教徒在岛原发动起义，令幕府颇受震动，但这同时也成为幕府提出彻底解决方案的绝佳机会。于是，幕府以发布禁止基督教的禁令为由，命令全国锁国，只允许开放幕府的直辖地长崎一港，用以维持日本与荷兰的通商关系。此后，日本就不再允许其他欧洲国家的船只靠近海岸了。

东西日本的相克

幕府认为，对于西日本的外样大名，只要切断他们与外国的接触，并且要求他们不论路途多么遥远都必须进行参觐交代，其势力必然疲敝，从而无力抬头。但我们已经知道，幕府错误地估计了形势。幕府的锁国令原本旨在断绝西日本大名与海外之间的联系，但结果却使那些无视锁国令的个别大名变得富强起来。

首先是毛利氏。毛利氏是战国时代占据中国地区大半的大名，但当丰臣秀吉出兵征伐时，中国地区的西半边被秀吉封锁，此后毛利氏又因在关原之战中支援西军而进一步受到惩罚，其领地被削减，手中只剩36万石的萩市。但是，毛利氏占据着中国半岛西端的绝佳地理位置，因此能够与朝鲜半岛开展走私贸易。

其次是萨摩藩的岛津氏。岛津氏在战国时代是控制整个九州的一大势力，但丰臣秀吉将其封锁在萨摩藩一隅两州60万石的区域之内。但是后来，岛津氏出征琉球，将其变成自己的保护国，并在那里找到了改变命运的生存之道。由于琉球对明朝和清朝保持着朝贡国的关系，故与中国之间有贸易往来。所以，岛津氏控制了琉球，几乎就等同于获得了可与海外公开进行贸易的权利。这种类似走私贸易的行为，往往出现在幕府锁国令愈发强化、长崎出岛贸易愈发受到限制的时候，其利益反而会进一步增加。

在当时，这种走私贸易一旦暴露，会招致十分严重的后果。而像毛利氏、岛津氏这种持续领有其战国时代以来的旧地与旧民的大名，却可以防止秘密的泄露。这两个藩武士士风的特异之处，在幕末维新的时候表现得最为明显。但这并不是自然风土所造成的，而是人为奖励发挥了作用。

走私贸易没有留下任何记录，但我们可以尝试思考一下，哪些东西成了走私贸易的对象。首先我们能够想到的就是黄金。以往东、西日本在金银货币的使用上存在明显不同，据说，东日本各藩多使用黄金，而西日本藩国多使用白银。这是因为，东北、佐渡等地区盛产黄金，而石见等地则出产白银。除了资源分布因素，西日本藩国也因与中国、欧洲之间的交通往来，故白银的使用变得更为流行。具体来说，在欧洲，金对银的比价较高，尤其是在新大陆的银矿得到开采之后，欧洲的银价暴跌，而金价则腾贵。在中国，金比银只有五六倍的差价；而在日本金价则更低，普遍只有银的三倍左右。因此，日本如果输出黄金以交换国外的白银，那么对西欧自然不用说，即便对中国也是有极大利益可图的。所以，西日本自战国时代开始就确立了使用白银的习惯，而与此相反，经济上相对落后的东日本仍然以使用黄金为主。

于是，在东、西日本之间的贸易往来中，出现了金与银的兑换行为。

东、西日本的代表地当然是江户和大阪，以大阪为根据地的兑换商人在进入江户时代之后，马上变身为金融资本家开始大显身手。或许，这些兑换商的目的并不仅仅是获得兑换手续费，而是试图通过掌握金银价格在市场上的变动而投机获利。当然，他们或许还有更大的野心。

在这种情况下，日本的金银存量逐渐减少，但这并不都是通过长崎出岛的官方贸易，因购买外国商品而流出的。为了应对金银保有量下降的问题，幕府屡屡实施重铸货币的政策，并降低货币的质量。但是，之前的良币未能被尽数回收，并以种种途径流到了国外。首先，这些货币被集中到大阪，然后流经位于边境的大名领地长门藩和萨摩藩，接着被输出海外。因此，毛利氏和岛津氏虽然身居边陲，却拥有与直辖280万石领地的幕府对抗的实力。如果不从货币角度进行思考，或许我们就无法理解其中的原因。

攘夷论的真相

以荷兰为代表的近世西洋尚处于文艺复兴的阶段，其文化较之东亚当然是明显处于较高水平的，但由于空间距离较远，其军事实力到了日本就已经相对变弱了。在这一时期，日本人还曾将荷兰人幽禁于长崎出岛，使荷兰人的代表和其他大名一样参觐江户的将军。尽管荷兰人多少受到了一些屈辱，但在和平时期，他们能够独占与日本贸易所获得的利益，故对此感到满足。但是，西欧工业革命的发生迅速地改变了这种形势。汽船取代利用风力的帆船登上了历史舞台，可以破万里长波航行到远方。于是，在日本近海地区，美、英、俄、法等国的汽船开始出没，荷兰人也已经无法继续维持其对日本贸易的独占权。另外，太平洋航路的出现逆转了以往东、西日本的形势，东日本成为面向新大陆的大门。虽然我们无法确知这时的荷兰人表现出了怎样的态度，但值得注意的是，由于荷兰人与英国人在出岛上发生了争斗，所以日本人便以此为契机提出了攘夷论。

攘夷论得到了萨、长两藩的强力支持，因为它们在锁国政策下是最大的获利者。按说锁国令是由幕府设计并实施的政策，同时也被幕府赋予了正当的理由，现在幕府要撤回自己发布的锁国令，其他人当然没有指手画脚的余地。但萨、长两藩却偏偏要对此表示抗议，并为此寻找理由。于是，攘夷论就和勤王论结合在了一起，攘夷就是勤王。由于幕府须服从比其更具权威的皇室的命令，所以幕府必须攘夷。

幕府开国虽说受到了外国势力的强迫，但其结果是使靠近美国的东日本受到重视，这反而会使江户幕府的地位得到强化。而对这一点最清楚不过的，估计就是以一藩之力从事着海外贸易的萨摩藩了。而且与此同时，因开国而损失最为惨重的也将是萨摩藩。因此，萨摩藩无论用什么方式，都必须阻止开国。于是，开国论者一个接一个地成为暗杀活动的牺牲品，勤王攘夷论也一度风靡于世。

幕府在勤王攘夷论和外国势力的两面夹击下终于崩溃。在实现了"大政奉还"之后，以萨、长两藩为中心的明治新政府建立起来。此后，新政府很快就调转方向，确定了开国进取的方针，此举无疑令后世史家颇为惊异。但这种态度的骤变，其实也可能是早有预谋的行动。也就是说，在受制于幕府时，借幕府之手抵制开国；而当自己成为统治者后，则转而推行开国。这种举动只有熟知开国之利者才能够做到。明治维新的众元勋其实都出身于边境地区，而且是站在能够同时对国内外加以理性观察的立场上的。因此我们就不难理解，为什么他们会在掌握政权的同时实施开国之策。

随着明治维新的开展，日本的最近世就这样开始了。但日本社会的后进性在这一时期也有所显现。在最近世历史的发展过程中，混杂着近世甚至更早的中世要素的残渣，这一点是我们不能不承认的。而这一事实正是导致我们今日悲剧的一个远因。

第 8 章

现代亚洲史

第一节　中华民国的变迁

民国初年的政治形势

　　1911年正值辛亥年，始于长江流域的革命运动逐渐波及中国各地。隆裕太后是年幼的宣统帝的义母，她在不知所措之际起用了当时在野的袁世凯，使之应对革命军。然而，袁世凯进入中央政府后便组织内阁，利用自己的地位，将政府的权力集于一身。同时，袁世凯也开始与革命军进行秘密交涉。这时革命军已经控制了长江流域的要冲之地，即武昌、南京、上海等地，他们在南京建立临时政府，迎请革命运动的先驱孙文担任临时大总统，并将1912年阳历1月1日定为中华民国元年的元旦。从表面上来看，革命军意气风发，然而实际上，由于革命的准备并不充分，革命军当时正处于财政紧张的困境之中，故无力打倒北京政府。但尽管如此，革命军担心如果南北之间长期对立，将有可能引发列强对中国的瓜分。而且事实上，外蒙古已经在俄国的援助之下宣布独立，从清朝的统治下脱离出去。在这种情况下，革命军不得已接受了袁世凯的条件，同意在清帝退位之后直到以民意为基础的新政府成立之日为止，事务性工作皆交由袁世凯来处理。双方的谈判完成后，袁世凯唆使手下胁迫清帝退位，并上奏称天下大势逐渐倾向共和，违反民心以维持帝制已不可行，皇室对此应有觉悟。隆裕太后接受了袁世凯提出的若干优待条件，同意宣统帝退位。于是，统治中国268年的清朝就这样灭亡了。

与此同时，孙文辞去了临时大总统一职，革命政府遂转而任命袁世凯为临时大总统，并随之自动解散。不过，袁世凯对革命政府留下的宪法《临时约法》仍然表示尊重，并据此进行了上、下两院的选举。于是，第一个正式的中央政府就这样诞生了。

然而，关于新政府的构想，袁世凯与革命派的意见完全不同。袁世凯狂妄地认为，使清帝退位乃自己的功劳，自己才是接受清朝权力禅让的正统的主权者。因此，即便议会成立，也仅仅是代表民意的一个咨询机构而已，政务应该由直属于总统的内阁来运作。对此，革命党指出，清朝皇帝的退位是在民意导向之下实现的，因此今后的政治运作也应该以代表民意的议会为中心，大总统和内阁仅仅是议会决议的执行机关而已。这种意见的分歧未能得到调和，中华民国不得不带着内部的冲突走上了苦难的道路。

在1913年2月举行的选举中，革命派组织的国民党击败了袁世凯组织的御用党，占据了上、下两院的绝对多数席位。袁世凯见此，对操纵议会颇感不安，遂派人暗杀了国民党的党首宋教仁，并用尽了收买、威胁等手段，以图粉碎国民党。接着，袁世凯又一个接一个地罢免可能支持国民党的地方长官，试图斩断国民党之羽翼。

对袁世凯的举动深感愤慨的江西都督李烈钧与安徽、广东二省相呼应，与黄兴等人一同举兵讨伐袁世凯。这场被称为"二次革命"的运动，也因为准备不足、革命派同志之间联络不充分、缺乏实业界的支持等原因，很快就被袁世凯的军队击溃了。在这一时期，民众对于"革命"的意义尚没有充分理解，革命家仍以十分孤立的状态奔走活动。由于既没有资金也没有军队，革命党不得不无奈地屈服于北京政府的优势地位之下。

二次革命就这样失败了，国民党的众多议员也无暇参与革命，他们在北京召开了国会，致力于完成国会的议事工作。国会一开始就正式任命袁世凯为中华民国的首位大总统，但是到了制定正式宪法的阶段，袁世凯却与国会议员之间发生了正面冲突。袁世凯在此使出了其最后的手段，称国民党议员与二次革命的发动者有私密的往来，蓄意谋反。于是，袁世凯以此为借口剥夺了许多议员的参会资格，并将他们赶出国会。国会由于人数不足，自然进入了无限期的休会状态。就这样，国会在事实上被废除，袁世凯的独裁体制由此确立。

袁世凯立足的根基是他的军队。尽管其军队成员都是素质低劣的佣兵，但他们在各自的将领之下保持了惰性的团结，拥有压制国内人民的武装力量。他们互相之间为扩张领地而你争我夺，但是在袁世凯在世时，各个军阀都因其笼络而保持着整体的统一。

在国内的反袁势力逐渐消失后，袁世凯这位旧式的政治家逐渐心生傲慢，他受到身边人的误导，产生了当皇帝的野心。于是，袁世凯将民国五年（1916年）改称洪宪元年，并当起了皇帝。然而，袁世凯对外国使用的仍然是"中华民国大总统"的头衔。

袁世凯称帝这一逆时代而行的举动，使全国各地的非难之声高涨。在云南，蔡锷举起了被称为"第三革命"[①]的大旗，举兵讨伐袁世凯，各省纷纷应声而起。袁世凯对此颇为震惊，故十分不体面地取消了帝制。虽然袁世凯曾试图谋求妥协，但南方各省却是不依不饶。最终，袁世凯深陷进退两难之境，并最终于当年6月病死。

袁世凯死后，副总统黎元洪自然升任大总统。然而，失去了最高统帅的军阀将领们却由此开始了你争我夺，相互间的内战自此反复不断。最初的军阀战争，是副总统冯国璋所率领的直系和内阁总理段祺瑞所统辖的皖系之间的争斗。

当时正值欧洲爆发第一次世界大战，日本的寺内内阁为了稳定中国国内的政治局势，曾援助段祺瑞，向其提供大量贷款，并使中国对德国宣战。然而，日本与军阀之间的勾结关系不为中国民众所乐见。于是，在进步的学生当中，开始出现反日和反对军阀的运动。

文化运动与社会运动

中国持续两千多年的皇帝政治的终结，意味着长久以来束缚民众的巨大桎梏终于被废除。这一事件在民间也激起了层层波浪。即便是不太喜

---

① 即护国战争。

欢社会变动的保守派，其表现也是多种多样。先不论继袁世凯之后想要复辟帝制的杨度等人的筹安会，当时还有一些人尽管理解了新思想，也仍然以清朝遗民自居，依旧留着辫子，就如最后在北京西山的昆明湖投湖自尽的国学大家王国维一样。在清末一度开新思想之先河的领导人物康有为，其在政治上推行的拥护清朝的变法运动失败后，如今却发起了保留孔教为中华民国之国教的运动。当然，康有为等人所说的孔教并不是传统的、古旧的儒教，而是像东方人穿上洋装一样，主张让人们在崇拜孔子的同时，将无政府主义、共产主义、社会主义以及其他种种新思想都纳入儒教之中，从而将儒教塑造为一种新宗教。但与此相对，陈独秀等人则将儒教视为封建主义的旧道德，对康有为的孔子国教运动进行了猛烈的抨击。

陈独秀当时是北京大学的文科学长，在他看来，中国通过革命打倒了政治上的封建主义，但在社会层面上，封建思想仍然四处蔓延，而构成封建思想根基的正是儒教。儒教维护阶级制度，其目的是将子孙作为父辈的奴隶，将女性作为男性的仆役，将人民作为特权阶级的隶民。如果不打倒这种儒教并进行思想革命，中国就不可能出现自由、平等的新社会。

这时正在美国留学的胡适给陈独秀写信，建议对中国的文学进行改良。胡适指出，以往的文言文是特权阶级用以垄断文化的工具，故应该将其废除，使用口语体即白话文创作诗歌与散文。与此同时，他主张应改变中国人的文学观，排斥那些只知道模仿汉之文体、唐之诗风的缺乏个性的文学，承认以往被视为低俗读物的元曲和《水浒传》等作品的价值，并将这些作品作为国民文学的真正杰作。陈独秀对此深感共鸣，所以他将这场白话文运动称为"文学革命"。正如日本在明治时代实现了"言文一致"一样，中国的白话文也由此在文学作品和实际生活中得到了广泛应用。

胡适后来被北京大学聘为教授，他的同僚钱玄同主张的则是汉字革命。钱玄同认为，残留了象形文字属性的形状奇怪的汉字，仍然为少数特权阶级垄断文化提供了便利条件。所以，他主张今后要制作并使用类似日本假名的音符文字。政府对此也表示赞成，并令人设计了注音字母。然而实际上，让人们一举放弃长期以来用惯了的汉字，确实非常困难。就像日本的注音假名一样，汉字革命中出现的注音字母仅被用于标注在汉字之侧，而未能取代汉字。不过通过注音，汉字变得更容易阅读，也因此变得容易学习了。从这一点上来说，注音字母的发明还是有其价值的。

当时，北京大学在校长蔡元培的领导之下，聚集了许多新锐且有能力的教授。教授们鼓吹新思想，受其影响，学生的风气也变得进步，并开始占据对全国的领导地位。但是在政界，软弱无力的政府是建立在旧派军阀的力量均势之上的，受到职业政客的操纵，只是反复地进行着无意义的政治斗争。

段祺瑞的内阁获得日本的援助，以巨额贷款对政界发挥着影响力，威胁当时由于俄国爆发革命而陷入孤立状态的外蒙古，并成功取消了其独立地位。代理大总统冯国璋死后，被选为大总统的徐世昌与段祺瑞反目，段祺瑞为此辞职。但此后，段祺瑞属下的安福派政客仍然在政界发挥着重要的影响。在此期间，欧洲的大战终结，协约国与战败的德国之间缔结了《凡尔赛和约》（1919年）。

中国的舆论认为，中国曾对德国宣战，且是国际联盟的成员之一，所以被日本占领的胶州湾应该无条件地归还中国，这是作为战胜国理应拥有的权利。然而，日本在占领胶州湾之后，马上拿出曾强迫袁世凯政府缔结的所谓"二十一条"作为挡箭牌。在得到英、法两国的同意后，《凡尔赛和约》承认，日本可在一定条件下将胶州湾归还中国。胶州湾问题招致了中国人民对日本的强烈反感，激化了中国的反日运动。在北京，大学生们于5月4日袭击了被视为亲日派的安福派政客的私宅。这就是人们所说的"五四运动"，运动过程中各地发生走火，学生当中也有人遭到警察射击而受伤。

从思想革命、文学革命到五四运动，这些运动构成了一个系列。运动的主力从教师转变为学生，从知识分子转变为工人阶级。对于五四运动中学生们的极端行为，北京大学的教授们也多心怀不安，并不赞成。在以往的历史叙述中，人们多重视思想革命和文学革命的意义，而轻视五四运动的意义。然而，中华人民共和国成立之后，五四运动作为反封建的社会运动得到了高度评价。由此可见，在风云变幻的中国，即便是对不那么古老的历史，人们的评价也会发生变化，这种事情实在不在少数。

在新旧思想交替的漩涡中，最广受国民支持的就是孙文的"三民主义"了。所谓"三民主义"，就是以解决民族、民权、民生这三个问题为目标的思想。据说，三民主义相当于法国革命的口号"自由、平等、博爱"三原则，以及林肯所倡导的"民有、民治、民享"。其中，"民族主义"以摆脱外国压迫，恢复中国的民族自由为主要目标，但这里的"民族主义"与所谓的"民族自决"稍有不同。在中国，除汉族之外，还有蒙古族、回族、藏族等少数民族，这些少数民族的文化发展水平相对落后，无法建立独立自主的政府。因此，在各族共同建立的共和国里，少数民族实行区域自治。

"民权主义"的目的是建立尊重人民权利的政府，下文将论及其具体的条件。在人民所拥有的权利当中，既有直接权，即可以直接行使的权利，也有间接权，即通过间接手段行使的权利。直接权包括选举人民代表的选举权、罢免代表的罢免权、制定法律的立法权以及对已有法律进行修改和废止的复决权四项。然而实际上，人民要想在所有情况下都行使上述四种权利，几乎是不可能的事情。直接权能够落实的范围仅限于县以下，在县以上的单位，人们需要选举代表，将政治权力委托给代表，由其间接地执行人民的意志。那么，在由代表组成的政府中，民权是怎样被行使的呢？孙文的回答是，尊重民意的政府必须是五权分立的政府。在欧美先进国家，司法权、立法权、行政权的三权分立已经得到落实，但在孙文看来，三权之外还必须设有行使监察权和考试权的独立机构。

监察权是对官员尚不构成犯罪的违法行为进行揭发和弹劾的权利。在古代中国，御史或谏官就是负责监察官员的。现在，世界各国的议会都发挥着监察官员的作用，然而议会原本是用于制定法律的，因此由议会行使监察权不仅不合理，而且难以期待其充分发挥作用。考试权是对人民代表的能力进行测试和评价的权利。政府据此授予或取消某人的代表资格，并据此选任官员。在古代中国，科举就是这种考试权的一种表现形态，当时考官不隶属于其他任何政府机构，直接接受天子的指令。就这样，立法权、行政权、司法权、监察权、考试权这五项权利互相独立，互不侵犯。对五权进行明文规定的，就是"五权宪法"。五权宪法的出现，使中华民国可以拥有比世界上其他任何国家都要先进的政府。

最后,"民生主义"是以解决人民的生活问题为目的的。孙文认为,当时的中国人无论地位高低,经济状况都很穷乏,资本家也尚未形成。但是,考虑到日后工业会逐渐发展壮大,为避免到时候因贫富差距扩大而出现明显的阶级分化,孙文认为有必要提前设计对策,并认为"节制资本"和"平均地权"是必要的解决方案。"节制资本"指的是当政府向外国借贷资本时,由政府负责经营,国民个体或外国人都不能独占利益;另外,通过开发资源所获得的利益,应分配给全体国民。而"平均地权"则是指当土地价值在工业发展的推动下上升时,不能将发展仅仅归功于所有者个人的贡献,而应该把土地产出的利益还给社会;为此,国家要将土地价格上涨的部分全部征作税收。

孙文在二次革命被袁世凯政府镇压之后,多数时间都在海外继续其革命活动,尽管也曾以广州为立足点建立革命政府,但始终未能取得成功。然而,作为参与革命时间最长的革命家,其革命的履历、高洁的人格以及根据时势不断改进思想与方法的不懈努力,终于渐渐成功地获得了人心。尤其是他提出的民生主义主张,后来被认为是与共产主义并无二致的东西,并成为国共合作的思想基础,这一点为其革命运动带来了重大转机。

国民政府的成立

受到段祺瑞庇护的安福派得到了日本的援助,在北京政界得以大展拳脚。但由军人主导的寺内内阁转变为原敬领导的政党内阁之后,日本遂宣布对中国采取不干涉的政策。同时,第一次世界大战结束之后,列强的势力再度回归东亚,与安福派相对抗的直系因得到英、美等国的后援,势力得以逐渐壮大。安福派与直系终于爆发了武装冲突。因段祺瑞所率军队中出身安徽者居多,故也称"皖系"。皖系与曹锟、吴佩孚所率领的直系军队在北京周边首先开了战端,后来,由于原本颇受段祺瑞倚赖的奉系军阀张作霖叛投直系,致使皖系最终溃败。这就是我们所说的直皖战争(1920年)。

事实上,对战争局势进行背后操纵的是大总统徐世昌。徐世昌担心直系获胜后势力扩张,有可能独占北京政府。所以,徐世昌着手纠集了皖系残党，并请张作霖来北京。由此，第一次直奉战争爆发。吴佩孚在北京郊外迎击张作霖，张作霖因不得志，回到了自己的老巢奉天（1922年）。此战之后，吴佩孚因深恶大总统徐世昌的阴谋多端，故将其驱逐下野，改而拥立曹锟为大总统。

吴佩孚利用武力，基本上平定了华北地区，他试图进一步扩张自己的势力范围，故进军长江流域，进攻并驱逐了盘踞于此地的皖系残余势力。见此，身在奉天的张作霖再度出兵进犯北京，并由此拉开了第二次直奉战争的序幕。这时，尽管战争形势于直系有利，但由于吴佩孚的忠实同盟冯玉祥叛变，与张作霖相通，导致直系大败，大总统曹锟从北京逃亡，吴佩孚不得已回到根据地湖北，并受困于此。张作霖进入北京后，拥立其前辈段祺瑞，段祺瑞遂以"临时执政"之名成为北京政府的代表。然而在地方上，直系的旧势力仍然十分强大，北京政府能够支配的范围只有几个省而已（1924年）。

段祺瑞之所以称"临时执政"，据说是因为他认为只要有合适的人物出现，随时都可以交出政府权力，然后自己就从政界隐退。段祺瑞曾给身在广州的孙文写了十分恳切的邀请信，请孙文来北京共同协商如何重建政治。此前，孙文已经先后两次尝试在广州建立革命政府，但都以失败告终，而当时正值孙文第三次建立广州革命政府并就任大元帅后不久。而且，这时孙文的地位也与此前有了明显的不同，他不再依靠旧式的军阀军队，而是组织了新的革命军，将国民党作为全国性的组织，开展全国范围的活动。当时，国民党还特别与苏联建立联系，实行"联苏容共"政策。但是，孙文当时尚没有以自身实力平定整个中国的自信，于是他接受了段祺瑞的邀请，经由日本来到北京。他试图以和平的方式实现南北统一，并推动和平状态的恢复。然而当他来到北京之后，发现在段祺瑞周围仍然聚集着众多旧态依然的政客，他们终究无法理解孙文的政策。孙文在失意之中染病，并最终客死北京。

孙文去世后，在广州政府中得势的是蒋介石。当时的国民党允许中国共产党党员以个人身份加入国民党；与此同时，国民党还从苏联方面获得武器，借以强化广州政府。在广州附近的黄埔，蒋介石曾在此担任陆军军官学校的校长，培养青年士官，在军队内部颇具声望。当时党内的右派反感蒋介石的左倾倾向，蒋介石遂对右派的阴谋加以排斥；同时，蒋也着手镇压共产党中的激进分子，从而将政府的权力集于一身。

孙文去世后不久，广州地区的国民党建立了国民政府。国民政府于1926年7月宣布北伐，任命蒋介石为国民革命军总司令，并开始向湖南进军。

北伐军迫使湖南军阀唐生智投降，并占领长沙；接着，革命军又击败了湖北的吴佩孚军，攻陷了武汉，进而收回了位于汉口的外国租界。但是，北伐军攻入南京后，发生了攻击领事馆的排外事件，导致国民政府与各国之间关系恶化。蒋介石声称这是共产党主使的，遂以此为借口开始镇压共产党，同时向各国支付赔偿，以化解冲突。当时在中国享有权益的国家不过日、英、美、法、意等国而已，这些国家无一不希望蒋介石能够排挤共产党，并与苏联断绝关系。英、美两国更是从这时起，转而成为蒋介石的热心支持者。

不过，由于国民党发生内讧，蒋介石一度下野，并曾于下野期间到访日本。不久后，迁至南京的国民政府再度请蒋介石出任革命军总司令，请其继续领导北伐。

当时的北京政府是旧式军阀势力互相角逐的舞台。冯玉祥对奉系势力越过长城向南侵袭的举动十分不满，遂试图收买张作霖的部下，然而以失败告终。接着，冯玉祥又试图与吴佩孚和解，以共同对付张作霖，但吴佩孚对此不予答复；反倒是张作霖与旧敌吴佩孚结成同盟，从南北两侧对冯玉祥进行了夹击。冯玉祥无力抵抗，不得不退回西北地区，但他在败退之际袭击了北京，逼走段祺瑞，使临时执政府倒台。此后，张作霖和吴佩孚相继进京，但两人在重建政府的问题上意见不一致。张作霖遂留在北京，自称"保安总司令"，负责维持北京的治安。于是，由袁世凯建立的北京政府就这样一度消亡了。而这时，来自南方的蒋介石北伐军正如疾风一般北上京城，在北伐军面前，旧军阀势力如同枯叶一般被吹得七零八落。残败的旧军阀势力将张作霖作为唯一的支持对象，拥戴其为大元帅。于是，张作霖在北京重新建立了中华民国政府，并试图集结北方的全部力量，以对抗南方的革命军。

当时，日本正值田中义一主导的军人内阁当政，面对中国的时局，相较于南京的国民政府，日本内阁对于旧式的军阀政府更抱有亲近感。为了阻碍北伐军北上，日本出兵山东，引发了济南惨案。但即便日军使津浦铁路陷入瘫痪，北伐军仍不为所阻，绕道逼近了北京。

张作霖察觉形势不妙，试图引兵返回根据地奉天，以谋再举，故撤出了北京。然而，他所乘的列车在经过京奉铁路和南满铁路交叉点时被炸毁，张作霖就此死于非命。此举是日军以非常手段所为，以铲除已经失去利用价值而成为沉重负担的张作霖为目的。然而，正如西方谚语所说，利用恶魔发财的人最终会被恶魔索命，从另一方面来看，张作霖之死也是自作自受的悲剧。

日军原本打算在张作霖死后拥立其麾下的实力人物杨宇霆，继续对其加以利用。然而，张作霖之子张学良对此有所察觉，于是将杨宇霆诱杀。至此，如《三国志》一般冗长的军阀纷争大戏终于落幕了。

蒋介石率领革命军于1928年6月进入北京，前往位于西山的孙文之墓报告北伐已经完成。同时，奉天的张学良不顾日军的劝阻，宣布与国民政府合流。于是，中国终于基本实现了统一。不过，这次全国统一未能持续太久，其原因一方面是由于周边环境不利，另一方面也是由于国民政府自身的问题。身为国民政府首脑的蒋介石过于依赖美国，而且过于重用其妻兄浙江财阀宋子文。这不仅导致国民对政府产生不满，也使被疏远的日本、苏联站到了其对立面。

第二节　中华人民共和国的建立

中国共产党的活动

1919年的五四运动后,陈独秀被迫离开北京大学前往上海。1921年,他与湖南的毛泽东等人合作,建立了中国共产党,并在上海的法租界召开了第一次全国代表大会。之后,共产党员在全国各地开展活动,组织和领导工人、农民进行罢工等革命活动。

孙文改组国民党之后,共产党员可以以个人身份加入国民党。孙文去世后,共产党协助蒋介石完成了北伐,但以南京事件[①]为契机,国共两党开始出现分裂。当时,共产党尚不具备健全的组织,故不得不处处遭到国民党的武装镇压。

毛泽东、朱德等人认为,与其发动城市里的工业工人,不如采取先在农村建立苏维埃政权,然后以此作为根据地并不断扩大其范围,最终包围城市的方针。对此,国民政府以其优势兵力对根据地进行扫荡,将红军围困在江西南部,并进行了若干次总攻。然而,尽管国民党动员了数十万大军,但最终也没能实现消灭共产党的目的。1931年,中国共产党在江西瑞金建立了中华苏维埃共和国临时政府。在此前后,国民政府遭到日军的入侵,陷入腹背受敌的状态。

---

① 指1927年英美军舰炮轰南京的"三·二四"惨案,又称"南京惨案"。

"满洲国"的出现

南京国民政府在美、英两国的援助下，恢复了关税自主权，并实行货币改革，将全国的银币收归国有，发行基于金本位制的新纸币以取而代之。我们不得不承认，国民政府之所以能够成功收回长江流域的若干租界以及威海卫等租借地，确实是货币改革的功绩。而在中国收回各国在华特殊权益，废除所谓"势力范围"的过程中，日本成了受影响最大的国家。日本在海外几乎没有领土和殖民地，加上市场狭小，资本实力和工业生产力都十分弱小，难以与英、美等发达国家进行平等竞争。于是，日本朝野上下开始出现鼓吹"满洲乃日本的生命线"的声音。军部方面甚至认为：列强在中国获得的利权大多是通过攻击或胁迫中国而获得的，而日本则不同，对于原本要被沙皇俄国侵占的东三省，日本是付出了极大的牺牲才从其手中夺下来的。

1931年9月18日，驻扎在东北的日军于天亮之前发起行动，他们声称张学良军队破坏了日方所拥有的南满铁路，企图颠覆日本势力。日军以此为口实，迅速开始以武力解除奉天乃至整个东三省的中国军队的武装。而对此早有察觉的张学良则已经逃离奉天，退避到长城以南。

占领了东三省全境的日军请来了隐居于天津的宣统帝溥仪，于1932年3月推戴他担任执政，令其发表《满洲国建国宣言》。该宣言主张，东三省原本就是清朝的领土，将其归还给满人是理所当然的。但实际上，包括清朝皇族在内的满人当时几乎已经全部汉化，并融入汉人之中。而当时东三省的居民大多是来自中国内地的汉人，其中以山东的外出务工者居多，这些人来到东北后便在此定居。

几乎在《满洲国建国宣言》发布的同时，日军在长江南岸也与中国军队展开了战斗。这就是所谓的"上海事变"①。日军占领了以上海为中心，方圆30千米的地区。面对这一事态，国民政府仍试图局部地解决中日冲突，故在上海与日军缔结了停战协定，防止事态扩大化，等待日军自行撤退。

各国对日军的举动也采取了十分消极的态度，无一对此进行军事干

---

① 指1932年的"一·二八"事变，又称"淞沪抗战"。

涉。一方面，这或许是由于各国对日本的军事实力有所忌惮；另一方面，也是由于当时日本的特殊权益和势力范围已经得到国际上的承认，所以各国认为应基于习惯对此表示尊重，避免纷争进一步扩大。加之，在当时的欧洲，意大利和德国的法西斯势力的出现，使得英、法等国无暇关心亚洲事务；美国当时也没有以一国之力火中取栗的打算。

因此，蒋介石对日本采取的是静观其变的态度，同时则倾尽全力试图剿灭红军。最终，蒋介石包围了江西的苏区，切断了物资的流通，使出以兵粮为攻的计策。而对于苏区来说，最大的困境是食盐的不足。于是，到了1934年10月，红军终于放弃首都瑞金，被迫踏上了长征的艰辛之路。

同年，被日本人拥立的执政溥仪再度即皇帝位，以"满洲帝国"为名，建年号称康德元年。

抗日统一战线

逃出江西的红军与各地的共产党员取得联系，在当地共产党组织的引领下，他们从湖南进入贵州，并选择从国民政府军力量最为薄弱的云南、西康[①]、四川等地通行。在进入陕西之后，他们终于在延安建立了根据地。所谓的"长征"，其跋涉距离约有17000千米，在此过程中人员损失过半。

共产党很早就开始向国民政府提议，主张国共和解，一致对抗日本的侵略。然而，蒋介石认为外敌当前，必须先实现国内的统一，故对共产党的提议不予理会。

之前，在九一八事变中失去了根据地的张学良，后来率领军队归附了国民政府。尽管张学良的军队在各地流浪，经历了种种艰苦，但蒋介石仍派其去与共军作战。张学良的军队对于与共军作战缺乏热情，所以为了亲自督战，蒋介石亲赴西安与张学良会谈。而张学良这时与共产党联系，伺机将蒋介石监禁起来。于是，周恩来从延安的根据地飞赴西安进行调停。就这样，蒋介石得到释放并回到南京，国共双方随后结成了共同的抗日战线，准备进行抗战。这就是所谓的"西安事变"。

---

① 旧省名，设于1939年，辖地主要为今四川省中西部和西藏自治区东部。

另一方面，新成立的满洲国仅仅得到了日本的承认，而没有得到国际上的认可，十分不受待见。但是，国民政府方面也并未对其进行特别明显的指摘，而似乎是将其视为既成事实，以示安定。在日本，政府以满洲国的建立作为九一八事变的终结，开始对相关将领论功行赏。

在九一八事变中发挥领导作用的大多是日本军队中的年轻将校，石原莞尔就是其中具有代表性的人物。他提出"世界最终战争论"，认为满洲国的建立以及"王道乐土化"将使战争失去必要性。也就是说，石原认为九一八事变不应继续扩大。然而，战争的齿轮一旦开始运转，其自身就会在加速度的作用下暴走失控，以致任何人都无法阻止。

当时，日本除了在东北设有驻屯军，在北京也有驻屯军，这是义和团起义之后为守卫公使馆区域而设置的军队。在九一八事变之际，北京驻屯军没有参与任何相关的军事行动，因此在论功行赏时也没有得到任何好处，故只能带着羡慕之情眼巴巴地看着别人领赏。

然而，这些看似无关紧要的事情，却与1937年7月的卢沟桥事变不无关系。当时，在北京西郊的卢沟桥附近，正在演习的日本军队声称遭到了中国军队的攻击。于是，日军以此为口实展开了全面的攻势，迅速将北京一带占领。对此，蒋介石终于不得不应战，共产党也参与进来，与之结成统一的抗日战线。日本也开始强化军队力量，朝南北方向扩大战火范围，中日之间这场不宣而战的战争便由此开始了。

当蒋介石表明了进行抗战的决心后，共产党立即表示响应，并进一步取消了此前建立的苏维埃政权，承诺按照国民政府的命令开展行动。此后，共产党的军队被改组为国民革命军，共产党也取消了以往的土地政策以及各地的苏维埃运动，发表了旨在参加救国战争的声明。第二次国共合作就此达成，这一合作关系一直持续到日本战败。

战争初期，日本凭借其积蓄多年的军备力量占据了压倒性的优势。1937年年内，日军就攻陷了北京、上海、太原、济南、南京等地，第二年又攻陷了徐州、武汉和广州，到1939年又占领了海南、汕头、南宁等地。南宁位于广西境内，日军试图切断从南宁经由法属印度支那前往重庆的军事物资运输线。在此期间，日本海军还封锁了中国沿海地区，切断了中国的对外交通。

国民政府最初将首都从南京迁往武汉，接着又从武汉迁到了重庆，并试图将重庆作为据点，进行最后的抵抗。这时的美、英等国虽然尚未对日本公开宣战，但都表现出了十分明显的敌意，并从缅甸经由云南将物资运到重庆。除此之外，苏联也从新疆通过所谓的"西北路线"对中国进行物资援助。

尽管得到了各个国家的援助，但国民政府被围困在重庆，屡屡遭受日本空军的空袭，却仍能坚持七个年头，这种忍耐力确实值得赞赏。不过，这对于全体国民来说却是极大的灾难。而且，那些援助中国的国家究竟有何打算，其真实意图多少有些不可知；而长期让国民处于艰难的处境之中，也为共产党势力的壮大提供了大好机会。于是，国民党内部也出现了希望尽早与日本进行和平交涉的声音，这种主张的代表人物就是汪兆铭。汪兆铭是最早参加革命的人物之一，在国民党内最倾向于左翼，其思想与共产党十分接近，也因此对共产党有充分的认识，故对国共合作的前途心怀不安。因此，汪兆铭向蒋介石进言，主张与日本进行和平交涉。然而，蒋介石及其身边的新晋将官无法接受这一意见。结果，汪兆铭在重庆遭到排挤，此后遂经由法属印度支那来到了上海。

当然，日本与国民政府之间也曾屡屡进行私下交涉，实现和平的可能性也并非完全不存在。但对此构成妨碍的是日本军部的强硬态度，以及各国对蒋介石施加的压力。近卫内阁发表了不以蒋介石为对手的声明，从而使蒋介石最终不得不放弃和平交涉的方案。接着，近卫内阁请汪兆铭出山，建立了新政权。

日军在占领区内的北京和南京设立了两个临时政府，以管理当地的中国民众。汪兆铭在上海召开了国民党第六次全国代表大会，并在会上特别声明，此次会议才是拥有权力正统性的国民党大会，并宣称国民政府迁都南京。大会取消了此前的两个临时政府，以南京政府为统一政府，汪兆铭就任新政府主席。

国共分裂

对于坚持抗战的国民政府来说，1941年12月太平洋战争的爆发是幸甚之事。当时欧洲各国的盟军与德、意两国大战正酣，此前对欧洲事务采取不介入态度的日本因与德、意两国缔结了同盟条约，故终于决意对美、英等国宣战。见此，国民政府终于对日、德、意三国宣战。

而这时，中日之间的战争反而呈现出一种稍微安定的状态。因为随着战线的延长，日军不得不转而去南方新开辟的战场战斗。而所谓的"日占区"，其实也只是对点和线的占领。对于少数大城市，日军只有通过该城市与占领区之间的交通线才能勉强控制。对于城市之间的广大农村地区，日军几乎完全无法触及。而在广大农村地区积极开展宣传工作、组织游击部队并指导农民作战的，正是中国共产党。

大战开始后，由于来自日军的压力有所减轻，国共合作反而开始出现裂痕。在某些地方，双方军队之间甚至发生了暴力冲突。

1945年8月日本无条件投降之后，国共分裂的问题终于浮出水面。美国尝试进行调停，但并未取得成效。苏联则一方面与国民政府签订了友好条约，另一方面暗中向共产党提供军事援助。而迁都南京的国民政府虽然决意对共产党进行打击，并攻陷了其根据地延安，但实际上却是一无所获。而且，负责接收东北地区的国民政府军因受到周围共产党军队的包围而陷入孤立无援的境地，以致不得不全部投降。

蒋介石及其身边将领在日本投降后屡屡出现决策上的失误。他们对于投降的日本将士往往加以保护，并将其送回日本，而对于以往协助过日本的中国政治家则施以严惩。汪兆铭已于战时在日本病死，继其之后上台的伪政府要人都被国民政府处以死刑。这导致许多下级官员选择逃亡，他们改名换姓向共产党投诚，成为协助共军攻击国军阵地的向导。

国民政府的官僚和军队出现纲纪松弛的现象，也是其势力衰落的重要原因之一。长期在内地忍受着贫乏生活的国民政府高层官员，在回到曾被日军占领的大城市后，重新发现了那里一如往昔的繁华与财富。于是，他们在战争取得胜利后松了一口气，开始追求私利。而共产党自延安时代就开始进行整风运动，此后也经常整肃党和军队的纲纪。所以，对国民政府官僚的腐败深感失望的人民，十分欢迎共产党军队的到来。

共产党的人民解放军收复了东北，制定了新的土地改革法，并在解放区内没收地主的土地，将其分配给农民，接着向南进军。1948年，人民解放军占领了北京，次年跨过长江，解放了上海及华中、华南等地。次年，中华人民共和国中央人民政府在北京成立，毛泽东就任主席。

中华人民共和国

人民解放军从东北出发南下，其席卷中国全境的速度之快令人惊叹。无论是清朝末年太平天国军对长江流域的进攻，还是此前国民革命军的北伐，都无法与之相提并论。一败涂地的国民政府在美国海军的援助下，带着追随其至今的军官及其他200多万人逃往台湾。在日军入侵以前，他们将北京故宫博物院和国立图书馆所藏的国宝级的器物、图书一并运到了南方，如今又一股脑地将其运往台湾。

国民政府的失败，也是对其进行援助的美国的失败。国民政府的财政掌握在浙江财阀特别是宋氏家族的手里，美国与宋氏家族出于利益需要而联手，但其举动不仅导致舆论对双方的评价不断恶化，而且导致不甚了解中国实情的美国政府对国民政府进行了事无巨细的干涉，并最终致使国民政府在施政上出现失误。

而共产党也遇到了与此类似的情况。共产党最初以苏联为后援，先后获得了陕西、东北等根据地。然而，共产党并非事事都按照苏联的指示行事。毛泽东等领导人按照中国的实际情况判断局势，他们的成功也是农村土地改革的成功。中国共产党的这种独立性，不久后也成为其与苏联产生矛盾的原因。

中华人民共和国成立后，仍然面临着许多内部与外部的困难。首先就是人民政府与支持国民政府在台湾据守的美国之间的关系问题。人民政府一度打算通过武力解放台湾，并试图为此不惜与美国发生冲突。但是这种情况一旦发生，以苏联为首的共产主义国家将不得不因此联合起来进行世界革命，然而苏联拒绝进行这种冒险。

在第一次世界大战中，俄国成功完成了共产主义革命，建立了苏维埃联邦。然而这时，中国尚处于旧军阀之间的混战期，国民党和共产党也刚刚开始崭露头角。当时，苏联对中国的国民发出倡议，建议中国废除所有不平等条约，与苏联并肩作战。对此，共产党愿与苏联携手自不必说，孙文的"联苏容共"政策也是在相信了苏联的号召之后提出的。

另一方面，在中国内部，所谓的"整风"问题几乎是半永久性地一直存在的。部分党员干部在掌握权力后逐渐官僚化，为此，中共屡屡进行整肃纲纪的运动。

中国共产党逐渐认识到，对于疲于内乱和外战的中国民众来说，当下最迫切的愿望就是生活水平的提高。而在生活状况好转的基础上，中国的人口每年会以数百万的增量持续增长。政府不仅要为这些新增人口提供粮食，还要考虑到就业人口数量的相应增长，并为这些人提供工作岗位。因此，要想安定并提升中国的民生状况，中国社会就必须与资本主义共存。为此，1972年，美国总统尼克松和日本首相田中角荣先后访问了北京。由此，中国与日本之间去小异存大同，以极快的速度恢复了邦交。

如果我们回过头来对清末之后中国的历史动向加以通观，便可以发现，中国的近代表面上是忽隐忽现的复杂起伏，深层次上却是民族主义大潮的一以贯之。无论是康有为的孔教运动，还是陈独秀的思想革命，抑或是孙文的三民主义，这些主张和运动的共同点都是带有强烈的民族主义色彩。孙文的三民主义并不是以民族主义、民权主义、民生主义这三根支柱支撑起来的，而是以民族主义作为框架，将另外两者完全嵌入其中的产物。毛泽东的共产主义也不是日本人所臆测的那种国际主义，而是民族主义范畴内的共产主义。当然，我们不能断言这种主义是不是永远不会发生变化，但是对于长期遭受列强的压迫，民族独立受到妨碍的中国民众来说，民族主义情绪的满足确实是无可替代的欢欣之事。

第三节　南亚与西亚

东南亚

在太平洋战争中，日本经历了惨不忍睹的败北，但这并不意味着战胜国就完全是胜利的。战胜国大多是所谓的殖民国家，其殖民地既然一度在日本的治下得到解放，就无法再次恢复原状，所以战胜国试图再度恢复殖民地的野心也就归于破灭了。毕竟，一度转过去的表针，是无法逆向转回的。

16世纪以来在军舰和大炮之下被征服的东南亚地区各民族，并没有完全由衷地服从于他们的征服者。只要一有机会，他们就试图独立。只不过他们没能获得用于发动起义的武器装备，因为殖民国家对武器的输入进行了严格的限制。

对东南亚民族来说，太平洋战争正是千载难逢的好机会。1945年日本无条件投降后，驻在荷属东印度群岛的日军也缴械投降，不过日军的武器大多交到了印度尼西亚原住民的手上。

自荷兰殖民统治时代开始，印度尼西亚就发生过印尼民族党的独立运动，其领导人之一为苏加诺。苏加诺在日本投降后的第三天就宣布印度尼西亚独立，次日，他就被选为首任总统。不久，尽管荷兰军队压境，试图再度征服印度尼西亚，但用日军武器武装起来的印尼独立军并未屈服。荷兰军队撤出后，印度尼西亚共和国的地位得以稳固。

早在印度尼西亚独立之前，印尼共产党就和民族党一样有着活跃的运动。在苏加诺政权之下，共产党一派势力增强，从而使政权表现出相当明显的左倾特征。但是，印尼共产党并不因此而满足，于1965年发动政变，杀害了陆军的将领，但此举招致了陆军的反击，并致使共产党最终被陆军镇压。这一时期，据说至少有15万甚至30万以上的共产党人被杀害。镇反有功的苏哈托逼迫长期执政但渐失声望的苏加诺让出终身大总统之职，并取代他成为大总统。

印度尼西亚共和国原本是在荷兰殖民者的治理下，继东印度殖民地之后被塑造出来的，最初并不存在这样一个统一的国家，因此缺乏向心性。而且，在荷兰统治时期，印度尼西亚受到荷兰人的支配，所以本土出身且能够担任官员的人才少之又少。日本、中国抑或是欧美的先进国家，都存在官员过于官僚化而出现弊病的问题，但是包括印度尼西亚在内的许多后进地区，普遍都存在由于官僚机构不健全而严重阻碍国家发展的状况。官僚组织若过于健全，能力会衰减，但若不健全，则更难行事，两个方面都是实情。

在太平洋战争中，马来半岛及其最南端的新加坡是最早被日军占领的地区，但是日本战败之后，这块领地再度回到英国的手里。然而不久后，该地区发生了共产党领导的起义，英军虽然致力于镇压，但未能成功，故只好承认马来半岛的独立，并放弃了其长期以来在新加坡建立的军事基地。

马来半岛上马来人众多，而新加坡则是华侨占多数，二者如果合而为一，华侨的数量就会增多。在这种情况下，英国为新加坡提供赞助资金，让人口将近200万的新加坡从马来亚分离出来，成为一个独立的国家。马来亚则与曾经同为英属殖民地的北婆罗洲[1]合在一起，构成了约有100万人口的马来西亚联邦。这样一来，马来人勉强能够保证其信仰的伊斯兰教在联邦中占据优势。但是，占人口三分之一的华侨对政府的宗教政策心怀不满，这成为马来西亚政治的不安定因素。

---

[1] 今马来西亚的沙巴州。

印度支那半岛

1885年起成为法国属地的印度支那半岛在雌伏了近百年后，也在第二次世界大战的巨大影响下，抓住了民族独立的大好机会。

当日军将蒋介石的国民政府围困在重庆，试图切断外界对中国的援助时，法国本土沦陷，并向德国投降。日军趁机于1940年9月进军法属印度支那。但这时日本尚未向法国宣战，随着战况的恶化，日军担心有可能遭到法军的反击。于是在1945年，日军先一步解除了法军的武装，推戴仅在名义上拥有皇帝称号的保大帝上台，并使越南宣布独立。

但这种状态未能持续太久，不到半年，日本就战败并宣布无条件投降。在此之前，越南共产党于1930年在香港成立，并组织了越南独立同盟，继续在越南开展活动。见日本投降，越南共产党遂发动了全国范围的起义，迫使保大帝退位，并在河内建立了越南民主共和国政府，胡志明被选为政府主席。

在日本战败之际，法国凭借美国的经济援助再度对印度支那进行军事干涉，试图将半岛殖民地化，然而胡志明对此进行了抵抗。1946年，越南独立战争开始。法国军队最初占据了优势，1949年就使保大帝恢复帝位，并将其国名改为"南越南国"，以此与北部的胡志明对抗。

然而，随着中华人民共和国的成立，北越在中国和苏联的援助之下力量变强。1954年，北越军队在奠边府击败法军，法军主力被迫投降，法国也就不得不放弃了对越南的控制。此后，取代法国支持南越以阻止共产主义进一步渗透的是美国。

在日内瓦召开的国际远东和平会议上，美、英、法、苏四国首脑聚在一起，在讨论朝鲜问题的同时，也将印度支那半岛的停战问题作为议题。会议暂定以北纬17度线为界，将印度支那半岛分为南、北两部分。北部由胡志明领导的越南民主共和国得到了承认；而在南越，出现了得到美国支持的吴庭艳政权。吴庭艳原本是保大帝政府的首相，1955年，吴庭艳放逐了保大帝，宣布建立共和制，自己就任首位总统，建立了南越共和国。

但是，吴庭艳政权强化了警察的力量，推行独裁统治，其侧近之人利用权势扰乱纲纪，致使政权失去了人心。到了1960年，在北越的援助下，

"越南南方民族解放阵线"即所谓"越共"成立。越共在表面上并未采用共产主义，而以民族独立运动为口号，但主张反美和反吴庭艳。他们通过游击战向农村渗透，不久后就控制了除东部海岸之外的内地大部。

面对这一情形，美国强化了军事力量，开始同越共交战。同时，在发觉吴庭艳不受欢迎后，美国还暗中唆使军人发动军事政变，后者在1963年将吴庭艳杀死。

次年，美国进一步强化对越南的军事介入，声称美军的驱逐舰在北部湾的公海上遭到鱼雷的攻击，故开始从空中对北越境内的军事基地进行打击。美国还进一步对胡志明小径进行了反复的炮击，胡志明小径位于老挝境内，是北越向越共输送军需物资的路线。

在此期间，南越发生了数次军事政变和政权更迭，直到1967年阮文绍当选总统后，才稍微恢复了安定。而在北越，胡志明于1969年病逝。不过，尽管胡志明去世了，但越共的对美作战斗志仍然十分高昂。

另一方面，其实和平的机会也曾多次出现。但主角并不是南越和北越，而是北越和美国。当时的美国总统约翰逊曾派遣特使，在巴黎与北越代表进行会谈，然而会谈并未取得任何成果。最终，约翰逊承认自己采取的越南政策是失败的，故不得不在任期结束后放弃参选下一届总统。

接替约翰逊的新任美国总统是尼克松，他派遣国务卿基辛格进一步与北越交涉，在经历了十几次不厌其烦的会谈之后，在越战的第五个年头，双方终于在1973年1月基本达成一致意见，签署了停战协定。然而此时，越南仍然处于南北分裂的状态，南方还进一步出现了南越共和国，与越共建立的南越共和国临时革命政府对立。而且，老挝、柬埔寨等越南的邻国也出现了类似的对立状况，真可谓前途多舛。

据说，美国在越南战争中对北越投放的炮弹数量，是其在之前的第二次世界大战中在各地投放的炮弹总量的1.5倍。北越人民经受住了如此猛烈的炮击，其不屈的精神实在值得钦佩。越南用以抵抗美军的武器几乎都来自中国和苏联的援助，而在战争过程中，越南人牺牲的却是自己宝贵的血肉之躯。

印度与巴基斯坦

在英国人试图征服印度之际，印度之富可谓人尽皆知。的确，印度土地辽阔，物产丰富，并且盛产宝石和香料。但是，印度的人民却并非都十分富有，社会上的贫富差距十分悬殊。印度的封建君主和大商人会对广大民众进行压榨，以此积蓄数量惊人的财富，而一般民众则愈发难脱困境。这种状态持续了数百年，直到现在也没有太大的变化。而站在印度富有的特权阶级之上进一步对其进行财富榨取的，则是英国的总督和官僚，他们携带着大量昂贵的掠夺品回到故乡，令当时的欧洲人大开眼界，印度富庶的名声也随之广为传播。

英国人对印度的统治采取的是所谓"分而治之"的方式，即按照地区和阶级，将印度尽可能地细分为多个部分，以分散其势力，然后在此基础上进行统治。对于统治者来说十分幸运的是，印度存在着数量极多的民族和语言，社会上残留着自古流传至今的种姓制度。英国人对于这种不合理的社会制度丝毫没有进行改良的打算，仅在印度进行了道路和铁路的建设，而这种建设也是出于殖民统治的需要。一旦印度某地发生起义，英国统治者就可以利用种种交通设施，在事态扩大之前迅速将兵力集中运输到该地，并进行镇压。

也就是说，英国人对印度既有的传统一概不予干涉，也不予改善。不过，为了统治印度，英国人也需要当地人的协助。于是，英国统治者从少数特权阶级中选拔出若干人，将他们作为留学生送到英国接受教育。这些学生吸收了新知识之后回到印度，成为英国人的助理，构成了英印之间的一个中间阶层。然而不久后，以这些留学生为首，印度人萌生了民族自觉，开始对英国人的统治产生疑问，他们当中还出现了有志于实现印度独立的人物。

对于这些开始产生民族自觉的印度人来说，第一次世界大战成为他们要求自身权利的绝佳机会。在此情形下，英国人只好万般无奈地向印度人承诺，等战争一结束，一定使印度自治；但作为交换条件，印度要为英国提供大量的军费和兵员。

然而，战争结束后，英国人不仅对其承诺不予兑现，甚至还采用了较以往有过之而无不及的压制手段，镇压印度的自治运动，并实施粗暴的"罗拉特法"。该法案规定，英国殖民者即便没有逮捕令也能逮捕嫌疑犯，不需进行正规的审判也能进行监禁等。对此，向来温顺的印度人也忍无可忍，在各地发起了反英运动。这时，为了避免反英斗争暴力化，印度教的圣人甘地主张印度人应进行非暴力抵抗运动。印度教是从古代婆罗门教中分离出来的宗教，其在印度的影响力远远超过佛教。印度教主张自我抑制，绝不对他人施加暴力，是一种和平宗教。所以，甘地试图以这一教义为准绳，推动反英运动的发展。在此过程中，甘地面对英国反复的监禁和镇压毫不屈服，并由此终于获得了众多志同道合之士的支持。然而，即使这种状态真的能够坚持下去，印度是否就真的能够获得自治权呢？

事实上，第一次世界大战刚刚结束之际，大英帝国的霸权地位达到了顶峰。英国作为战胜国，将德国所持有的有限的几块殖民地全部收归己有。另一方面，通过战争，英国还将已解体的奥斯曼帝国领土的主要部分作为委任统治的对象，对其进行支配。在漫长的世界历史上，对如此广阔的领土及人民进行统治的帝国是前所未有的。而撼动这个大帝国霸权地位的就是第二次世界大战，如果进一步加以限定的话，就是太平洋战争。

明治维新以后，日本民间对印度人的自治及独立运动都抱有同情。但尽管如此，日本政府对印度的态度却极为冷漠，而在外交上一味地依赖英国。据说英日同盟时，英国方面还曾暗自打算，如遇印度起事，要向日本请求武力援助。但第一次世界大战后，英国之所以放弃了英日同盟，一方面是由于美国的要求，另一方面也是因为自信即便没有日本作为同盟，也能够维持世界无敌的状态。然而，当德国再度兴起，英国在欧洲忙得手足无措的时候，太平洋战争又爆发了。

日军当时为了切断缅甸通道，从泰国向缅甸进发，在此期间不免使战火波及印度。这时，印度独立运动的志士苏巴斯·钱德拉·鲍斯乘潜艇从德国回到印度，日军于是推举鲍斯，使之组织印度国民军，由日军在马来亚战役中俘虏的印度士兵改编而成。1943年，鲍斯在新加坡成立印度临时政府。次年，英帕尔战役打响，日军在此次进攻中遭遇惨败。1945年，日本全面投降，鲍斯在台湾死于飞机失事。

虽然英国在第二次世界大战中是胜利者，但它已然失去了昔日的荣光。面对各个殖民地燃烧起来的独立之火，英国再也不可能像第一次世界大战后那样重复其狡智之举了。1947年8月，印度实现了完全的自治，协助甘地的尼赫鲁当选为总理。次年，甘地被一名狂热的印度教信徒暗杀。

不过，印度虽然成为英联邦内部的自治国家，但穆斯林人数居多的东、西巴基斯坦①却被分离出了印度。而且，印度教和伊斯兰教两教教徒在印巴两地境内仍然不断发生纷争。甘地正是在为了消除双方之间的憎恶和矛盾而进行演说的时候被暗杀的。

印度与巴基斯坦为了争夺克什米尔地区的领有权而屡屡爆发冲突。冲突的原因在于，居住在克什米尔地区的民众以穆斯林居多，但支配这一地区的却是印度教教徒。此外，东、西巴基斯坦之间也存在纷争，西巴基斯坦占据主体，压榨东巴基斯坦的民众。终于，1971年，东巴基斯坦宣布独立，西巴基斯坦军队对此加以镇压。事已至此，东巴基斯坦只好不顾前嫌，向印度求救。于是，印度利用苏联的武器援助，将巴基斯坦肢解。东巴基斯坦遂从西部分离出来，建立了孟加拉国。

不过，印度自古以来就是对日本抱有好感的国家。印度人长期受到英国的压制，故能够深切地理解，作为亚洲一员的日本首先实现了对欧洲的独立这一举动所具有的价值。

巴勒斯坦问题

16世纪以后称霸于近东、中东一带以至巴尔干半岛的奥斯曼土耳其帝国，在进入19世纪之后，表现出了明显的衰落迹象。在第一次世界大战中，由于奥斯曼帝国与德国为伍，所以战败后，其领土范围被削减到只剩小亚细亚，而土耳其境内的阿拉伯人居住地则全部被移交国际联盟，接受委任统治。这样一来，叙利亚便被置于法国的治下，伊拉克、巴勒斯坦则被纳入英国的治下。其后，伊拉克很快取得了独立，叙利亚则分裂为叙

---

① 即今孟加拉国和巴基斯坦。

利亚本土和巴勒斯坦。第二次世界大战结束后，叙利亚和巴勒斯坦各自独立，但巴勒斯坦问题却一直持续到了现在。

在第一次世界大战中，英国曾通过侯赛因-麦克马洪信件，号召阿拉伯人起来反抗奥斯曼帝国的支配，并约定将来使阿拉伯人自治。但与此同时，英国又发表了《贝尔福宣言》，对全世界犹太人的锡安主义[①]运动表示支持，承诺会为犹太人提供重建家园所需的土地。所以到了战后，作为英国委任统治领地的巴勒斯坦吸引了世界各地的犹太移民，这些犹太人准备在巴勒斯坦重建独立的国家。

巴勒斯坦的领土范围始于约旦河，终于地中海，其面积约为27000平方千米，比日本的中国地区还要小。这里曾经居住着不超过70万的人口，而占据人口主体的是阿拉伯人。随着犹太人向这里的不断移居，两个民族之间发生冲突也就成了难以避免的必然结果。

部分犹太人其实从很早开始就一直在这个地区居住，其居住范围主要集中在耶路撒冷。耶路撒冷是犹太人的圣地，而对于阿拉伯人来说，耶路撒冷也是伊斯兰教的圣地。移居至此的犹太人最初向阿拉伯人购买土地用于居住。由于犹太人曾接受过欧洲近代文明的洗礼，所以很快就在农业、商业等方面的竞争中超过了尚处于前近代阶段的阿拉伯人。特别是当犹太人建立了特拉维夫，并使其获得了极大的繁荣之后，阿拉伯人对犹太人的嫉妒情绪就逐渐转变成了恐惧。阿拉伯人认为自己的土地遭到了诈骗，故对犹太人产生了强烈的反感。但事实上，犹太人居住地的繁荣也为阿拉伯人带来了利益，长期游牧的阿拉伯人因此开始了定居生活，这也是事实。此后，巴勒斯坦的人口急剧增加，第二次世界大战之后就达到了约200万，其中大约有一半是犹太人。与此相对，叙利亚地区的人口在两次世界大战之间几乎没有明显的增加。

第二次世界大战结束后，阿拉伯人的剑锋直指作为统治者的英国，并频繁地对英国进行恐怖袭击。于是，英国向联合国提出放弃担任统治国的请求。1947年，联合国特别委员会确定了将巴勒斯坦分割为阿拉伯人

[①] 即犹太复国主义。

的巴勒斯坦和犹太人的以色列的方案。然而，由于这两个地区犬牙交错，呈互相混杂的状态，所以这一分割方案难以得到完全落实。另外，邻近的阿拉伯国家对这一方案更是表示强烈的反对。埃及、约旦、叙利亚等国还组织了阿拉伯民族解放军，试图对巴勒斯坦进行武力控制。

另一方面，在英国的委任统治正式结束的1948年，犹太人宣布建立以色列共和国，将特拉维夫定为首都。见此，阿拉伯国家遂宣布对这个犹太人国家开战。但尽管阿拉伯军队侵入了巴勒斯坦，最终却在以色列军队的反攻下一败涂地。此后，以色列共和国得到了世界各国的承认，而阿拉伯国家却拒不承认以色列。1949年，犹太人和阿拉伯人一度停战，但双方于1967年再度开战。这一次，以色列军队出击并击败了埃及军队，并一路追到了苏伊士运河，将西奈半岛占领。

此前居住在巴勒斯坦的阿拉伯人约有100万，战争开始后，除了一部分留守原地，许多阿拉伯人都纷纷逃往周边的阿拉伯国家避难。其中逃往约旦者最多，达46万人，其次是埃及，约20万人，接着是黎巴嫩和叙利亚，分别为12万和8万人。这些阿拉伯人每天缺衣少食，却始终不放弃夺回巴勒斯坦的愿望，并积极参与游击战。这就形成了所谓的"巴勒斯坦难民问题"。造成上述巴以纷争中的种种问题的一个重要原因，就是美苏两国的对立。美国支持以色列，苏联则是阿拉伯国家的后援，其他各国对此只能选择袖手旁观。

第四节　近代化之后的日本

日本近代化取得成功的原因

发生于欧洲的工业革命，其文化成果不仅使欧洲自身的样貌焕然一新，而且在传播到世界各地的过程中，所到之处都会冲击当地的传统文化，最后使整个世界都被纳入欧洲的殖民体系。在东亚，由于东亚自身有着古老的文化，因此对外来的欧洲文化进行了顽强的抵抗，居于东亚中心位置的中国在这种外来文化的压迫下，逐渐沦入了半殖民地的境地。而日本却成了亚洲国家中唯一的例外，日本没有选择抵抗，而是顺应了欧洲文化，故能够一方面欧化，另一方面确保自身的民族独立。对于这一现象，人们普遍将其称为"近代化"。然而，如果事实确实如此，那么为什么只有日本能够实现这一近代化的过程呢？对于许多欧美学者来说，这个问题也是一个重要的研究课题。但凡是东亚史的研究者，多多少少都会关心与此相关的问题，他们试图通过解答这个问题，以更好地理解东亚社会的本质。

所有的历史现象其实都是如此，一个结果的出现往往源于无数个原因，而从某个原因出发，也会生出无数个结果。历史上某个可喜的结果，是无数个有利条件结合之后产生的，而某个糟糕的结果，也是由无数个不利条件共同导致的。所以，日本的近代化也是种种条件作用下的结果，如果缺乏其中某个条件，这个近代化过程或许就会遇到挫折。这样来看，近代化的成功完全就是一种侥幸。但尽管如此，我们在此前提下，也能在一定程度上来探讨对近代化最为有利的条件究竟是什么这个问题。

首先我们可以想到的是，在明治维新以前，日本维持了将近三百年的长期和平。如此长久的和平状态，在世界历史上几乎是没有先例的。在此期间，日本能够成功弥补其在文化、经济上的落后地位，赶超先进，这一点在学术、艺术、工业、商业、制造业等各个方面都有所体现。以绘画为例，在中国发展于宋代、成熟于元明时期的南画之所以未能传入日本，主要是因为室町时代之后的内战导致日本没有吸收和学习这种文化的社会基础；然而到了日本的德川时代，中国已进入清代，在中国的影响下，日本也开始发展具有自身特点的南画艺术。在产业方面，桑蚕的养殖、木棉的栽培、矿山的开发以及为了开垦新田而修建的土木工事，都得到了兴旺的发展。不过，这一切在江户时代均发展到了一个瓶颈阶段，要想进一步飞跃到新的阶段，就必须有一些新的刺激。而这个新的刺激正是来自欧洲的文化，对于这一点，当时一部分有识之士已经有所洞察。

另一件值得庆幸的事情是，德川时代的日本人对于中国式的奢侈生活缺乏了解。中国自古以来，统治阶级内部一直秉承着冠绝世界的奢侈的生活方式。基于这种奢侈的生活状态，中国的统治阶级在接触到欧洲文化的时候，未能从中感受到丝毫吸引力。在他们看来，即便采用了欧洲的文化，也不见得会给自己的生活带来更多好处。

在文化、文政年间[①]的日本，曾一度明显地流行过中国的文化风潮。通过南画、煎茶、陶器等器物来丰富生活的中国式的文人趣味，也终于进入了日本人的视野。显然，太平社会下的安定生活，会让人向往更高水平的生活方式。与此同时，南蛮文化[②]也进入了日本。日本在绘画上吸收了其远近透视法，并放弃以往的木版，而开始用铜版印刷风景画。这种南蛮文化延伸到望远镜、时钟等方面后，立刻就变成了经世致用的学问，并进而与探求科学原理的学问相结合。因此可以说，接受欧洲文化的底子在德

---

① 1804—1829年。
② 指近代日本接触到的西方文化。

川时代就已经打好了。这是在中国未能出现的现象。

当时的国际关系局势也对日本有利。日本崛起时，列强的势力基本上处于均衡的状态，国际上不允许出现一国独大的情况。所以，美国虽然一度打算占领琉球群岛，俄国也一度试图在对马岛设立军事基地，但都因均势原则而未能实现。作为代价，列强向日本提出了相应的要求，使日本变成了其侵略中国的据点。

富国强兵

明治初年，日本所倡导的"文明开化"带有强烈的与过去诀别的意味。那么既然抛弃了以往的旧弊，就必须明确接下来要迎接什么样的文明这样一个问题。日本的回答是"富国强兵"。这个词在今天听起来或许有些令人生厌，但这在当时却是极为自然的发展趋势。因为当时日本周边的列强全都高举着"富国强兵"的大旗，其一贯做法就是窥伺对手的疏漏，待对方大意时就举兵而至，以捕食猎物。而对于当时的日本来说，还有一个格外沉重的负担，即日本人乃是亚洲人这一事实。

即便到了今日，种族偏见也仍然存在，但如今的年轻人已出生在不必为肤色所苦的幸福境遇之中。然而，上个世纪中叶的情况还并非如此。当时的日本人对于世界上的不合理风潮，是赌上了性命与之拼死一战的。那些没有与欧美发生过战争的国家，对于这一点似乎是无法理解的。

明治维新之后的日本确立了近代化的国策，在其取得了一定程度的发展之际，作为近邻的中国、朝鲜却依然处于低迷的旧态。对于这一现实，日本人采取的是怎样的态度呢？似乎日本也会像欧美诸国一样，趁邻国暴露弱点之机而采取侵略的政策，但事实果真如此吗？

最初，日本人认为近邻都是亚洲人，故抱有同为亚洲人的同类意识，因此希望各国共同走上近代化的道路，然而日本最终转而走上了独自发展的道路。这一过程中最大的转折点就是中日甲午战争，其次就是日俄战争。

如果对两次战争进行比较，对于日本来说，最危险的赌博行为是甲午战争，而非日俄战争。毕竟，日本当时在外交上处于孤立状态，连一个友国都没有。然而，中日开战后，清朝实力之弱令日本人颇感震惊。日人从此意识到，亚洲对于日本毫无益处，并对近代化有了更强的信心。此后，日本便开始加速推进"富国强兵"之策。随着近代化的差距越拉越大，日本忘了自身是一个亚洲国家，而开始希望获得与白人国家一样的待遇。在后来的日俄战争中，这一倾向得到了进一步的滋长。

日俄战争基本上是在经过精打细算之后展开的，且在外交上，日本拥有英日同盟这个依靠，美国也对日本抱有同情。但即便如此，战争开始之后，日本仍然饱受高额的军费之苦，只能靠各国的借款来解决军费问题。为日本提供资金的英、美等国不会眼睁睁地看着日本战败而收不回利息，但是与此同时，它们也并不希望日本变得过于强大。所以对于日本当局来说，在何种时机与俄国讲和是最需要动脑筋的地方。或许有些人会认为，日俄战争自始至终都处于英国人的指挥之下，且完全是为英国的利益服务的。事实上，英国在中国是最大的权益拥有者，通过这次日俄战争，英国在中国的势力变得愈发稳固。对于清朝来说，俄国的南下才是最大的威胁。所以，无论日俄战争的胜败如何，清朝都有可能在关键时刻请求英国援助，借以对抗俄国。

英日同盟可以说就像一种主人与仆从之间的同盟，但仆从在捡拾其作为仆从的利益的同时，也逐渐不再满足于这些既得的利益，并开始考虑独立，而事情也因此变得麻烦起来。日俄战争之后，日本一脚踢开了美国试图经营南满铁路的提案，日美关系也因此迅速转冷。日本在对美国心怀戒备的同时，与俄国一同将中国东北地区分为南、北两部分，互相承认对方的势力范围，以实现和平。

日本以往出于战争目的而整顿军备时，主要从英国购买军舰，所以日本海军的胜利同时也意味着英国造舰技术的胜利。不过，随着日本建立了一定程度的重工业，政府开始使用国产军舰，而不再向英国购买军舰，此举最终激怒了英国。

第一次世界大战爆发后，日本向德国宣战，并占领了胶州湾，然而英国却对此横插了一脚。因为在英国看来，日本一旦由此变得强势，英国的利益就不得不相应地分给日本。结果，日本只得到了位于赤道以北的太平洋上几乎毫无用处的小岛，有价值的部分都为英国所独占。而且，由于战争局势的意外延长，英国还要求日本海军到欧洲海域协助英军作战，甚至进一步要求日本陆军参与英军的东部战线，尽管这一要求并没有实现。

追求富国强兵乃是新兴民族都必然会经历的阶段，也是民族主义的一种表现。在日本，富国强兵的目标在明治、大正年间[①]基本得以实现，但同时也随之出现了非常危险的后遗症。从世界角度来看，这是取得战争胜利的国家在战后必然会出现的现象，即军人崇拜和军事优先，以及对本国常胜不败的普遍信仰。这种难缠的信仰一旦确立，便会一直持续到实际战败的那一天。

第二次世界大战的功与罪

第二次世界大战之前的世界其实是一个不自由的世界。英、法、美、荷等国几乎将世界上所有的土地都划为属地，或将其变为殖民地。在这种控制下，属地或殖民地的原住民是无法从日本购买或向日本出售产品的。所以，资源与市场的极度不平衡，才是第二次世界大战爆发的真正原因。

在第一次世界大战中，日本受惠于前所未有的经济繁荣。只要生产出商品，无论什么东西都有市场，甚至从水沟里挖出来的生锈的铁皮板都可以卖出好价钱。然而，和平状态得以恢复之后，日本就迅速陷入了经济萧条。当然，也不只是日本，许多国家在战时都扩大了生产规模，一旦战争消耗减少，生产过剩是意料之中的结果。对此，各国纷纷抬高关税壁垒，开始采取保护本国生产的政策。

面对这一状况，日本试图以低物价、低工资来加以对抗，但同样遇到了种种阻碍。例如奥斯曼帝国在解体后成为英国的委任统治地，但由于委任统治地区不能设置有差别的关税，所以英国试图使之独立，以排挤日本商品。即便如此，英国也不能完全禁绝日本商品的流入，对此，英国使出了其最后的手段。1932年，英联邦的代表在加拿大的渥太华召开会议，决定将英联邦建成一个经济集团，以实现自给自足，如此一来，外国商品便几乎完全被排挤在外。在这个英联邦的经济集团中，除了约6000万白人，

---

① 1868—1926年。

还包含3.5亿印度人。后来，美国与法国等经济大国都向英联邦学习，建立了封锁性的经济集团。这反过来也构成了对德国、日本、意大利等国的封锁。对于当时的日本等国来说，经济封锁的痛苦是难以承受的。

在这种世界范围的动向中，日本在当时也试图建立经济集团。但日本的领土过于狭小，在本土之外侵占的中国东北地区，也因为张学良宣布与国民政府合流而几乎与日本敌对。于是，日本军部策划了所谓的"柳条湖事件"。1931年9月18日，日军声称演习中的日军部队遭到攻击，遂以此为借口而着手解除整个东三省的武装力量。次年，日本宣布满洲国独立，将逃至天津的宣统帝推举为执政，并使之于1934年称帝。

然而，军人终究是落后于时代的，特别是日本的陆军，比起国内的各界人士，陆军军官的演出脚本总是过于脱离现实。不过，对于陆军如此毅然决然的举动，国民无论愿意与否都只能跟从。虽然当时的外相币原喜重郎也曾主张对那些不服从政府命令而擅自行动的关东军将领进行审判，但他最终却遭到放逐，直到战败都不得不在软禁中度过。可以说，当少数人开始失控的时候，日本社会几乎不存在能够对此加以制约的力量，并且会反过来被整体卷入失控状态，这是日本社会长久以来的通病。

日本的政界和实业界对于军部的一意孤行虽深感无力，但仍然进行了一定的抵抗。只要我们看一看那些成为军部右翼暗杀对象的人，就可以明白这一点，例如犬养毅、高桥是清、井上准之助、中野正刚等人。而与此相反，官僚和言论界却像猫一样顺从。尤其值得注意的是，传媒界简直就像军部的左膀右臂一样发挥着助纣为虐的作用，这或许是由传媒界的弱点所致，即没有新闻来源就没法生存。

至于满洲国的建立，则从一开始就是一个十分勉强的计划，因此军部自然得不到期待的结果。而且，当时来自外部的干扰非常多。所以，为了确保对中国东北的控制，军部认为有必要制造出第二个甚至第三个满洲国。九一八事变的领导者、关东军参谋石原莞尔原本主张把事态控制在东北地区的范围内，不希望进一步扩大。但是既然他已经做出了示范，那么也就无法阻止第二个甚至第三个更加糟糕的石原莞尔出现了。如此一来，战火就从华北蔓延到华中，从华中扩大至华南，最后不得不发展为全面的中日战争。

而与中日战争重叠发生的,是1941年12月8日开始的太平洋战争。其实,日本国民这时已经疲于再战;由陆军挑起的这场无底洞般的沼泽战争已经打到了第四个年头,陆军也已锐气尽消。于是,这时轮到日本海军来担当主角。虽然海军在夏威夷的奇袭中取得了若干战果,在马来海战中也击沉了两艘英国战舰,但这其实却是不祥的征兆。在这两场开局之战中,发挥作用的都是日本的空军部队,但要论空军的战斗力,谁都看得出自然是美军更具优势。然而,即便日本海军的首脑看清了这一事实,也没能改变思路,而是始终坚持巨舰巨炮至上主义,倾力打造不起任何作用的巨型战舰"武藏号"和"大和号",而疏于对空军进行补给。然而,海军那自称世界无敌的潜艇,最终也未能有任何用武之地。

而另一方面,国民的生活却是日渐穷困。随着《粮食管理法》的发布,日本政府开始对主要粮食采取配给制,规定每人每天只能分得两合三勺①大米。这时的日本政府已经放弃了对国家的统治权,坐等战败之日,其能做的只是在棋盘的空白处摆摆棋子而已。

大战后的日本与世界

第二次世界大战终究是一场彻底的破坏行为,战争本身已经使战后的世界呈现出与战前全然不同的面貌。其中最明显的变化就是,世界上几乎所有的殖民地都从被征服的状态中得以解放,成为独立的国家。

日本失去了战时侵占的领地,德国也被分割为东、西两部分,但尽管遭受了这样的打击,日本和德国后来都实现了经济重建和复兴。1972年,日本和德国对美元的持有量分别达到世界第一和第二,展露出即将凌驾于美国之上的发展势头。此外,继日、德两国之后,意大利的美元持有量也十分可观。尽管日、德、意三国在大战中败北,但是英、法、美等国的力量在战争中也大受削弱,这真是命运的捉弄。

然而,这种命运的讽刺仍然没有终结。在战争中取得胜利的战胜国,

---

① 约300克。

也不免患上了战败国所无的后遗症。这就是军队力量的强大及其对政治的介入。这种现象曾在日本的明治、大正时期出现过，如今又出现在战后的欧美各国。

英、法两国借助美国的援军，勉强挽回了败局。但到了战后，由于英、法两国的政治受到其军人势力的控制，故仍然反复经历着失败。法国在战后曾企图再度征服印度支那半岛，但遭遇失败；此后又试图镇压阿尔及利亚的独立运动，又告失败；后来，法国依旧不接受教训，为了反对埃及将苏伊士运河国有化而对其实施炮击，结果再度失败。再看英国。在战时，英国空军发挥了积极作用，曾在敦刻尔克一役中成功帮助陆军撤退，并在北非打败了德国的隆美尔军团。不过除此之外，英军并没有什么值得一提的战功。到了战后，英国也和法国一起参与对埃及的炮击并失败，最终连自己跟前的爱尔兰问题都无法解决。

不过，战胜后遗症最为严重的还是美国和苏联这两个国家。

当世界各国都在逐渐放弃旧有属地的时候，苏联却在稳步扩张。苏联以卫星国的名义不断增加属国的数量，在斯大林时代尤为明显。苏联先后占领了波兰东部、比萨拉比亚、图瓦地区及库页岛和千岛群岛，并对匈牙利、波兰、捷克斯洛伐克等国的内政进行武装干涉，这些举动都招致了世界舆论的非难。苏联政府每年的经费预算中都有一大部分用于军费开支，从而导致人民的生活水平无法得到提高。

另一方面，美国又如何呢？我们可以认为，美国在占领日本后，最初阶段的改革举措基本上是成功的。不过，美国占领政策的一个失败之处在于，由于过分担心日本的复兴，而让韩国担当监视日本的角色，鼓励韩国进行反日教育。美国先是与苏联达成协议，以北纬38度线为界，将朝鲜半岛分为南、北两部分，北部归苏联控制，南部交由美国管理。美国在南部建立大韩民国，使反日倾向最为明显的李承晚担任总统。然而，无论对于个人还是对于民族，劝其和解都是极难之事，但教其相互憎恶却格外容易。在这一点上，美国对韩国的领导可以说取得了极大的成功。但在这种局势下，朝鲜战争爆发了。当时，美国从位于日本的基地向朝鲜半岛输送兵力，借此勉强挽回了韩国方面的劣势。不久，美军就将朝鲜逼到了其北部的国境线地区。至此，美国才终于知道此前对韩国的支配方式存在失误。不久，李承晚遭到学生运动的攻击，美国也不再试图帮助李承晚，而是将其带回夏威夷，使之隐居。

在美军席卷朝鲜半岛之际，中国人民志愿军跨过鸭绿江，将美军击退。对此，美军司令官麦克阿瑟主张炮击位于中国东北的志愿军基地，但美国政府未予应允，反而撤了麦克阿瑟的职。此举或许是为了证明，美国的民主力量能够控制军人势力，并以此安定世界各国的人心，从而获得各国的信任。然而，对这场战争进行战后处理的美国总统却是艾森豪威尔将军，他的当选让世人不禁有一种不祥之感。但美国人对此却并无反感，也正是从这一时期开始，美国人的这种好战倾向变得愈发明显了。在印度支那半岛，以往是美国出钱援助法国军队，但法军惨败后，美军取代法军走上了前线。1954年的《日内瓦协定》规定，以北纬17度线为界，印度支那半岛被分割为南、北两部分。美国支持西贡政权，使其建立南越共和国，以与河内的北越对抗。此后，美国即便更换总统，但只要美军势力尚存，就必须赌上自己的威信保护南越。由于美国未能切断北越向南越解放阵线输送物资的道路，美国军舰遂于1964年8月声称在北部湾遭到北越军队的鱼雷攻击，并以此为由开始了对北越境内的空袭。此后的十年间，美国持续进行着这场不宣而战的战争，但流血牺牲的主要是越南人民。1973年，美国与北越通过巴黎会议签订了停战协定，在此期间，美国有形和无形的损失已经无可计数。

在第二次世界大战结束后的世界，最大的不安定因素就是美国与苏联这两大军事强国的存在。这两个大国要么在对外战争中败亡，要么在国内革命中动荡，如不经历这样的洗礼，世界恐怕难以获得真正的和平。不过，如果美国能够承认越南战争是一场失败的战争，并谦虚地进行反省，那么令世界不安的因素或许就可以减少一个。

最后，日本自身究竟如何呢？德川时代的日本是武士、町人与百姓的世界。明治维新后，"武士"成为文武官僚，推动了政治的发展。军人阶级曾信仰武士道，但日本战败后，军人基本上消失，只剩下文人官僚，而这些官僚是抽离了武士道的官僚。其次，明治维新后，"町人"成为工商业者，承担起了"富国"的任务。战败后，这一阶层把握住了经济高速增长的浪潮，成为代表日本的脸面；但他们对财富的过分热衷，也可能使自己成为世人所讨厌的对象。最后是德川时代的"百姓"，当时的百姓虽然一定程度上受到了政治上的保护，但明治维新之后，这些人往往成为"富国强兵"之策的牺牲品。一旦发生战争，受到驱遣的多是农村的青年；一旦经济不景气，遭受波及或承受最大风浪的也是这一阶层。可是在经济繁荣的时候，这些人却总是最后才得以分享这种繁荣，他们的获利也最少。就这样，农村逐渐走向了衰落，而与此相伴随的，是真正支撑日本发展至今的百姓之道和农家人生观的丧失。

正是因为农民以自然为信仰对象，所以不勉强、不急功近利、不求名，耐得住困苦，经得起考验，这是德川时代三百年间培养起来的百姓道德。然而，此后历代的政治却将这种道德消磨殆尽，将其转化成其他无益的能量而消耗掉了。在资源匮乏的日本，如果我们不爱惜这种精神资源，那么无论我们在表面上取得了怎样的经济成就，都将是华而不实的繁荣，难以长久。我们须知，经济的高速增长既然能够在短时间内实现，那么也可能会在短时间内轻易地离我们而去。

结　语

　　常听人说，亚洲的历史里没有近世史，但实际上，倒不如说亚洲的历史是很早就进入了近世阶段，而未能出现近代史式的历史发展过程。本书的后半部分不过就是对这一事实的概述，而前半部分的意义就在于为这一事实提供了前提。

　　从18世纪下半叶开始，欧洲的近代史式的发展很快影响到了其他地区，其影响分为两个阶段。第一阶段是欧洲势力通过武力手段，将其近代文化推广至其他地区，其代表性事件即发生在东亚的鸦片战争（1840年）和英国在西亚对埃及的控制（1882年）。第二阶段是第一阶段的结果，在这一时期，欧洲以外地区的国家主动摆脱旧有束缚，积极吸收欧洲式的近代文化。这一转变在东亚表现为辛亥革命后中华民国的成立（1912年），在西亚表现为土耳其共和国的出现（1922年）。无论是第一阶段还是第二阶段，东亚的发展都要比西亚早若干年，这是由于在世界交通的变化发展局势中，相比于西亚，东亚与欧洲之间结成的关系更为紧密。在上述这两个连续的阶段之后，尽管亚洲各地都先后进入了近代，但这并不意味着这些地区已经取得了完全的自主权。在近代文化的威力之下，地球上的空间距离被缩小，任何可能独自行动的地区都难以继续独自存在。拥有漫长历史的地区框架逐渐消失，不同于以往历史阶段的近代史式的特性开始呈现出来。

　　印度与日本在世界史上的地位极为相似。人们一般认为，日本从德川幕府创立（1603年）开始进入近世阶段，印度则是从莫卧儿帝国的建立（1526年）开始进入近世的。尽管日本和印度进入近世的绝对年份已经十分晚近，但二者在接受近世性文明的同时，却仍然根深蒂固地保留着中世色彩浓厚的文明要素。另外，利用好望角航线的印度和利用太平洋航线的日本都正当欧洲文明渡来之要冲，都不得不早早地接受了近代文化的洗礼。因此，日本的明治维新（1868年）和英属印度的建立（1858年）虽然表面上看起来颇不相同，但本质上却有着相通之处，都应被视为各自近代史的开端。

最近世史并不是否定近世史的反命题，而是近世史的继续和延长。近世史的任务是从中世纪的分裂中摆脱出来，实现新的统一，而完成统一任务的最大利器就是民族主义。一方面，民族主义的发展会使国民教育日益普及，使分散的个体力量得以凝聚，从而实现国家的统一大业。但另一方面，民族主义的缺陷在于，它会导致国民之间有害无益的对立变得更加尖锐，从而加剧用于国民对立的精力消耗。正如法国大革命的口号所说的，近代史的意义在于四海同胞主义，极端的民族主义只不过是近世史阶段的残余而已。先后两次世界大战教会我们，对于全人类来说，超越和反思民族主义是必要之举。以往所谓的民族主义的本义并不在于排他，而只在于为再统一这一目的服务。如果能够对这一点有所领悟，那么理所当然地，为了实现新的统一，自觉制约民族主义的极端化发展，才是民族主义应有的本义。而近代史发展的终极使命，便在于继续并完成始于近世的统一之业，这一点乃是不言自明的。

原书出版之际，得赐机缘并蒙其学恩者，有羽田亨、池内宏、和田清、那波利贞、近藤寿治、藤野靖、安部健夫、铃木俊、山本达郎、江上波夫、三品彰英、足利惇氏、辻直四郎、滨口重国、小林元、杉本直治郎、内田吟风、冢本善隆、内藤隽辅等，本人在此特致以深切的谢意。

宮崎市定著作目录

　　東洋に於ける素朴主義の民族と文明主義の社会（「支那歴史地理叢書」四）　冨山房　1940年

　　日出づる国と日暮るる処　星野書店　1943年

　　五代宋初の通貨問題　星野書店　1943年

　　菩薩蛮記　生活社　1944年

　　科挙　秋田屋　1946年

　　アジヤ史概説　正編　人文書林　1947年

　　アジヤ史概説　続編　人文書林　1948年

　　雍正帝——中国の独裁君主（岩波新書　青版29）　岩波書店　1950年

　　東洋的近世　教育タイムス社　1950年

　　中国古代史概論（「ハーバード・燕京・同志社東方文化講座」八）同講座委員会　1955年

　　九品官人法の研究——科挙前史　東洋史研究会　1956年

　　アジア史研究　第一　東洋史研究会　1957年

　　東洋史上の日本（「日本文化研究」I）　新潮社　1958年

　　アジア史研究　第二　東洋史研究会　1959年

　　宋と元（「世界の歴史」6，佐伯富と共著）　中央公論社　1961年

　　アジア史研究　第三　東洋史研究会　1963年

　　科挙——中国の試験地獄（中公新書15）　中央公論社　1963年

　　アジア史研究　第四　東洋史研究会　1964年

　　隋の煬帝（「中国人物叢書」四）　人物往来社　1965年

鹿洲公案——清朝地方裁判官の記録（東洋文庫 92）　平凡社 1967 年

清帝国の繁栄（「東洋の歴史」九）　人物往来社　1967 年

中国のめざめ（「東洋の歴史」十一）　人物往来社　1967 年

大唐帝国（「世界の歴史」七）　河出書房　1968 年

政治論集（「中国文明選」十一）　朝日新聞社　1971 年

中国に学ぶ　朝日新聞社　1971 年

水滸伝——虚構のなかの史実（中公新書 296）　中央公論社　1972 年

アジア史概説　学生社　1973 年

論語の新研究　岩波書店　1974 年

宋と元（中公文庫版「世界の歴史」6）　中央公論社　1975 年

随筆　木米と永翁　朝日新聞社　1975 年

アジア史論考　上巻　概説編（前掲「東洋に於ける素朴主義の民族と文明主義の社会」「中国古代史概論」「東洋的近世」「菩薩蛮記」「日出づる国と日暮るる処」を再録）　朝日新聞社　1976 年

アジア史論考　中巻　古代中世編　朝日新聞社　1976 年

アジア史論考　下巻　近世編（前掲「雍正帝」「東洋史の上の日本」をも再録）　朝日新聞社　1976 年

中国史　上（岩波全書二九五）　岩波書店　1977 年

東風西雅　岩波書店　1978 年

中国史　下（岩波全書三〇三）　岩波書店　1978 年

アジア史研究　第五　同朋舎　1978 年

史記を語る（岩波新書　黄版 84）　岩波書店　1979 年

謎の七支刀——五世紀の東アジアと日本（中公新書 703）　中央公論社　1983 年

科挙——中国の試験地獄（前掲書の文庫版、中公文庫）　中央公論社　1984 年

西アジア遊記（前掲「菩薩蛮記」の文庫版、中公文庫）　中央公論社　1986 年

独歩吟　岩波書店　1986 年

中国に学ぶ（前掲書の文庫版、中公文庫）　中央公論社　1986 年

解　说

　　宫崎市定的《亚洲史概说》于1973年8月由学生社出版发行的经过，作者在为本书所作的《新版序》中已有所提及。此次学生社的版本，在四分之一个世纪之前由人文书林发行的旧版《亚洲史概说》正编（1947年12月）和续编（1948年9月出版，同年11月与正编结为合集本）的基础上，加入了第八章"现代亚洲史"的部分，以与学生社出版的尾锅辉彦的《西洋史概说》相呼应。关于旧版《亚洲史概说》的来历，据说是为了与太平洋战争时期出版发行的《国史概说》相对应，文部省曾动员第一线的东洋史学者编纂《大东亚史概说》，而旧版《亚洲史概说》正是来源于这部由于战败而未能出版的神秘的《大东亚史概说》的稿本。

　　关于旧版《亚洲史概说》的出版，其缘起和经过在去年秋季编入中公文库的《向中国学习》中所收的《安部健夫君遗书之序·其一》中有所说明。不过，更详细的情况在《亚洲史研究·第二》的《序言》（东洋史研究会，1959年）和《亚洲史研究入门》的序《从支那史到亚洲史》（同朋舍，1983年）中有所涉及。在此，我将综合这两篇文章进行介绍。

　　《大东亚史概说》的编纂计划始于文部省的教学局，时间是在1942年7月前后。"大东亚史"指的就是所谓"大东亚共荣圈"的历史，文部省的远大目标是在该书完成后，立即将其翻译成东亚各国的语言，使各国国民都阅读此书。东京大学的池内宏教授、京都大学的羽田亨教授等人担任责任编纂者，接受编纂委托的有东京的铃木俊、山本达郎以及京都的宫崎市定、安部健夫四位学者。在文部省的构想中，"大东亚史"涉及的地理范围就是缅甸以东，其内容就是试图把日本描述为拥有世界上最悠久历史的国家，将日本置于东亚关系的核心位置，东亚历史的发展进程就是日本的皇国文化播撒至朝鲜、中国乃至亚洲各地的过程，这就是这本书所要求写作的历史。

在那场"大东亚战争"正在进行的当时，作者们面对如此非学术性的史书执笔要求，其内心的烦恼与不安，不是我们这些成长于战后、对任何事情都可以自由表达意见的人所能够想象的。然而，即便是面对文部省的命令，上述四位撰稿人仍不愿成为后人的笑柄，他们基于池内宏和羽田亨的请求，在反复考虑后提出：如果要由他们来执笔，那么历史叙述的范围就不应局限于缅甸以东，而应扩展至整个亚洲。同时，他们反对以日本为文明辐射圈的中心点，而主张以西亚为文明发源的核心，认为亚洲史的发展过程是古老的文明首先发祥于西亚，然后逐渐向东延伸和发展，最后在日本这个终点结晶出最高水平的文化。值得庆幸的是，对于他们的这个提案，文部省表示，"大东亚"的范围扩大多少都没关系；至于用"西亚文明东流论"取代与之完全相反的"日本文化辐射论"，文部省倒也痛快地答应了。于是，四位作者就将整个亚洲史划分为四个时代，并据此分为四篇，每人各分担一篇。接着，他们找了大量的专家，请他们完成了初稿。以这些收集来的文稿为基础，四位作者又完成了第二稿。宫崎市定负责编写的是第一篇，即从上古到中国唐代的历史，而他刚刚完成第二稿的时候，已经是1944年了。次年，东亚战争迎来了结局。于是，随着"大东亚共荣圈"的瓦解，《大东亚史概说》的写作也自然不了了之了。

日本战败后，社会上出现了对战争责任进行追究的风潮，文部省暗示要对有关"大东亚"的资料进行销毁。但即便如此，宫崎市定仍坚持将已经写好的第二稿藏了起来。1947年，战败的尘埃刚刚落定，宫崎的至交安部健夫将宫崎的作品介绍给了人文书林的朋友，宫崎遂将第二稿的草稿交给了人文书林，于是就有了《亚洲史概说正编》的出版。在此次出版的中公文库本中，从绪论到第三章的部分与此《正编》对应。后来，安部健夫鼓励宫崎市定继续写作，并促使宫崎下决心出版《续编》。然而，由于安部身体状况不佳，宫崎只好自己一气呵成地写出了《亚洲史概说续编》，中公文库本的第四章到第七章便与此对应。也就是说，《续编》与《大东亚史概说》已全无关系，作者在这一部分基于自己的构思，吐露了自己的本意。也正因此，这一部分与《正编》在栏目的长度和文笔风格上都有所不同。尽管作者执笔《大东亚史概说》时正值言论统制极为严厉的战时，其写作受到政府和文部省的直接监督，但其作品仍没有采用那种迷信皇国史观的叙述方式。因此，学生社在发行该书新版的时候，只是修改了一下假名的写法就照原样出版了。而且，四十年后的今天，这本书仍能被收入中公文库，足以说明宫崎市定的《亚洲史概说》确实称得上是一部有良心的概论作品，相信绝非只有我一人有此感想。

在19世纪下半叶，把世界分为东洋和西洋的历史学考察方法在日本确立。此后，这种方法在中学历史教育中得到了应用和推广。1894年，文部省发布了关于《东洋史》这一新设科目的教学纲要，次年，市面上就出现了根据这一纲要编写的教科书。此后，日本又陆续出版了大量东洋史教科书，其中颇具代表性的就是笔者的恩师桑原骘藏先生的《中等东洋史》一书。一个世纪过去了，直到今天，在日本的大学里，与"西洋史"相对的课程仍然是"东洋史"。既然是与西洋史相对，那么东洋史的研究对象理应包括整个亚洲。但实际上，在东洋史的课上，大多讲的是以中国为中心的东亚史，中亚史由于与丝绸之路有关，多少也会受到关注，但西亚史和南亚史则容易受到轻视。

面对这些情况，包括宫崎市定在内的几位作者都对西亚予以高度评价，他们在《大东亚史概说》中展开了"西亚文明东流论"，并试图写出基于此稿本的历史著作，以奉献给世人。他们不使用传统的"东洋史概说"一名，而是改用"亚洲史概说"为标题，正是为了表达他们不欲与俗的态度。在写作《大东亚史概说》期间，宫崎市定于1937年秋前往西亚，并记录了在西亚旅行的见闻，其后出版了《西亚史的展望》这部充满创见的历史读物（参见中公文库版《西亚游记》）。由此我们也可以看出，为了确立并将"亚洲史"加以体系化，宫崎确实颇为用心。另外，作为宫崎市定学术论文的集成之作，五卷本的《亚洲史研究》和三卷本的《亚洲史论考》都是以"亚洲史"冠名，其目的也是为了建设"亚洲史"

这一领域。

在关于古代史和中世史的《亚洲史概说正编》出版之际，荒木敏一曾发表书评，称书中体现出一种可以称之为"交通史观"的东西（《人文科学》二卷二号）。《续编》发行之际，佐口透在高等专业学校上课时就将这本书当作教材来使用。他注意到，该书对伊斯兰文化和印度史有丰富的记述，并从东西方交通线的角度分析了文化的传播与交涉过程，将西南亚、印度、中国这三个世界加以综合，塑造了一种具有统一性的亚洲史。佐口透认为这种方法和视角十分巧妙，并将其称为"交涉史观"（《东洋史研究》一一卷一号）。正如这两位学者所指出的，宫崎市定是立足于这种可以被称为"交通史观"或"交涉史观"的历史考察方法之上来构想亚洲史的，而且他始终坚持这一历史观，直到四十年后的今天。宫崎在去年年底刚刚印发的《出云政权的兴亡》（《日本的古代》月报七，中央公论社，1986年12月）中，还自行制作了"古代海上交通概念图"，指出古代从中国大陆出发的山阴线航路，后来被濑户内海交通线取代，从而使得日本航海路线的始发站从出云转移到了若狭。宫崎通过分析这一路线转变的过程，对出云政权的衰亡进行了说明。

在这次的中公文库版《亚洲史概说》中，也收录了宫崎市定迄今为止在日本出版的著作目录。除此之外，宫崎的作品被翻译成外文的还有许多。例如由北京商务印书馆出版的两部作品，一部是宫崎市定的处女作《东洋朴素主义的民族和文明主义的社会》（1962年），另一部是其代表性论文的编译本《宫崎市定论文选集》上、下两卷（1963年、1965年）。在译者中还包括中国社会科学院考古研究所现任所长王仲殊。在《论文选集》的下卷中，除了与本书在内容上有着紧密关系的《世界史序说》《东洋的文艺复兴与西洋的文艺复兴》等论文，还收录了略述本书出版经过的《亚洲史研究·第二》的《前言》部分。

仿佛是为了纪念《亚洲史概说》正、续两编出版三十周年，宫崎市定这次在自己最为擅长的中国史领域写下了通史著作，这部通史目前已经以岩波全书《中国史》上、下两卷的形式出版发行（岩波书店，1977年、1978年）。该书由京都大学的邱添生译成中文，由台北华世出版社刊行

（1980年）。此后，曹秉汉将其译成韩文，在汉城出版（1983年）。虽说战时将《大东亚史概说》翻译成各国语言的事业最终不了了之，但宫崎市定的《中国史》一书不仅作为日本各大学的教材不断再版，而且在国外也有了许多读者，这不能不说是历史开的一个玩笑。

砺波护
1987年1月10日

出版后记

宫崎市定（1901—1995）是日本著名历史学家、汉学家，"京都学派"第二代代表人物和集大成者。在中国史的诸多领域，宫崎市定都有独到的研究，代表作有《九品官人法研究》《中国史》《科举》等。

《亚洲史概说》一书原是宫崎市定在第二次世界大战期间完成的旧稿，最早由人文书林出版，正编和续编于1947年和1948年相继问世，并引起了日本学界的重视和讨论。1973年，该书由学生社再版，作者在旧版的基础上增加了"现代亚洲史"一章。作者在书中提出"西亚文明东流论"，并开辟了"亚洲史"这一全新的领域。作者以其宏大的视野，展开了一幅亚洲史发展演进的宏大画卷，使我们可以由此进一步认识全人类的真正历史。

需要加以特别说明的是，作者的部分观点有失偏颇，带有一定的局限性，出版方并不认同。如作者将斯坦因、伯希和、橘瑞超等人的行为称为"学术探险"，而无视其在此过程中对我国大量珍贵文物的掠夺和破坏，没有指出其身为殖民主义者的本质。又如，作者关于倭寇性质的观点，没有指出其侵略性质及其对我国沿海地区造成的严重破坏和滋扰，国内学者对此问题有大量研究成果，读者可以加以参考，对作者的错误观点注意批判。为避免损害其完整性，中文版基本保持了该书的原貌，对于作者的部分个人观点，读者宜加以独立的思考和判断。

服务热线：133-6631-2326　188-1142-1266
服务信箱：reader@hinabook.com

后浪出版公司
2017年8月

© 民主与建设出版社，2023

图书在版编目（CIP）数据

亚洲史概说 /（日）宫崎市定著；谢辰译. -- 北京：民主与建设出版社, 2017.9（2023.12重印）

ISBN 978-7-5139-1678-3

Ⅰ. ①亚… Ⅱ. ①宫… ②谢… Ⅲ. ①亚洲—历史—概况 Ⅳ. ①K300

中国版本图书馆CIP数据核字(2017)第212680号

ASIA-SHI GAISETSU BY Ichisada MIYAZAKI
Copyright © 1987 Kazue MIYAZAKI
Original Japanese edition published by CHUOKORON-SHINSHA,INC.
All rights reserved.
Chinese(in Simplified character only) translation copyright © 2017 by Ginkgo(Beijing) BOOK Co., Ltd.
Chinese(in Simplified character only) translation rights arranged with CHUOKORON-SHINSHA,INC. through Bardon-Chinese Media Agency, Taipei.

本书简体中文版权归属于银杏树下（北京）图书有限责任公司
著作权合同登记号：01-2023-1630
地图审图号：GS（2019）6093号

亚洲史概说
YAZHOUSHI GAISHUO

著　　者：	[日] 宫崎市定	译　　者：	谢　辰
筹划出版：	银杏树下	出版统筹：	吴兴元
责任编辑：	王　颂	特约编辑：	陈顺先
营销推广：	ONEBOOK	装帧制造：	墨白空间・张萌

出版发行：民主与建设出版社有限责任公司
电　　话：（010）59417747　59419778
地　　址：北京市海淀区西三环中路10号望海楼E座7层
邮　　编：100142
印　　刷：天津联城印刷有限公司
版　　次：2017年11月第1版
印　　次：2023年12月第7次印刷
开　　本：655毫米×1000毫米　1/16
印　　张：23.5
字　　数：360千字
书　　号：ISBN 978-7-5139-1678-3
定　　价：80.00元

注：如有印、装质量问题，请与出版社联系。